高中数学专题学习

——基于数学素养培养的视角

杨丽婷 著

内容提要

本书以上海市课程标准(2004 版)中数学素养相关概念为基础,研究得出高中生数学素养的涵义和构成要素;以方程与代数、函数与分析、图形与几何、数据整理与概率统计、数与运算五大模块作为分类的依据,将高中数学所涉及的内容进行梳理,旨在就高中生的数学素养在数学课程标准与现实操作之间为更多教师和学生建立真实链接,希望为教师教学实践提供借鉴与参考。

图书在版编目(CIP)数据

高中数学专题学习:基于数学素养培养的视角/杨丽婷著. —上海:上海交通大学出版社,2018
ISBN 978-7-313-19698-9

Ⅰ.①高… Ⅱ.①杨… Ⅲ.①中学数学课—高中—教学参考资料 Ⅳ.①G634.603

中国版本图书馆 CIP 数据核字(2018)第 150074 号

高中数学专题学习——基于数学素养培养的视角

著　　者:杨丽婷
出版发行:上海交通大学出版社　　地　　址:上海市番禺路 951 号
邮政编码:200030　　电　　话:021-64071208
出 版 人:谈　毅
印　　制:当纳利(上海)信息技术有限公司　　经　　销:全国新华书店
开　　本:710 mm×1000 mm　1/16　　印　　张:16.5
字　　数:308 千字
版　　次:2018 年 8 月第 1 版　　印　　次:2018 年 8 月第 1 次印刷
书　　号:ISBN 978-7-313-19698-9/G
定　　价:68.00 元

序

在中学数学教学活动中，一般大家都认为教师的工作既有课程标准的指导，又有精心编制的教材为依托，似乎一切具备，不应该存在什么问题。但是在实际教学中，教师面临的困惑却很多。如数学教育的某一个具体内容或环节中如何体现立德树人？中学数学教育具体如何落实数学素养的培养？数学素养的具体表现是什么？对于数学素养，课程标准有顶层设计，有目标和要求，但是如何在高中数学各个章节落实这些设计和目标，课标中却没有规定相应的程度和要求，这给教师的教学活动造成了一定的困难，导致教师无法精准把握数学素养在课堂教学中或是作业布置中的表现。就这样一线教师常常在“理想”与“现实”中无所适从。

对于这样的困难，很多教师在努力实践探索，寻找对策。杨丽婷老师领衔的上海市中青年骨干教师团队项目就将攻关的目标定位于制定出高中学段学生数学素养的表现标准，期望能为一线教师了解数学素养的具体表现提供帮助，并提供一些可操作可模拟的实例。对一线教师而言这是一个相当具有挑战性的课题，但团队知难而上，希望通过自己的努力，能在课程标准和教学之间架设实施与落实的桥梁，因此是极具价值的研究课题。

课题组在研究了现有课程标准对数学素养的界定、对比各国关于学生素养的培养与课程标准的关系、分析教师教学的现状与困境的基础上，提出了自己的主要研究目标：立足于数学课程标准，依据团队构建的“数学素养”的概念，制定出高中学段学生数学素养的表现标准，让所有的一线教师都了解具体表现和实例。这是一个极具指导价值的目标，也是填补空白的研究目标。尤其是由一线教师担纲的这项研究，更能针对实际教学活动中的真问题，其有效性令人期待。

这项研究的提出，早于教育部推出的各学科的核心素养。我们仔细研读数学学科核心素养和该项研究成果，不难发现该研究的启动虽早于数学学科核心素养的颁布，但对核心素养在一线教学的落实依然具有不可替代的作用。这是由于团队在研究过程中始终关注教育一线需求与国家政策导向，显示了研究团队敏锐的目光和把握研究方向的能力。

我们欣喜地看见，这部具有鲜明一线教师专业发展特色又有坚实理论基础的教学专著的出版，相信一定能对中学数学一线教学起到指导和借鉴作用。

上海市著名数学特级教师正高级教师

李秋明

2018 年 7 月

前　言

一、问题提出

2003年《普通高中数学课程标准(实验稿)》公布,此后各省市先后进行了实践,至今已有十余年的时间。2013年,国家根据实验的结果进行课程标准的修订,这次修订在提炼学科素养、促进高考改革等方面计划有突破性进展。作为一线的高中数学教师,我们熟悉现行的课程标准,对于课程标准中的数学素养有着自己的理解并进行着相关实践。

(一) 现有课程标准对数学素养的界定

在我国现行的是《普通高中数学标准(实验版)》,其中“数学素养”这一词出现了9次,但具体数学素养的概念却没有给出。在最新的《国家九年义务教育数学课程标准(2011版)》中“数学素养”这一词出现了4次,但遗憾的是具体数学素养的概念仍然扑朔迷离,只是隐约能让老师体会到:义务阶段的数学教育目标除知识技能外,还应当包括学生多方面的能力、学生对数学思想的把握、学生活动经验的积累以及学生的情感态度等。基本思想和基本活动经验正是学生数学素养的重要组成部分。

让人兴奋的是,《上海市中小学数学课程标准(试行稿)》(2004版)的课程理念中指出:数学课就是“提高学生的数学素养,培育终身学习的基础”。而所谓的数学素养就是:“人们通过数学教育以及自身的实践和认识活动,所获得的数学基础知识、基本技能、数学思想和观念,以及由此形成的数学思维品质和解决问题能力的总和。”

根据对课程标准中这样的一种认识,我们认为的“高中数学素养”是:指学生通过认知活动和自身实践所获得的数学的基础知识和基本技能、数学的思想与方法、数学的能力以及数学观念与意识的有机组合,而且这样的数学素养概念的建构也是对于数学课程中三维目标(知识与技能、过程与方法、情感态度与价值观)的整合。

在高中阶段的数学素养的培养,则更强调对于数学的基础知识与基本技能、思想和方法、数学能力的培养,如图1所示。

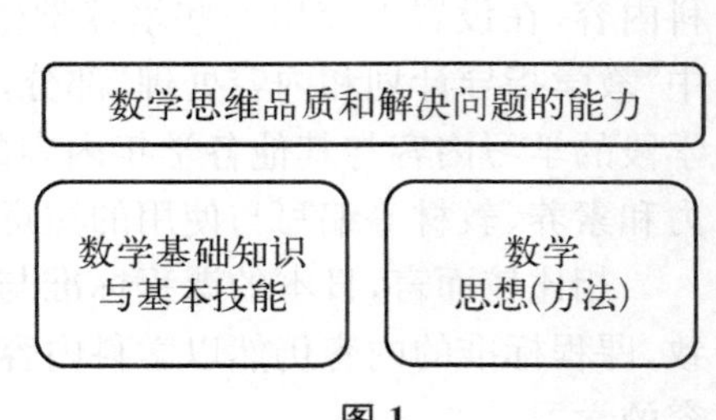

图1

事实上，数学的知识和技能是教育的载体，是最基本的数学内容，是数学素养中的基础成分。数学的思想和方法是具体数学知识的抽象，是知识与技能赖以转化为数学能力的桥梁。数学的能力是发展数学素养的关键，也是个人能顺利完成数学活动所必须具备的，而且是直接影响其活动效率的一种个性心理品质，它反映运用数学解决问题的水平。数学思维品质是指主体自动地、自觉地或自动化地从数学的角度观察分析现实问题，并用数学知识解释或解决的一种精神状态。它属于观念、意识的范畴，是数学素养结构中的核心部分。

（二）各国关于学生素养的培养与课程标准的关系

从上海市高中数学课程标准对“数学素养”的相关界定中，我们不难发现课程标准对于“数学素养”都有了顶层设计指导，对于“数学素养”的内涵与外延都有了界定，但是对于高中数学各个章节的数学素养培养的具体要求，在课程标准中并没有体现。

纵观世界各国的关于学生数学素养的培养，大致情况可以分为三类：一类是将数学素养独立于课程体系之外，由专门的权威机构进行订制，之后逐渐与课程和教学相融合的模式，代表者有美国、澳大利亚和南非等国家和地区，例如：美国除了有在全美数学教师委员会（NCTM）制定的课程标准之外，还有建立在其基础之上的由美国国家教育和经济中心、匹兹堡大学共同制定的《美国高中学科能力表现标准》，其中对于高中数学能力表现标准有明确的指标界定；第二类模式在国家层面的课程标准体系中规定了要培养学生哪些素养，并指导课程的内容与设置，代表国家主要是芬兰，芬兰将数学素养按学段，分别从数学教学的目标，学生所要掌握的内容，以及学段末学生优秀表现的标准三个维度来进行具体的论述，尤为值得一提的是芬兰的课程标准详实叙述了学生在学段结束后应当具备的能力，来实现其对学生的素养的塑造；第三类模式是学生的素养没有单独的体系做出规定，但是在国家的课程体系当中的许多部分都体现了培养学生能力和素养的宗旨，代表国家主要是日本和韩国。日本的课程标准称为《学习指导要领》，在新《学习指导要领》中，每个学科都包含总目标和内容，各个学科中每一学段的目标主要规定了学生这一阶段所要达到的能力，内容部分主要体现学科内容，在设置上突出一些培养学生素养的学科内容，同时，在每学科每学段当中“教学指导计划和内容处理”部分，也就是相应的教学建议，主要包括该学科本学段的学习内容与其他各学年内容的相互关系，该学科教学应如何培养学生能力和素养、教材等编写与使用的注意事项等方面。

相比较而言，日本的课程标准与我们国家的课程标准的形式与内容较为一致，课程标准的内容仍然以学科内容为中心，强调素养的培养离不开具体学科内容的学习。

当然，每个国家教育教学实践的特点决定了其课程标准与学生素养培养结合的方式，以美国为例，由于联邦制的体制，一直以来以国家统领性的课程标准实际效力是不如州政府制定的教育政策，所以学生的素养体系作为独立于课程标准之外，而又为教育和课程提供一定的支持。但是就国际上的经验而言，课程标准当中的课程内容和教学建议，表现标准或评价标准等都在受到学生素养培养的影响，发生着调整和改变。

《上海市中小学数学课程标准》中，虽然对于数学素养有了界定，但是缺乏数学素养的具体表现标准，缺乏学生的数学素养在具体学段和内容上的表现说明。虽然课程标准从内容、能力和情感态度价值观三维角度对数学课程的具体内容进行了说明，但在素养方面明确、具体、可操作性的解释以及能够用于判断素养表现的标准却是空白。

（三）教师教学的现状

教师处于实践操作的最低层级，但他们是真正执行的关键人物。如果教师不能很好地理解课程标准中对于数学素养的相关概念，那么所有的设想就只能成为一纸空文。再来看看以前教师们对于课程标准的使用，由于课程标准中基本上没有规定对于数学素养具体的学习程度要求，对于教师教学造成了极大困境。虽然课程标准明确指出了学生应知与所能，但并没有进一步指出数学素养的具体表现，从而导致教师无法把握数学素养在课堂教学中或是作业布置中的表现。大部分老师只好让学生做大量作业与练习，甚至是一些怪题或难度很大的题目。这样的话，课程标准中对于数学素养的界定和目标的设定在教师教学实践中形同虚设，与教师教学实践处于断裂状态，失去基本的功能。

所以立足于《上海市中小学数学课程标准》，依据团队构建的“数学素养”的概念，制定出高中学段学生数学素养的表现标准，让所有的一线教师都了解具体表现和实例，是我们研究的首要任务。

二、关于数学素养表现标准呈现方式

根据相关文献的介绍，我们发现表现水平、表现水平描述语、表现样例、认知要求等是数学素养表现模式的基本构成要素。其中表现水平与表现水平描述语是共同的构成要素，但它们还不能充分说明表现模式。按照相关解释，这是因为表现水平描述语通常具有某种程度的模糊性，还需要表现样例配合说明。但是由于我们的研究中，有以下特点：① 在课程标准中，对于数学素养，我们认为只有具备和不具备；② 教师是表现模式最大用户，他们更习惯于直观、熟悉的表现样例，而不是需要心理学知识基础的认知要求。所以对于数学素养的表现模式呈现是“表现水平描述语＋表现样例”的形式。

三、基于课程标准的素养表现标准的几个原则

（一）标准是对所有学生确定的高的标准

标准本身的设计方式，特别是明确地提出期望，有助于使学生达到目标，我们努力使数学素养表现标准包含的要求尽可能明确，而不是简单地列出我们对学生解答问题的期望和其他要求，还阐明我们对于解决问题的用意并叙述我们期望学生在解答问题和数学推理中能做到些什么。

（二）标准是明确的、便于应用、便于操作

使标准足够明确，让教师和学生能理解标准的意思，是制定标准最基本的宗旨，我们尝试使标准明确，使用最容易理解的言语来解释素养标准，并配以相应恰当的例子来进行解释说明，为的就是让教师和学生可以简单明了的知晓数学素养的表现标准。

四、具体的表现框架

按照《上海市中小学数学课程标准》的要求，以下五个模块为高中数学重要的概念领域，它们是：方程与代数Ⅰ、函数与分析Ⅱ、图形与几何Ⅲ、数据整理与概率统计Ⅳ、数与运算Ⅴ。每一个模块下又细分为更多的一级主题（见表 1），再将每个一级主题进行编码，例如："集合与命题"编码为"j"，"不等式"编码为"b"等。以"集合与命题"为例，按照《上海市中小学数学课程标准》中对于"数学素养"的界定，数学素养是指学生通过认知活动和自身实践所获得的数学的知识能力与技能、数学的思想与方法、数学的能力、数学观念与意识的有机组合。所以其表现标准也是按照这五个领域分别进行制订。

表 1

模　块	编　号	一　级　主　题	代　码
方程与代数 72 课时	Ⅰ	集合与命题（12 课时）	j
		不等式（12 课时）	b
		数列与数学归纳法（20 课时）	s
		矩阵与行列式初步（8 课时）	jh
函数与分析 78 课时	Ⅱ	函数及其基本性质（12 课时）	h
		幂函数、指数函数和对数函数（16 课时）	m
		三角函数（一）（24 课时）	sj
		微积分初步（26 课时）	w

续表

模　　块	编　号	一　级　主　题	代　码
图形与几何 102 课时	Ⅲ	平面向量的坐标表示(12 课时)	p
		直线和圆的方程(28 课时)	z
		空间图形(10 课时)	k
		简单几何体(16 课时)	jj
		空间向量及其应用(16 课时)	k
数据整理与概率统计 45 课时	Ⅳ	排列、组合、二项式定理(18 课时)	pl
		概率与统计初步(一)(12 课时)	g
数与运算 12 课时	Ⅴ	复数初步(12 课时)	f

(一) 数学基础知识与基本技能

数学基础知识基本技能是数学教育的载体,是最基本的教学内容,是数学素养中的基础成分。作为其表现标准,我们采取的是按一级主题下的二级主题进行的编码方式。延续了课程标准对一级主题的目标设定、要求和划分;而对于每个一级主题,例如:方程与代数模块中的集合与命题、不等式、数列与数学归纳法等的内容,根据课程标准中数学素养的界定,将所涉及内容中数学素养的表现采取"表现水平描述语+表现样例"的要求,具体阐释,每一个知识技能的数学素养表现用一个符号标识,并加以具体的实例进行阐释,具体可以参看图 2。我们

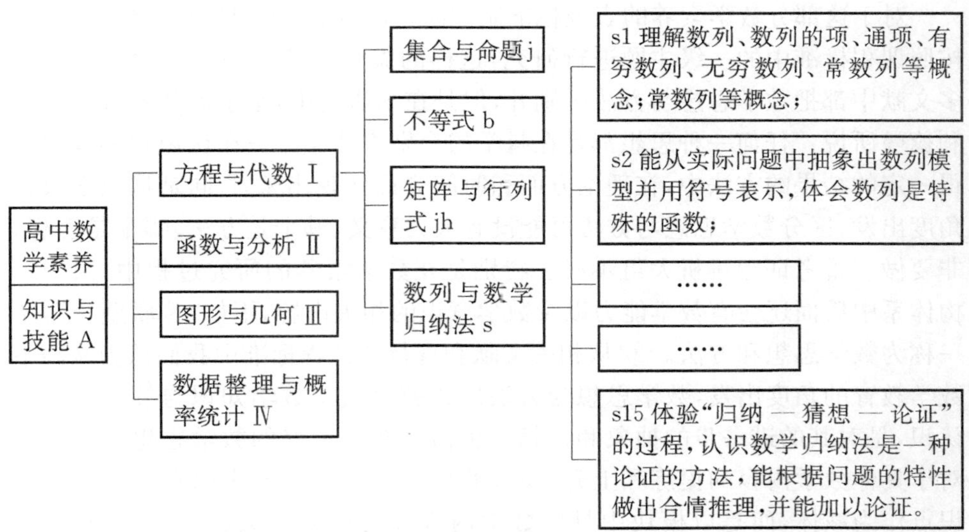

图 2

希望学生能够用数学具体的知识来了解数学，用多种方法来表示数学知识（如数、图形、符号、图表、词语等），以及向他人解释来显示对数学知识的掌握。

样例说明：已知数列 $\{a_n\}$ 的通项公式为 $a_n=n^2-5n+4$；(1) 数列中有多少项是负数？(2) n 为何值时，a_n 有最小值？并求出最小值。 **AⅠs1AⅠs2**

解：(1) 令 $a_n=n^2-5n+4<0$，解得 $1<n<4$，又 $n\in\mathbf{N}^*$，

所以 $n=2$，3，即数列中只有两项是负数。

(2) $a_n=n^2-5n+4=\left(n-\dfrac{5}{2}\right)^2-\dfrac{9}{4}$，其对称轴 $n=\dfrac{5}{2}$，又 $n\in\mathbf{N}^*$，

所以当 $n=2$ 或 3 时，a_n 取最小值，最小值为 -2。

其中符号 s1、AⅠs1 具体含义：s1 表示“数列与数学归纳法”中数学素养在知识与技能方面的第一条解释；s2 表示“数列与数学归纳法”中的数学素养表现的第二条解释；A 表示的是数学素养的知识与技能，Ⅰ表示的是课程标准中五大模块的方程与代数模块。

（二）数学思想与方法

在我们研究的范畴里数学素养中数学的思想与方法是数学知识的抽象，是知识与技能赖以转化为数学能力的桥梁。数学的思想是具体的在数学活动过程中解决问题的基本观点和根本想法，是对数学知识与数学方法的抽象和概括；数学的方法是在数学活动过程中所选择的途径和方式、采用的手段和实施的操作的总和。简单而言本研究中的数学思想与方法，指的是高中数学学习中的一些具体思维方式或是解决数学问题中的实际方法。

对于这部分数学素养的表现标准制定时，我们区别于知识与技能，是直接按照课程标准中的一级主题进行研究，这样的做法是基于如下的考虑：① 很多文献中都把数学思想与方法区别开，但是在本研究中，基于苏联教育专家弗利德曼所说：“任何一种思想都是在科学的个别方法中——在认识和实践中获得一定的结果的方法中，在理论方面和时间方面体现出来。”同是从数学教育角度出发，区分数学思想与方法可能没有太大意义，哪个是方法、哪个是思想，非要做一番考证和辨析大可不必。特别是在数学素养的研究过程中，因为结构体系中后面还会有数学能力以及数学意识的相关内容，不如“珠联璧合”，统一称为数学思想和方法。② 从相关文献和现行的课程标准中我们认为从高中数学教育的角度出发，数学思想与方法应该就是关于数学知识与技能的本质认识，是对其的进一步的抽象和概括。也由于数学素养的数学思想与方法是对于具体数学内容的提炼和上升，所以我们的研究工作不再以具体的数学知识点作为载体，而是以模块中具体数学内容分类作为对象进行研究和编码。具体参看图 3。

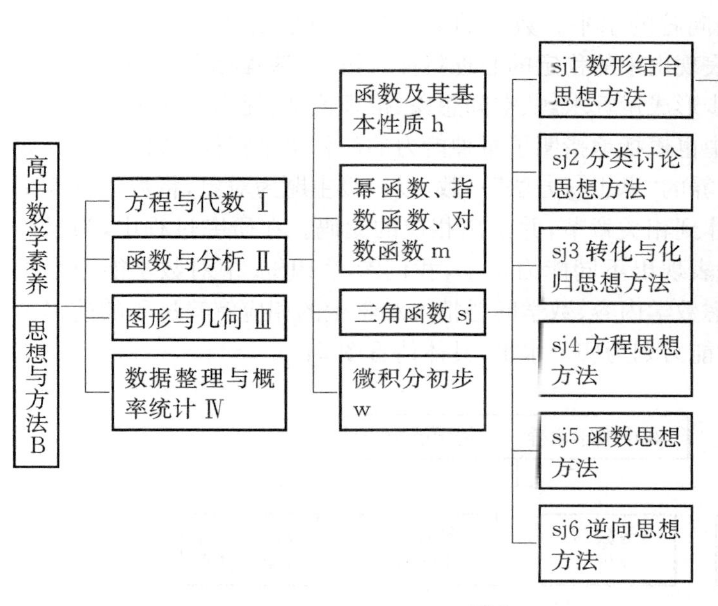

图 3

样例说明：求不等式 $\sin|x|>|\cos x|$ 在 $[-\pi, \pi]$ 上的解集。 **BⅡsj1**

解：设 $y_1=\sin|x|$，$y_2=|\cos x|$，在同一坐标系中作出在 $[0, \pi]$ 上两函数图像，在 $[0, \pi]$ 上，解得 $x=\frac{\pi}{4}$ 或 $x=\frac{3\pi}{4}$，故由图 4 得，要使得 $y_1>y_2$，即 $\frac{\pi}{4}<x<\frac{3\pi}{4}$。

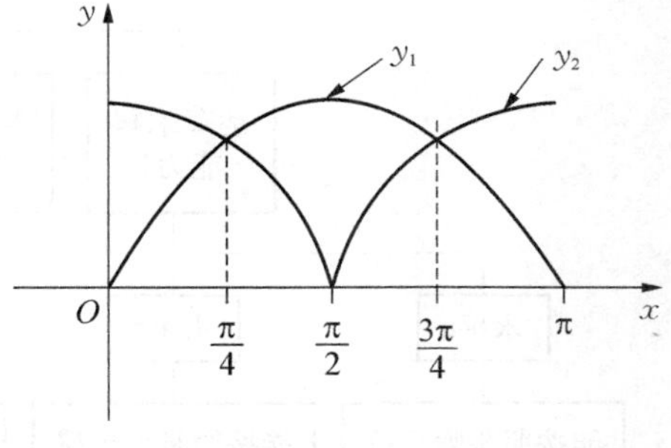

图 4

由于 $y_1=\sin|x|$，$y_2=|\cos x|$ 在 $[-\pi, \pi]$ 上为偶函数，故在 $[-\pi, 0]$ 上的解为 $-\frac{3\pi}{4}<x<-\frac{\pi}{4}$，得原不等式的解集为 $\left(-\frac{3\pi}{4}, -\frac{\pi}{4}\right)\cup\left(\frac{\pi}{4}, \frac{3\pi}{4}\right)$。

其中符号 sj1，BⅡsj1 具体含义：sj1 表示“三角函数”中的数学素养在思想与方法方面的第一种类型。B 表示的是数学素养的思想与方法，Ⅱ表示的是课程标准中五大模块的函数与分析模块。

（三）数学思维品质和解决问题的能力

数学思维品质和解决问题的能力是发展数学素养的关键，也是个人能顺利完成数学活动所必须具备的，而且是直接影响其活动效率的一种个性心理品质，它反映运用数学解决问题的水平。数学的能力是在数学活动中逐步形成和发展，并在数学活动中表现出来的稳定的心理特征。按照《课程标准》的要求，通过数学课程的学习，逐步形成运算求解、空间想象、推理论证、提出与解决问题等数学能力，在课程标准中也概括地指明了每种能力的四种水平特征，我们的研究方式基本与研究数学素养的“思想与方法”一致，以一级主题为对象，将数学素养中的数学能力水平，具体到相关章节，并给出相应的编码。在研究过程中，为了体现学生在数学学习中表现出不同能力水平，我们参考 PISA 中对数学能力水平的划分，即在均衡考虑数学内容、数学问题情境和学生的相应解答过程的前提下将每一项具体的数学能力划为四个水平，具体请看图 5：

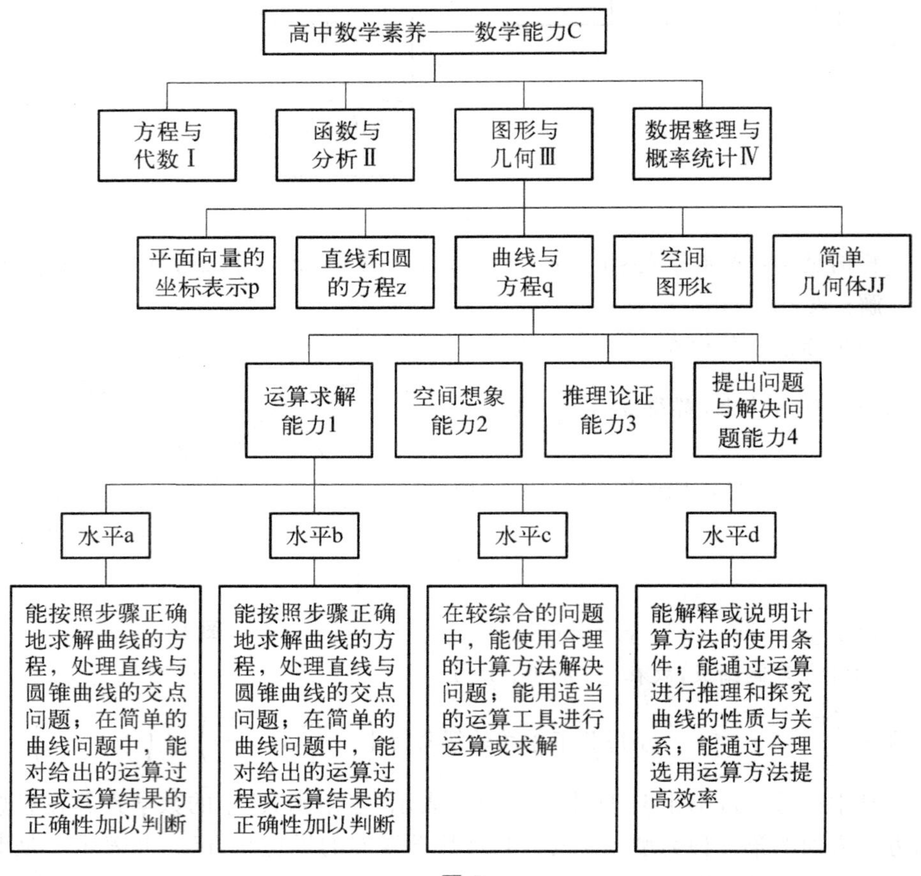

图 5

作为图形与几何模块中曲线与方程的运算求解能力 b 水平，我们给出样例：

设 F_1，F_2 是椭圆 $\frac{4x^2}{49}+\frac{y^2}{6}=1$ 的两个焦点，P 是椭圆上的点，且 $|PF_1|:|PF_2|=4:3$，求 $\triangle PF_1F_2$ 的面积。

解： 由于 $|PF_1|+|PF_2|=7$，且 $|PF_1|:|PF_2|=4:3$，得 $|PF_1|=4$，$|PF_2|=3$，又 $|F_1F_2|=2c=2\sqrt{\frac{49}{4}-6}=5$，显然 $|PF_1|^2+|PF_2|^2=|F_1F_2|^2$，所以 $\triangle PF_1F_2$ 是以 PF_1，PF_2 为直角边的直角三角形，从而所求 $\triangle PF_1F_2$ 的面积为 $S=\frac{1}{2}|PF_1|\times|PF_2|=\frac{1}{2}\times4\times3=6$。

在样例中加以编号 CⅢq1b，其含义 C 表示数学素养中的数学能力，Ⅲ表示图形与几何模块，q 表示曲线与方程这一章节，1 表示运算求解能力，b 表示该数学能力的较低水平。总体而言，CⅢq1b 代表数学素养中的曲线方程中运算求解能力的 b 水平。

五、说明

2014 年，我和复旦大学附属中学一群志同道合的老师们——张晴帆老师、冯璟老师、冯源老师、张建国老师、李朝晖老师、肖恩利老师一起组成立了“提升高中生数学素养模式研究”团队，我成为了这个团队的领衔人，我们团队也有幸成为了上海市首批该团队成为首批上海市中小学(幼儿园)中青年骨干教师团队发展计划 32 支团队中的一员。我们团队着重于研究以下三个问题：① 高中生的数学素养内涵是什么？② 高中生的数学素养表现标准是什么？③ 高中生的数学素养现状如何？

团队采用了历史研究法、问卷调查法、德尔菲专家咨询法等，首先从历史中数学素养的研究中分析了数学素养的构成要点，最终以上海高中数学课程标准为基础，分析得出基于课程标准的高中生数学素养的涵义和构成要素，完成了高中数学的五大模块 19 个章节，共 309 课时的全部内容基于数学素养培养的表现标准的制定，而这些标准的制定是由我们团队成员协作完成的：不等式、数列与数学归纳法由张晴帆老师完成；矩阵行列式、三角函数由冯璟老师完成；空间图形、复数由张建国老师完成；数据整理与概率统计、微积分初步由李朝晖老师完成，解析几何由肖恩利老师完成，其余部分由我完成。由于时间关系和出版社的具体要求，最终由我将原来团队的研究成果——“高中生数学素养表现标准”进行重新梳理结构和添加相关内容形成该书。

该书试图就高中生的数学素养在数学课程标准与现实操作之间为更多教师

建立真实链接，聚焦于高中生数学素养在每个数学专题、模块、章节上的具体“表现”，并希望为教师教学实践提供借鉴与参考，但由于认识，水平有限，谬误疏漏在所难免，不足之处希望得到教育界同仁指正。

杨丽婷

2018 年 3 月

目　录

模块一　方程与代数

第一部分　集合与命题

本部分内容是学习集合的有关概念及其表示方法、集合之间的关系及基本运算，学习与集合有关的一些逻辑初步知识等. 集合是一种重要的数学思想，也是一种语言，贯穿在整个高中数学内容中. 集合概念可以通过对现实生活和数学实例的观察分析概括得到，集合是由元素确定的，认识元素与集合之间、集合与集合之间的关系是学习集合的基本方法. 本主题的学习有助于用集合语言表示现实生活实例和数学对象，感受数学符号化的简明，体会数学抽象和逻辑推理的作用.

一、基础知识与基本技能掌握要求

AⅠj1 识别和说出集合的意义和常用数集的记号

AⅠj2 能够运用生活中和数学中的实例，说明集合的意义

AⅠj3 懂得根据实数的分类用符号表示某些实数是否属于某个特殊的数集

AⅠj4 理解元素与集合的关系以及集合中元素的性质，懂得将其用符号表示

AⅠj5 能够用文氏图表示集合间的关系

AⅠj6 会用“列举法”和“描述法”来表示集合，体会数学抽象的意义

AⅠj7 理解集合之间的包含关系，掌握子集的概念

AⅠj8 掌握集合的“交”“并”“补”等运算，知道有关的基本运算性质

AⅠj9 理解否命题、逆否命题，认识命题的四种形式及其相互关系

AⅠj10 建立命题与集合之间的联系

AⅠj11 理解充分条件、必要条件、充分必要条件的意义，会分析四种命题的相互关系

AⅠj12 能在简单的问题情景中判断条件的充分性、必要性，或充分必要性

AⅠj13 建立子集与推出关系之间的联系，初步体会利用集合知识有助于理解逻辑关系

AⅠj14 能够用集合思想去观察、思考、表述和解决一些简单的实际问题

AⅠj15 能够合理地使用集合语言表示数学对象，能在文字语言、图形语言、符号语言之间进行转换

AⅠj16 认识集合语言的简洁性、准确性和广泛应用性，增强符号感知的意识，体会文字语言、图形语言、符号（集合）语言之间转换的价值

AⅠj17 体会符号（集合）语言在数学表达和论证中的作用，感悟数学抽象的意义

AⅠj18 全称量词符号表示全称命题，能够用特称量词符号表述特称命题

AⅠj19 会判断全称命题和特称命题的真假

AⅠj20 正确理解命题“$\neg P$”真假的规定和判定

AⅠj21 简洁、准确地表述命题“$\neg P$”

AⅠj22 理解容斥原理，会用容斥原理解决实际问题

实例

例 1 若集合 $M=\{x, 3, 1\}$，$N=\{1, x^2\}$，且 $M\cup N=\{x, 3, 1\}$，则满足条件的实数的个数有多少个？ **AⅠj8**

解： 因为 $M\cup N=M$，所以 $N\subseteq M$，

当 $x^2=x$ 时，$x=0$ 或 $x=1$，由于集合元素的互异性、无序性，得 $x=0$；当 $x^2=3$ 时，$x=\pm\sqrt{3}$

故满足条件的实数 x 有 3 个.

例 2 已知集合 $A=\{y \mid |y|=x^2-1, x, y\in \mathbf{R}\}$，$B=\{x \mid |y|=x^2-1, x, y\in \mathbf{R}\}$

$C=\{(x, y) \mid |y|=x^2-1, x, y\in \mathbf{R}\}$，$D=\{x \mid |y|=x^2-1, x\in \mathbf{N}\}$

$E=\{(x, y) \mid |x|+|y|\leqslant 4, x, y\in \mathbf{R}\}$，$F=\{(x, y) \mid x^2+y^2\leqslant 16, x, y\in \mathbf{R}\}$

(1) 集合 A、B、C 是同一集合吗？

(2) 集合 B、D 是同一集合吗？

(3) 集合 E、F 是同一集合吗？ **AⅠj10**

解： 集合 A、B、C 不是同一集合，$B\subsetneqq A$.

集合 B、D 不是同一集合.

集合 E、F 不是同一集合.

例 3 设 Q、P 为两个非空集合，定义集合 $P+Q=\{a+b \mid a\in P, b\in$

$Q\}$，若 $P=\{0, 2, 5\}$，$Q=\{1, 2, 6\}$，则 F 的非空子集的个数为多少个？ **AⅠj7**

解：$P+Q=\{1, 2, 3, 4, 6, 7, 8, 11\}$，所以，$P+Q$ 的非空子集的个数为 $2^9-1=255$ 个.

例 4　已知全集 $U=\mathbf{R}$，$A=\{y \mid y=x^2+2x+2, x\in\mathbf{R}\}$，$B=\{x \mid x^2+2x-8\geqslant 0\}$，求：

(1) $A\text{I}B$；(2) $A\cup B$；(3) $A\cup \complement_U B$；(4) $\complement_U A\cap \complement_U B$ **AⅠj8**

解：$A\cap B=\{x \mid x\geqslant 2\}$，$A\cup B=\{x \mid x\leqslant -4$ 或 $x\geqslant 1\}$，$A\cup \complement_U B=\{x \mid x>-4\}$，$\complement_U A\cap \complement_U B=\{x \mid -4<x<1\}$

例 5　指出集合 $A\cap B$ 与 $A\cup B$ 的关系，并说明理由. **AⅠj1**

解：$A\cap B\subseteq A\cup B$，当且仅当 $A=B$ 时，$A\cap B=A\cup B$.

例 6　"$x^2=1$"是"$x=1$"成立的条件 **AⅠj11**

解：必要非充分.

例 7　求关于 x 的方程 $ax^2+2x+1=0$ 至少有一个负实根的充要条件 **AⅠj13**

解：$a\leqslant 1$.

例 8　"a，b 都不是偶数"是"$a+b$ 不是偶数"的条件 **AⅠj9**

解：既非充分也非必要.

例 9　$A=\{0, 1\}$，$B=\{x \mid x\subseteq A\}$，则(1) 集合 A 与集合 B 的关系，(2) 用列举法表示集合 B. **AⅠj14**

解：(1) $A\in B$，(2) $B=\{\varnothing, \{0, 1\}, \{0\}, \{1\}\}$.

例 10　已知 $P=\{x \mid |x-a|<4\}$，$Q=\{x \mid x^2-4x+3<0\}$，且 $x\in P$ 是 $x\in Q$ 的必要条件，求实数 a 的取值范围. **AⅠj12**

解：$a-4\leqslant 1<3\leqslant a+4$，$-1\leqslant a\leqslant 5$

例 11　旅游车上乘坐着日本、美国、法国三个国家的游客，现知道日本游客有 18 人，法国游客有 9 人，成年男游客中美国游客 5 人，法国游客 3 人；成年女游客中法国游客 3 人，日本游客 5 人；男孩中日本 3 人，美国 2 人；女孩中美国 2 人，法国 1 人；还知道成年女游客比成年男游客少 2 人，而男孩与女孩一样多，求美国游客的人数. **AⅠj16　AⅠj22**

解：美国游客 13 人.

例 12　珠宝店丢失了一件珍贵珠宝，以下 4 人只有一个人说真话，只有一个人偷了珠宝.

甲：我没有偷；乙：丙是小偷；丙：丁是小偷；丁：我没有偷. 那么，说真话的

人是谁？偷珠宝的人是谁？ **A Ⅰ j16 A Ⅰ j20 A Ⅰ j21**

解：说真话的人是丁，偷珠宝的人是甲.

二、思想方法分类阐释

B Ⅰ j1 分类讨论思想 集合的运算中端点大小的比较，集合关系判断中不同字母元素的联系等.

例 1 设函数 $f(x)=ax^2+8x+3(a<0)$ 对于给定的负数 a，有一个最大的正数 $l(a)$，使得在区间 $[0, l(a)]$ 上，不等式 $|f(x)|\leqslant 5$ 都成立. 问：a 为何值时，$l(a)$ 最大？求出最大的 $l(a)$，证明你的结论.

解：由 $|f(x)|\leqslant 5$ 得 $-5\leqslant ax^2+8x+3\leqslant 5$，则 $\begin{cases}ax^2+8x+8\geqslant 0 & ①\\ ax^2+8x-2\leqslant 0 & ②\end{cases}$

由①，$\Delta=64-32a>0$ 因为 $a<0$，则 $-\dfrac{4}{a}-\sqrt{\dfrac{16-8a}{a^2}}\leqslant x\leqslant -\dfrac{4}{a}+\sqrt{\dfrac{16-8a}{a^2}}$

取从 0 开始的非负解区间（不间断）为 $0\leqslant x\leqslant -\dfrac{4}{a}+\sqrt{\dfrac{16-8a}{a^2}}$ ③

对于②，有两种情况：

（1）当 $a\leqslant -8$ 时，②式化为 $a\left(x+\dfrac{4}{a}\right)^2-\dfrac{2(8+a)}{a}\leqslant 0$ ④ 其解集为 $x\in\mathbf{R}$

所以④与③的交集为③，故 $l(a)$ 为 $f(x)=-5$ 的大根，即

$$l(a)=-\frac{4}{a}+\sqrt{\frac{16-8a}{a^2}}=\frac{-4-\sqrt{16-8a}}{a}=\frac{4}{\sqrt{4-2a}-2}(a\leqslant -8)$$

$$\leqslant\frac{4}{\sqrt{4-2(-8)}-2}=\frac{2}{\sqrt{5}-1}=\frac{\sqrt{5}+1}{2}$$

当且仅当 $a=-8$ 时取等号

（2）当 $-8\leqslant a\leqslant 0$ 时，由④解得 $x\geqslant -\dfrac{4}{a}+\sqrt{\dfrac{16+2a}{a^2}}>-\dfrac{4}{a}$ 或 $x\leqslant -\dfrac{4}{a}-\sqrt{\dfrac{16+2a}{a^2}}$ ⑤，

此时③与⑤的交集

此时 $l(a)$ 为 $f(x)=5$ 的小根，

$$l(a)=-\frac{4}{a}-\sqrt{\frac{16+2a}{a^2}}=\frac{-4+\sqrt{16+2a}}{a}$$
$$=\frac{2}{\sqrt{16+2a}+4}(-8\leqslant a<0)$$
$$\leqslant\frac{2}{\sqrt{16+2(-8)}+4}=\frac{1}{2}$$

当且仅当 $a=-8$ 时取等号

故 $l(a)=\begin{cases}\dfrac{2}{\sqrt{16+2a}+4}, a\in[-8, 0)\\ \dfrac{4}{\sqrt{4-2a}-2}, a\in(-\infty. -8]\end{cases}$

且由 $\frac{1}{2}<\frac{\sqrt{5}+1}{2}$ 知，当 $a=-8$ 时，$l(a)$ 有最大值 $\frac{\sqrt{5}+1}{2}$.

BIj2 数形结合思想 利用文氏图可以将问题化抽象为直观，清晰地发现各个元素和集合或集合和集合之间的关系.

例 2 如果全集 U 含有 12 个元素，P、Q 都是 U 的子集，$P\cap Q$ 中含有 2 个元素，$\complement_U P\cap\complement_U Q$ 含有 4 个元素，$\complement_U P\cap Q$ 含有 3 个元素，则 P 含有多少个元素？Q 含有多少个元素？

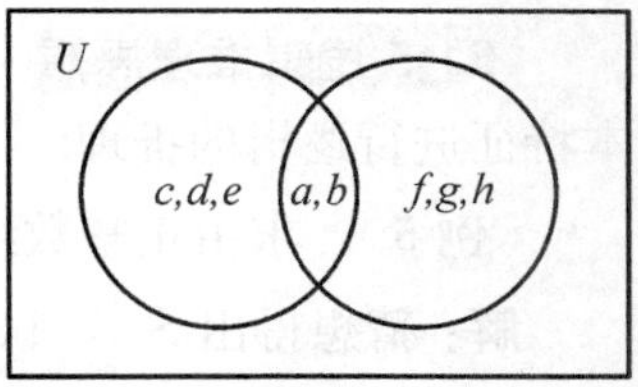

例 2 图

解：如图所示，由表示集合 U、P、Q 的图形可得 P、Q 中各有 5 个元素.

BIj3 化归思想 集合中某些交并补等运算与集合关系 $A\subseteq B\Leftrightarrow A\cap B=A$ 的等价转化；原命题与其逆否命题等等价命题的等价转化；甲是乙的充分条件 $\Leftrightarrow$ 乙是甲的必要条件等充要条件判断中的等价转化.

例 3 已知集合 $A=\{x\mid x^2-3x+2=0\}$，$B=\{x\mid x^2-ax+a-1=0\}$，$C=\{x\mid x^2-bx+2=0\}$，若 $A\cup B=A$，$A\cap C=C$，求实数 a，b 的值.

解：$a=2$ 或 3，$b=3$ 或 $b\in(-2\sqrt{2}, 2\sqrt{2})$

BIj4 构造思想 用构造的新集合解释原问题中集合中元素的新颖含蓄的关系或性质.

例 4 试构造函数 $f(x)$，其定义域为 $(0, 1)$，值域为 $[0, 1]$，集合

$\{x \mid f(x)=a, a \in [0, 1]\}$ 只有一个元素.

解析：令 $f(x)=\begin{cases} h(x), x \in \mathbf{Q} \cap (0, 1) \\ x, x \in \complement_R \mathbf{Q} \cap (0, 1) \end{cases}$，下面构造满足条件的 $h(x)$：

(1) 将 $(0, 1)$ 中的有理数 $\frac{q}{p}$($q<p$，即既约真分数)排序：先按分母排序，同分母按分子排序，同分母按分子排序，则排序唯一可数：$\frac{1}{2}$，$\frac{1}{3}$，$\frac{2}{3}$，$\frac{1}{4}$，$\frac{3}{4}$，…

(2) 将 $[0, 1]$ 中的有理数排序：0，1 在排序之前，即 0，1，$\frac{1}{2}$，$\frac{1}{3}$，$\frac{2}{3}$，$\frac{1}{4}$，$\frac{3}{4}$，…

(3) $h(x)$ 将(1)(2)中排序的数字一一对应，即：$h\left(\frac{1}{2}\right)=0$，$h\left(\frac{1}{3}\right)=1$，$h\left(\frac{2}{3}\right)=\frac{1}{3}$，…，显然对于任意 $a \in [0, 1]$，$f(x)=a$ 只有一解，即集合 $\{x \mid f(x)=a, a \in [0, 1]\}$ 只有一个元素.

BIj5 逻辑推理思想 依据集合的子、交、并、补的定义与集合关系的三个基本特征进行逻辑的推理.

例 5 求由正整数组成的集合 S，使得 S 中的元素之和等于元素之积.

解：猜想得出 $S=\{1, 2, 3\}$，下面证明之：

由集合的无序性、互异性和题设令 $S=\{x_1, x_2, \cdots, x_n\}$($x_n \in \mathbf{N}^*$，$n \in \mathbf{N}^*$，$n \geqslant 2$)，不妨设 $1 \leqslant x_1 < x_2 < \cdots < x_n$，有题设可知 $x_1+x_2+\cdots+x_n=x_1 \cdot x_2 \cdots x_n$，结合以上两式可得：

$nx_1 < x_1 \cdot x_2 \cdots x_n < nx_n \Rightarrow x_1 \cdot x_2 \cdots x_{n-1} < n$

$x_1 \cdot x_2 \cdots x_{n-1} \geqslant (n-1)! \Rightarrow n > (n-1)(n-2)$ 解得 $2-\sqrt{2} < n < 2+\sqrt{2}$，因为 $n \in \mathbf{N}^*$，$n \geqslant 2$，所以 $n=2$ 或 3，$x_2<2$，所以 $x_1=1$，$1+x_2=1$，$x_2=0$ 矛盾，$n=2$ 舍去，$n=3$ 时，$x_1x_2<3$，而 $1 \leqslant x_1 < x_2 \Rightarrow x_1=1$，$x_2=2$，$x_3=1$，综上，符合题设集合 $S=\{1, 2, 3\}$.

BIj6 反证法 对于否定性命题的证明通常考虑反证法，假设求证的结论反面成立，通过逻辑推理得出的“新”的结果和定理、题设等发生矛盾，从而说明假设不成立，从而假设的反面即原命题成立.

例 6 定义闭集合 S：若 a，$b \in S$，则 $a+b \in S$，$a-b \in S$. 求证：对

于任意两个闭集合 S_1，$S_2 \subsetneqq \mathbf{R}$，存在 $c \in \mathbf{R}$. 但 $c \notin S_1 \cup S_2$.

证明：假设不存在 $c \in \mathbf{R}$，但 $c \notin S_1 \cup S_2$，于是对于任意的 $x \in \mathbf{R}$，则 $x \in S_1 \cup S_2$，所以 $S_1 \cup S_2 = \mathbf{R}$，因为 S_1，$S_2 \subsetneqq \mathbf{R}$，所以 $S_1 \neq S_2$，则必存在 $a_1 \in S_1$，$a_1 \notin S_2$；$a_2 \in S_2$，$a_2 \notin S_1$，若 $a_2 - a_1 \in S_1$，则 $(a_2 - a_1) + a_1 \in S_1$，矛盾；若 $a_2 - a_1 \in S_2$，则 $a_2 - (a_2 - a_1) = a_1 \in S_2$，矛盾. 故假设不成立，即存在 $c \in \mathbf{R}$，但 $c \notin S_1 \cup S_2$.

BIj7 特殊化思想 即列举法，不仅适合用于有限集，而且适合用于无限集，可以利用特取的方法找出若干个元素进而发现规律.

例 7 设集合 X 是实数集 $\mathbf{R}$ 的子集，如果 $x_0 \in \mathbf{R}$ 满足：对于任意 $a > 0$ 都存在 $x \in X$，使得 $0 < |x - x_0| < a$，那么称 x_0 为集合 X 的聚点. 用 $\mathbf{Z}$ 表示整数集，则在下列集合：

(1) $\left\{\dfrac{n}{n+1} \middle| n \in \mathbf{Z}, n \geqslant 0\right\}$，(2) $\mathbf{R} \backslash \{0\}$，(3) $\left\{\dfrac{1}{n} \middle| n \in \mathbf{Z}, n \neq 0\right\}$，(4) 整数集 $\mathbf{Z}$ 中，以 0 为聚点的集合有哪些？

解析：观察集合(2)(3)易知是以 0 为聚点.

集合(1)：分别取 $n = 0, 1, 2, 3, \cdots$，得 $\left\{0, \dfrac{1}{2}, \dfrac{2}{3}, \dfrac{3}{4}, \cdots\right\}$，若取 $a = \dfrac{1}{3}$，则不存在 $x \in \left\{\dfrac{n}{n+1} \middle| n \in \mathbf{Z}, n \geqslant 0\right\}$，满足 $0 < |x - 0| < \dfrac{1}{3}$，同理，对于集合(4)，取 $a = \dfrac{1}{2}$ 即可.

三、能力水平划分

集合与命题	水平 a	水平 b	水平 c	水平 d
运算求解能力 1	能正确按集合运算法则进行集合的交、并、补等运算求解；在简单的数学问题中，能对给出的集合的运算过程或运算结果的正确性加以判断	能灵活地调用集合交、并、补等运算规则、集合关系等性质等进行运算求解；能理解集合运算公式、法则与性质的依据，并明确其运用时的使用条件；能根据具体的数学问题情境合理选择集合的运算方式	在较综合的集合问题情境中，有意识地通过多步骤的形式有效地解决与集合的运算、性质等相关的问题；能解释集合运算公式、法则等使用条件的依据与条件，做到言之有据	能将集合运算与性质等进行推理和探究

续　表

集合与命题	水平 a	水平 b	水平 c	水平 d
空间想象能力 2	能通过文氏图的表示集合、集合的关系、运算等	明确文氏图表示的集合语言	能用文氏图、数轴、函数图像等图形揭示集合问题的本质	
推理论证能力 3	能对简单数学命题的真假、条件的充分性、必要性作出直接或间接的判断，并能给出简要的说明	能理解某个较简单数学真命题的推理或论证过程； 能判断该推理或论证过程是否正确	能运用已知的定理、性质、推论等对数学真命题进行完整的数学证明； 能根据数学问题的特性做出合情推理，并能加以论证	能合理转化问题，自觉寻找或设计推理论证途径对数学结论进行证明； 能严谨地合理运用不同的论证方法
提出与解决问题能力 4	能在一定的条件下抽象出或提出简单的数学问题；能较准确借助集合的语言表达简单的数量关系或事实	能运用适当的集合语言、命题形式等不同的数学语言解决某些日常生活情境中的具体问题	能从真实情境中发现问题，并用集合语言等将其表述成较规范的数学问题形式或数学模型，并通过完整实施各步骤逐步解决问题	能较为熟练地运用集合语言抽象、准确地表达数学问题； 能尝试形成分析和解决此类问题的一些典型方法，并能给予解释、说明或推广

实例

例 1　设全集 $U=R$，集合 $A=\{x \mid -5<x<2\}$，$B=\{x \mid x\leqslant 0$ 或 $x\geqslant 3\}$，求 $A\cap(\complement_U B)$　**C[j1a**

解：$A\cap(\complement_U B)=\{x \mid 0<x<2\}$

例 2　已知集合 $A=\{-1, 2\}$，$B=\{x \mid mx+1=0\}$，若 $A\cup B=A$，则实数 m 的值是(　　).　**C[j1b**

A. $-\frac{1}{2}$　　B. 1　　C. $-\frac{1}{2}$ 或 1　　D. 0 或 1 或 $-\frac{1}{2}$

答案：D.

解析：由 $A\cup B=A$，得 $B\subseteq A$. 因为 $A=\{-1, 2\}$，所以 $B=\varnothing$ 或 $\{-1\}$ 或 $\{2\}$.

所以方程 $mx+1=0$ 的根的情况可以是(1) 无实根；(2) $x=-1$；(3) $x=2$. 相应解得 $m=0$ 或 1 或 $-\frac{1}{2}$.

例 3　设 $A=\{a_1, a_2, a_3, a_4, a_5\}$，$B=\{a_1^2, a_2^2, a_3^2, a_4^2, a_5^2\}$，其中 $a_i(1\leqslant i\leqslant 5)$ 为自然数，且 $a_1<a_2<a_3<a_4<a_5$ 并满足 $A\cap B=\{a_1, a_4\}$，$a_1+a_4=10$，$A\cup B$ 中的元素之和为 256，求集合 A.　**C[j1c**

解：因为 $A\cap B=\{a_1, a_4\}$，$a_1<a_2<a_3<a_4<a_5$，所以 $a_1=a_1^2$，即 $a_1=1$，由 $a_1+a_4=10$，得 $a_4=9$

设 $a_4=9=a_i^2(2\leqslant i\leqslant 5)$，则有 $a_i=3$. 所以 $a_2=3$ 或 $a_3=3$

(1) 当 $a_3=3$ 时，则 $a_2=2$，此时有 $A=\{1, 2, 3, 9, a_5\}$，$B=\{1, 4, 9, 81, a_5^2\}$，

由已知 $a_5\neq a_5^2$，且 $A\cap B=\{1, 9\}$，所以有：$a_5^2+a_5-156=0$，$a_5=12$，所以 $A=\{1, 2, 3, 9, 12\}$

(2) 当 $a_2=3$ 时，有：$A=\{1, 3, a_3, 9, a_5\}$，$B=\{1, 9, a_3^2, 81, a_5^2\}$，

同(1)有 $(1+3+a_3+9+a_5)+(1+9+a_3^2+81+a_5^2)-(1+9)=256$，即有：$a_5^2+a_5+a_3^2+a_3-162=0$ (＊)

因为 $a_2<a_3<a_4$，所以 $3<a_3<9$.

对于 $a_3=4, 5, 6, 7, 8$ 时，通(＊)式计算，只有当 $a_3=5$ 时，a_5 有大于 9 的整数解 $a_5=11$.

综上所求集合为 $A=\{1, 3, 5, 9, 11\}$ 或 $A=\{1, 2, 3, 9, 12\}$.

例 4　若集合 A_1、A_2 满足 $A_1\cup A_2=A$，则称 (A_1, A_2) 为集合 A 的一种分拆，并规定：当且仅当 $A_1=A_2$ 时，(A_1, A_2) 与 (A_2, A_1) 为集合 A 的同一种分拆，则集合 $A=\{1, 2, 3\}$ 的不同分拆种数是________种；进一步，集合 $A=\{1, 2, \cdots, n\}$ 的不同分拆种数是________种.　**C[j1d**

答案：27；3^n.

例 5　已知 **I** 是全集，非空集合 P、Q 满足 $P\subsetneqq Q\subsetneqq I$. 若含 P、Q 的一个集合运算表达式，使运算结果为空集 $\varnothing$，则这个运算表达式可以是__________.（只要写出一个表达式）　**C[j1a　C[j2a**

答案：$P\cap \complement_I Q$.

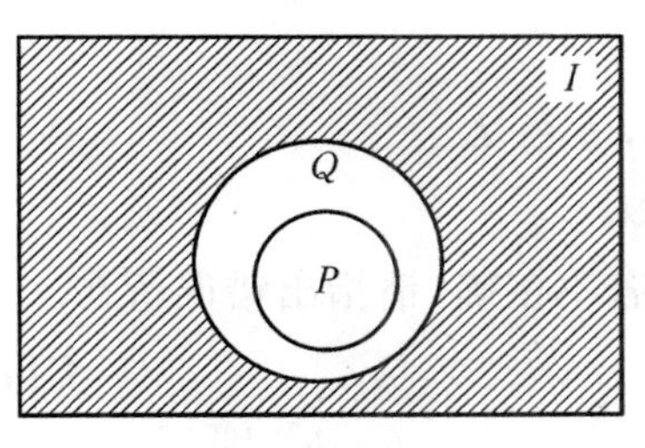

例 5 图

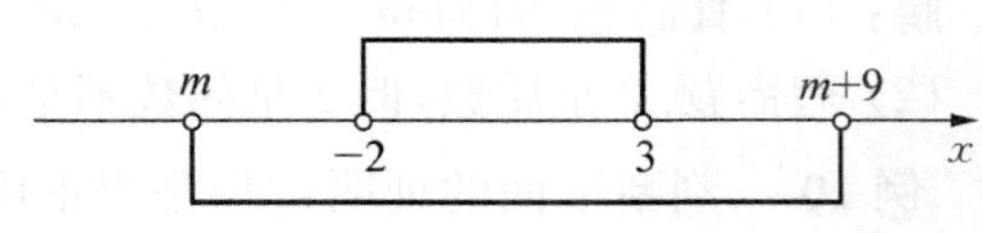

例 6 图

例 6　已知集合 $A=\{x\mid x^2-x-6<0\}$　$B=\{x\mid 0<x-m<9\}$，

若 $A \cup B = B$，求实数 m 的取值范围. C I j2a

解：因为 $A = \{x \mid -2 < x < 3\}$　$B = \{x \mid m < x < m + 9\}$

因为 $A \cup B = B$ 所以 $A \subseteq B \begin{cases} m \leqslant -2 \\ m + 9 \geqslant 3 \end{cases}$ 所以 $\begin{cases} m \leqslant -2 \\ m \geqslant -6 \end{cases}$ 即 $-6 \leqslant m \leqslant -2$.

例 7　设 I 为全集，S_1、S_2、S_3 是 I 的三个非空子集 $S_1 \cup S_2 \cup S_3 = I$，则下面论断正确的是（　　）. C I j2c

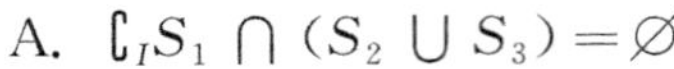

A. $\complement_I S_1 \cap (S_2 \cup S_3) = \varnothing$

B. $S_1 \subseteq (\complement_I S_2 \cap \complement_I S_3)$

C. $\complement_I S_1 \cap \complement_I S_2 \cap \complement_I S_3 = \varnothing$

D. $S_1 \subseteq (\complement_I S_2 \cup \complement_I S_3)$

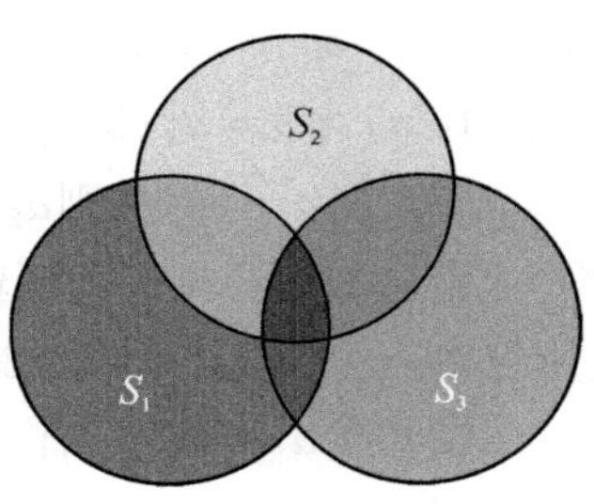

例 7 图

解：如图所示. 所以 $\complement_I S_1 \cap \complement_I S_2 \cap \complement_I S_3 = \complement_I S_1 \cap (\complement_I S_2 \cap \complement_I S_3) = \varnothing$. 故选 C.

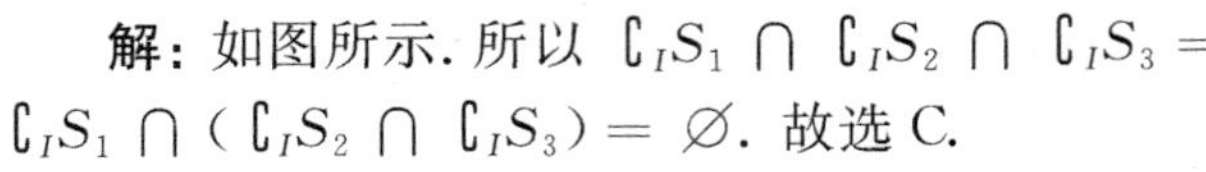

例 8　已知集合 $M = \{(x, y) \mid y = \sqrt{9 - x^2}\}$，$N = \{(x, y) \mid y = x + b\}$，且 $M \cap N = \varnothing$，求实数 b 的取值范围. C I j2c

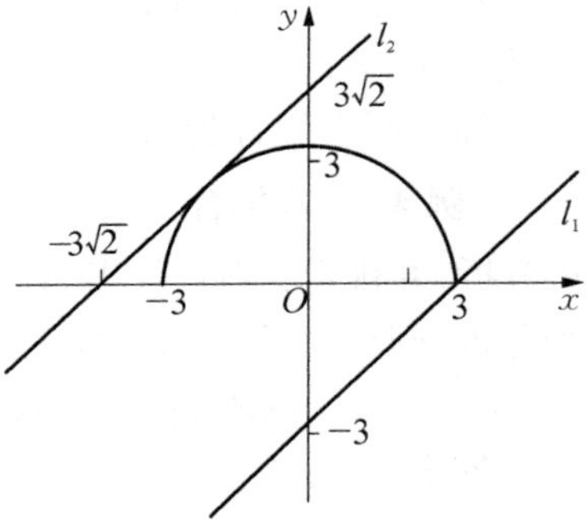

解：因为 $M \cap N = \varnothing$，所以两点集 M 与 N 无公共点，

点集 M 是一个半圆，点集 N 是随 b 变化的一组平行直线.

$y = x + b$ 在 l_1 与 l_2 外侧（不包括 l_1，l_2）时，满足 $M \cap N = \varnothing$

例 8 图

所以 $b < -3$ 或 $b > 3\sqrt{2}$.

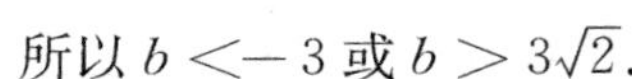

例 9　说明命题的真假： C I j3a

（1）能被 6 整除的数既能被 3 整除也能被 2 整除；

（2）质数都是奇数；

解：（1）真命题. 因为 $6k = 2(3k) = 3(2k)$，$k \in \mathbf{Z}$.

（2）假命题. 2 是质数，但 2 是偶数不是奇数.

例 10　判断下面的证明过程是否正确，若不正确，请指出错误所在. C I j3b

“求证：$2 = 1$. 证明：设 $a = b$，$a^2 = ab$，所以 $a^2 - b^2 = ab - b^2$，即 $(a + b)(a - b) = b(a - b)$. 所以 $a + b = b$，所以 $2b = b$，所以 $2 = 1$.”

解：错误. 在由“$(a + b)(a - b) = b(a - b)$”得到“$a + b = b$”的步骤中，忽

略了“$a-b=0$”的条件，即 $a+b=b$ 不一定成立.

例 11　已知集合 $A=\{x \mid x=4k\pm1,\ k\in\mathbf{Z}\}$，$B=\{x \mid x=2n+1,\ n\in\mathbf{Z}\}$，求证：$A=B$.　**CⅠj3c**

证明：(1) 任取 $x\in A$，则存在 $k\in\mathbf{Z}$，使得 $x=4k\pm1=2(2k)+1$ 或 $=2(2k-1)+1$，因为 $2k$，$2k-1\in\mathbf{Z}$，所以 $x\in B$，即 $A\subseteq B$.

(2) 任取 $x\in B$，则存在 $n\in\mathbf{Z}$，使得 $x=2n+1$，若 n 为奇数，即 $n=2k-1$，$k\in\mathbf{Z}$，$x=2n+1=2(2k-1)+1=4k-1$，所以 $x\in A$；若 n 为偶数，即 $n=2k$，$k\in\mathbf{Z}$，$x=2n+1=2(2k)+1=4k+1$ 即 $B\subseteq A$.

由(1)(2)得，$A=B$.

例 12　已知集合 $P=\{x \mid ax^2+2bx+c=0,\ a\neq0\}$，$Q=\{x \mid dx^2+2ex+f=0,\ d\neq0\}$，且 $2be=ac+df$，

求证：$(P\cup Q)\cap R\neq\varnothing$.

证明：方程 $ax^2+2bx+c=0$ 中 $\Delta_1=4b^2-4ac$，方程 $dx^2+2ex+f=0$ 中 $\Delta_2=4e^2-4df$，

所以 $\Delta_1+\Delta_2=4b^2+4e^2-4\cdot(ac+df)$.

因为 $2be=ac+df$，所以 $\Delta_1+\Delta_2=4b^2+4e^2-8be=4(b-e)^2\geqslant0$.

所以 Δ_1 和 Δ_2 中至少有一个大于等于 0，即方程 $ax^2+2bx+c=0$ 和 $dx^2+2ex+f=0$ 至少有一个有解，所以 $(P\cup Q)\cap R\neq\varnothing$.

例 13　若非空集合. $M\subsetneqq N$，那么“$x\in M$ 或 $x\in N$”是“$x\in M\cap N$”的(　　).　**CⅠj4a**

A. 充要条件　　　　B. 充分不必要条件

C. 必要不充分条件　　　　D. 既不充分也不必要条件

答案：C.

例 14　向 50 名学生调查对 A、B 两事件的态度，有如下结果：赞成 A 的人数是全体的五分之三，其余的不赞成，赞成 B 的比赞成 A 的多 3 人，其余的不赞成；另外，对 A、B 都不赞成的学生数比对 A、B 都赞成的学生数的三分之一多 1 人. 问对 A、B 都赞成的学生和都不赞成的学生各有多少人？　**CⅠj4b**

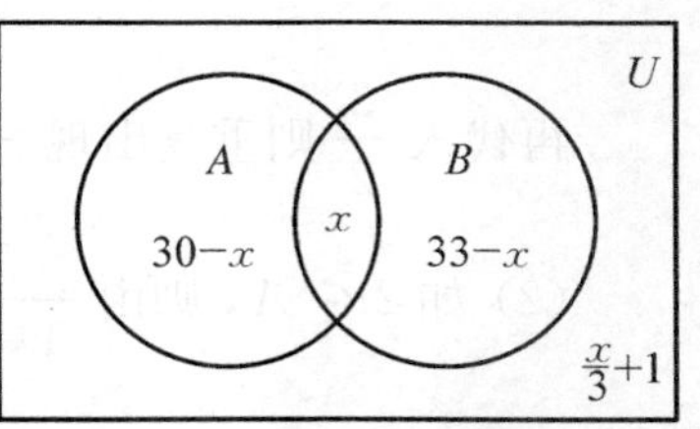

例 14 图

解：赞成 A 的人数为 $50\times\dfrac{3}{5}=30$，赞成 B 的人数为 $30+3=33$(见例图 14)，记 50 名学生组成的集合为 U，赞成事件 A 的学生全体为集合 A；赞成事件 B 的学生全体为集合 B.

设对事件 A、B 都赞成的学生人数为 x，则对 A、B 都不赞成的学生人数为 $\frac{x}{3}+1$，赞成 A 而不赞成 B 的人数为 $30-x$，赞成 B 而不赞成 A 的人数为 $33-x$.

依题意 $(30-x)+(33-x)+x+\left(\frac{x}{3}+1\right)=50$，解得 $x=21$.

所以对 A、B 都赞成的同学有 21 人，都不赞成的有 8 人.

例 15 2006 年寒假，小明为完成社会实践作业，对某校大学生进行调查，结果如下：电脑拥有率为 49%，手机拥有率为 85%，MP3 拥有率为 44%，拥有上述三种物品中两种的占 38%，三种物品齐全的占 25%，那么三种物品中一种也没有的大学生比例为（　　）. **CⅠj4c**

A. 10%　　B. 12%

C. 15%　　D. 27%

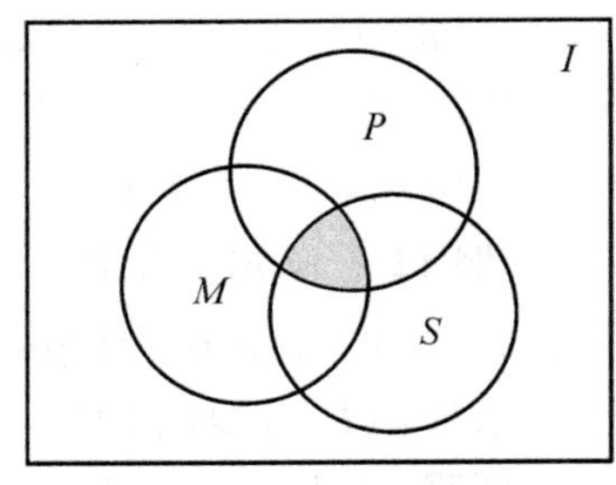

例 15 图

答案：A.

解析： 设 $I=\{$被调查的 100 名大学生$\}$，$M=\{$100 名学生中拥有电脑的学生$\}$，$S=\{$100 名学生中拥有手机的学生$\}$，$P=\{$100 名学生中拥有 MP3 的学生$\}$，要求 $\complement_I(M\cup P\cup S)$ 的元素个数，根据已知条件，先求集合 $M\cup P\cup S$ 中元素的个数较容易. 由图形知 $M\cup P\cup S$ 的元素个数为 $49+85+44-38-2\times25=90$.

所以 $\complement_I(M\cup P\cup S)$ 的元素个数为 10.（$\complement_I$ 即为 I 的补集）.

例 16 数集 A 满足条件：若 $a\in A$，则 $\frac{1}{1-a}\in A(a\neq1)$，

(1) 若 $-2\in A$，试求出集合 A 的所有元素； **CⅠj1a**

(2) 请你设计一个数集 A，然后求出 A 中的所有元素； **CⅠj1d**

(3) 通过(1)(2)你悟出了什么道理？ **CⅠj4d**

解： (1) 由 $-2\in A$，根据规则可得 $\frac{1}{1-(-2)}=\frac{1}{3}\in A$，$\frac{1}{1-\frac{1}{3}}=\frac{3}{2}\in A$，

再代入 $\frac{3}{2}$ 则重复出现 -2，由此可知 A 的所有元素为 -2，$\frac{3}{2}$，$\frac{1}{3}$.

(2) 如 $2\in A$，则由 $\frac{1}{1-a}\in A(a\neq1)$ 知 A 的全部元素为 2，-1，$\frac{1}{2}$.

(3) A 中 3 个元素 a，$\frac{1}{1-a}$，$\frac{a-1}{a}$ 同时出现，这三个元素之积为 -1.

第二部分　不　等　式

学习不等式的基本性质及其证明、两个基本不等式、一元二次不等式(组)及其他一些简单不等式的解法等,这些知识是后继学习函数和其他知识的必要基础.

不等式的基本性质可以通过类比等式的性质获得;学习一元二次不等式及其他一些简单不等式的解法时要借助化归、数形结合和推理论证的方法.本主题的学习有助于认识不等式(组)对于刻画数量关系的意义和价值,感悟不等式、方程和函数之间的联系,体会辩证观点.

一、基础知识与基本技能掌握要求

AⅠb1 理解用两个实数差的符号来规定两个实数大小的意义,建立不等式研究的基础

AⅠb2 能从实际背景中抽象出不等关系,体会不等式的广泛应用,认识相等关系与不等关系是数学中两种基本的数量关系

AⅠb3 通过类比等式的性质探索并证明不等式的基本性质,能举反例说明不等式的某些基本性质中条件的必要性

AⅠb4 掌握不等式的基本性质,能够利用不等式基本性质判断不等关系

AⅠb5 掌握比较法证明不等式的基本思路并能用其证明简单的不等式,体会推理依据的充分性

AⅠb6 掌握两个基本不等式 (1) $a,b\in\mathbf{R}$, $a^2+b^2\geqslant 2ab$　(2) $a,b\in\mathbf{R}^*$, $a+b\geqslant 2\sqrt{ab}$,并会用于解决简单的问题

AⅠb7 能利用实数的非负性推出基本不等式,用基本不等式推导出某些二元不等式,并能解决某些简单问题

AⅠb8 掌握一元二次不等式的解法.能借助对应的二次函数图像和一元二次方程通过数形结合的方法获得其解,用区间表示不等式的解集

AⅠb9 明确一元二次不等式、一元二次方程和二次函数之间的联系,并对它们能相互贯通

AⅠb10 能从实际问题中抽象出一元二次不等式,并利用一元二次不等式的解法得到解集

AⅠb11 掌握分式不等式的解法,能合理选择运算方式,将解分式不等式转化为解整式不等式,并能理解运算求解的算法依据

AⅠb12 理解含有绝对值的不等式(指形如 $|f(x)|<a$ 或 $|f_1(x)|<|f_2(x)|$,其中 $f(x)$, $f_1(x)$, $f_2(x)$ 是一次多项式的含有绝对值

的不等式)的解法,能合理选择包括分类讨论或利用不等式的性质等方法转化为不含绝对值的不等式,并能理解运算求解的算法依据

AⅠb13* 了解用综合法与分析法证明简单的不等式的基本思路及其表达;了解用反证法证明不等式的有效性尤其是不等式的基本性质

AⅠb14* 了解几个重要不等式,如 $\min\{x_1, x_2, \cdots, x_n\} \leqslant$ 调和平均数 $\leqslant$ 几何平均数 $\leqslant$ 算术平均数 $\leqslant$ 平方平均数 $\leqslant \max\{x_1, x_2, \cdots, x_n\}$,柯西不等式,平均数原则等

实例

例 1 a 克糖水中含有 b 克糖 $(a>b>0)$,若再加 $m(m>0)$ 克糖,则糖水更甜了,为什么? AⅠb1 AⅠb2 AⅠb5

解: 起初的糖水浓度为 $\dfrac{b}{a}$,加入 m 克糖后的糖水浓度为 $\dfrac{b+m}{a+m}$,

因为 $\dfrac{b+m}{a+m}-\dfrac{b}{a}=\dfrac{a(b+m)-b(a+m)}{a(a+m)}=\dfrac{m(a-b)}{a(a+m)}$,

又因为 $a>b>0$, $m>0$, 故 $\dfrac{m(b-a)}{b(b+m)}>0$, 即 $\dfrac{b+m}{a+m}>\dfrac{b}{a}$,

所以糖水浓度升高,糖水变甜了.

例 2 判断下列命题的真假,并说明理由.

(1) 已知 $a>b$, $c<d$,求证: $a-c>b-d$;

(2) 如果 $a>b$,那么 $\dfrac{a}{c}>\dfrac{b}{c}$. AⅠb3 AⅠb4 AⅠb5

解: (1) 真. **证法一:** 由 $a>b$, $c<d$,知 $a-b>0$, $d-c>0$

则 $(a-c)-(b-d)=(a-b)+(d-c)>0$,故 $a-c>b-d$.

证法二: 由 $c<d$,知 $-c>-d$,又因 $a>b$,

知 $a+(-c)>b+(-d)$,故 $a-c>b-d$

(2) 假. 由不等式的基本性质 2、3 可知,当 $c<0$ 时,$\dfrac{a}{c}<\dfrac{b}{c}$. 即不等式两边同乘以一个数时,必须明确这个数的正负.

例 3 某工厂要建造一个长方体无盖蓄水池,其容积为 $4800\ \mathrm{m}^3$,深为 $3\ \mathrm{m}$,如果池底每 $1\ \mathrm{m}^2$ 的造价为 150 元,池壁每 $1\ \mathrm{m}^2$ 的造价为 120 元,问怎样设计水池能使总造价最低,最低总造价是多少元? AⅠb6

解: 设水池底面一边的长度为 x m,水池的总造价为 l 元,根据题意,得

$$l = 240000 + 720\left(x + \frac{1600}{x}\right)$$
$$\geqslant 240000 + 720 \times 2\sqrt{x \cdot \frac{1600}{x}}$$
$$= 240000 + 720 \times 2 \times 40 = 297600$$

当 $x = \frac{1600}{x}$,即 $x = 40$ 时,l 有最小值 2976000.

例 4 甲、乙两人同时同地沿同一路线走到同一地点. 甲有一半时间以速度 m 行走,另一半时间以速度 n 行走;乙有一半路程以速度 m 行走,另一半路程以速度 n 行走. 如果 $m \neq n$,问:甲、乙两人谁先到达指定地点? **A[b7**

解: 设从出发地到指定地点的路程为 S,甲、乙两人走完全程所需时间分别是 t_1、t_2,依题意有:$\frac{t_1}{2}m + \frac{t_1}{2}n = S$,$\frac{S}{2m} + \frac{S}{2n} = t_2$,可得 $t_1 = \frac{2S}{m+n}$,$t_2 = \frac{S(m+n)}{2mn}$

故 $t_1 - t_2 = \frac{2S}{m+n} - \frac{S(m+n)}{2mn} = \frac{S[4mn-(m+n)^2]}{2(m+n)mn} = -\frac{S(m-n)^2}{2mn(m+n)}$

因 S, m, n 都是正数,且 $m \neq n$,知 $t_1 - t_2 < 0$,即 $t_1 < t_2$.

答:甲先到达指定地点.

例 5 不等式 $ax^2 + bx + c > 0(c < 0)$ 的解集为(α, β),则不等式 $cx^2 - bx + a > 0$ 的解集为(　　). **A[b8　A[b9**

答案:$\left\{x \middle| -\frac{1}{\alpha} < x < -\frac{1}{\beta}\right\}$.

例 6 已知关于 x 的二次不等式:$ax^2 + (a-1)x + a - 1 < 0$ 的解集为 **R**,求 a 的取值集合. **A[b8　A[b9**

解: 由题意知,要使原不等式的解集为 **R**,则对于函数 $y = ax^2 + (a-1)x + a - 1$ 的图像开口向下,且与 x 轴无交点,所以 $\begin{cases} a < 0 \\ \Delta < 0 \end{cases}$,即 $\begin{cases} a < 0 \\ (a-1)^2 - 4a(a-1) < 0 \end{cases} \Leftrightarrow \begin{cases} a < 0 \\ 3a^2 - 2a - 1 > 0 \end{cases} \Leftrightarrow \begin{cases} a < 0 \\ a > 1 \text{ 或 } a < -\frac{1}{3} \end{cases} \Leftrightarrow a < -\frac{1}{3}$. 故 a 的取值范围是 $a \in \left(-\infty, -\frac{1}{3}\right)$.

例 7 有一批国产彩电,原销售价为每台 2000 元,甲、乙两商家均有销售.甲商场用如下办法促销：购买一台优惠 2.5%，购两台优惠 5%，购三台优惠 7.5%，依次类推，即每多购买一台，再优惠 2.5 个百分点，但每台最低不能低于 1500 元.乙商场一律按原价的折销售，即按原价的 80%销售.某单位需购买一批此类彩电，问去哪家商场购买花费较少？请说明你的理由.

AⅠb8　AⅠb9　AⅠb10

解：设该单位要购买 x 台彩电，则在甲商场购买的花费为 $f(x)=\begin{cases}2000x(1-2.5\%\cdot x) & 0<x<10\\ 1500x & x\geqslant 10\end{cases}$

在乙商场购买彩电的花费为 $g(x)=1600x$.

显然，当 $x\geqslant 10$ 时，$f(x)<g(x)$；

当 $0<x<10$ 时，$f(x)-g(x)=-50x^2+400x$，解得 $0<x\leqslant 8$.

综上所述，若购买彩电不超过 7 台，到乙商场购买花费较少；若购买 8 台，则到甲、乙两商场购买的花费一样；若购买超过 8 台，则到甲商场购买花费较少.

例 8　不等式 $-1\leqslant\dfrac{1-2x}{x+1}\leqslant 2$ 的整数解有(　　).　**AⅠb11**

A. 2 个　　B. 3 个　　C. 4 个　　D. 5 个

答案：B.

例 9　设 $A=\left\{x\,\middle|\,\left|x-\dfrac{(a+1)^2}{2}\right|\leqslant\dfrac{(a-1)^2}{2}\right\}$，$B=\{x\mid 2\leqslant x\leqslant 3a+1\}$ 是否存在实数 a 的值，使得 $A\cap B=A$？

AⅠb8　AⅠb9　AⅠb10　AⅠb12

解：由 $-\dfrac{(a-1)^2}{2}\leqslant x-\dfrac{(a+1)^2}{2}\leqslant\dfrac{(a-1)^2}{2}$，知 $2a\leqslant x\leqslant a^2+1$，

故 $A=\{x\mid 2a\leqslant x\leqslant a^2+1\}$.若 $A\cap B=A$，则 $A\subseteq B$.所以 $2\leqslant 2a\leqslant a^2+1\leqslant 3a+1\Rightarrow 1\leqslant a\leqslant 3$.

例 10　设 a，b，c 为正数，且 $a+b+c=1$，求证：$\dfrac{1}{a}+\dfrac{1}{b}+\dfrac{1}{c}\geqslant 9$.

AⅠb5　AⅠb13　AⅠb14

证明 1(比较法)：

$$\frac{1}{a}+\frac{1}{b}+\frac{1}{c}-9=\frac{ab+bc+ca-9abc}{abc}=\frac{ab(1-c)+bc(1-a)+ca(1-b)-6abc}{abc}$$

$$=\frac{ab(a+b)+bc(b+c)+ca(c+a)-6abc}{abc}$$

$$=\frac{c(b^2-2ab+a^2)+a(c^2-2ab+b^2)+b(a^2-2ac+c^2)}{abc}\geqslant 0$$

故 $\frac{1}{a}+\frac{1}{b}+\frac{1}{c}\geqslant 9$.

证明 2(综合法)：由 $a+b\geqslant 2\sqrt{ab}$；$b+c\geqslant 2\sqrt{bc}$；$c+a\geqslant 2\sqrt{ac}$

三式相乘得：$(a+b)(b+c)(c+a)\geqslant 8abc$

由于 $a+b+c=1$，上式化为

$$(1-c)(1-b)(1-a)\geqslant 8abc\Rightarrow 1-(a+b+c)+ab+bc+ca-abc\geqslant 8abc$$

$$\Rightarrow ab+bc+ca\geqslant 9abc\Rightarrow\frac{1}{a}+\frac{1}{b}+\frac{1}{c}\geqslant 9.$$

证明 3：由于 $a+b+c=1$，

知 $\frac{1}{a}+\frac{1}{b}+\frac{1}{c}=\frac{a+b+c}{a}+\frac{a+b+c}{b}+\frac{a+b+c}{c}$

$$=3+\left(\frac{b}{a}+\frac{a}{b}\right)+\left(\frac{a}{c}+\frac{c}{a}\right)+\left(\frac{b}{c}+\frac{c}{b}\right)\geqslant 3+6=9.$$

证明 4：由 $\sqrt[3]{abc}\leqslant\frac{a+b+c}{3}=\frac{1}{3}$；得 $\frac{1}{a}+\frac{1}{b}+\frac{1}{c}\geqslant 3\sqrt[3]{\frac{1}{abc}}\geqslant 3\frac{1}{\frac{1}{3}}\geqslant 9$.

证明 5：由 $\frac{3}{\frac{1}{a}+\frac{1}{b}+\frac{1}{c}}\leqslant\frac{a+b+c}{3}=\frac{1}{3}$；得 $\frac{1}{a}+\frac{1}{b}+\frac{1}{c}\geqslant 9$.

证明 6：由柯西不等式知，$\frac{1}{a}+\frac{1}{b}+\frac{1}{c}=\left(\frac{1}{a}+\frac{1}{b}+\frac{1}{c}\right)(a+b+c)=(1+1+1)^2=9$.

例 11　设 $x>0$，$y>0$ 且 $x\neq y$．求证 $(x^3+y^3)^{\frac{1}{3}}<(x^2+y^2)^{\frac{1}{2}}$　**AⅠb13**

证明：由 $x>0$，$y>0$ 且 $x\neq y$，要证明 $(x^3+y^3)^{\frac{1}{3}}<(x^2+y^2)^{\frac{1}{2}}$，

只需 $(x^3+y^3)^2<(x^2+y^2)^3$ 即 $2x^3y^3<3x^2y^2(x^2+y^2)$，

只需 $2xy<x^2+y^2$.

二、思想方法分类阐释

BⅠb 分类讨论思想 处理求解不等式等过程中遇到的含有字母的障碍或是去掉不等式中的绝对值等.

例 1 解关于 x 的不等式 $\frac{x-a}{x-a^2}<0(a\in\mathbf{R})$.

解：$\frac{x-a}{x-a^2}<0\Leftrightarrow(x-a)(x-a^2)<0$，得 $x_1=a$，$x_2=a^2$

当 $a=a^2$ 时，$a=0$ 或 $a=1$，无解；

当 $a<a^2$ 时，$a>1$ 或 $a<0$，$a<x<a^2$；

当 $a>a^2$ 时 $0<a<1$，$a^2<x<a$；

所以当 $a<0$ 或 $a>1$ 时 $a<x<a^2$；当 $0<a<1$ 时，$a^2<x<a$；当 $a=0$ 或 $a=1$ 时，无解.

B I b2 数形结合思想 有些不等式的解决可化为两个函数图像间位置关系的讨论等几何问题.

例 2 求不等式 $\frac{1}{2}\leqslant||x|-1|\leqslant 1$ 的解集.

解：作函数 $y=||x|-1|$ 的图像，由函数图像得：

不等式的解集为 $\left[-2,-\frac{3}{2}\right]\cup\left[-\frac{1}{2},\frac{1}{2}\right]\cup\left[\frac{3}{2},2\right]$.

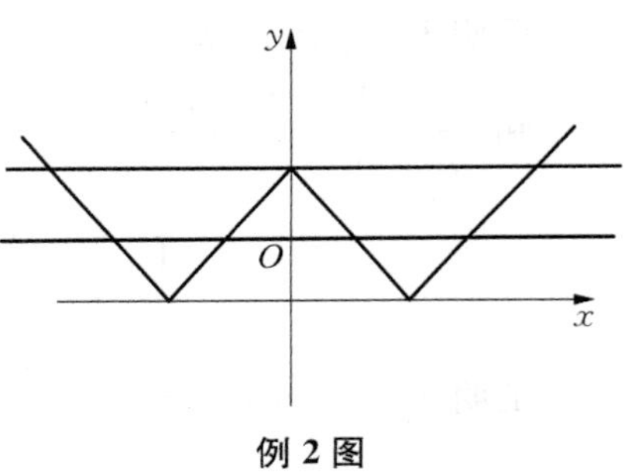

例 2 图

B I b3 函数思想 解不等式可化为解方程或求函数图像与 x 轴交点的问题，根据题意判断所求解的区间. 如“标根法”实际上就是一种函数方程思想.

例 3 解不等式：$(x-3)(x+1)(x^2+4x+4)\leqslant 0$.

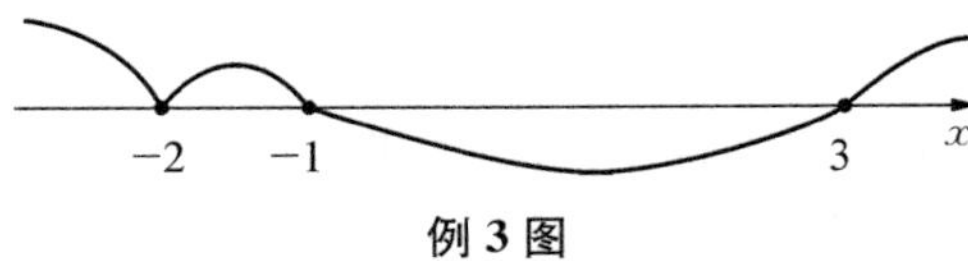

例 3 图

解：将原不等式化为 $(x-3)(x+1)(x+2)^2\leqslant 0$；

则原不等式的解集是 $\{x|-1\leqslant x\leqslant 3$ 或 $x=-2\}$.

B I b4 化归思想 无理化为有理，分式化为整式，高次化为低次，绝对值化为非绝对值等.

例 4 若不等式 $\frac{2x^2+2kx+k}{4x^2+6x+3}<1$ 对于 x 取任何实数均成立，求 k 的取

值范围.

解：$\frac{2x^2+2kx+k}{4x^2+6x+3}<1\Leftrightarrow\frac{2x^2+2kx+k}{4x^2+6x+3}-1<0$

$\Leftrightarrow\frac{2x^2-2(k-3)x+3-k}{4x^2+6x+3}>0$

$\Leftrightarrow 2x^2-2(k-3)x+3-k>0$（因为 $4x^2-6x+3$ 恒正），

故原不等式对 x 取任何实数均成立，等价于不等式 $2x^2-2(k-3)x+3-k>0$ 对 x 取任何实数均成立.

$\Delta=[-2(k-3)]^2-8(3-k)<0\Leftrightarrow k^2-4k+3<0\Leftrightarrow 1<k<3$.

所以 k 的取值范围是 $(1,\ 3)$.

BⅠb5 整体思想 解不等式可将某些算式作为整体从而简化求解的过程.

例 5　已知 $x>0$，解不等式：$x+\frac{1}{x}-\sqrt{x^2+\frac{1}{x^2}}\leqslant\sqrt{6}-2$.

解：令 $t=x^2+\frac{1}{x^2}$，则 $t+2=x^2+2+\frac{1}{x^2}=\left(x+\frac{1}{x}\right)^2$

$\sqrt{t+2}-\sqrt{t}\leqslant\sqrt{6}-2$

$\frac{2}{\sqrt{t+2}+\sqrt{t}}\leqslant\frac{2}{2+\sqrt{6}}$ 即证 $\sqrt{t+2}+\sqrt{t}\geqslant\sqrt{6}+2$

而 $t=a^2+\frac{1}{a^2}\geqslant 4$，$a^4-4a^2+1\geqslant 0$，

所以 $a^2\geqslant 2+\sqrt{3}$ 或 $a^2\leqslant 2-\sqrt{3}$.

所以 $a\geqslant\frac{\sqrt{6}+\sqrt{2}}{2}$ 或 $0\leqslant a\leqslant\frac{\sqrt{6}-\sqrt{2}}{2}$.

BⅠb6 比较法 以不等式的定义为基础，以作差或作商为形式的不等式证明的基本方法.

BⅠb7 分析法 由要证明的不等式的出发，分析该不等式成立的充分条件，由分析其成立的充分条件是否具备而证明不等式的基本方法.

例 6　已知：函数 $f(x)=\sqrt{1+x^2}$，设 a，$b\leqslant\mathbf{R}$ 且 $a^2\neq b^2$，求证：$|f(a)-f(b)|<|a-b|$.

证法一　**BⅠb6**

$$|f(a)-f(b)|-|a-b|=|\sqrt{1+a^2}-\sqrt{1+b^2}|-|a-b|$$

$$=\frac{|(\sqrt{1+a^2})^2-(\sqrt{1+b^2})^2|}{\sqrt{1+a^2}+\sqrt{1+b^2}}-|a-b|$$

$$=\frac{|a^2-b^2|}{\sqrt{1+a^2}+\sqrt{1+b^2}}-|a-b|$$

$$=|a-b|\left(\frac{|a+b|}{\sqrt{1+a^2}+\sqrt{1+b^2}}-1\right).$$

由 $\sqrt{1+a^2}>\sqrt{a^2}=|a|$，$\sqrt{1+b^2}>\sqrt{b^2}=|b|$

知 $\sqrt{1+a^2}+\sqrt{1+b^2}>|a|+|b|\geqslant|a+b|$，

故 $\dfrac{|a+b|}{\sqrt{1+a^2}+\sqrt{1+b^2}}-1<0$，又 $a^2\neq b^2$，可得 $|a-b|>0$，

所以 $|f(a)-f(b)|-|a-b|<0$ 即 $|f(a)-f(b)|<|a-b|$.

证法二 **BⅠb7**

要证明 $|f(a)-f(b)|<(a-b)$，只需证明 $|f(a)-f(b)|^2<|a-b|^2$，

即 $(\sqrt{1+a^2}-\sqrt{1+b^2})^2<(a-b)^2$，即 $\sqrt{(1+a^2)(1+b^2)}>ab+1$，

只需证明 $(\sqrt{(1+a^2)(1+b^2)})^2>(ab+1)^2$；即 $a^2+b^2>2ab$.

由 $a^2\neq b^2$，知 $a^2+b^2>2ab$

所以原不等式得证.

BⅠb8 综合法 利用某些已证明过的不等式作为基础，再运用不等式的性质进行推导而证明不等式的基本方法.

例 7 设 $a+b+c=1$，求证 $a^2+b^2+c^2\geqslant\dfrac{1}{3}$

解： 由 $a^2+b^2\geqslant 2ab$，$b^2+c^2\geqslant 2bc$，$c^2+a^2\geqslant 2ca$

知 $2(a^2+b^2+c^2)\geqslant 2ab+2bc+2ca$

$3(a^2+b^2+c^2)\geqslant a^2+b^2+c^2+2ab+2bc+2ca=(a+b+c)^2=1$

$a^2+b^2+c^2\geqslant\dfrac{1}{3}$.

BⅠb9 放缩法 若证明"$A\geqslant B$"，先证明"$A\geqslant C$"，然后再证明"$C\geqslant B$"，则"$A\geqslant B$".

例 8 求证：若 $a>b>c$，则 $\dfrac{1}{a-b}+\dfrac{1}{b-c}+\dfrac{4}{c-a}\geqslant 0$.

证明： $\dfrac{1}{a-b}+\dfrac{1}{b-c}\geqslant 2\sqrt{\dfrac{1}{(a-b)(b-c)}}$，而 $(a-b)(b-c)\leqslant\left[\dfrac{(a-b)+(b-c)}{2}\right]^2=\dfrac{(a-c)^2}{4}$

所以 $\dfrac{1}{a-b}+\dfrac{1}{b-c}\geqslant\dfrac{4}{a-c}$，故由 $\dfrac{1}{a-b}+\dfrac{1}{b-c}\geqslant 2\sqrt{\dfrac{1}{(a-b)(b-c)}}\geqslant$

$\dfrac{4}{a-c}$ 得 $\dfrac{1}{a-b}+\dfrac{1}{b-c}\geqslant\dfrac{4}{a-c}$

BⅠb10 反证法 通过否定关于不等式的结论，并在上述不等式的基础上，应用不等式的性质与已知条件推出矛盾，从而肯定原不等式的一种证明方法.

例 9　若 $x,\ y\in\mathbf{R}^{+}$，且 $x+y>2$，求证：$\dfrac{1+y}{x}$ 与 $\dfrac{1+x}{y}$ 中至少有一个小于 2.

证明：设 $\dfrac{1+y}{x}\geqslant 2,\ \dfrac{1+x}{y}\geqslant 2$，则 $1+y\geqslant 2x,\ 1+x\geqslant 2y$（因 $x>0,\ y>0$），

故 $2+x+y\geqslant 2(x+y)$，即 $x+y\leqslant 2$ 与已知矛盾.

BⅠb11 数学归纳法 证明与自然数 n 有关的不等式时，常用而有效的证明方法.

例 10　利用数学归纳法证明：$\left(1+\dfrac{1}{n}\right)^{n}<n,\ (n\geqslant 3,\ n\in\mathbf{N})$.

证明：(1) $n=3$ 时不等式成立；

(2) 假设 $n=k$ 时等式成立，$\left(1+\dfrac{1}{k}\right)^{k}<k$.

当 $n=k+1$ 时，$\left(1+\dfrac{1}{k+1}\right)^{k-1}=\left(1+\dfrac{1}{k+1}\right)\left(1+\dfrac{1}{k+1}\right)^{k}<\left(1+\dfrac{1}{k+1}\right)\left(1+\dfrac{1}{k}\right)^{k}<\left(1+\dfrac{1}{k+1}\right)\cdot k=k+\dfrac{k}{k+1}<k+1$.

由(1)(2)知，对于 $n\in\mathbf{N}^{*}$，$n\geqslant 3$ 都成立.

BⅠb12 变量代换法 对于一些结构比较复杂，变化较多而关系不太清楚的不等式，可适当地引进一些新的变量进行代换，以简化其结构. 其代换技巧有局部代换、整体代换、三角代换、增量代换等.

例 11　已知 $1\leqslant x^{2}+y^{2}\leqslant 2$，求证：$\dfrac{1}{2}\leqslant x^{2}-xy+y^{2}\leqslant 3$.

证明：设 $x=r\cos\theta,\ y=r\sin\theta\ (1\leqslant r\leqslant\sqrt{2},\ 0\leqslant\theta<2\pi)$

$$x^{2}-xy+y^{2}=r^{2}\cos^{2}\theta-r\cos\theta\cdot r\sin\theta+r^{2}\sin^{2}\theta=r^{2}\left(1-\frac{1}{2}\sin 2\theta\right).$$

由 $\dfrac{1}{2}\leqslant 1-\dfrac{1}{2}\sin 2\theta\leqslant\dfrac{3}{2}$，$1\leqslant r^{2}\leqslant 2$

知 $\dfrac{1}{2}\leqslant r^{2}\left(1-\dfrac{1}{2}\sin 2\theta\right)\leqslant 3$，即 $\dfrac{1}{2}\leqslant x^{2}-xy+y^{2}\leqslant 3$.

BⅠb13 构造法 引进合适的恒等式、数列、函数、图形及变量等辅助手段转化不等式，再通过函数的单调性、凹凸性，平面几何的性质等进行不等式的证明.

例 12 已知△ABC 三边长是 a、b、c，且 m 为正数. 求证：$\dfrac{a}{a+m}+\dfrac{b}{b+m}>\dfrac{c}{c+m}$.

证明： 设函数 $f(x)=\dfrac{x}{x+m}=1-\dfrac{m}{x+m}(x>0,\ m>0)$ 易知 $f(x)$ 随 x 增大而增大，

故 $f(x)$ 在 $x\in(0,\ +\infty)$ 是增函数.

因 $f(a)+f(b)=\dfrac{a}{a+m}+\dfrac{b}{b+m}>\dfrac{a}{(a+b)+m}+\dfrac{b}{(a+b)+m}=\dfrac{a+b}{(a+b)+m}=f(a+b)$，

$a+b>c$，故 $f(a+b)>f(c)=\dfrac{c}{c+m}$.

得 $\dfrac{a}{a+m}+\dfrac{b}{b+m}>\dfrac{c}{c+m}$.

例 13 已知 a、b、c、x 均为正数，求证：$\sqrt{x^2+a}+\sqrt{(c-x)^2+b}\geqslant\sqrt{c^2+(\sqrt{a}+\sqrt{b})^2}$.

证明： 建立如例 13 图所示的坐标系，设 $A(0,\ -\sqrt{a})$，$B(c,\ \sqrt{b})$，$C(x,\ 0)$，连接 AB、BC、AC，则由两点之间距离公式可得：

$|AC|=\sqrt{x^2+a}$，$|BC|=\sqrt{(c-x)^2+b}$，

由 $|AC|+|BC|\geqslant|AB|$，代入即可获证，

当 A、C、B 三点共线时，即 $\dfrac{\sqrt{b}}{c-x}=\dfrac{\sqrt{a}}{x}$ 时，不等式取等号. 此时，$x=\dfrac{c\sqrt{a}}{\sqrt{a}+\sqrt{b}}$.

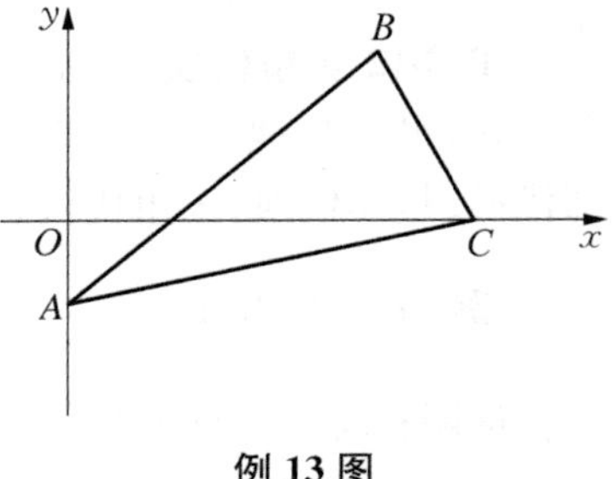

例 13 图

三、能力水平划分

不等式	水平 a	水平 b	水平 c	水平 d
运算求解能力	能正确按照不等式的基本性质求解简单的整式不等式、分式不等式、含绝对值的不等式等； 能利用不等式的基本性质与基本不等式判断简单的不等式的大小	能灵活而准确地调用有关的不等式的基本性质求解较复杂的不等式问题，如无理不等式，简单的含参数的整式不等式；理解不等式的基本性质的依据，并明确其运用时的使用条件； 能利用不等式的基本性质与基本不等式解决简单的不等式问题	在较综合的与不等式有关的问题情境中，如较复杂的含参数的不等式与不等式组等；能利用不等式的基本性质与基本不等式等解决较为复杂的不等式问题	
空间想象能力				
推理论证能力	能判断某个简单的不等式的证明过程是否正确	能证明简单的不等式	能证明较为复杂的不等式	能利用放缩法、构造法证明复杂不等式
提出与解决问题能力	能在一定的条件下抽象出或提出简单的数学问题；能较准确借助不等式表达简单的数量关系或事实	能运用适当的不等式的表达、知识与运算解决某些日常生活情境中的具体问题	能从真实情境中发现问题，并用不等式的知识内容较规范的数学问题形式或数学模型； 并通过完整实施各步骤逐步解决问题	能较为熟练地运用不等式的知识与运算等抽象、准确地表达数学问题； 能形成分析和解决此类问题的一些典型方法，并能给予解释、或推广

实例

例 1 解不等式 $-x^2+2x-3>0$. **CⅠb1a**

解：原不等式可整理得 $x^2-2x+3<0$. 因为 $\Delta<0$，方程 $x^2-2x+3=0$ 无实数解，

所以不等式 $x^2-2x+3<0$ 的解集是 $\varnothing$.

从而,原不等式的解集是$\varnothing$.

例 2 已知 $x\neq 0$,比较$(x^2+1)^2$ 与 x^4+x^2+1 的大小. C[b1a

解: $(x^2+1)^2-(x^4+x^2+1)=(x^4+2x^2+1)-(x^4+x^2+1)=x^4+2x^2+1-x^4-x^2-1=x^2$

由 $x\neq 0$ 知 $x^2>0$ 则$(x^2+1)^2-(x^4+x^2+1)>0$

所以 $(x^2+1)^2>x^4+x^2+1$.

例 3 不等式 $(2a-b)x+3a-4b<0$ 的解集为 $x\in\left(-\infty,\frac{4}{9}\right)$ 时,解不等式 $(a-4b)x+2a-3b>0$. C[b1b

解: 由题意得$\begin{cases}2a-b>0\\(2a-b)\dfrac{4}{9}+3a-4b=0\end{cases}$得$\begin{cases}a>0\\b=\dfrac{7}{8}a\end{cases}$.

代入 $(a-4b)x+2a-3b>0$,得$\left(a-\frac{7}{2}a\right)x+2a-\frac{21}{8}a>0$,求得 $x<-\frac{1}{4}$

所以原不等式的解集是 $\left\{x\,\middle|\,x<-\frac{1}{4}\right\}$.

例 4 已知 $x>0$, $y>0$, 且 $x+y=6$, 则 x^2+y^2 的最小值是( ). C[b1b

解: $x^2+y^2\geqslant\frac{(x+y)^2}{2}=\frac{6^2}{2}=18$ 当且仅当 $x=y=3$ 时"="成立.

所以 x^2+y^2 的最小值为 18.

例 5 设 $a>0$, 解关于 x 的不等式 $\sqrt{2ax-a^2}>1-x$. C[b1c

解: 原不等式同解

$\begin{cases}1-x\geqslant 0\\2ax-a^2>(1-x)^2\end{cases}$, 或 $\begin{cases}1-x<0\\2ax-a^2\geqslant 0\end{cases}$, 即

(1) $\begin{cases}a+1-\sqrt{2a}<x<a+1+\sqrt{2a}\\x\leqslant 1\end{cases}$ 或(2)$\begin{cases}x>1\\x\geqslant\dfrac{a}{2}\end{cases}$

当 $0<a<2$ 时, $a+1-\sqrt{2a}\leqslant 1<a+1+\sqrt{2a}$. 可见(1)的解为 $a+1-\sqrt{2a}<x\leqslant 1$, (2)的解为 $x>1$,

故原不等式的解为 $\{x\mid x>a+1-\sqrt{2a}\}$;

当 $a>2$ 时，因为 $1\leqslant a+1-\sqrt{2a}$，故(1)的解集为 $\varnothing$；(2)的解为 $x\geqslant\dfrac{a}{2}$，

所以原不等式的解集为 $\left\{x\,\middle|\,x\geqslant\dfrac{a}{2}\right\}$.

当 $a=2$ 时，(1)无解；(2)的解为 $x>1$，所以原不等式的解集为 $\{x\mid x>1\}$.

例 6　已知 $a>b>0$，求 $a^2+\dfrac{16}{b(a-b)}$ 的最小值.　　**C I b1c**

解： 由 $a>b>0$，知 $a-b>0$

故 $b(a-b)=(\sqrt{b(a-b)})^2\leqslant\left(\dfrac{b+a-b}{2}\right)^2=\dfrac{a^2}{4}$

得 $a^2+\dfrac{16}{b(a-b)}\geqslant a^2+\dfrac{64}{a^2}\geqslant 2\sqrt{a^2\cdot\dfrac{64}{a^2}}=16$

上式中两个不等式中的“$=$”号当且仅当 $a^2=\dfrac{64}{a^2}$，$b=a-b$ 时都成立.

即当 $a=2\sqrt{2}$，$b=\sqrt{2}$ 时 $a^2+\dfrac{16}{a(a-b)}$ 取得最小值 16.

例 7　判断下列证明过程是否正确.如果正确，请说明原因；如果不正确，请指出错误之处.

当 $x>0$，求 x^2+1 的最小值. 因 $x^2+1\geqslant 2x$ 当且仅当 $x=1(x>0)$ 时取得，故 $x^2+1\geqslant 2$，即 x^2+1 的最小值为 2.　　**C I b3a**

解： 错误.“因 $x^2+1\geqslant 2x$ 当且仅当 $x=1(x>0)$ 时取得”是对的，“故 $x^2+1\geqslant 2$”这一结论是错误的，因为 $x\neq 1$ 时 $x^2+1>2x$，但 x^2+1 的值可能小于 2.

例 8　设 a、b、c 是互不相等的正数，求证：$a^2b^2+b^2c^2+c^2a^2>abc(a+b+c)$.　　**C I b3b**

证明： 由于 a、b、c 是互不相等的正数，根据基本不等式，有

$$a^2b^2+b^2c^2>2\sqrt{a^2b^4c^2}=2ab^2c;$$

$$b^2c^2+c^2a^2>2\sqrt{a^2b^2c^4}=2abc^2;$$

$$c^2a^2+a^2b^2>2\sqrt{a^4b^2c^2}=2a^2bc;$$

将以上三式相加即得：$a^2b^2+b^2c^2+c^2a^2>abc(a+b+c)$.

例 9　已知：a，$b\in\mathbf{R}^+$，且 $a+b=1$，求证：$\left(a+\dfrac{1}{a}\right)^2+\left(b+\dfrac{1}{b}\right)^2\geqslant\dfrac{25}{2}$.　　**C I b3c**

证明：由$\begin{cases}\dfrac{a+b}{2}\geqslant\sqrt{ab}\\ a+b=1\end{cases}$$(a,b\in\mathbf{R}^+)$得$\sqrt{ab}\leqslant\dfrac{1}{2}\Rightarrow ab\leqslant\dfrac{1}{4}\Rightarrow\dfrac{1}{ab}\geqslant 4$，

又$a^2+b^2\geqslant\dfrac{(a+b)^2}{2}=\dfrac{1}{2}\left(a+\dfrac{1}{a}\right)^2+\left(b+\dfrac{1}{b}\right)^2=a^2+b^2+4+\dfrac{1}{a^2}+$
$\dfrac{1}{b^2}\geqslant\dfrac{1}{2}+4+8=\dfrac{25}{2}$.

例 10 求证：若$x,y,z\in\mathbf{R}$，且$x+y+z=1$，$x^2+y^2+z^2=\dfrac{1}{2}$，则x，y，$z\in\left[0,\dfrac{2}{3}\right]$.

C[b3d

证法一 由$x+y+z=1$，$x^2+y^2+z^2=\dfrac{1}{2}$，得

$$x^2+y^2+(1-x-y)^2=\frac{1}{2}$$

整理成关于y的一元二次方程得：$2y^2-2(1-x)y+2x^2-2x-\dfrac{1}{2}=0$

由$y\in\mathbf{R}$，故$\Delta\geqslant 0\Rightarrow 4(1-x)^2-4\times 2\left(2x^2-2x-\dfrac{1}{2}\right)\geqslant 0$

解之得：$0\leqslant x\leqslant\dfrac{2}{3}$则$x\in\left[0,\dfrac{2}{3}\right]$

同理可得：y，$z\in\left[0,\dfrac{2}{3}\right]$.

证法二 设$x=\dfrac{1}{3}+x'$，$y=\dfrac{1}{3}+y'$，$z=\dfrac{1}{3}+z'$，则$x'+y'+z'=0$

$$\begin{aligned}\frac{1}{2}&=\left(\frac{1}{3}+x'\right)^2+\left(\frac{1}{3}+y'\right)^2+\left(\frac{1}{3}+z'\right)^2\\&=\frac{1}{3}+x'^2+y'^2+z'^2+\frac{2}{3}(x'+y'+z')\end{aligned}$$

于是$=\dfrac{1}{3}+x'^2+y'^2+z'^2\geqslant\dfrac{1}{3}+x'^2+\dfrac{(y'+z')^2}{2}=\dfrac{1}{3}+\dfrac{3}{2}x'^2$.

故$x'^2\leqslant\dfrac{1}{9}$，$x'\in\left[-\dfrac{1}{3},\dfrac{1}{3}\right]$，$x\in\left[0,\dfrac{2}{3}\right]$，同理，$y$，$z\in\left[0,\dfrac{2}{3}\right]$.

证法三 反证法

设 x、y、z 三数中若有负数，不妨设 $x<0$，则 $x^2>0$，$\frac{1}{2}=x^2+y^2+z^2\geqslant x^2+\frac{(y+z)^2}{2}=\frac{(1-x)^2}{2}+x^2=\frac{3}{2}x^2-x+\frac{1}{2}>\frac{1}{2}$，矛盾.

设 x，y，z 三数中若有最大者大于 $\frac{2}{3}$，不妨设 $x>\frac{2}{3}$，则

$$\begin{aligned}\frac{1}{2}&=x^2+y^2+z^2\geqslant x^2+\frac{(y+z)^2}{2}\\&=x^2+\frac{(1-x)^2}{2}=\frac{3}{2}x^2-x+\frac{1}{2}\\&=\frac{3}{2}x\cdot\left(x-\frac{2}{3}\right)+\frac{1}{2}>\frac{1}{2}\text{，矛盾.}\end{aligned}$$

故 x，y，$z\in\left[0,\frac{2}{3}\right]$.

例 11 a 克糖水中含有 b 克糖 $(a>b>0)$，若再加 $m(m>0)$ 克糖，则糖水更甜了，为什么？ **CⅠb4a**

解：起初的糖水浓度为 $\frac{b}{a}$，加入 m 克糖后的糖水浓度为 $\frac{b+m}{a+m}$，

$$\frac{b+m}{a+m}-\frac{b}{a}=\frac{a(b+m)-b(a+m)}{a(a+m)}=\frac{m(a-b)}{a(a+m)},$$

又因 $a>b>0$，$m>0$，知 $\frac{m(b-a)}{b(b+m)}>0$，即 $\frac{b+m}{a+m}>\frac{b}{a}$，

所以糖水浓度升高，糖水变甜了.

例 12 某工厂要建造一个长方体无盖贮水池，其容积为 $4800\ \mathrm{m}^3$，深为 $3\ \mathrm{m}$，如果池底每 $1\ \mathrm{m}^2$ 的造价为 150 元，池壁每 $1\ \mathrm{m}^2$ 的造价为 120 元，问怎样设计水池能使总造价最低，最低总造价是多少元？ **CⅠb4b**

解：设水池底面一边的长度为 x m，水池的总造价为 l 元，根据题意，得

$$\begin{aligned}l&=240000+720\left(x+\frac{1600}{x}\right)\geqslant240000+720\times2\sqrt{x\cdot\frac{1600}{x}}\\&=240000+720\times2\times40=297600\end{aligned}$$

当 $x=\frac{1600}{x}$，即 $x=40$ 时，l 有最小值 297600.

因此，当水池的底面是边长为 40 m 的正方形时，水池的总造价最低，最低总造价是 297600 元.

例 13 如例 13 图所示，为处理含有某种杂质的污水，要制造一底宽为 2 m的无盖长方体沉淀箱. 污水从 A 孔流入，经沉淀后从 B 孔流出，设箱体的长度为 a m，高度为 b m，已知流出的水中该杂质的质量分数与 a，b 的乘积 ab 成反比，现有制箱材料 60 m^2，问当 a，b 各为多少时，经沉淀后流出的水中该杂质的质量分数最小（A，B 孔的面积忽略不计）. CⅠb4c

解： 设 y 为流出的水中的杂质的质量分数，则 $y=\frac{k}{ab}$，$k>0$ 为比例系数，依题意：即求 a，b 的值使 y 值最小. 根据题设，有 $4b+2ab+2a=60(a>0,\ b>0)$

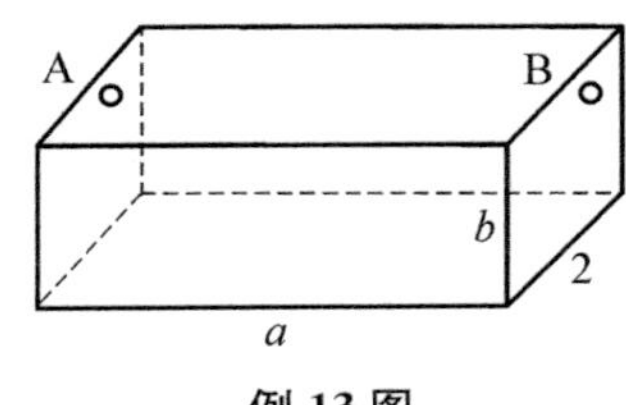

例 13 图

得 $b=\frac{30-a}{2+a}(0<a<30)$ ①

$$y=\frac{k}{ab}=\frac{k}{\frac{30a-a^2}{2+a}}=\frac{k}{-a+32-\frac{64}{a+2}}=\frac{k}{34-\left(a+2+\frac{64}{a+2}\right)}$$

$$\geqslant\frac{k}{34-2\sqrt{(a+2)\cdot\frac{64}{a+2}}}=\frac{k}{18}$$

当 $a+2=\frac{64}{a+2}$ 时取等号，y 达到最小值. 这时，$a=6$，$a=-10$（舍去）

将 $a=6$ 代入①式，得 $b=3$.

故当 a 为 6 m，b 为 3 m 时，经沉淀后流出的水中该杂质的质量分数最小.

例 14 已知 $a_i>0(i=1,2,\cdots,n)$ 有二元基本不等式 $a_1+a_2\geqslant 2\sqrt{a_1a_2}$，能否由二元基本不等式推出更为一般的结论？ CⅠb4d

解： 又因为 $a_1+a_2+a_3+a_4\geqslant 2\sqrt{a_1a_2}+2\sqrt{a_3a_4}\geqslant 2\sqrt{2\sqrt{a_1a_2}\cdot 2\sqrt{a_3a_4}}=4\sqrt[4]{a_1a_2a_3a_4}$

所以，当 $n=2,2^2,2^3,\cdots,2^k,\cdots$ 时，即：$a_1+a_2+\cdots+a_n\geqslant n\sqrt[n]{a_1a_2\cdots a_n}$ 得证.

再证明，当 $n\in(2^k,2^{k+1})$ 也成立.

不妨设 $n=2^k+i$，其中 $1\leqslant i\leqslant 2^k-1$ 则有 $a_1+a_2+\cdots+a_{2^k}\geqslant 2^k\sqrt[2^k]{a_1a_2\cdots a_{2^k}}$，$a_1+a_2+\cdots+a_{2^{k+1}}\geqslant 2^{k+1}\sqrt[2^{k+1}]{a_1a_2\cdots a_{2^{k+1}}}$

则 $a_1+a_2+\cdots+a_n=(a_1+a_2+\cdots+a_{2^k})+a_{2^k+1}+\cdots+a_{2^k+i}$，

则 $a_1+a_2+\cdots+a_n+(2^k-i)\sqrt[2^k+i]{a_1a_2\cdots a_{2^k}a_{2^k+1}\cdots a_{2^k+i}}=(a_1+a_2+\cdots+a_{2^k})+a_{2^k+1}+\cdots+a_{2^k+i}+(2^k-i)\sqrt[2^k+i]{a_1a_2\cdots a_{2^k}a_{2^k+1}\cdots a_{2^k+i}}\geqslant 2^{k+1}\cdot\sqrt[2^k+i]{a_1a_2\cdots a_{2^k}a_{2^k+1}\cdots a_{2^k+i}}$ $\otimes$

其中 $(2^k-i)\sqrt[2^k+i]{a_1a_2\cdots a_{2^k}a_{2^k+1}\cdots a_{2^k+i}}$ 可以看成是 (2^k-i) 个 $\sqrt[2^k+i]{a_1a_2\cdots a_{2^k}a_{2^k+1}\cdots a_{2^k+i}}$ 相加所得.

最后，在$\otimes$式两边同时减去 $(2^k-i)\sqrt[2^k+i]{a_1a_2\cdots a_{2^k}a_{2^k+1}\cdots a_{2^k+i}}$

就得到了 $(a_1+a_2+\cdots+a_{2^k})+a_{2^k+1}+\cdots+a_{2^k+i}\geqslant(2^k+i)\sqrt[2^k+i]{a_1a_2\cdots a_{2^k}a_{2^k+1}\cdots a_{2^k+i}}$

即：$a_1+a_2+\cdots+a_n\geqslant n\sqrt[n]{a_1a_2\cdots a_n}$ 得证.

第三部分　数列与数学归纳法

数列是高中数学里的重要内容之一，它不仅有着广泛的实际应用，在进一步学习极限和高等数学时也经常用到，而且由于它与中学数学的许多内容密切联系，所以学习这部分内容有助于加强对中学数学内容整体的认识和综合训练. 例如，由于数列可以看作是定义域为自然数集或它的有限子集$\{1, 2, 3, \cdots, n\}$的特殊函数，因此学习数列可以加深对于函数的学习. 数学归纳法是证明与自然数 n 有关的数学命题的一种重要方法，很多时候在解决数学问题时，我们都可以先用不完全归纳得出结论，在对结论用数学归纳法进行严格证明.

一、基础知识与基本技能掌握要求

AⅠs1 矩阵与行列式初步理解数列、数列的项、通项、有穷数列、无穷数列、常数列等概念

AⅠs2 能从实际问题中抽象出数列模型并用符号表示，体会数列是特殊的函数

AⅠs3 掌握等差数列和等比数列的概念、能应用等差中项、等比中项、等差数列和等比数列的通项公式及前 n 项和公式解决问题

AⅠs4 体验用类比的方法对等差数列与等比数列进行研究

AⅠs5 能从具体问题情境中抽象出等差关系或等比关系，列举等差数列与等比数列的实例，认识这两种数列模型的作用，运算中做到有理有据

AⅠs6 理解递推数列的概念，能用程序框图揭示递推关系式

AⅠs7 会解决简单的递推数列主要是一阶递推数列的有关问题，从生活实际和数学背景中提出递推数列进行研究

AⅠs8 理解直观描述的数列极限的意义，掌握数列极限的四则运算法则

AⅠs9 通过数列极限等的学习，辩证地认识有限与无限、近似与精确的关系

AⅠs10 掌握无穷等比数列各项和的概念，能讨论得到当公比的绝对值小于1时无穷等比数列各项和公式

AⅠs11 应用无穷等比数列各项和解决相关的数学问题及简单的实际问题

AⅠs12 会通过数列关系的建立及数列知识的应用解决简单的实际问题

AⅠs13 知道数学归纳法的基本原理，掌握数学归纳法的一般步骤，能用数学归纳法证明与正整数有关的简单命题

AⅠs14 领会"归纳—猜测—论证"的思想方法，能用观察、归纳、猜想、论证的方法解决具体的数列问题，能对特殊情况下的结论进行归纳，猜想一般的结论，并作出证明

AⅠs15 体验"归纳—猜想—论证"的过程，认识数学归纳法是一种论证的方法，能根据问题的特性做出合情推理，并能加以论证

AⅠs16* 了解借贷与还款的数列模型

AⅠs17* 了解雪花曲线的周长及围成面积

实例

例 1 已知数列 $\{a_n\}$ 的通项公式为 $a_n=n^2-5n+4$. (1) 数列中有多少项是负数？(2) n 为何值时，a_n 有最小值？并求出最小值. **AⅠs1 AⅠs2**

解：(1) 令 $a_n=n^2-5n+4<0$，解得 $1<n<4$，又 $n\in\mathbf{N}^*$，

所以 $n=2$，3，即数列中只有两项是负数.

(2) $a_n=n^2-5n+4=\left(n-\dfrac{5}{2}\right)^2-\dfrac{9}{4}$，其对称轴 $n=\dfrac{5}{2}$，又 $n\in\mathbf{N}^*$，

所以当 $n=2$ 或 3 时，a_n 取最小值，最小值为 -2.

例 2 数列 $\{a_n\}$ 是正项等差数列，若 $b_n=\dfrac{a_1+2a_2+3a_3+\cdots+na_n}{1+2+3+\cdots+n}$，则数列 $\{b_n\}$ 也为等差数列. 类比上述结论，写出正项等比数列 $\{c_n\}$，若 $d_n=$ ________________. 则数列 $\{d_n\}$ 也为等比数列. **AⅠs1 AⅠs3 AⅠs4**

解：由等差数列 $\{a_n\}$ 的 $a_1+2a_2+3a_3+\cdots+na_n$ 的和，则等比数列 $\{c_n\}$ 可类比为 $c_1\cdot(c_2)^2\cdots(c_n)^n$ 的积；对 $a_1+2a_2+3a_3+\cdots+na_n$ 求算术平均值，所以对 $c_1\cdot(c_2)^2\cdots(c_n)^n$ 求几何平均值，所以类比结果为 $(c_1\cdot c_2^2\cdots c_n^n)^{\frac{1}{1+2+3+\cdots+n}}$

例 3 已知 $\dfrac{1}{b}$ 是 $\dfrac{1}{a}$ 与 $\dfrac{1}{c}$ 的等差中项，试说明数列 $\dfrac{b+c}{a}$，$\dfrac{c+a}{b}$，

$\frac{a+b}{c}$ 是哪种数列. **A**Ⅰ**s1 A**Ⅰ**s3**

解: 因为 $\frac{1}{a}$, $\frac{1}{b}$, $\frac{1}{c}$ 成等差数列, 所以 $\frac{2}{b}=\frac{1}{a}+\frac{1}{c}$ 化简得: $2ac=b(a+c)$

$$\frac{b+c}{a}+\frac{a+b}{c}=\frac{bc+c^2+a^2+ab}{ac}=\frac{b(a+c)+a^2+c^2}{ac}=\frac{2ac+a^2+c^2}{ac}$$

$$=\frac{(a+c)^2}{ac}=\frac{(a+c)^2}{\frac{b(a+c)}{2}}=2\cdot\frac{a+c}{b}$$

所以 $\frac{b+c}{a}$, $\frac{c+a}{b}$, $\frac{a+b}{c}$ 也成等差数列.

例 4 植树节某班 20 名同学在一段直线公路一侧植树, 每人植一棵, 相邻两棵树相距 10 m. 开始时需将树苗集中放置在某一树坑旁边, 使每位同学从各自树坑出发前来领取树苗往返所走的路程总和最小, 这个最小值为(m).

AⅠ**s1 A**Ⅰ**s2 A**Ⅰ**s3 A**Ⅰ**s5 A**Ⅰ**s12**

解: 设在第 n 棵树旁放置所有树苗, 领取树苗往返所走的路程总和为 S_n

$$S_n=[10+20+\cdots+10(n-1)]+[10+20+\cdots+10(20-n)]$$
$$=10[1+2+\cdots+(n-1)]+10[1+2+\cdots+(20-n)]$$
$$=10n^2-210n+2100$$

可得 $n=10$ 或 11 时 S_n 的最小值为 2000 m

例 5 《九章算术》"竹九节"问题: 现有一根 9 节的竹子, 自上而下各节的容积成等差数列, 上面 4 节的容积共 3 升, 下面 3 节的容积共 4 升, 则第 5 节的容积为(　　)升. **A**Ⅰ**s1 A**Ⅰ**s2 A**Ⅰ**s3 A**Ⅰ**s5 A**Ⅰ**s12**

【答案】$\frac{67}{66}$.

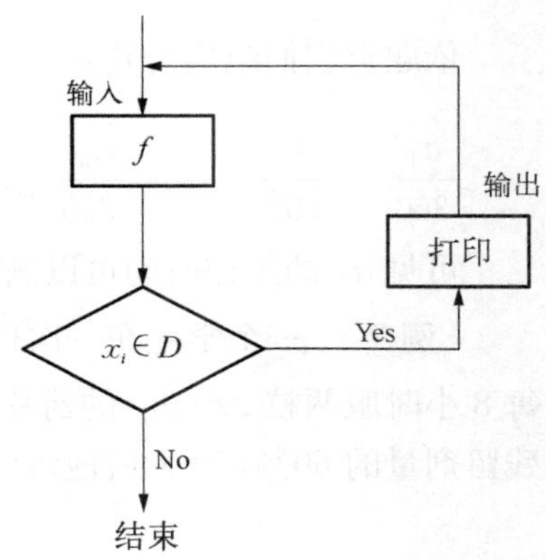

例 6 对于任意函数 $f(x)$, $x\in D$, 可按图示构造一个数列发生器, 其工作原理如下: ① 输入数据 $x_0\in D$, 经过数列发生器输出 $x_1=f(x_0)$. ② $x_1\notin D$, 则数列发生器结束工作. 若 $x_1\in D$, 则将 x_1 反馈回输入端, 再输出 $x_2=f(x_1)$, 并依此规律继续下去.

现定义 $f(x)=2x+1$, $D=(0, 1000)$. 若

输入 $x_0=1$，这样，当数列发生器结束工作时，输出数据的总个数为

A Ⅰ s1　A Ⅰ s2　A Ⅰ s6　A Ⅰ s7

解：答案：9. 依题意得 $x_1=f(x_0)=f(1)=3$，因为当 $n\geqslant 2$ 时，若 $x_{n-1}\in D$，则输出 $x_n=f(x_{n-1})=2x_{n-1}+1$，所以 $x_n+1=2(x_{n-1}+1)$，所以 $\{x_n+1\}$ 是以 4 为首项，2 为公比的等比数列，所以 $x_n=4\cdot 2^{n-1}-1=2^{n+1}-1<1000$ 所以 $n<9$，即 $n\leqslant 8$，所以 $x_9=1023$

所以当发生器结束工作时，输出数据的总个数为 9.

例 7　国际上认可的中音 C 上的 A 调的频率是 440 Hz，比 A 调高一个音阶的频率是它的 2 倍，即 880 Hz. 一个音阶再被细分为 12 个半调，每一个半调为前一个的相同倍数. 写出 440 Hz 到 880 Hz 之间的 12 个半调的频率的数列.

A Ⅰ s1　A Ⅰ s2　A Ⅰ s5

解：因为 $a_1=440$，$a_{12}=880$，$a_{12}=a_1\cdot q^{11}$，所以 $q=\sqrt[11]{2}$.

所以所求数列为：440，$440\sqrt[11]{2}$，$440\sqrt[11]{4}$，$440\sqrt[11]{8}$，$440\sqrt[11]{16}$，$440\sqrt[11]{32}$，$440\sqrt[11]{64}$，$440\sqrt[11]{128}$，$440\sqrt[11]{256}$，$440\sqrt[11]{512}$，$440\sqrt[11]{1024}$，880.

例 8　一场特大暴风雪严重损坏了某铁路干线供电设备，抗灾指挥部决定在 24 小时内完成抢险工程. 经测算，工程需要 15 辆车同时作业 24 小时才能完成，现有 21 辆车可供指挥部调配. 但只有一辆车可以立即投入施工，其余 20 辆车需要从各处紧急抽调，每隔 40 分钟有一辆车可以到达并投入施工，问：24 小时内能否完成抢险工程？说明理由.

A Ⅰ s1　A Ⅰ s5　A Ⅰ s7　A Ⅰ s12

解：15 辆车同时工作 24 小时可完成全部工程，每辆车每小时的工作效率为 $\dfrac{1}{360}$

设从第一辆车投入施工算起，各车的工作时间为 a_1，a_2，…，a_{21} 小时，

依题意它们组成公差 $d=-\dfrac{2}{3}$ 的等差数列，且 $a_1\leqslant 24$，则有

$\dfrac{a_1}{360}+\dfrac{a_2}{360}+\cdots+\dfrac{a_{21}}{360}\geqslant 1$，即 $\dfrac{2a_1+20d}{720}\cdot 21\geqslant 1$ 解得 $a_1\geqslant 23\dfrac{17}{21}<24$

可见 a_1 的工作时间可以满足要求，即工程可以在 24 小时内完成.

例 9　一个学生在一次校内排球赛中扭伤了脚，医生开了消肿的药，要他每 8 小时服两粒 220 mg 的药片，连服 10 天. 他的肾每 8 小时过滤掉肾内这种药残留剂量的 60%，10 天后他体内还残留多少药量？（精确到 1 mg）

A Ⅰ s1　A Ⅰ s5　A Ⅰ s7　A Ⅰ s12

解：设第 n 个 8 小时后其体内药物的残留剂量为 a_n，由题意知，$a_n = 0.6a_{n-1} + 440$

所以 $a_n + \lambda = 0.6(a_{n-1} + \lambda)$ 所以 $-0.4\lambda = 440$ 所以 $\lambda = -1100$

所以 $\{a_n - 1100\}$ 是以 -660 为首项，0.6 为公比的等比数列，所以 $a_n = 1100 - 660 \cdot 0.6^{n-1}$

10 天后即 $a_{30} = 1100 - 660 \cdot 0.6^{29} \approx 1100$

答：10 天后，体内还残留 1100 mg 的药量.

例 10　判断下列命题的真假：

(1) 数列 $0,\ 1,\ 0,\ 1,\ \cdots,\ \dfrac{1+(-1)^n}{2},\ \cdots$ 的极限是 0 和 1.

(2) 数列 $\sin 1,\ \sin\dfrac{1}{2},\ \sin\dfrac{1}{3},\ \cdots,\ \sin\dfrac{1}{n},\ \cdots$ 的极限不存在.

(3) 数列 $1,\ \dfrac{1}{3},\ \dfrac{1}{3^2},\ \cdots,\ \dfrac{1}{3^{10000}}$ 的极限是 0.

(4) 若 $\lim\limits_{n\to\infty}(a_n - b_n) = 0$，则 $\lim\limits_{n\to\infty} a_n = \lim\limits_{n\to\infty} b_n$.　　**A I s1　A I s8　A I s9**

解：(1) 一个数列的极限如果存在，它的极限是唯一的，不能是两个或更多个，是假命题.

(2) 随着 n 无限增大，数列 $\left\{(-1)^{n+1} \cdot \dfrac{1}{2^{n-1}}\right\}$ 的项无限趋近于 0，因此它的极限是 0，是真命题.

(3) 随着 n 无限增大，数列 $\left\{\dfrac{1}{n}\right\}$ 的项无限趋近于 0，因此数列 $\left\{\sin\dfrac{1}{n}\right\}$ 无限趋近于 0，是假命题.

(4) 有穷数列无极限，是假命题.

例 11　已知点 $O(0,\ 0)$、$Q_0(0,\ 1)$ 和点 $R_0(3,\ 1)$，记 Q_0R_0 的中点为 P_1，取 Q_0P_1 和 P_1R_0 中的一条，记其端点为 Q_1、R_1，使之满足 $(|OQ_1| - 2)(|OR_1| - 2) < 0$，记 Q_1R_1 的中点为 P_2，取 Q_1P_2 和 P_2R_1 中的一条，记其端点为 Q_2、R_2，使之满足 $(|OQ_2| - 2)(|OR_2| - 2) < 0$. 依次下去，得到 $P_1,\ P_2,\ \cdots,\ P_n,\ \cdots$，则求 $\lim\limits_{n\to\infty} |Q_0P_n|$.　　**A I s1　A I s2　A I s9　A I s10　A I s11　A I s12**

答案：$\sqrt{3}$.

例 12　对于数列 $\{a_n\}$，若 $a_1 = a + \dfrac{1}{a}$ $(a > 0$ 且 $a \neq 1)$，$a_{n+1} = a_1 - \dfrac{1}{a_n}$，

(1) 求 $a_2,\ a_3,\ a_4$，并猜想 $\{a_n\}$ 的表达式.

(2) 用数学归纳法证明你的猜想.

AⅠs1　AⅠs2　AⅠs6　AⅠs13　AⅠs14　AⅠs15

解：(1) 因为 $a_1=a+\frac{1}{a}$，$a_{n+1}=a_1-\frac{1}{a_n}$，

所以 $a_2=a_1-\frac{1}{a_1}=a+\frac{1}{a}-\frac{a}{a+\frac{1}{a}}-\frac{a}{a^2+1}=\frac{a^4+a^2+1}{a(a^2+1)}$

$$a_3=a_1-\frac{1}{a_2}=\frac{a^2+1}{a}-\frac{a(a^2+1)}{a^4+a^2+1}=\frac{a^6+a^4+a^2+1}{a(a^4+a^2+1)},$$

同理可得 $a_4=\frac{a^8+a^6+a^4+a^2+1}{a(a^6+a^4+a^2+1)}$.

猜想 $a_n=\frac{a^{2n}+a^{2n-2}+\cdots+a^2+1}{a(a^{2n-2}+a^{2n-4}+\cdots+1)}=\frac{\frac{a^{2n+2}-1}{a^2-1}}{a\cdot\frac{a^{2n-1}}{a^2-1}}=\frac{a^{2n+2}-1}{a(a^{2n}-1)}$.

(2) (i) 当 $n=1$ 时，右边 $=\frac{a^4-1}{a(a^2-1)}=\frac{a^2+1}{a}=a_1$，等式成立.

(ii) 假设当 $n=k$ 时 $(k\in\mathbf{N}^*)$，等式成立，即 $a_k=\frac{a^{2k+2}-1}{a(a^{2k}-1)}$，则当 $n=k+1$ 时，

$$a_{k+1}=a-\frac{1}{a_k}=\frac{a^2+1}{a}-\frac{a(a^{2k}-1)}{a^{2k+2}-1}=\frac{(a^2+1)(a^{2k+2}-1)-a^2(a^{2k}-1)}{a(a^{2k+2}-1)}$$

$$=\frac{a^{2(k+2)}-1}{a(a^{2(k+1)}-1)},$$

这就是说，当 $n=k+1$ 时，等式也成立.

根据(i)、(ii)可知，对于一切 $n\in\mathbf{N}^*$，$a_n=\frac{a^{2n+2}-1}{a(a^{2n}-1)}$ 成立.

例 13　某商店采用分期付款的方式促销一款价格每台为 6000 元的电脑. 商店规定，购买时先支付货款的 $\frac{1}{3}$，剩余部分在三年内按每月底等额还款的方式支付欠款，且结算欠款的利息，已知欠款的月利率为 0.5%. 那么货主每月的还款额 a 为多少？ **AⅠs1　AⅠs2　AⅠs3　AⅠs4　AⅠs6　AⅠs7　AⅠs12　AⅠs16***

解：设第 n 个月底还款后的欠款数为 $y(n)$ 元，则 $y(1)=4000(1+0.5\%)-a$，

$y(n)=y(n-1)(1+0.5\%)-a=4000(1+0.5\%)^{n}-a(1+0.5\%)^{n-1}-a(1+0.5\%)^{n-2}-\cdots-a(1+0.5\%)-a$

所以 $y(n)=4000(1+0.5\%)^{n}-a\cdot\dfrac{(1+0.5\%)^{n}-1}{0.5\%}$

由 $y(36)=0$　$a=121.69$ 元

所以，每月的还款额 a 为 121.69 元.

例 14　设有一个每边长为 a 的三角形，按如下规则可以作成一个新的图形：第一次将每边三等分，以中间的一段为边，向形外接上去一个正三角形，我们称凹多边形 Kn 的边界曲线为雪花曲线. 求：凹多边形 K_n 的周长是多少？凹多边形的面积是多少？

AⅠs1　AⅠs2　AⅠs3　AⅠs4　AⅠs6　AⅠs7　AⅠs12　AⅠs17*

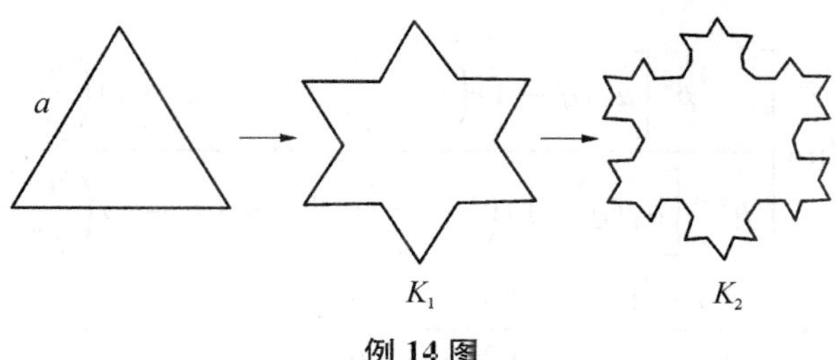

例 14 图

解：设第 n 条曲线的长为 L_n，所围的面积为 A_n. 初始三角形的周长为 $L_0=3a$，面积为 $A_0=\dfrac{\sqrt{3}}{4}a^2$，则雪花曲线长的递推关系式为 $L_n=\dfrac{4}{3}L_{n-1}$，所以 $L_n=L_0\left(\dfrac{4}{3}\right)^n=3\left(\dfrac{4}{3}\right)^n a$.

面积递推关系式为 $A_n=A_{n-1}+3\times4^{n-1}\times\dfrac{A_0}{9^n}=A_{n-1}+\dfrac{A_0}{3}\times\left(\dfrac{4}{9}\right)^{n-1}$，所以 $A_n=A_0+\dfrac{A_0}{3}\left[1+\dfrac{4}{9}+\cdots+\left(\dfrac{4}{9}\right)^{n-1}\right]=\left[\dfrac{8}{5}-\dfrac{3}{5}\left(\dfrac{4}{9}\right)^n\right]A_0$.

二、思想方法分类阐释

BⅠs1 分类讨论思想　如等比数列的求和分公比等于 1 和不等于 1 两种情形；已知数列前 n 项和求通项分 $n=1$ 和 $n\geqslant 2$ 两种情形；求极限时对两个参数进行大小比较的讨论等.

例 1　已知数列 $\{a_n\}$、$\{b_n\}$ 都是由正数组成的等比数列，公比分别为 p，

q，其中 $p>q$，且 $p\neq 1$，$q\neq 1$，设 $c_n=a_n+b_n$，S_n 为数列 $\{C_n\}$ 的前 n 项和，求 $\lim\limits_{n\to\infty}\dfrac{S_n}{S_n-1}$.

解： $S_n=\dfrac{a_1(p^n-1)}{p-1}+\dfrac{b_1(q^n-1)}{q-1}$

$$\frac{S_n}{S_{n-1}}=\frac{a_1(q-1)(p^n-1)+b_1(p-1)(q^n-1)}{a_1(q-1)(p^{n-1}-1)+b_1(p-1)(q^{n-1}-1)}.$$

分两种情况讨论；

(1) 当 $p>1$ 时，因为 $p>q>0$，故 $0<\dfrac{q}{p}<1$，

所以

$$\lim_{n\to\infty}\frac{S_n}{S_n-1}=\lim\left[\frac{p^n\left[a_1(q-1)\left(1-\dfrac{1}{p^n}\right)+b_1(p-1)\left(\dfrac{q^n}{p^n}-\dfrac{1}{p^n}\right)\right]}{p^{n-1}\left[a_1(q-1)\left(1-\dfrac{1}{p^{n-1}}\right)+b_1(p-1)\left(\dfrac{q^{n-1}}{p^{n-1}}-\dfrac{1}{p^{n-1}}\right)\right]}\right]$$

$$=p\cdot\frac{a_1(q-1)(1-0)+b_1(p-1)\times 0}{a_1(q-1)(1-0)+b_1(p-1)\times 0}=p\cdot\frac{a_1(q-1)}{a_1(q-1)}=p$$

(2) 当 $p<1$ 时，因为 $0<q<p<1$，

所以

$$\lim_{n\to\infty}\frac{S_n}{S_{n-1}}=\lim_{n\to\infty}\frac{a_1(q-1)(p^n-1)+b_1(p-1)(q^n-1)}{a_1(q-1)(p^{n-1}-1)+b_1(p-1)(q^{n-1}-1)}$$

$$=\frac{a_1(q-1)\times(0-1)+b_1(p-1)\times(0-1)}{a_1(q-1)(0-1)+b_1(p-1)(0-1)}$$

$$=\frac{-a_1(q-1)-b_1(p-1)}{-a_1(q-1)-b_1(p-1)}=1.$$

B][s2 函数思想 将数列视为定义域为自然数或其子集的函数.

例 2 已知数列 $\{a_n\}$ 的通项公式为 $a_n=n^2-5n+4$，当 n 为何值时，a_n 有最小值？并求出最小值.

解： $a_n=n^2-5n+4=\left(n-\dfrac{5}{2}\right)^2-\dfrac{9}{4}$，其对称轴 $n=\dfrac{5}{2}$，又 $n\in\mathbf{N}^*$，

所以当 $n=2$ 或 3 时，a_n 取最小值，最小值为 -2.

B][s3 数形结合思想 利用函数的图像解决关于最值的问题，或将等差数列

的通项公式和前 n 项和公式分别视为直线、二次曲线的方程.

例 3 已知数列 $\{a_n\}$ 中，$a_n=\dfrac{n-\sqrt{97}}{n-\sqrt{98}}$，$n\in\mathbf{N}^*$，求数列 $\{a_n\}$ 的最大项和最小项.

解： 由于 $a_n=\dfrac{n-\sqrt{97}}{n-\sqrt{98}}=\dfrac{(n-\sqrt{98})+(\sqrt{98}-\sqrt{97})}{n-\sqrt{98}}=1+\dfrac{\sqrt{98}-\sqrt{97}}{n-\sqrt{98}}$

当 $1\leqslant n\leqslant 9$ 时，a_n 是单调递减的，且小于 1；

当 $n\geqslant 10$ 时，a_n 仍是单调递减的，但大于 1.

所以知 $a_9=\dfrac{9-\sqrt{97}}{9-\sqrt{98}}$ 为最小项，$a_{10}=\dfrac{10-\sqrt{97}}{10-\sqrt{98}}$ 为最大项.

BIs4 化归思想 如将非等差数列、非等比数列转化为等差数列、等比数列.

例 4 设数列 $\{a_n\}$，$\{b_n\}$ 满足 $a_1=1$，$b_1=0$，

$a_{n+1}=\dfrac{1}{3}(2a_n+b_n)$，$b_{n+1}=\dfrac{1}{3}(a_n+2b_n)$，$n\geqslant 2$，求 a_n，b_n.

解： 题中两式相加：$a_{n+1}+b_{n+1}=a_n+b_n=\cdots=a_1+b_1=1$ ①

两式相减得：$a_{n+1}-b_{n+1}=\dfrac{1}{3}(a_n-b_n)$，$\Rightarrow a_{n+1}-b_{n+1}=\left(\dfrac{1}{3}\right)^{n-1}$ ②

①＋②得：$a_n=\dfrac{1}{2}\left(1+\dfrac{1}{3^{n-1}}\right)$ ①－②得：$b_n=\dfrac{1}{2}\left(1-\dfrac{1}{3^{n-1}}\right)$.

BIs5 基本量思想 如把首项及公差、公比视为等差数列、等比数列的基本量.

例 5 已知 S_n 是等比数列 $\{a_n\}$ 的前 n 项和，S_3，S_9，S_6 成等差数列，求证：a_2，a_8，a_5 成等差数列.

证明： 因为 S_3，S_9，S_6 成等差数列，所以 $S_3+S_6=2S_9$.

若 $q=1$，则 $S_3=3a_1$，$S_6=6a_1$，$S_9=9a_1$ 由 $a_1\neq 0$ 可得 $S_3+S_6\neq 2S_9$，与题设矛盾

所以 $q\neq 1$ 所以 $\dfrac{a_1(1-q^3)}{1-q}+\dfrac{a_1(1-q^6)}{1-q}=\dfrac{2a_1(1-q^9)}{1-q}$ 整理得，$q^3+q^6=2q^9$.

由 $q\neq 0$ 得 $1+q^3=2q^6$，所以 $a_2+a_5=a_1q+a_1q^4=a_1q(1+q^3)=a_1q(2q^6)=2a_1q^7=2a_8$

所以 a_2，a_8，a_5 成等差数列.

BIs6 构造思想 由旧数列构造新数列，从而直接找到数列的本质属性.

例 6 已知数列$\{a_n\}$和$\{b_n\}$分别满足：$\begin{cases}a_1=2,\\a_{n+1}=2a_n,\end{cases}$ $\begin{cases}b_1=5,\\b_{n+1}=b_n+3.\end{cases}$

试证明数列$\{a_n\}$与$\{b_n\}$的公共项由小到大组成的数列$\{c_n\}$是等比数列.

解： $a_n=2^n$，$b_n=3n+2$　因为$c_1=a_3=b_2=8$，设$c_n=a_m=b_k$，所以$c_n=2^m=3k+2$

又$a_{m+1}=2^{m+1}=2\cdot 2^m=2(3k+2)=3(2k+1)+1$，

所以$a_{m+1}\notin\{b_n\}$，因为$a_{m+2}=2^{m+2}=4\cdot 2^m=4(3k+2)=3(4k+2)+2$，

所以$a_{m+2}\in\{b_n\}$. 而$c_{n+1}=2^{m+2}=4\cdot 2^m=4c_n$.

即$\dfrac{c_{n+1}}{c_n}=4$，可知$\{c_n\}$是 8 为首项，公比为 4 的等比数列.

BIs7 特殊化思想 为研究一般问题可先退化到特殊问题的研究. 在数列这部分内容中，处处充满了由具体到抽象，由特殊到一般，由有限到无限的辩证法，这就要求我们在思考问题时要用辩证的观点，由具体认识抽象，由特殊窥见一般，由有限逼近无限. 其中，我们常用的“归纳—猜想—证明”法就体现了这一点.

例 7 已知数列$\{a_n\}$满足$a_n+S_n=n$，求a_1，a_2，a_3，由此猜想通项a_n，并加以证明.

解： 当$n=1$时，$a_1=S_1$，所以$a_1+a_1=1$，得$a_1=\dfrac{1}{2}$

当$n=2$时，$a_1+a_2=S_2$，由$a_2+S_2=2$，得$a_1+2a_2=2$，所以$a_2=\dfrac{3}{4}$

当$n=3$时，$a_1+a_2+a_3=S_3$，由$a_3+S_3=3$，得$a_1+a_2+2a_3=3$ 所以$a_3=\dfrac{7}{8}$

猜想，$a_n=1-\dfrac{1}{2^n}$(1) 下面用数学归纳法证明猜想成立.

(i) 当$n=1$时，$a_1=1-\dfrac{1}{2}=\dfrac{1}{2}$，(1)式成立

(ii) 假设当$n=k$时，(1)式成立，即$a_k=1-\dfrac{1}{2^k}$成立，

则当$n=k+1$时，$a_{k+1}+S_{k+1}=k+1$，$S_{k+1}=S_k+a_{k+1}$

所以$2a_{k+1}=k+1-S_k$ 又$a_k=k+S_k$

所以$2a_{k+1}=1+a_k$ 所以$a_{k+1}=\dfrac{1}{2}(1+a_k)=\dfrac{1}{2}\left(1+1-\dfrac{1}{2^k}\right)=1-\dfrac{1}{2^{k+1}}$

即当$n=k+1$时，猜想(1)也成立.

根据(i)(ii)对于任意自然数 n，$a_n=1-\frac{1}{2^n}$ 都成立.

BIs8 一般化思想 为研究一个特殊问题，我们先研究一般的情形. 我们采用的数学归纳法，就主要体现一般化思想，先证命题对一般值成立，然后再证对每一个特殊的 n 值也成立.

例 8 求证：$1+\frac{1}{2^2}+\frac{1}{3^2}+\cdots+\frac{1}{100^2}<\frac{199}{100}$.

证明：① $n=2$ 时，左 $=\frac{5}{4}$，右 $=\frac{3}{2}$，左 < 右，成立.

② 假设 $n=k$ 时成立，则当 $n=k+1$ 时，

左 $=1+\frac{1}{2^2}+\cdots+\frac{1}{k^2}+\frac{1}{(k+1)^2}<2-\frac{1}{k}+\frac{1}{(k+1)^2}<2-\frac{1}{k}+\frac{1}{k(k+1)}=2-\frac{1}{k+1}=$ 右，

当 $n=k+1$ 时，不等式也成立.

由①、②知，对一切自然数不等式成立.

所以当 $n=100$ 时，有 $1+\frac{1}{2^2}+\frac{1}{3^2}+\cdots+\frac{1}{100^2}<2-\frac{1}{100}=\frac{199}{100}$

三、能力水平划分

数列与数学归纳法	水平 a	水平 b	水平 c	水平 d
运算求解能力	能正确按照运算法则进行与数列有关的运算求解；能正确解决简单的与数列有关的数学问题，如由通项公式求某项，求等差数列、等比数列的某项、公差、公比、前 n 项和、简单的求解问题；对简单的运算规则，如简单的数列极限能判断其结果正确性	能灵活地调用有关的运算规则进行与数列有关的运算求解；能理解数列运算公式、法则与性质的依据，并明确其运用时的使用条件；能根据与数列运算求解有关的具体数学问题情境合理选择的数列运算的公式与方式	在较综合的数列问题情境中，有意识地通过多步骤的形式有效地解决与数列的运算、求解等相关的问题；能解释数列运算公式、数列极限运算法则等使用条件的依据与条件，做到言之有据	能将数列有关的运算的公式、求解的方式等进行推理和探究

续 表

数列与数学归纳法	水平 a	水平 b	水平 c	水平 d
空间想象能力	能用数列的图像表示具体的数列	利用数列的图像解决与数列有关的最值、单调性等相关问题	能用图形的计算问题，如极限位置等问题转化为数列的有关计算问题	
推理论证能力	能用数学归纳法证明简单的与正整数有关的数学命题，如简单的恒等式问题等；能判断对于简单问题所给出的数学归纳法的证明是否正确	能用数学归纳法解决某个较简单的与正整数有关的数学命题，如较简单的恒等式、整除问题、简单的不等式等	能用数学归纳法解决较为复杂的与正整数有关的问题，如较简单的不等式证明，几何问题等；能根据具体数学情境做出合情推理，并用数学归纳法加以严格论证	能在数学归纳法的基础上合理推广其证明形式，并解决有关的证明问题
提出与解决问题能力	能在一定的条件下抽象出或提出简单的数学问题；能较准确借助数列表达简单的数量关系或事实	能运用适当的数列的知识与计算方法表述并解决某些日常生活情境中的具体问题	能从真实情境中发现问题，并用数列的知识内容较规范的数学问题形式或数学模型；并通过完整实施各步骤逐步解决问题	能较为熟练地运用数列的知识与运算公式等抽象准确地表达数学问题；能形成分析和解决此类问题的一些典型方法，并能给予解释推广

实例

例 1 已知公比为 2 的等比数列 $\{a_n\}$，其前 n 项和 $S_n=93$，$a_n=48$，则项数 $n=$________. **CⅠs1a**

解： 由 $S_n=93$，$a_n=48$，公比 $q=2$，得 $\begin{cases}a_1(2^n-1)=93\\ a_1\cdot 2^{n-1}=48\end{cases}\Rightarrow 2^n=32\Rightarrow n=5.$

例 2 设 S_n、T_n 分别是等差数列 $\{a_n\}$、$\{b_n\}$ 的前 n 项和，$\dfrac{S_n}{T_n}=\dfrac{7n+2}{n+3}$，则 $\dfrac{a_5}{b_5}=$________. **CⅠs1b**

解： $\dfrac{a_n}{b_n}=\dfrac{2a_n}{2b_n}=\dfrac{a_1+a_{2n-1}}{b_1+b_{2n-1}}=\dfrac{(a_1+a_{2n-1})\cdot\dfrac{2n-1}{2}}{(b_1+b_{2n-1})\cdot\dfrac{2n-1}{2}}=\dfrac{S_{2n-1}}{T_{2n-1}}$,

所以 $\frac{a_n}{b_n}=\frac{S_{2n-1}}{T_{2n-1}}=\frac{7(2n-1)+2}{(2n-1)+3}=\frac{14n-5}{2n+2}\Rightarrow\frac{a_5}{b_5}=\frac{14\times5-5}{2\times5+2}=\frac{65}{12}$

所以得 $\frac{65}{12}$.

例 3　已知数列 $\{a_n\}$ 的前 n 项和 $S_n=\frac{1}{2}n^2+\frac{11}{2}n$；数列 $\{b_n\}$ 中，$b_{n+2}=2b_{n+1}-b_n$，$b_3=11$，其前 9 项和为 153；T_n 为数列 $\{c_n\}$ 的前 n 项和，$c_n=\frac{6}{(2a_n-11)(2b_n-1)}$，求使不等式 $T_n>\frac{k}{57}$ 对任意正整数 n 都成立的最大正整数 k 的值.　　**CIs1c**

解：因为 $S_n=\frac{1}{2}n^2+\frac{11}{2}n$，所以当 $n=1$ 时，$a_1=S_1=6$；

当 $n\geqslant2$ 时，$a_n=S_n-S_{n-1}=\frac{1}{2}n^2+\frac{11}{2}n-\frac{1}{2}(n-1)^2-\frac{11}{2}(n-1)=n+5$

当 $n=1$ 时，$1+5=6=a_1$，所以 $a_n=n+5$；

因为 $b_{n+2}=2b_{n+1}-b_n\Rightarrow b_{n+1}=\frac{b_n+b_{n+2}}{2}$，所以 $\{b_n\}$ 是等差数列，设其公差为 d.

则 $\begin{cases}b_1+2d=11\\9b_1+36d=153\end{cases}\Rightarrow b_1=5,\ d=3$，所以 $b_n=5+3(n-1)=3n+2$.

因为 $c_n=\frac{6}{(2a_n-11)(2b_n-1)}=\frac{2}{(2n-1)(2n+1)}=\frac{1}{2n-1}-\frac{1}{2n+1}$

所以 $T_n=\left(1-\frac{1}{3}\right)+\left(\frac{1}{3}-\frac{1}{5}\right)+\left(\frac{1}{5}-\frac{1}{7}\right)+\cdots+\left(\frac{1}{2n-1}-\frac{1}{2n+1}\right)=1-\frac{1}{2n+1}$.

所以 T_n 是单调递增数列. 所以当 $n=1$ 时，$(T_n)_{\min}=T_1=1-\frac{1}{3}=\frac{2}{3}$.

所以 $T_n>\frac{k}{57}$ 对任意正整数 n 都成立 $\Leftrightarrow(T_n)_{\min}>\frac{k}{57}\Leftrightarrow\frac{2}{3}>\frac{k}{57}\Leftrightarrow k<38$.

所以所求最大正整数 k 的值为 37.

例 4　数列 $\{a_n\}$ 定义如下：$a_1=1$，且当 $n\geqslant2$ 时，$a_n=$

$$\begin{cases} a_{\frac{n}{2}}+1, \text{当 } n \text{ 为偶数时}, \\ \dfrac{1}{a_{n-1}}, \text{当 } n \text{ 为奇数时}. \end{cases}$$

已知 $a_n=\dfrac{30}{19}$，求正整数 n. **CⅠs1d**

解：$a_n>0$，$n=1, 2, \cdots$. 又 $a_1=1$，当 n 为偶数时，$a_n>1$；当 $n(>1)$ 是奇数时，$a_n=\dfrac{1}{a_{n-1}}<1$.

由 $a_n=\dfrac{30}{19}>1$，所以 n 为偶数，于是 $a_{\frac{n}{2}}=\dfrac{30}{19}-1=\dfrac{11}{19}<1$，所以 $\dfrac{n}{2}$ 是奇数.

依次可得：$a_{\frac{n}{2}-1}=\dfrac{19}{11}>1$，$\dfrac{n}{2}-1$ 是偶数，$a_{\frac{n-2}{4}}=\dfrac{19}{11}-1=\dfrac{8}{11}<1$，$\dfrac{n-2}{4}$ 是奇数，

$a_{\frac{n-2}{4}-1}=\dfrac{11}{8}>1$，$\dfrac{n-6}{4}$ 是偶数，$a_{\frac{n-6}{8}}=\dfrac{11}{8}-1=\dfrac{3}{8}<1$，$\dfrac{n-6}{8}$ 是奇数，

$a_{\frac{n-6}{8}-1}=\dfrac{8}{3}>1$，$\dfrac{n-14}{8}$ 是偶数，$a_{\frac{n-14}{16}}=\dfrac{8}{3}-1=\dfrac{5}{3}>1$，$\dfrac{n-14}{16}$ 是偶数，

$a_{\frac{n-14}{32}}=\dfrac{5}{3}-1=\dfrac{2}{3}<1$，$\dfrac{n-14}{32}$ 是奇数，

$a_{\frac{n-14}{32}-1}=\dfrac{3}{2}>1$，$\dfrac{n-46}{32}$ 是偶数，$a_{\frac{n-46}{64}}=\dfrac{3}{2}-1=\dfrac{1}{2}<1$，$\dfrac{n-46}{64}$ 是奇数，

$a_{\frac{n-46}{64}-1}=2>1$，$\dfrac{n-110}{64}$ 是偶数，$a_{\frac{n-110}{128}}=2-1=1$，

所以 $\dfrac{n-110}{128}=1$，解得 $n=238$.

例 5 已知数列 $\{a_n\}$ 满足 $\begin{cases} a_1=1 \\ a_{n+1}=a_n+1 \end{cases}$ $(n\leqslant 7)$，试画出数列 $\{a_n\}$ 的图像 **CⅠs2a**

解：$\{a_n\}$：1，2，3，4，5，6，7.

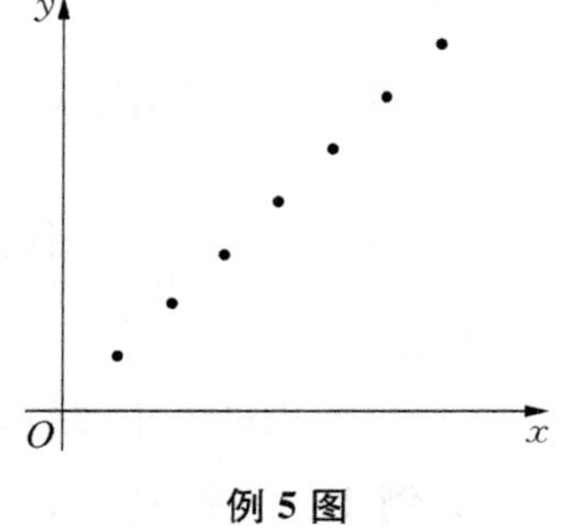

例 5 图

例 6 数列 $\{a_n\}$ 中，$a_n=\dfrac{n-\sqrt{2006}}{n-\sqrt{2007}}$，则该

数列前 100 项中的最大项与最小项分别是(　　).

A. a_1, a_{50}　　B. a_1, a_{44}　　C. a_{45}, a_{44}　　D. a_{45}, a_{50}　**CⅠs2b**

解：因为 $a_n=\dfrac{n-\sqrt{2006}}{n-\sqrt{2007}}=1+\dfrac{\sqrt{2007}-\sqrt{2006}}{n-\sqrt{2007}}$,

所以 $n\in[1,44]$ 时，a_n 递减；$n\in[45,+\infty)$ 时，a_n 递减. 结合图像，选 C.

例 7　如图，在直角坐标平面上，点 P 从原点出发沿 x 轴的正方向前进 a 后向左转 $90°$，前进 $\dfrac{a}{2}$ 后又向右转 $90°$，前进 $\dfrac{1}{2^2}a$ 后再向左转 $90°$，这样无限地继续下去，点 P 最后到达哪一点？　**CⅠj2c**

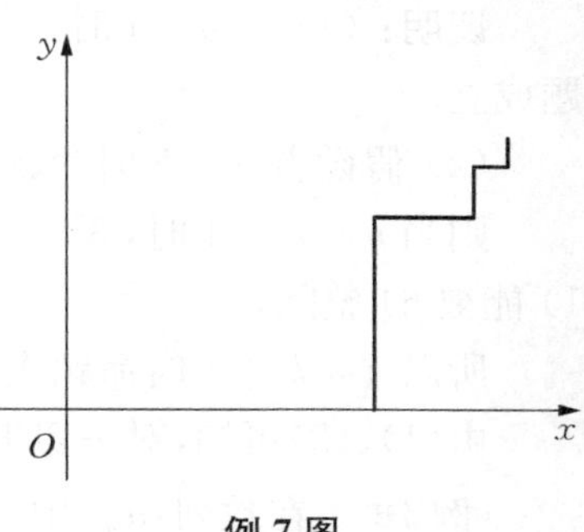

例 7 图

解：设 $P(x,\ y)$，其中 $x=a+\dfrac{1}{2^2}a+\dfrac{1}{2^4}a+\cdots=\dfrac{4}{3}a$

所以 $y=\dfrac{1}{2}a+\dfrac{1}{2^3}a+\dfrac{1}{2^5}a+\cdots=\dfrac{2}{3}a$

所以故 P 应到达的极限点坐标是 $\left(\dfrac{4}{3}a,\ \dfrac{2}{3}a\right)$.

例 8　试判断小明在解决题目“用数学归纳法证明等式：$2+4+6+8+\cdots+2n=n(n+1)$”的证明过程是否正确？若不正确，请给出你认为正确的解答过程.

(1) 当 $n=1$ 时，左 $=2$，右 $=2$，则等式成立.

(2) 假设 $n=k$ 时($k\in\mathbf{N},\ k\geqslant 1$). 等式成立，即 $2+4+6+\cdots+2k=k(k+1)$,

当 $n=k+1$ 时，$2+4+6+\cdots+2k+2(k+1)=\dfrac{[2+2(k+1)](k+1)}{2}=(k+1)[(k+1)+1]$

所以 $n=k+1$ 时，等式也成立.

根据(1)(2)可知，对于任意自然数 n，原等式都能成立.　**CⅠj3a**

解：证明过程错误，没有正确使用数学归纳法证明. 证明如下：

(1) 当 $n=1$ 时，左 $=2$，右 $=2$，则等式成立.

(2) 假设 $n=k$ 时($k\in\mathbf{N},\ k\geqslant 1$)，等式成立，即 $2+4+6+\cdots+2k=k(k+1)$

当 $n=k+1$ 时，$2+4+\cdots+2k+2(k+1)=k(k+1)+2(k+1)=(k+1)(k+2)=(k+1)[(k+1)+1]$

所以 $n=k+1$ 时，等式也成立.

根据(1)、(2)可知，对于任意自然数 n，原等式都能成立.

例 9 用数学归纳法证明 $3^{2n+2}-8n-9(n\in\mathbf{N})$ 能被 64 整除. **CⅠj3b**

证明：(1) 当 $n=1$ 时，$3^{2\times1+2}-8\times1-9=64$ 能被 64 整除，所以 $n=1$ 时命题成立.

(2) 假设当 $n=k$ 时命题成立，即 $3^{2k+2}-8k-9(k\geqslant1)$ 能被 64 整除，

则当 $n=k+1$ 时，$3^{2(k+1)+2}-8(k+1)-9=9\cdot(3^{2k+2}-8k-9)+64(k+1)$ 能被 64 整除，

所以 $n=k+1$ 时命题成立.

由(1)、(2)可知，对一切正整数 $3^{2n+2}-8n-9$ 能被 64 整除.

例 10 在数列 $\{a_n\}$ 中，$a_1=1$，S_n 是它的前 n 项和，当 $n\geqslant2$ 时，$2S_n^2=2a_n\cdot S_n-a_n$.

(1) 求 a_2、a_3、a_4 的值，并推测 $\{a_n\}$ 的通项公式.

(2) 用数学归纳法证明所得的结论. **CⅠj3c**

解：因为 $S_2=a_1+a_2=1+a_2$，所以 $2(1+a_2)^2=2a_2\cdot(1+a_2)-a_2$，解得 $a_2=-\dfrac{2}{3}$.

这时 $S_2=\dfrac{1}{3}$，$S_3=S_2+a_3=\dfrac{1}{3}+a_3$，所以 $2\left(\dfrac{1}{3}+a_3\right)^2=2a_3\left(\dfrac{1}{3}+a_3\right)-a_3$，解得 $a_3=-\dfrac{2}{15}$.

这时 $S_3=\dfrac{1}{5}$，$S_4=S_3+a_4=\dfrac{1}{5}+a_4$，所以 $2\left(\dfrac{1}{5}+a_4\right)^2=2a_4\left(\dfrac{1}{5}+a_4\right)-a_4$，解得 $a_4=-\dfrac{2}{35}$.

由 $a_2=-\dfrac{2}{1\cdot3}$，$a_3=-\dfrac{2}{3\cdot5}$，$a_4=-\dfrac{1}{5\cdot7}$ 猜想 $n\geqslant2$ 时，$a_n=-\dfrac{2}{(2n-3)(2n-1)}$，

所以数列 $\{a_n\}$ 的通项公式是 $a_n=\begin{cases}1(n=1)\\-\dfrac{2}{(2n-3)(2n-1)}(n\geqslant2)\end{cases}$.

下面用数学归纳法证明：

(1) 当 $n=2$ 时，结论成立.

(2) 假设当 $n=k(k\geqslant 2)$ 时结论成立，即 $a_k=-\dfrac{2}{(2k-3)(2k-1)}$，

这时 $S_k=a_1+a_2+\cdots+a_k=1-\dfrac{2}{1\cdot 3}-\dfrac{2}{3\cdot 5}-\cdots-\dfrac{2}{(2k-3)(2k-1)}$

$=1-1+\dfrac{1}{3}-\dfrac{1}{3}+\dfrac{1}{5}-\cdots-\dfrac{1}{2k-3}+\dfrac{1}{2k-1}=\dfrac{1}{2k-1}$，$S_{k+1}=S_k+a_{k+1}=\dfrac{1}{2k-1}+a_{k+1}$.

当 $n=k+1$ 时，由 $2S_{k+1}^2=2a_{k+1}\cdot S_{k+1}-a_{k+1}$ 得 $2\left(\dfrac{1}{2k-1}+a_{k+1}\right)^2=2a_{k+1}\cdot\left(\dfrac{1}{2k-1}+a_{k+1}\right)-a_{k+1}$，

得 $\dfrac{2k+1}{2k-1}a_{k+1}=-\dfrac{2}{(2k-1)^2}$，所以 $a_{k+1}=-\dfrac{2}{(2k-1)(2k+1)}$，所以 $n=k+1$ 时结论成立.

由(1)、(2)可知对 $n\in\mathbf{N}^*$ 时结论都成立.

例 11　试用数学归纳法证明：第 n 个质数 $p_n<2^{2^n}$.　**CⅠj3d**

证明：(1) 当 $n=1$ 时，$p_1=2<2^{2^1}$. 命题成立.

(2) 假设 $1\leqslant n\leqslant k$ 时，命题成立，即 $p_1<2^{2^1}$，$p_2<2^{2^2}$，…，$p_k<2^{2^k}$，

即 $p_1p_2\cdots p_k<2^{2^1}2^{2^2}\cdots 2^{2^k}$，则 $p_1p_2\cdots p_{k+1}\leqslant 2^{2^1+2^2+\cdots+2^k}=2^{2^{k+1}-2}<2^{2^{k+1}}$.

所以 $p_1p_2\cdots p_{k+1}$ 的质因子 $p<2^{2^{k+1}}$.

又 p_1，p_2，…，p_k 都不是 $p_1p_2\cdots p_{k+1}$ 的质因子(相除时余 1)，故 $p>p_k$. 即 $p\geqslant p_{k+1}$.

因此，$p_{k+1}\leqslant p<2^{2^{k+1}}$. 即 $n=k+1$ 时命题也成立.

综上(1)、(2)可知对于任何自然数 n 命题都成立.

例 12　某林场有荒山 3250 亩，从今年开始，每年春季在荒山上植树造林，第一年植 100 亩，计划以后每年比上一年多植树 50 亩(假定全部成活).

(1) 需几年可将此荒山全部绿化.　**CⅠj4b**

(2) 已知新植树苗每亩木材量为 2 m^3，树木每年的自然增长率为 10%，设荒山全部绿化后的年底木材总量为 S，求 S 的最简表达式.　**CⅠj4c**

解：(1) 设 n 年可将荒山全部绿化

则 $100n+\frac{n(n-1)}{2}\times 50=3250$　化简得 $n^2+3n-130=0$，

所以 $n=10$，$n=-13$(舍).

即 10 年可将荒山全部绿化.

(2) 由题意得：

$$S=100\times 2\times 1.1^{10}+150\times 2\times 1.1^{9}+200\times 2\times 1.1^{8}+\cdots+550\times 2\times 1.1$$

即 $S=100(2\times 1.1^{10}+3\times 1.1^{9}+4\times 1.1^{8}+\cdots+11\times 1.1)$　①

所以 $1.1S=100(2\times 1.1^{11}+3\times 1.1^{10}+4\times 1.1^{9}+\cdots+11\times 1.1^{2})$　②

②－①得 $0.1S=100(2\times 1.1^{11}+1.1^{10}+1.1^{9}+\cdots+1.1^{2}-11\times 1.1)$

$$=100\left[1.1^{11}+\frac{1.1^{2}(1-1.1^{10})}{1-1.1}-11\times 1.1\right]$$

$$=100\left(1.1^{11}+\frac{1.1^{12}-1.1^{2}}{0.1}-11\times 1.1\right)$$

$$=100\times 1.1^{11}+1000\times 1.1^{12}-1000\times 1.1^{2}-1000\times 1.1^{2}$$

$$=1000\times 1.1^{12}+100\times 1.1^{11}-2000\times 1.1^{2}$$

$$=100\times 1.1^{11}(11+1)-2420$$

所以 $S=12000\times 1.1^{11}-24200$.

第四部分　矩阵与行列式初步

一次方程称作线性方程，一次方程组又称做线性方程组. 线性方程组是在解决实际问题中经常可能遇到的方程组. 因此研究一个线性方程组什么时候有解，什么时候有且仅有一个解等是高等代数的基本内容之一. 在中学，只涉及方程个数和未知数的分数相同的线性方程组. 矩阵与行列式是随着解二元、三元线性方程组产生的，由于它的形式紧凑、性质简明，是一种有用的数学工具，也是高等代数的基本内容之一. 利用二元一次方程组未知量的系数所组成的矩形数表讨论二元一次方程组有没有解，以及由矩形数表引出的概念和运算给方程组解的讨论带来了诸多便利. 利用行列式讨论一个线性方程组是否有唯一解不但具有理论上的价值，同时它还可以将唯一解用公式表示出来，简单明了，便于记忆. 行列式在解析几何中也有着广泛用处.

一、基础知识与基本技能掌握要求

A[jh1 理解矩阵和行列式的意义，会用矩阵的记号表示线性方程组

A[jh2 掌握矩阵的加法、减法和乘法运算

AⅠjh3 掌握二阶、三阶行列式展开的对角线法则，以及三阶行列式按照某一行(列)展开的方法，会用二阶或三阶行列式表示相应的特殊算式

AⅠjh4 掌握二元、三元线性方程组的行列式解法，会对含字母系数的二元线性方程组的解的情况进行讨论

AⅠjh5 能对二元线性方程组求解的过程展开讨论，认识矩阵、行列式的产生背景，并对求解过程作分析总结，形成用行列式求解的方法

AⅠjh6 能用行列式表示方程组求解的过程，会利用计算机(器)进行运算或求解

AⅠjh7 认识矩阵、行列式表示数学对象的简明性，以及对复杂问题的程序化解决所带来的优势和意义，体会数学符号化的作用，理解矩阵行列式的数学价值

实例

例 1 写出线性方程组的$\begin{cases}x+y=1\\y+z=2\\z+x=3\end{cases}$的系数矩阵和增广矩阵. **AⅠjh1**

解：系数矩阵$\begin{pmatrix}1&1&0\\0&1&1\\1&0&1\end{pmatrix}$，增广矩阵$\begin{pmatrix}1&1&0&1\\0&1&1&2\\1&0&1&3\end{pmatrix}$.

例 2 已知矩阵$\boldsymbol{A}=\begin{pmatrix}1&2\\-3&1\end{pmatrix}$，$\boldsymbol{B}=\begin{pmatrix}3&-1\\-4&2\end{pmatrix}$求$\boldsymbol{A}+\boldsymbol{B}$，$\boldsymbol{A}-\boldsymbol{B}$，$\boldsymbol{AB}$.

AⅠjh2

解：$\boldsymbol{A}+\boldsymbol{B}=\begin{pmatrix}1+3&2-1\\-3-4&1+2\end{pmatrix}=\begin{pmatrix}4&1\\-7&3\end{pmatrix}$，

$\boldsymbol{A}-\boldsymbol{B}=\begin{pmatrix}1-3&2+1\\-3+4&1-2\end{pmatrix}=\begin{pmatrix}-2&3\\1&-1\end{pmatrix}$，

$\boldsymbol{AB}=\begin{pmatrix}1\times3+2\times(-4)&1\times(-1)+2\times2\\(-3)\times3+1\times(-4)&(-3)\times(-1)+1\times2\end{pmatrix}=\begin{pmatrix}-5&3\\-13&5\end{pmatrix}$.

例 3 展开行列式$\begin{vmatrix}1&x&y\\0&\cos x&\sin y\\0&\sin x&\cos y\end{vmatrix}$并化简. **AⅠjh3**

解：(方法一：对角线法则展开)

$$\begin{vmatrix}1&x&y\\0&\cos x&\sin y\\0&\sin x&\cos y\end{vmatrix}=1\cdot\cos x\cdot\cos y-1\cdot\sin x\cdot\sin y=\cos(x+y);$$

（方法二：按第一列展开）

$$\begin{vmatrix} 1 & x & y \\ 0 & \cos x & \sin y \\ 0 & \sin x & \cos y \end{vmatrix} = 1 \cdot \begin{vmatrix} \cos x & \sin y \\ \sin x & \cos y \end{vmatrix} = \cos x \cdot \cos y - \sin x \cdot \sin y = \cos(x+y).$$

例 4 用行列式解关于 x，y，z 的方程组：$\begin{cases} x+3y+2z=1 \\ -x+3z=0 \\ 2x+y+5z=1 \end{cases}$.

A[jh4　A[jh6

解： $\boldsymbol{D}=\begin{vmatrix} 1 & 3 & 2 \\ -1 & 0 & 3 \\ 2 & 1 & 5 \end{vmatrix}=18-2+15-3=28$，$\boldsymbol{D}_x=\begin{vmatrix} 1 & 3 & 2 \\ 0 & 0 & 3 \\ 1 & 1 & 5 \end{vmatrix}=-3\times(1-3)=6$，

$\boldsymbol{D}_y=\begin{vmatrix} 1 & 1 & 2 \\ -1 & 0 & 3 \\ 2 & 1 & 5 \end{vmatrix}=6-2+5-3=6$，$\boldsymbol{D}_z=\begin{vmatrix} 1 & 3 & 1 \\ -1 & 0 & 0 \\ 2 & 1 & 1 \end{vmatrix}=1\times(3-1)=2$.

所以 $\begin{cases} x=\dfrac{\boldsymbol{D}_x}{\boldsymbol{D}}=\dfrac{3}{14} \\ y=\dfrac{\boldsymbol{D}_y}{\boldsymbol{D}}=\dfrac{3}{14} \\ z=\dfrac{\boldsymbol{D}_z}{\boldsymbol{D}}=\dfrac{1}{14} \end{cases}$.

例 5 用行列式讨论关于 x，y 的方程组 $\begin{cases} ax+3y=a+3 \\ x+(a-2)y=2 \end{cases}$ 的解得情况，并求出相应的解.

A[jh4　A[jh5　A[jh6　A[jh7

解： $\boldsymbol{D}=\begin{vmatrix} a & 3 \\ 1 & a-2 \end{vmatrix}=a^2-2a-3$，$\boldsymbol{D}_x=\begin{vmatrix} a+3 & 3 \\ 2 & a-2 \end{vmatrix}=a^2+a-12$，

$\boldsymbol{D}_y=\begin{vmatrix} a & a+3 \\ 1 & 2 \end{vmatrix}=a-3$，

① 当 $a=3$ 时，$\boldsymbol{D}=\boldsymbol{D}_x=\boldsymbol{D}_y=0$，方程组有无穷组解，解为 $\begin{cases} x=t \\ y=2-t \end{cases}(t\in \mathbf{R})$；

② 当 $a=-1$ 时，$\boldsymbol{D}=0$ 但 $\boldsymbol{D}_x\neq 0$，$\boldsymbol{D}_y\neq 0$，方程组无解；

③ 当 $a\neq 3$ 且 $a\neq -1$ 时，方程组有唯一解，解为 $\begin{cases} x=\dfrac{a+4}{a+1} \\ y=\dfrac{1}{a+1} \end{cases}$.

二、思想方法分类阐释

BⅠjh1 划归思想 解决实际问题时，先根据题意提炼出矩阵，然后对矩阵进行处理，再利用最终的化简结果去解释实际问题等.

例 1　有 A、B、C、D 四个城市，它们之间的道路联结网如图所示，试用矩阵表示这四个城市组成的道路网路.

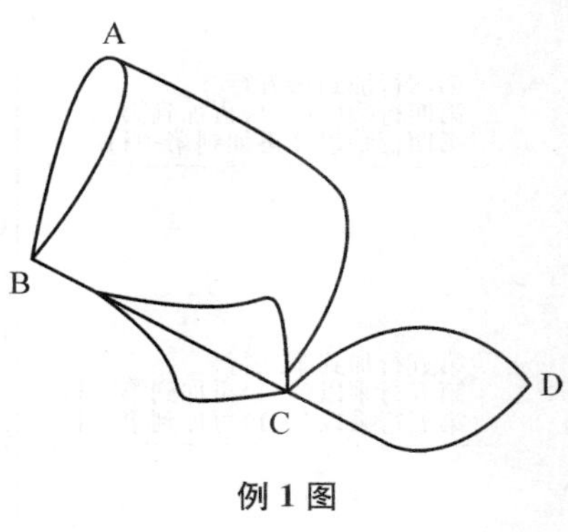

例 1 图

解析：A、B、C、D 四个城市的道路网路用矩阵表示如下：

$$\begin{array}{c}\begin{pmatrix}0 & 2 & 1 & 0\\ 2 & 0 & 3 & 0\\ 1 & 3 & 0 & 2\\ 0 & 0 & 2 & 0\end{pmatrix}\begin{matrix}A\\ B\\ C\\ D\end{matrix}\\ \begin{matrix}\mathrm{A} & \mathrm{B} & \mathrm{C} & \mathrm{D}\end{matrix}\end{array}$$

BⅠjh2 归纳思想 求行列式的值时，先求二阶、三阶行列式，进而寻找规律，定义一般行列式的计算公式；再如在判断方程组什么时候无解，什么时候有唯一解、无穷多解时先是通过几个具体的方程组求解，然后去猜测规律，再证明猜测，进而得到方程组有、无解的一般规律.

例 2　解方程组：$\begin{cases}-x_1+2x_2-3x_3+4x_4=-5,\\ x_1+x_3-x_4=-1,\\ -x_1+x_2-x_3+2x_4=3,\\ 2x_1-x_2+3x_3-3x_4=2,\\ x_1+2x_2+2x_4=-1.\end{cases}$

解：原方程组的增广矩阵 $\boldsymbol{A}=\begin{pmatrix}-1 & 2 & -3 & 4 & -5\\ 1 & 0 & 1 & -1 & -1\\ -1 & 1 & -1 & 2 & 3\\ 2 & -1 & 3 & -3 & 2\\ 1 & 2 & 0 & 2 & -1\end{pmatrix}$

$$\xrightarrow[\substack{\text{第二行乘以}(-2)\text{再加到第四行}\\ \text{第二行乘以}(-1)\text{再加到第五行}}]{\substack{\text{第二行加到第一行}\\ \text{第二行加到第三行}}}\begin{pmatrix}0 & 2 & -2 & 3 & -6\\ 1 & 0 & 1 & -1 & -1\\ 0 & 1 & 0 & 1 & 2\\ 0 & -1 & 1 & -1 & 4\\ 0 & 2 & -1 & 3 & 0\end{pmatrix}$$

$$\xrightarrow[\text{第三行乘以}(-2)\text{再加到第五行}]{\substack{\text{第三行加到第四行}\\ \text{第三行乘以}(-2)\text{再加到第一行}}}\begin{pmatrix}0&0&-2&1&-10\\1&0&1&-1&-1\\0&1&0&1&2\\0&0&1&0&6\\0&0&-1&1&4\end{pmatrix},$$

$$\xrightarrow[\text{第四行乘以 2 再加到第一行}]{\substack{\text{第四行加到第五行}\\ \text{第四行乘以}(-1)\text{再加到第二行}}}\begin{pmatrix}0&0&0&1&2\\1&0&0&-1&-7\\0&1&0&1&2\\0&0&1&0&6\\0&0&0&1&2\end{pmatrix}$$

$$\xrightarrow[\text{第五行乘以}(-1)\text{再加到第一行}]{\substack{\text{第五行加到第二行}\\ \text{第五行乘以}(-1)\text{再加到第三行}}}\begin{pmatrix}0&0&0&0&0\\1&0&0&0&-5\\0&1&0&0&0\\0&0&1&0&6\\0&0&0&1&2\end{pmatrix},$$

所以，原方程组的解是$\begin{cases}x_1=-5,\\x_2=0,\\x_3=6,\\x_4=2.\end{cases}$

B[jh3 类比思想 矩阵实际上是一个矩形数表，在引入矩阵的概念后，类比实数的运算，定义了矩阵的运算并研究了它的运算律，其中有符合实数运算思维的，也有不符合的. 可进行类比记忆并应用.

例 3 下面是一种英语单词的加密方法：先将 26 个英文字母与 26 个正整数作如下对应：$\begin{matrix}\mathrm{A}&\mathrm{B}&\mathrm{C}&\cdots&\mathrm{Y}&\mathrm{Z}\\\downarrow&\downarrow&\downarrow&\cdots&\downarrow&\downarrow\\1&2&3&\cdots&25&26\end{matrix}$. 设要发出的信息是“action”，则其编码是 1，3，20，9，15，14. 再取一个可逆矩阵 $\boldsymbol{A}=\begin{pmatrix}1&2\\1&1\end{pmatrix}$，把上述编码按顺序每两个一组分成三组写成列向量 $\boldsymbol{X}_1$，$\boldsymbol{X}_2$，$\boldsymbol{X}_3$，计算出它们在矩阵变换 $\boldsymbol{Y}=\boldsymbol{AX}$ 下的像 $\boldsymbol{Y}_1$，$\boldsymbol{Y}_2$，$\boldsymbol{Y}_3$ 并依此成为发送的密码数.

(1) 求发送的密码数；

(2) 如何将密码数恢复成其表示的单词？

解：(1) $\boldsymbol{Y}_1=\begin{pmatrix}1&2\\1&1\end{pmatrix}\begin{pmatrix}1\\3\end{pmatrix}=\begin{pmatrix}7\\4\end{pmatrix}$，$\boldsymbol{Y}_2=\begin{pmatrix}1&2\\1&1\end{pmatrix}\begin{pmatrix}20\\9\end{pmatrix}=\begin{pmatrix}38\\29\end{pmatrix}$，$\boldsymbol{Y}_3=\begin{pmatrix}1&2\\1&1\end{pmatrix}\begin{pmatrix}15\\14\end{pmatrix}=\begin{pmatrix}43\\29\end{pmatrix}$，所以，发送的密码数依次是 7，4，38，29，43，29.

(2) 用 $\boldsymbol{A}$ 的逆矩阵 $\boldsymbol{A}^{-1}=\dfrac{1}{|\boldsymbol{A}|}\begin{pmatrix}1 & -2\\ -1 & 1\end{pmatrix}=\begin{pmatrix}-1 & 2\\ 1 & -1\end{pmatrix}$ 对接收到的密码数进行矩阵变换，$\begin{pmatrix}-1 & 2\\ 1 & -1\end{pmatrix}\begin{pmatrix}7\\ 4\end{pmatrix}=\begin{pmatrix}1\\ 3\end{pmatrix}$，$\begin{pmatrix}-1 & 2\\ 1 & -1\end{pmatrix}\begin{pmatrix}38\\ 29\end{pmatrix}=\begin{pmatrix}20\\ 9\end{pmatrix}$，$\begin{pmatrix}-1 & 2\\ 1 & -1\end{pmatrix}\begin{pmatrix}43\\ 29\end{pmatrix}=\begin{pmatrix}15\\ 14\end{pmatrix}$，得知原编码是 1，3，20，9，15，14，对应所发信息是“action”.

BIjh4 函数思想 函数思想就是把问题经过适当的数学变化和构造，使一个非函数的问题转化为函数的形式，并运用函数的性质来处理这一问题，行列式是数也是式，行列式的计算和证明中蕴含着丰富的函数思想.

例 4 设 $a,\ b,\ c$ 是互异的数，证明：$\boldsymbol{D}_3=\begin{vmatrix}1 & 1 & 1\\ a & b & c\\ a^3 & b^3 & c^3\end{vmatrix}=0\Leftrightarrow a+b+c=0$

解：构造四阶行列式 $\boldsymbol{D}_4=\begin{vmatrix}1 & 1 & 1 & 1\\ a & b & c & x\\ a^2 & b^2 & c^2 & x^2\\ a^3 & b^3 & c^3 & x^3\end{vmatrix}=\boldsymbol{D}(a,\ b,\ c,\ x)$，所以 $\boldsymbol{D}_3=\boldsymbol{M}_{34}=-\boldsymbol{A}_{34}$（$\boldsymbol{M}_{34}$ 是 $\boldsymbol{D}_4$ 行列式的第三行第四列余子式，$\boldsymbol{A}_{34}$ 是 $\boldsymbol{D}_4$ 行列式的第三行第四列代数余子式），按照范德蒙行列式公式和按第四列展开两种方法求 $\boldsymbol{D}_4$，有

$\boldsymbol{D}_4=(b-a)(c-a)(x-a)(c-b)(x-b)(x-c)=1\cdot\boldsymbol{A}_{14}+x\cdot\boldsymbol{A}_{24}+x^2\cdot\boldsymbol{A}_{34}+x^3\cdot\boldsymbol{A}_{44}$，所以看 x^2 的系数，可得 $-(b-a)(c-a)(c-b)(a+b+c)$，而

$\boldsymbol{D}_3=(b-a)(c-a)(c-b)(a+b+c)$，所以 $\boldsymbol{D}_3=0\Leftrightarrow a+b+c=0$.

三、能力水平划分

矩阵与行列式	水平 a	水平 b	水平 c	水平 d
运算求解能力	能正确按矩阵行列式的定义进行方程组的求解和计算	能灵活地求解行列式的值和矩阵的行列变换等；能理解运算求解的合理性和算法的依据，并明确其运用时的使用条件	在较综合的行列式矩阵问题中，有意识地通过多步骤的形式有效地解决相关的问题；能解释矩阵行列式的运算法则等公式结论的依据与条件，做到言之有据	

续 表

矩阵与行列式	水平 a	水平 b	水平 c	水平 d
空间想象能力				
推理论证能力	能对简单矩阵行列式问题进行解答,对问题作出直接或间接的判断,并能给出简要的说明	能理解某个较简单行列式和矩阵问题的推理或论证过程;能判断该推理或论证过程是否正确		
提出与解决问题能力	能在一定的条件下给出方程对应的矩阵或行列式;能较准确借助矩阵和行列式解决具体的问题	能运用矩阵行列式解决某些日常生活情境中的具体问题		

实例

例 1 求点 $A(2,3)$经矩阵 $\begin{pmatrix}\frac{1}{3} & \frac{1}{3}\\ \frac{1}{3} & \frac{1}{3}\end{pmatrix}$ 变换后得到的点的坐标. **CⅠjh1a**

解析: 由 $\begin{pmatrix}\frac{1}{3} & \frac{1}{3}\\ \frac{1}{3} & \frac{1}{3}\end{pmatrix}\begin{pmatrix}2\\3\end{pmatrix}=\begin{pmatrix}\frac{5}{3}\\ \frac{5}{3}\end{pmatrix}$ 得点 $A(2,3)$经此变换得到的点是 $A'\left(\frac{5}{3},\frac{5}{3}\right)$.

例 2 若点 P 在矩阵 $\begin{pmatrix}3 & 1\\ 2 & -3\end{pmatrix}$ 变换下得到的点是,$P'(2,-5)$求点 P' 的坐标. **CⅠjh3a**

解析: 设点 $P(x,y)$经过矩阵变换得到点 $P'(2,-5)$,则 $\begin{pmatrix}3 & 1\\ 2 & -3\end{pmatrix}\begin{pmatrix}x\\y\end{pmatrix}=\begin{pmatrix}2\\-5\end{pmatrix}$, $\begin{cases}3x+y=2,\\ 2x-3y=-5,\end{cases}$ 解得$\begin{cases}x=\frac{1}{11},\\ y=\frac{19}{11},\end{cases}$ 所以,点 P 的坐标是 $\left(\frac{1}{1},\frac{19}{11}\right)$.

例 3 设坐标系 $(O, \boldsymbol{i}, \boldsymbol{j})$ 和 $(O', \boldsymbol{i}', \boldsymbol{j}')$ 的原点重合，基向量 $\boldsymbol{i}'$ 和 $\boldsymbol{j}'$ 在坐标系 $(O, \boldsymbol{i}, \boldsymbol{j})$ 中的坐标是 $\boldsymbol{i}'=\left(\frac{3}{5}, \frac{4}{5}\right)$，$\boldsymbol{j}'=\left(-\frac{4}{5}, \frac{3}{5}\right)$. 求：

CⅠjh3b

(1) $\boldsymbol{i}, \boldsymbol{j}$ 在 $(O', \boldsymbol{i}', \boldsymbol{j}')$ 中的坐标；

(2) 从 $(O, \boldsymbol{i}, \boldsymbol{j})$ 到 $(O', \boldsymbol{i}', \boldsymbol{j}')$ 的坐标变换矩阵；

(3) 从 $(O', \boldsymbol{i}', \boldsymbol{j}')$ 到 $(O, \boldsymbol{i}, \boldsymbol{j})$ 的坐标变换矩阵.

解析：(1) 已知 $\boldsymbol{i}'=\frac{3}{5}\boldsymbol{i}+\frac{4}{5}\boldsymbol{j}$，$\boldsymbol{j}'=-\frac{4}{5}\boldsymbol{i}+\frac{3}{5}\boldsymbol{j}$，解得 $\boldsymbol{i}=\frac{3}{5}\boldsymbol{i}'-\frac{4}{5}\boldsymbol{j}'$，$\boldsymbol{j}=\frac{4}{5}\boldsymbol{i}'+\frac{3}{5}\boldsymbol{j}'$，所以，$\boldsymbol{i}$ 和 $\boldsymbol{j}$ 在 $(O', \boldsymbol{i}', \boldsymbol{j}')$ 中的坐标分别是 $\left(\frac{3}{5}, \frac{4}{5}\right)$ 和 $\left(\frac{4}{5}, \frac{3}{5}\right)$.

(2) 设坐标系 $(O, \boldsymbol{i}, \boldsymbol{j})$ 中的点 $P(x, y)$ 在坐标系 $(O', \boldsymbol{i}', \boldsymbol{j}')$ 的坐标是 $P(x', y')$，并设 $\begin{cases}x=r\cos\theta,\\ y=r\sin\theta,\end{cases}$ 则 $\begin{cases}x'=r\cos\left(\theta-\arctan\frac{4}{3}\right),\\ y'=r\sin\left(\theta-\arctan\frac{4}{3}\right),\end{cases}$ 即 $\begin{cases}x'=\frac{3}{5}x+\frac{4}{5}y,\\ y'=\frac{3}{5}y-\frac{4}{5}x.\end{cases}$

所以，从 $(O, \boldsymbol{i}, \boldsymbol{j})$ 到 $(O', \boldsymbol{i}', \boldsymbol{j}')$ 的坐标变换矩阵是 $\boldsymbol{T}=\begin{pmatrix}\frac{3}{5} & \frac{4}{5}\\ -\frac{4}{5} & \frac{3}{5}\end{pmatrix}$.

(3) 从 $(O', \boldsymbol{i}', \boldsymbol{j}')$ 到 $(O, \boldsymbol{i}, \boldsymbol{j})$ 的坐标变换矩阵是 $\boldsymbol{T}^{-1}=\begin{pmatrix}\frac{3}{5} & -\frac{4}{5}\\ \frac{4}{5} & \frac{3}{5}\end{pmatrix}$.

例 4 解方程组：$\begin{cases}mx+y-m-1=0,\\ x+my-2m=0.\end{cases}$（其中 m 是常数） **CⅠjh1b**

解析：由方程组 $\begin{cases}mx+y-m-1=0,\\ x+my-2m=0,\end{cases}$ 可得 $\boldsymbol{D}=\begin{vmatrix}m & 1\\ 1 & m\end{vmatrix}=m^2-1=(m+1)(m-1)$，$\boldsymbol{D}_x=\begin{vmatrix}m+1 & 1\\ 2m & m\end{vmatrix}=m^2-m=m(m-1)$，$\boldsymbol{D}_y=\begin{vmatrix}m & m+1\\ 1 & 2m\end{vmatrix}=2m^2-m-1=(2m+1)(m-1)$.

若 $m\neq 1$ 且 $m\neq -1$，则原方程组的解是 $\begin{cases}x=\frac{m}{m+1},\\ y=\frac{2m+1}{m+1};\end{cases}$

若 $m=1$，原方程组即为 $\begin{cases}x+y=2,\\x+y=2,\end{cases}$ 它的解是 $\begin{cases}x=t,\\y=2-t,\end{cases}$ $t\in\mathbf{R}$.

例 5 对于方程组 $\begin{cases}\lambda x+y+z=1,\\x+\lambda y+z=\lambda,\\z+y+\lambda z=\lambda^2,\end{cases}$（其中 λ 是常数）指出该方程组有唯一解的条件并求出它的解. **CⅠjh1c**

解析：由方程组可得

$$\boldsymbol{D}=\begin{vmatrix}\lambda & 1 & 1\\1 & \lambda & 1\\1 & 1 & \lambda\end{vmatrix}=\lambda^3+1+1-\lambda-\lambda-\lambda=\lambda^3-1-3(\lambda-1)$$

$$=(\lambda-1)^2(\lambda+2).$$

$$\boldsymbol{D}_x=\begin{vmatrix}1 & 1 & 1\\\lambda & \lambda & 1\\\lambda^2 & 1 & \lambda\end{vmatrix}=\lambda^3+\lambda+\lambda^2-\lambda^3-1-\lambda^2=-(\lambda-1)^2(\lambda+1),$$

$$\boldsymbol{D}_y=\begin{vmatrix}\lambda & 1 & 1\\1 & \lambda & 1\\1 & \lambda^2 & \lambda\end{vmatrix}=\lambda^3+\lambda^2+1-\lambda-\lambda^3-\lambda=(\lambda-1)^2,$$

$$\boldsymbol{D}_z=\begin{vmatrix}\lambda & 1 & 1\\1 & \lambda & \lambda\\1 & 1 & \lambda^2\end{vmatrix}=\lambda^4+1+\lambda-\lambda-\lambda^2-\lambda^2=(\lambda^2-1)^2,$$

若 $\lambda\neq 1$ 且 $\lambda\neq -2$，方程组有唯一解，它的解是 $\begin{cases}x=-\dfrac{\lambda+1}{\lambda+2},\\y=\dfrac{1}{\lambda+2},\\z=\dfrac{(\lambda+1)^2}{\lambda+2}.\end{cases}$

例 6 有甲，乙，丙三种合金，各自金、银、铅含量的百分比如下：

种　类	金	银	铅
甲	50	20	10
乙	20	50	10
丙	30	10	40

现要用这三种合金冶炼金、银、铅含量相同的新合金 216 克，问：甲，乙，丙

合金分别取多少克? **C Ⅰ jh4a**

解析: 设甲,乙,丙合金分别取 x, y, z 克,则由已知可得

$$\begin{cases} x+y+z=216, \\ 0.5x+0.2y+0.3z=0.2x+0.5y+0.1z=0.1x+0.1y+0.4z, \end{cases}$$

则 $\begin{cases} x+y+z=216, \\ 3x-3y+2z=0, \\ 4x+y-z=0, \end{cases}$ 于是, $\boldsymbol{D}=\begin{vmatrix} 1 & 1 & 1 \\ 3 & -3 & 2 \\ 4 & 1 & -1 \end{vmatrix}=27$,

$\boldsymbol{D}_x=\begin{vmatrix} 216 & 1 & 1 \\ 0 & -3 & 2 \\ 0 & 1 & -1 \end{vmatrix}=216$, $\boldsymbol{D}_y=\begin{vmatrix} 1 & 216 & 1 \\ 3 & 0 & 2 \\ 4 & 0 & -1 \end{vmatrix}=2376$,

$\boldsymbol{D}_z=\begin{vmatrix} 1 & 1 & 216 \\ 3 & -3 & 0 \\ 4 & 1 & 0 \end{vmatrix}=3240.$

所以, $\begin{cases} x=8, \\ y=88, \\ z=120, \end{cases}$ 即甲,乙,丙合金分别取 8, 88, 120 克.

例 7 计算: $\begin{vmatrix} 1 & 2 & 8 & 3 \\ 5 & 6 & 1 & 3 \\ 4 & 7 & 1 & 2 \\ 4 & 9 & 5 & 6 \end{vmatrix}$. **C Ⅰ jh1c C Ⅰ jh3b**

解析: $\begin{vmatrix} 1 & 2 & 8 & 3 \\ 5 & 6 & 1 & 3 \\ 4 & 7 & 1 & 2 \\ 4 & 9 & 5 & 6 \end{vmatrix}=\begin{vmatrix} 6 & 1 & 3 \\ 7 & 1 & 2 \\ 9 & 5 & 6 \end{vmatrix}-2\times\begin{vmatrix} 5 & 1 & 3 \\ 4 & 1 & 2 \\ 4 & 5 & 6 \end{vmatrix}+8\times\begin{vmatrix} 5 & 6 & 3 \\ 4 & 7 & 2 \\ 4 & 9 & 6 \end{vmatrix}-3\times$

$\begin{vmatrix} 5 & 6 & 1 \\ 4 & 7 & 1 \\ 4 & 9 & 5 \end{vmatrix}=30-2\times 12+8\times 48-3\times 42=264.$

例 8 $\begin{vmatrix} 1 & 1 & 1 \\ a & b & c \\ a^2 & b^2 & c^2 \end{vmatrix}$ 称为范德蒙(Vandermonde)行列式. 证明: 它的值等于 $(a-b)(b-c)(c-a)$. **C Ⅰ jh1c C Ⅰ jh4b**

解析: $\begin{vmatrix} 1 & 1 & 1 \\ a & b & c \\ a^2 & b^2 & c^2 \end{vmatrix}=\begin{vmatrix} b & c \\ b^2 & c^2 \end{vmatrix}-\begin{vmatrix} a & c \\ a^2 & c^2 \end{vmatrix}+\begin{vmatrix} a & b \\ a^2 & b^2 \end{vmatrix}=cb^2-b^2c-(ac^2-$

$a^2c)+ab^2-a^2b=b(c^2-a^2)+b^2(a-c)-ac(c-a)=b(c+a)(c-a)-b^2(c-a)-ac(c-a)=-(c-a)(b^2-ab-bc+ac)=-(c-a)(b-a)(b-c)=(a-b)(b-c)(c-a)$.

模块二 函数与分析

第一部分 函数及其基本性质

函数是数学中主要研究对象之一，由于函数的一些基础知识在数学和其他许多学科中的应用比较广泛，是初等数学过渡到高等数学的基本枢纽，所以这些知识是高中数学学习的重要内容. 在初中，学生已经学过函数的一些初步知识，主要学习了正比例函数、反比例函数、一次函数的图像及其性质等，以此为基础，从高中开始进一步研究一些函数的奇偶性、单调性等.

一、基础知识与基本技能掌握要求

AⅠh1 加深理解函数的概念，能从函数间的对应关系上认识函数

AⅠh2 理解函数的抽象符号以及函数定义域和值域的集合表示

AⅠh3 能从解析法、列表法和图像法中选用适当的方法表示函数

AⅠh4 掌握求函数定义域的基本方法. 在简单情形下能够通过观察和分析函数图像确定函数的值域

AⅠh5 通过解决具有实际背景的简单问题，得到函数的解析式（包括分段函数）

AⅠh6 学会合理地选择变量和建立函数关系，能够用函数观点去观察和分析一些自然现象和社会现象、体会函数模型在解决问题中的作用

AⅠh7 理解两个函数的和函数、积函数的概念

AⅠh8 能够利用已知函数的图像作和函数的图像

AⅠh9 直观认识函数的基本性质（奇偶性、单调性、零点、最大值和最小值等）

AⅠh10 从具体函数到抽象表示的函数对其基本性质（奇偶性、单调性、零点、最大值和最小值等）进行解析研究

AⅠh11 掌握函数的基本性质以及反映这些基本性质的图像特征

AⅠh12 能根据不同问题灵活地用解析法、列表法和图像法来表示变量之间的关系和研究函数的性质

AⅠh13 能对函数零点进行研究，感受“二分法”的逼近思想

AⅠh14 能够利用 DIMA 平台求函数的零点

AⅠh15 会利用函数的性质来解决简单的实际问题.领悟数形结合的思想

实例

例 1 在下列各组函数中,两个函数相同的是( ). **AⅠh1**

A. $f(x)=\sqrt[3]{x^3}$ 与 $g(x)=\sqrt[4]{x^4}$

B. $f(x)=\sqrt{x^2-1}$ 与 $g(x)=\sqrt{x-1}\cdot\sqrt{x+1}$

C. $f(x)=2^x$, $x\in\{0, 1, 2, 3\}$ 与 $g(x)=\dfrac{x^3}{6}+\dfrac{5x}{6}+1$, $x\in\{0, 1, 2, 3\}$

D. $f(x)=|x|$ 与 $g(x)=\begin{cases}x, & x>0\\ -x, & x<0\end{cases}$

解: 对于 $f(x)=\sqrt[3]{x^3}$ 与 $g(x)=\sqrt[4]{x^4}$,应有 $f(x)=x$ 与 $g(x)=|x|$,它们的对应法则不同;

$f(x)=\sqrt{x^2-1}$ 的定义域 $(-\infty, -1]\cup[1, +\infty)$,而函数 $g(x)=\sqrt{x-1}\cdot\sqrt{x+1}$ 的定义域是 $[1, +\infty)$,函数的定义域不同;D 选项也是定义域不同.所以选择 D.

例 2 已知函数 $f(x)$、$g(x)$ 分别由下表给出: **AⅠh2 AⅠh3**

表(a)

x	1	2	3
$f(x)$	1	3	1

表(b)

x	1	2	3
$g(x)$	3	2	1

例 2 表

(1) 求 $f[g(1)]$ 的值

(2) 求满足 $f[g(x)]>g[f(x)]$ 的 x 的值

解: (1) 由已知可得 $g(1)=3$, $f[g(1)]=f(3)=1$

(2) $f[g(1)]=f(3)=1$, 而 $g[f(1)]=3$, $f[g(2)]=3$, $g[f(2)]=1$, $f[g(3)]=1$, $g[f(3)]=3$, 所以满足 $f[g(x)]>g[f(x)]$ 的 x 的值为 2

例 3 对于全集 X 以及 X 的子集 A,定义函数 $f_A(x)=\begin{cases}1, & x\in A\\ 0, & x\in \complement_X A\end{cases}$,其中 $\complement_X A=\{x\mid x\in X, x\notin A\}$,若 P 和 Q 都是 X 的子集,则下列结论中不正确的是( ). **AⅠh5**

A. 如果 $P\subseteq Q$,那么任取 $x\in X$,总有 $f_P(x)\leqslant f_Q(x)$

B. 任取 $x \in P$，则 $f_{\complement_X P}(x)=1-f_P(x)$

C. $f_{P\cap Q}(x)=f_P(x)\cdot f_Q(x)$

D. $f_{P\cup Q}(x)=f_P(x)+f_Q(x)$

解析：任取 $x \in X$，如果 $x \in P$，则 $f_P(x)=1$，由 $P \subseteq Q$ 得 $x \in Q$，则 $f_Q(x)=1$，此时，$f_P(x)=f_Q(x)$，如果 $x \notin P$，则 $x \in \complement_X P$，$f_P(x)=0$，所以当 $P \subseteq Q$ 时，总有 $f_P(x) \leqslant f_Q(x)$ 成立，即选项 A 正确.

任取 $x \in P$，则 $f_P(x)=1$，$x \notin \complement_X P$，则 $f_{\complement_X P}(x)=0$，于是 $f_{\complement_X P}(x)=1-f_P(x)$ 成立，即选项 B 正确.

由定义知 $f_{P\cap Q}(x)=\begin{cases}1, & x \in P \cap Q \\ 0, & x \in \complement_X(P \cap Q)\end{cases}$，对于函数 $f_P(x)f_Q(x)$，当且仅当 $x \in P$ 且 $x \in Q$ 时，$f_P(x)f_Q(x)=1$，$x \notin P \cap Q$ 时，$f_P(x)f_Q(x)=0$，所以 $f_{P\cap Q}(x)=f_P(x)f_Q(x)$，即选项 C 正确；

当 $x \in P$ 且 $x \in Q$ 时，$f_P(x)+f_Q(x)=2$，此时 $x \in P \cup Q$，$f_{P\cup Q}(x)=1$，所以 $f_{P\cup Q}(x)=f_P(x)+f_Q(x)$ 不正确，答案为 D.

例 4 函数 $f(x)=ax^2+bx+c$ 和函数 $g(x)=cx^2+bx+a$（其中 $ac \neq 0$，$a \neq c$）的值域分别为 M 和 N，则一定有（ ）. **A I h2**

A. $M=N$ B. $M \subseteq N$ C. $N \subseteq M$ D. $M \cap N \neq \varnothing$

解析：$f(1)=a+b+c$，$g(1)=c+b+a$，即 $f(1)=g(1)$，所以 $1 \in M$ 且 $1 \in N$，即 $M \cap N \neq \varnothing$.

例 5 在直角坐标平面上横、纵坐标都是整数的点称为“格点”，图像上有且仅有 n 个格点的函数称为“n 阶格点函数”，试写出一个“一阶格点函数”的解析式，再写出一个“二阶格点函数”的解析式. **A I h11**

解析：函数 $y=\sqrt{3}x$ 是“一阶格点函数”，函数 $y=\dfrac{1}{x}$ 是“二阶格点函数”

例 6 设函数 $f(x)=-\dfrac{x}{1+|x|}$，对于集合 $M=[a, b](a<b)$，集合 $N=\{y \mid y=f(x),\ x \in M\}$，问：是否存在实数 a、b 使得 $M=N$ 成立？若存在，求出 a、b 的值；若不存在，说明理由. **A I h10**

解析：由于 $f(-x)=-f(x)$ 可知函数 $f(x)$ 是一个奇函数. 当 $x \geqslant 0$，$f(x)=-\dfrac{x}{1+x}$，即 $f(x)=-1+\dfrac{1}{1+x}$，在 $(0, +\infty)$ 上它是减函数，又由它是奇函数可得函数 $f(x)$ 在 $(-\infty, +\infty)$ 是减函数，于是由 $M=N$，可得

$\begin{cases}f(a)=b \\ f(b)=a\end{cases}$，即 $\begin{cases}-\dfrac{a}{1+|a|}=b \\ -\dfrac{b}{1+|b|}=a\end{cases}$ 即 $\dfrac{\dfrac{a}{1+|a|}}{1+\dfrac{|a|}{1+|a|}}=a$，解得 $a=b=0$，与 $a<$

b 矛盾，所以满足要求的实数 a、b 不存在.

例 7 已知函数 $f(x)=x^2+\dfrac{a}{x}(x\neq 0$，常数 $a\in\mathbf{R})$，指出函数的奇偶性，并说明理由.

解析：若 $a=0$，则函数 $f(x)=x^2$ 是偶函数 **A Ⅰ h7 A Ⅰ h8 A Ⅰ h9**

若 $a\neq 0$，$f(1)=1+a$，$f(-1)=1-a$，$f(-1)\neq f(1)$ 且 $f(1)\neq -f(1)$，所以此时函数是非奇非偶函数.

例 8 已知正方形 $ABCD$ 的边长为 2，动点 P 从点 A 出发，沿正方形的边界经过点 B，点 C，点 D，回到点 A，设点 P 经过的路程为 x，点 P 到正方形对角线 AC 的距离 PQ 为 y，用解析式将 y 表示成 x 的函数. **A Ⅰ h6 A Ⅰ h15**

解析：$y=\begin{cases}\dfrac{\sqrt{2}}{2}x & x\in[0,\ 2]\\ \dfrac{\sqrt{2}}{2}(4-x) & x\in(2,\ 4]\\ \dfrac{\sqrt{2}}{2}(x-4) & x\in(4,\ 6]\\ \dfrac{\sqrt{2}}{2}(8-x) & x\in(6,\ 8]\end{cases}$

例 9 函数 $f(x)$ 的定义域为 A，若 x_1，$x_2\in A$ 且 $f(x_1)=f(x_2)$ 时总有 $x_1=x_2$，则称 $f(x)$ 为单函数. 例如，函数 $f(x)=2x+1(x\in\mathbf{R})$ 是单函数. 下列命题：

① 函数 $f(x)=x^2(x\in\mathbf{R})$ 是单函数；

② 若 $f(x)$ 为单函数，x_1，$x_2\in A$ 且 $x_1\neq x_2$，则 $f(x_1)\neq f(x_2)$；

③ 若函数 $f(x)$ 为单函数，其定义域为 A，值域为 B；则对于任意 $b\in B$，它至多有一个 $a\in A$，使得 $f(a)=b$；

④ 函数 $f(x)$ 在某区间上具有单调性，则 $f(x)$ 一定是单函数.

其中的真命题是________.（写出所有真命题的编号）

A Ⅰ h11 A Ⅰ h12 A Ⅰ h15

解析：②、③.

例 10 定义在区间 $(-\infty,\ +\infty)$ 上的奇函数 $f(x)$ 为增函数；偶函数 $g(x)$ 在 $[0,\ +\infty)$ 的图像与 $f(x)$ 的图像重合. 设 $a>b>0$，给出下列四个不等式.

① $f(b)-f(-a)>g(a)-g(-b)$；② $f(b)-f(-a)<g(a)-g(-b)$；

③ $f(a)-f(-b)>g(b)-g(-a)$；④ $f(a)-f(-b)<g(b)-g(-a)$，其中成立的不等式序号是(　　). **AⅠh9　AⅠh10**

解析：①、③

例 11　函数 $f(x)=\dfrac{x-1}{x+1}$，设 $f_2(x)=f[f(x)]$，$f_3(x)=f[f_2(x)]$，…，$f_{n+1}(x)=f[f_n(x)](n\in\mathbf{N}^*，n\geqslant 2)$，令集合 $M=\{x\mid f_{2008}(x)=x，x\in\mathbf{R}\}$，则集合 M 为(　　). **AⅠh13　AⅠh14**

A. 空集　　B. 单元素集　　C. 二元素集　　D. 无限集

答案：D.

二、思想方法分类阐释

BⅡh1 分类讨论思想 如建立函数关系式中不同情形的讨论；含有参变量的函数的单调性、最值等性质的讨论等.

例 1　设 $a>0$，$ax+y=2(x\geqslant 0，y\geqslant 0)$，记 $y+3x-\dfrac{1}{2}x^2$ 的最大值是 $M(a)$，试求：

(1) $M(a)$ 的表达式；(2) $M(a)$ 的最小值.

解：(1) 因为 $y=2-ax\geqslant 0$ 所以 $0\leqslant x\leqslant\dfrac{2}{a}$

所以 $y+3x-\dfrac{1}{2}x^2=2-ax+3x-\dfrac{1}{2}x^2=-\dfrac{1}{2}[x-(3-a)]^2+\dfrac{(3-a)^2}{2}+2$

$$M(a)=\begin{cases}\dfrac{a^2-6a+13}{2} & 0<a<1，2<a<3\\ 2 & a\geqslant 3\\ \dfrac{6}{a}-\dfrac{2}{a^2} & 1\leqslant a\leqslant 2\end{cases}$$

(2) $M(a)_{\min}=2(a\geqslant 3)$.

BⅡh2 数形结合思想 如借助图像讨论含有参变量的函数的单调性与最值等；由对称性或周期性等性质作出的函数图像讨论方程的根的情况等.

例 2　已知函数 $f(x)=x^2-2x-3$，试求：在 $[a，a+2]$ 上函数的最小值 $g(a)$.

解：对称轴方程：$x=1$.

(1) 当区间在对称轴左侧时，函数的最小值是区间的右端点，即 $a+2$ 对应的函数值，也就是，当 $a+2<1$，即 $a<-1$ 时，函数的最小值是：

$$\begin{aligned} f(a+2) &= (a+2)^2-2(a+2)-3 \\ &= a^2+2a-3 \end{aligned}$$

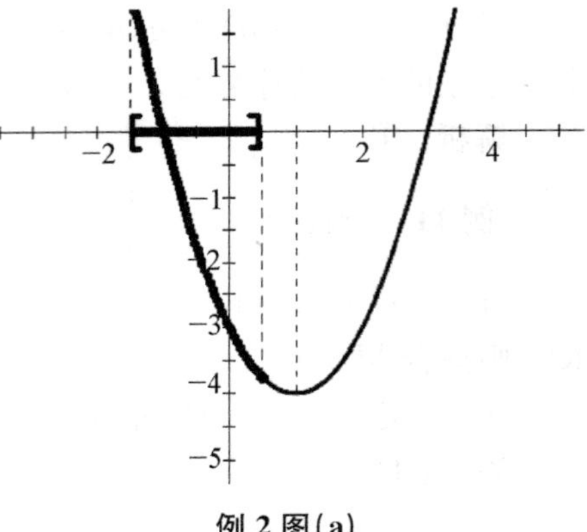

例 2 图(a)

(2) 当对称轴处于区间内部时，函数的最小值就是函数的最低点，也就是，当 $a\leqslant 1\leqslant a+2$，即 $-1\leqslant a\leqslant 1$ 时，函数的最小值是：$f(1)=-4$

(3) 当区间在对称轴右侧时，函数的最小值是区间的左端点，即 a 对应的函数值，也就是，当 $a>1$ 时，函数的最小值是：

$$f(a)=a^2-2a-3$$

综上，函数的最小值 $g(a)=\begin{cases} a^2+2a-3, & a<-1 \\ -4, & -1\leqslant a\leqslant 1. \\ a^2-2a-3, & a>1 \end{cases}$

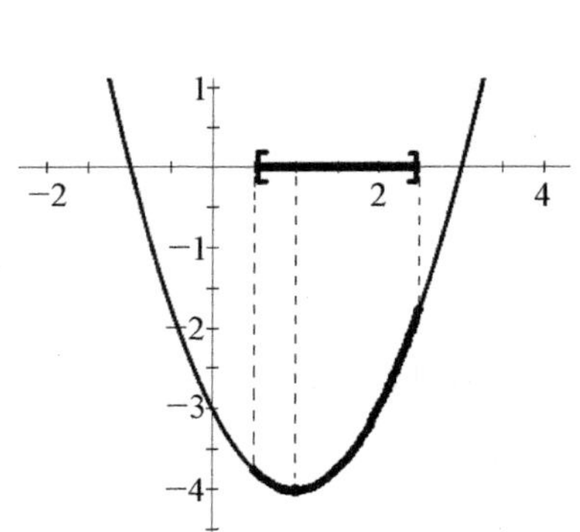

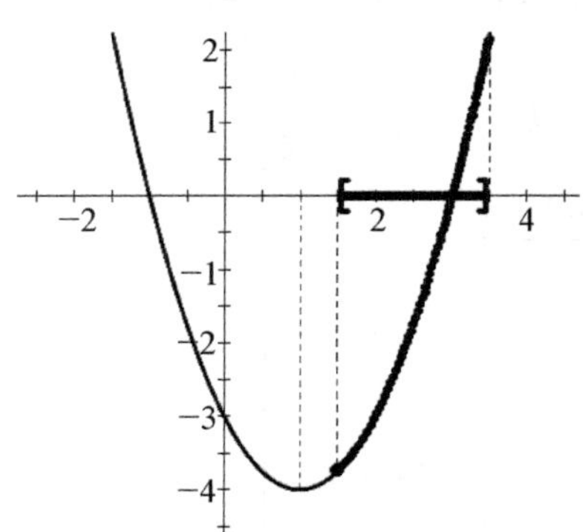

例 2 图(b)

BⅡh3 化归思想 将新颖的函数问题转化为熟悉的数列问题或图形问题，或将新颖的平面几何等数学问题转化为函数问题.

例 3 对一切非负整数 x，y，函数 $f(x, y)$ 满足(1) $f(0, y)=y+1$；(2) $f(x+1, 0)=f(x, 1)$；(3) $f(x+1, y+1)=f(x, f(x+1, y))$. 试确定 $f(2, 2013)$、$f(3, 2013)$、$f(4, 2013)$. 说明你的理由.

解： 令 $x=0$，由(2)与(1)得 $f(1, 0)=f(0, 1)=2$，在(3)中令 $x=0$，$y=$

$n-1$ 并利用(1)以及前式,有 $f(1, n)=f(0, f(1, n-1))=f(1, n-1)+1=n+f(1, 0)=n+2$

由(3)(4)得 $f(2, n)=f(1, f(2, n-1))=f(2, n-1)+2=\cdots=2n+f(2, 0)$

又 $f(2, 0)=f(1, 1)+1+2=3$,所以 $f(2, n)=2n+3$, $f(2, 2013)=2\times 2013+3=4029$

由(3)(5)得

$$\begin{aligned} f(3, n)+3&=f(2, f(3, n-1))+3=2f(3, n-1)+6 \\ &=2[f(3, n-1)+3]=\cdots=2^{n+3} \end{aligned}$$

所以 $f(3, n)=2^{n+3}-3$, $f(3, 2013)=2^{2016}-3$

由(3)和(6)可得 $f(4, n)+3=f(3, f(4, n-1))+3=2^{f(4, n-1)+3}=\cdots=2^{2^{\cdot^{\cdot^{2^{f(4, 0)+3}}}}}$ (共有 n 个 2).

由于 $f(4, 0)+3=f(3, 1)+3=2^4$,所以 $f(4, n)=-3+2^{2^{\cdot^{\cdot^{2}}}}$ (共有 $n+3$ 个 2)

故 $f(4, 2013)=-3+2^{2^{\cdot^{\cdot^{2}}}}$ (共有 2016 个 2).

BⅡh4 构造思想 如构造新的函数关系代替原有的函数关系间关联性更清晰而明确,从而揭示本质联系;通过条件构造符合已知条件的具体的函数说明结论的错误等.

例 4 设 a 是大于 0 的实数, $f(x)$ 是定义在全体实数 x 上的一个实函数,并且对每一个实数 x 满足条件: $f(x+a)=\frac{1}{2}+\sqrt{f(x)-[f(x)]^2}$.

(1) 证明:函数 $f(x)$ 是周期函数

(2) 就 $a=1$ 举出一个这种函数 $f(x)$ 的例子,但 $f(x)$ 不能是常数.

解:(1) $f(x+2a)=f[(x+a)+a]=\frac{1}{2}+\{f(x+a)-[f(x+a)]^2\}^{\frac{1}{2}}=\frac{1}{2}+\left\{\frac{1}{2}+\sqrt{f(x)-[f(x)]^2}-\left\{\frac{1}{4}+\sqrt{f(x)-[f(x)]^2}+f(x)-[f(x)]^2\right\}\right\}^{\frac{1}{2}}=\frac{1}{2}+\left\{\frac{1}{4}-f(x)+[f(x)]^2\right\}^{\frac{1}{2}}$ ①

由于 $f(x)=\frac{1}{2}+\{f(x-a)-[f(x-a)]^2\}^{\frac{1}{2}}\geqslant\frac{1}{2}$,

所有由①可得 $f(x+2a)=\frac{1}{2}+f(x)-\frac{1}{2}=f(x)$

即 $f(x)$ 是周期函数,周期 $T=2a$

(2) 不难验证 $f(x)=\dfrac{1}{2}\left(1+\left|\cos\dfrac{\pi x}{2}\right|\right)$ 满足要求.

BⅡh5 推理论证思想 对于猜想或由特殊情况分析得到的结论,能够做到言之有据,能够逻辑推理的形式说明其正确性.

例 5 已知二次函数 $g(x)=ax^2+bx+c(a,b,c\in\mathbf{R})$ 满足 $g(-1)=0$,且对一切实数 x,都有 $x\leqslant g(x)\leqslant\left(\dfrac{1+x}{2}\right)^2$ 成立,又设定义在 $[0,4]$ 上的函数 $f(x)=\begin{cases}4g(x) & 0\leqslant x\leqslant 1\\ -\dfrac{4}{3}x+\dfrac{16}{3} & 1<x\leqslant 4\end{cases}$,且定义 $f_1(x)=f(x)$,$f_2(x)=f[f_1(x)]$,…,$f_{k+1}(x)=f[f_k(x)]$,若定义域中存在点 x_0,使得 $f_k(x_0)=x_0$,且 $f_i(x_0)\neq x_0(i=1,2,\cdots,k-1)$,则称 x_0 为 $f(x)$ 的"k 周期点",验证 $x_0=0$ 是 $f(x)$ 的一个 3 周期点,并说明在区间 $\left[0,\dfrac{1}{2}\right]$ 上除了 $x_0=0$ 之外有没有其他 3 周期点.

解: 因为 $g(-1)=0$ 所以 $a-b+c=0$ ① 又因为 $x\leqslant g(x)\leqslant\left(\dfrac{1+x}{2}\right)^2$ 恒成立,所以 $1\leqslant g(1)\leqslant 1$,$g(1)=a+b+c=1$ ② 由①②得 $b=\dfrac{1}{2}$,$c=\dfrac{1}{2}-a$,$g(x)=ax^2+\dfrac{1}{2}x+\dfrac{1}{2}-a$,又 $ax^2+\dfrac{1}{2}x+\dfrac{1}{2}-a\geqslant x$ 恒成立

$a>0$ 且 $\Delta\leqslant 0$,可得 $a=\dfrac{1}{4}$,$c=\dfrac{1}{4}$,$g(x)=\dfrac{1}{4}x^2+\dfrac{1}{2}x+\dfrac{1}{4}=\dfrac{1}{4}(x+1)^2$

因为 $f[f(f(0))]=f(4)=0$,且 $f(0)\neq 0$,$f[f(0)]=4\neq 0$ 所以 $x_0=0$ 是 $f(x)$ 的一个 3 周期点. 设 x' 是 $\left[0,\dfrac{1}{2}\right]$ 上的另一个 3 周期点,$x'>0$,则 $f_1(x')=(x'+1)^2>1$,

$f_2(x')=-\dfrac{4}{3}(x'+1)^2+\dfrac{16}{3}\in\left[\dfrac{7}{3},4\right)$,$f_3(x')=-\dfrac{4}{3}f_2(x')+\dfrac{16}{3}\in\left(0,\dfrac{20}{9}\right]$,

$-\dfrac{4}{3}\left[-\dfrac{4}{3}(x'+1)^2+\dfrac{16}{3}\right]+\dfrac{16}{3}=x'$,即 $16x'^2+23x'=0$,$x'=0$ 或

$x' = -\frac{23}{16} \notin \left(0, \frac{1}{2}\right]$

所以除 0 外在 $\left[0, \frac{1}{2}\right]$ 上没有其他 3 周期点.

三、能力水平划分

函数及其性质	水平 a	水平 b	水平 c	水平 d
运算求解能力	能正确按函数的定义域、值域等概念对具体的函数的三要素进行运算求解； 能够根据复合函数的概念对函数的运算过程或运算结果的正确性加以判断	能灵活地求解函数的定义域、值域等；能理解运算求解的合理性和算法的依据，并明确其运用时的使用条件；能根据具体的数学问题情境合理选择合适的确定函数定义域值域等的具体方法	在较综合的函数问题情境中，有意识地通过多步骤的形式有效地解决与函数的运算、性质等相关的问题； 能解释函数运算公式、法则等使用条件的依据与条件，做到言之有据	能将函数运算与性质等进行推理和探究
空间想象能力	能通过函数图像的表示函数、函数的关系、运算等	能明确函数图像表示的具体的函数含义	能用文氏图、数轴、函数图像等图形揭示函数问题的本质	
推理论证能力	能对简单函数问题进行解答，对问题作出直接或间接的判断，并能给出简要的说明	能理解某个较简单函数问题的推理或论证过程；能判断该推理或论证过程是否正确	能运用已知的定理、性质、推论等对函数问题进行完整的数学解答；能根据函数的三要素和三性质的概念做出合情推理，并能加以论证	能合理转化问题，自觉寻找或设计推理论证途径对函数的数学结论进行证明；能严谨性地合理运用不同的论证方法
提出与解决问题能力	能在一定的条件下抽象出或提出简单的函数问题；能较准确借助函数关系式解决具体的函数问题	能运用函数关系式等解决其些日常生活情境中的具体问题	能从真实情境中发现问题，并建立函数关系式或构建函数的数学模型； 并通过完整实施各步骤逐步解决问题	能较为熟练地运用函数的三要素和三性质相关概念抽象、准确地表达数学问题； 能尝试形成分析和解决此类问题的一些典型方法，并能给予解释、说明或推广

实例

例 1 设 $a>0$，$ax+y=2(x\geqslant 0,\ y\geqslant 0)$，记 $y+3x-\frac{1}{2}x^2$ 的最大值是 $M(a)$，试求：

(1) $M(a)$ 的表达式；

(2) $M(a)$ 的最小值. **CⅡh1b CⅡh3b**

解：(1) 因为 $y=2-ax\geqslant 0$ 所以 $0\leqslant x\leqslant \frac{2}{a}$

所以 $y+3x-\frac{1}{2}x^2=2-ax+3x-\frac{1}{2}x^2=-\frac{1}{2}[x-(3-a)]^2+\frac{(3-a)^2}{2}+2$

$$M(a)=\begin{cases}\dfrac{a^2-6a+13}{2} & 0<a<1\text{ 或 }2<a<3\\ \dfrac{6}{a}-\dfrac{2}{a^2} & 1\leqslant a\leqslant 2\\ 2 & a\geqslant 3\end{cases}.$$

(2) $M(a)_{\min}=2(a\geqslant 3)$.

例 2 已知关于 x 的不等式 $(4kx-k^2-12k-9)(2x-11)>0$，其中 $k\in\mathbf{R}$.

(1) 试求不等式的解集 A；

(2) 对于不等式的解集 A，若满足 $A\cap\mathbf{Z}=B$ (其中 $\mathbf{Z}$ 为整数集). 试探究集合 B 能否为有限集？若能，求出使得集合 B 中元素个数最少时 k 的取值范围，并用列举法表示集合 B；若不能，请说明理由. **CⅡh1b CⅡh3c CⅡh4c**

解：(1) ① 当 $k=0$ 时，$A=\left(-\infty,\ \frac{11}{2}\right)$；

② 当 $k>0$ 时，$\frac{k^2+12k+9}{4k}-\frac{11}{2}=\frac{k^2-10k+9}{4k}=\frac{(k-1)(k-9)}{4k}$

(i) $0<k<1$ 或 $k<9$ 时 $A=\left(-\infty,\ \frac{11}{2}\right)\cup\left(\frac{k^2+12k+9}{4k},\ +\infty\right)$；

(ii) $k=1$ 或 9 时，$A=\left(-\infty,\ \frac{11}{2}\right)\cup\left(\frac{11}{2},\ +\infty\right)$

(iii) $1<k<9$ 时，$A=\left(-\infty,\ \frac{k^2+12k+9}{4k}\right)\cup\left(\frac{11}{2},\ +\infty\right)$

③ 当 $k<0$ 时，$A=\left(\dfrac{k^2+12k+9}{4k},\ \dfrac{11}{2}\right)$.

(2) 由(1)知：当 $k\geqslant 0$ 时，集合 B 中的元素的个数无限；

当 $k<0$ 时，集合 B 中的元素的个数有限，此时集合 B 为有限集.

因为 $\dfrac{k^2+12k+9}{4k}=\dfrac{1}{4}\left(k+\dfrac{9}{k}\right)+3\leqslant -\dfrac{3}{2}+3=\dfrac{3}{2}$，当且仅当 $k=-3$ 时取等号，

所以当 $\dfrac{k^2+12k+9}{4k}\geqslant 1$ 即 $-4-\sqrt{7}\leqslant x\leqslant -4+\sqrt{7}$ 时，集合 B 的元素个数最少.

此时集合 $B=\{2,\ 3,\ 4,\ 5\}$.

例 3 已知函数 $f(x)=\log_a\dfrac{2m-1-mx}{x+1}$ $(a>0,\ a\neq 1)$ 是奇函数，定义域为区间 D (使表达式有意义的实数 x 的集合).

(1) 求实数 m 的值，并写出区间 D；

(2) 若底数 $a>1$，试判断函数 $y=f(x)$ 在定义域 D 内的单调性，并说明理由；

(3) 当 $x\in A=[a,\ b)$ $(A\subsetneqq D,\ a$ 是底数$)$时，函数值组成的集合为 $[1,\ +\infty)$，求实数 a、b 的值. **CⅡh1c CⅡh3b CⅡh4c**

解：(1) 因为 $y=f(x)$ 是奇函数，

所以对任意 $x\in D$，有 $f(x)+f(-x)=0$，即 $\log_a\dfrac{2m-1-mx}{1+x}+\log_a\dfrac{2m-1+mx}{1-x}=0$.

化简此式，得 $(m^2-1)x^2-(2m-1)^2+1=0$. 又此方程有无穷多解(D 是区间)，

必有 $\begin{cases}m^2-1=0\\(2m-1)^2-1=0\end{cases}$，解得 $m=1$. 所以 $f(x)=\log_a\dfrac{1-x}{1+x}$，$D=(-1,\ 1)$.

(2) 当 $a>1$ 时，函数 $f(x)=\log_a\dfrac{1-x}{1+x}$ 在 $D=(-1,\ 1)$ 上是单调减函数.

理由：令 $t=\dfrac{1-x}{1+x}=-1+\dfrac{2}{1+x}$.

易知 $1+x$ 在 $D=(-1,\ 1)$ 上是随 x 增大而增大，$\dfrac{2}{1+x}$ 在 $D=(-1,\ 1)$

上是随 x 增大而减小，故 $t=\dfrac{1-x}{1+x}=-1+\dfrac{2}{1+x}$ 在 $D=(-1,1)$ 上是随 x 增大而减小.

于是，当 $a>1$ 时，函数 $f(x)=\log_a\dfrac{1-x}{1+x}$ 在 $D=(-1,1)$ 上是单调减函数.

(3) 因为 $A=[a,b)\subsetneqq D$，所以 $0<a<1$，$a<b\leqslant 1$.

所以依据(2)的道理，当 $0<a<1$ 时，函数 $f(x)=\log_a\dfrac{1-x}{1+x}$ 在 A 上是增函数，

即 $f(a)=1$，$\log_a\dfrac{1-a}{1+a}=1$，解得 $a=\sqrt{2}-1$（舍去 $a=-\sqrt{2}-1$）.

若 $b<1$，则 $f(x)$ 在 A 上的函数值组成的集合为 $\left[1,\log_a\dfrac{1-b}{1+b}\right)$，不满足函数值组成的集合是 $[1,+\infty)$ 的要求.（也可利用函数的变化趋势分析，得出 $b=1$）所以必有 $b=1$. 因此，所求实数 a、b 的值是 $a=\sqrt{2}-1$、$b=1$.

例 4 已知函数 $f(x)=\dfrac{\ln(2-x^2)}{|x+2|-2}$.

(1) 试判断 $f(x)$ 的奇偶性并给予证明；

(2) 求证：$f(x)$ 在区间 $(0,1)$ 单调递减；

(3) 右图给出的是与函数 $f(x)$ 相关的一个程序框图，试构造一个公差不为零的等差数列 $\{a_n\}$，使得该程序能正常运行且输出的结果恰好为 0. 请说明理由.

CⅡh1d　CⅡh3b　CⅡh4c

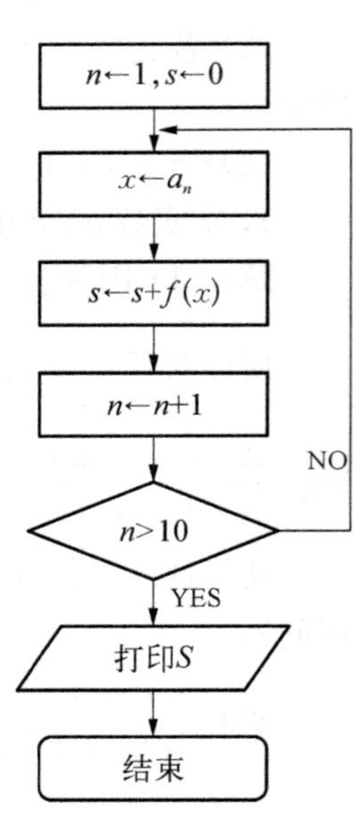

例 4 图

解：(1) 由 $\begin{cases}2-x^2>0\\|x+2|-2\neq 0\end{cases}$ 得 $x\in(-\sqrt{2},0)\cup(0,\sqrt{2})$，则 $f(x)=\dfrac{\ln(2-x^2)}{x}$，任取 $x\in(-\sqrt{2},0)\cup(0,\sqrt{2})$，都有 $f(-x)=-\dfrac{\ln(2-x^2)}{x}=-f(x)$，则该函数为奇函数.

(2) 任取 $0<x_1<x_2<1$，则有 $0<x_1^2<x_2^2<1\Rightarrow 2-x_1^2>2-x_2^2>1,\Rightarrow\ln(2-x_1^2)>\ln(2-x_2^2)>0$. 又 $\dfrac{1}{x_1}>\dfrac{1}{x_2}>1$，

所以 $\dfrac{\ln(2-x_1^2)}{x_1}>\dfrac{\ln(2-x_2^2)}{x_2}$，

即 $f(x_1)>f(x_2)$，故函数 $f(x)$ 在区间 $(0,1)$ 上单调递减.

(3) 由程序框图知，公差不为零的等差数列 $\{a_n\}$ 要满足条件，则必有 $f(a_1)+f(a_2)+\cdots+f(a_{10})=0$.

由(1)知函数 $f(x)$ 是奇函数，而奇函数的图像关于原点对称，所以要构造满足条件的等差数列 $\{a_n\}$，可利用等差数列的性质，只需等差数列 $\{a_n\}$ 满足：$a_1+a_{10}=a_2+a_9=\cdots=a_5+a_6=0$ 且 $a_n\in(-\sqrt{2},0)\cup(0,\sqrt{2})$ 即可.

我们可以先确定 a_5，a_6 使得 $a_5+a_6=0$，因为公差不为零的等差数列 $\{a_n\}$ 必是单调的数列，只要它的最大项和最小项在 $(-\sqrt{2},0)\cup(0,\sqrt{2})$ 中，即可满足要求. 所以只要 a_5，a_6 对应的点尽可能的接近原点. 如取 $a_5=-0.1$，$a_6=0.1$，存在满足条件的一个等差数列 $\{a_n\}$ 可以是 $a_n=0.2n-1.1(1\leqslant n\leqslant 10, n\in\mathbf{N}^*)$.

【说明】本问题结论开放. 我们可以将问题解决的方法一般化.

设 $a_5=-a$，$a_6=a$，若 $a\in(0,\sqrt{2})$，可得 $d=2a$.

而由题意，需 $a_{10}=a_6+4d<\sqrt{2}\Rightarrow d=2a<\dfrac{\sqrt{2}-a}{4}\Rightarrow 0<a<\dfrac{\sqrt{2}}{9}(\approx 0.157)$.

同理，若 $a\in(-\sqrt{2},0)$，则需 $-\dfrac{\sqrt{2}}{9}<a<0$.

例 5 设 a 为实数，函数 $f(x)=2x^2+(x-a)|x-a|$.

(1) 若 $f(0)\geqslant 1$，求 a 的取值范围；

(2) 求 $f(x)$ 的最小值；

(3) 设函数 $h(x)=f(x)$，$x\in(a,+\infty)$，给出不等式 $h(x)\geqslant 1$ 的解集.

CⅡh1d CⅡh3d

解：(1) 若 $f(0)\geqslant 1$，即 $-a|a|\geqslant 1$，则 $\begin{cases}a<0\\a^2\geqslant 1\end{cases}$，所以 $a\leqslant -1$.

(2) 当 $x>a$ 时，$f(x)=3x^2-2ax+a^2$，$f(x)_{\min}=\begin{cases}f(a),\ a\geqslant 0\\ f\left(\dfrac{a}{3}\right),\ a<0\end{cases}=$

$\begin{cases}2a^2,\ a\geqslant 0\\ \dfrac{2a^2}{3},\ a<0\end{cases}$

当 $x\leqslant a$ 时，$f(x)=x^2+2ax-a^2$，$f(x)_{\min}=\begin{cases}f(-a),\ a\geqslant 0\\ f(a),\ a<0\end{cases}=$

$\begin{cases}-2a^2,\ a\geqslant 0\\ 2a^2,\ a<0\end{cases}$

综上 $f(x)_{\min}=\begin{cases}-2a^2, & a\geqslant 0\\ \dfrac{2a^2}{3}, & a<0\end{cases}$.

(3) $x\geqslant a$ 时，$h(x)\geqslant 1$ 得 $3x^2-2ax+a^2-1\geqslant 0$，$\Delta=4a^2-12(a^2-1)=12-8a^2$，

① 当 $a\leqslant -\dfrac{\sqrt{6}}{2}$ 或 $a\geqslant \dfrac{\sqrt{6}}{2}$ 时，$\Delta\leqslant 0$，不等式的解集为 $(a,+\infty)$；

② 当 $-\dfrac{\sqrt{6}}{2}<a<\dfrac{\sqrt{6}}{2}$ 时，$\Delta>0$，得

$$\begin{cases}\left(x-\dfrac{a-\sqrt{3-2a^2}}{3}\right)\left(x-\dfrac{a+\sqrt{3-2a^2}}{3}\right)\geqslant 0,\\ x>a\end{cases}$$

i) $\dfrac{\sqrt{2}}{2}<a<\dfrac{\sqrt{6}}{2}$ 时，不等式的解集为 $(a,+\infty)$；

ii) $-\dfrac{\sqrt{2}}{2}\leqslant a\leqslant \dfrac{\sqrt{2}}{2}$ 时，不等式的解集为 $\left[\dfrac{a+\sqrt{3-2a^2}}{3},+\infty\right)$；

iii) $-\dfrac{\sqrt{6}}{2}<a<-\dfrac{\sqrt{2}}{2}$ 时，不等式的解集为 $\left(a,\dfrac{a-\sqrt{3-2a^2}}{3}\right]\cup\left[\dfrac{a+\sqrt{3-2a^2}}{3},+\infty\right)$.

例 6 若实数 x、y、m 满足 $|x-m|>|y-m|$，则称 x 比 y 远离 m.

(1) 若 x^2-1 比 1 远离 0，求 x 的取值范围；

(2) 对任意两个不相等的正数 a、b，证明：a^3+b^3 比 a^2b+ab^2 远离 $2ab\sqrt{ab}$；

(3) 已知函数 $f(x)$ 的定义域 $D=\left\{x\,\middle|\,x\neq\dfrac{k\pi}{2}+\dfrac{\pi}{4},k\in\mathbf{Z},x\in\mathbf{R}\right\}$.
任取 $x\in D$，$f(x)$ 等于 $\sin x$ 和 $\cos x$ 中远离 0 的那个值. 写出函数 $f(x)$ 的解析式，并指出它的基本性质(结论不要求证明). **CⅡh1d CⅡh2b CⅡh3c**

解析：(1) $x\in(-\infty,-\sqrt{2})\cup(\sqrt{2},+\infty)$；

(2) 对任意两个不相等的正数 a、b，有 $a^3+b^3>2ab\sqrt{ab}$，$a^2b+ab^2>2ab\sqrt{ab}$，

因为 $|a^3+b^3-2ab\sqrt{ab}|-|a^2b+ab^2-2ab\sqrt{ab}|=(a+b)(a-b)^2>0$，

所以 $|a^3+b^3-2ab\sqrt{ab}|>|a^2b+ab^2-2ab\sqrt{ab}|$，即 a^3+b^3 比 a^2b+ab^2 远离 $2ab\sqrt{ab}$；

(3) 若 $|\sin x|>|\cos x|$，则 $\sin^2 x>\cos^2 x$，即 $\cos 2x<0$，得 $k\pi+\frac{\pi}{4}<x<k\pi+\frac{3\pi}{4}(k\in\mathbf{Z})$

于是，$f(x)=\begin{cases}\sin x, & k\pi+\frac{\pi}{4}<x<k\pi+\frac{3\pi}{4}(k\in\mathbf{Z})\\ \cos x, & k\pi+\frac{3\pi}{4}<x<k\pi+\frac{5\pi}{4}(k\in\mathbf{Z})\end{cases}$，

性质：1° $f(x)$是非奇非偶函数，2° $f(x)$是周期函数，最小正周期 $T=2\pi$，

3° ① 当 $x=2k\pi$ 或 $2k\pi+\frac{\pi}{2}(k\in\mathbf{Z})$ 时，$f(x)$ 的最大值为 1；

② 当 $x=2k\pi+\pi$ 或 $2k\pi+\frac{3\pi}{2}(k\in\mathbf{Z})$ 时，$f(x)$ 的最大值为-1.

值域 $\left[-1,-\frac{\sqrt{2}}{2}\right)\cup\left(\frac{\sqrt{2}}{2},1\right]$

4° ① 函数 $f(x)$在区间 $\left(2k\pi+\frac{\pi}{4},2k\pi+\frac{\pi}{2}\right]$，$\left[2k\pi+\pi,2k\pi+\frac{5\pi}{4}\right)$，$\left[2k\pi+\frac{3\pi}{2},2k\pi+\frac{7\pi}{4}\right)$，$\left(2k\pi+\frac{7\pi}{4},2k\pi\right]$，$(k\in\mathbf{Z})$ 单调递增；

② 函数 $f(x)$在区间 $\left[2k\pi,2k\pi+\frac{\pi}{4}\right)$，$\left(2k\pi+\frac{\pi}{2},2k\pi+\frac{3\pi}{4}\right)$，$\left(2k\pi+\frac{3\pi}{4},2k\pi+\pi\right]$，$\left(2k\pi+\frac{5\pi}{4},2k\pi+\frac{3\pi}{2}\right]$，$(k\in\mathbf{Z})$ 单调递减.

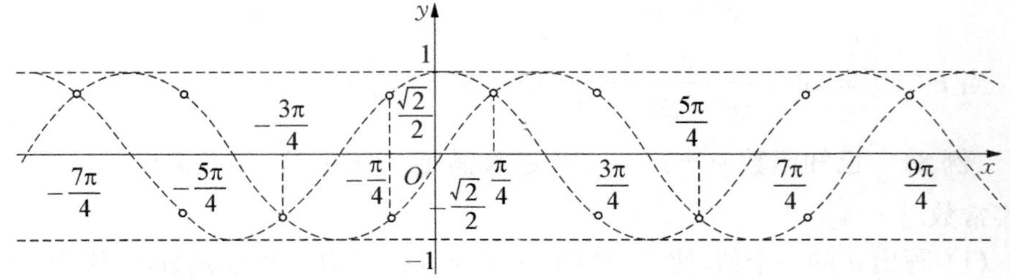

例 6 图

例 7　已知函数 $f(x)=\log_a(x+1)(a>1)$，函数 $g(x)$ 的图像与函数

$y=\frac{3}{2}+\sqrt{a^x-\frac{3}{4}}\,(a>1)$ 的图像关于直线 $y=x$ 对称.

(1) 求函数 $g(x)$ 的解析式;

(2) 若函数 $g(x)$ 在区间 $[m, n]\left(m>\frac{3}{2}\right)$ 上的值域为 $[\log_a(p+3m),\ \log_a(p+3n)]$, 求实数 p 的取值范围;

(3) 设函数 $F(x)=a^{f(x)-g(x)}\,(a>1)$, 试用列举法表示集合 $M=\{x \mid F(x)\in \mathbf{Z}\}$.

CⅡh1d　CⅡh3c

解: (1) $y=\log_a\left[\left(x-\frac{3}{2}\right)^2+\frac{3}{4}\right]\left(x\geqslant\frac{3}{2}\right)$

(2) $\log_a\left[\left(x-\frac{3}{2}\right)^2+\frac{3}{4}\right]=\log(p+3x)$ 在 $\left(\frac{3}{2}, +\infty\right)$ 有两相异实根

所以 $p=(x-3)^2-6\left(x>\frac{3}{2}\right)$ 有两相异实根, 由图可知, $p\in\left(-6, -\frac{15}{4}\right)$

(3) $F(x)=\frac{x+1}{x^2-3x+3}\left(x>\frac{3}{2}\right)$, 设 $t=x+1$, 则 $F(x)=\frac{1}{t+\frac{7}{t}-5}\in\left(0, \frac{5+2\sqrt{7}}{3}\right]$.

若 $F(x)\in\mathbf{Z}$, 则 $F(x)=1, 2, 3$

当 $F(x)=1$ 时, $\frac{x+1}{x^2-3x+3}=1$, 得 $x=2+\sqrt{2}$ 或 $2-\sqrt{2}$ (舍);

当 $F(x)=2$ 时, $\frac{x+1}{x^2-3x+3}=2$, 得 $x=1$(舍) 或 $\frac{5}{2}$;

当 $F(x)=3$ 时, $\frac{x+1}{x^2-3x+3}=3$, 得 $x=\frac{4}{3}$(舍) 或 2.

例 8　已知函数 $y=f(x)$, $x\in\mathbf{R}$ 满足 $f(x+1)=af(x)$, a 是不为零的实常数.

(1) 写出 a 的一个值,使得函数 $y=f(x)$, $x\in\mathbf{R}$ 是周期函数,并说明理由;

(2) 若当 $0\leqslant x<1$ 时, $f(x)=x(1-x)$, 且函数 $y=f(x)$ 在区间 $[0, +\infty)$ 上的值域是闭区间,求 a 的取值范围;

(3) 若当 $0<x\leqslant 1$ 时, $f(x)=3^x+3^{-x}$, 试研究函数 $y=f(x)$ 在区间

$(0, +\infty)$ 上是否可能是单调函数？若可能，求出 a 的取值范围；若不可能，请说明理由.　　　　**CⅡh1d　CⅡh3d　CⅡh4d**

解：(1) $a=1$ 时 $T=1$；$a=-1$ 时 $T=2$；

(2) 当 $n \leqslant x \leqslant n+1(n \geqslant 0,\ n \in \mathbf{Z})$ 时，

$$f_n(x)=af_{n-1}(x-1)=a^2 f_{n-1}(x-2)=\cdots=a^n f_1(x-n),$$

所以 $f_n(x)=a^n(x-n)(n+1-x)$，

当 $|a|>1$ 时，$f(x) \in (-\infty, +\infty)$ 舍去，当 $a=1$，$f(x) \in \left[0, \frac{1}{4}\right]$ 符合，

当 $a=-1$，$f(x) \in \left[-\frac{1}{4}, \frac{1}{4}\right]$ 符合；当 $0<a<1$，$f(x) \in \left[0, \frac{1}{4}\right]$ 符合，

当 $-1<a<0$，$f(x) \in \left[\frac{1}{4}a, \frac{1}{4}\right]$ 符合，

所以 $a \in [-1, 0) \cup (0, 1]$.

(3) 当 $n \leqslant x \leqslant n+1(n \geqslant 0,\ n \in \mathbf{Z})$ 时，$f_n(x)=af_{n-1}(x-1)=a^2 f_{n-1}(x-2)=\cdots=a^n f_1(x-n)$

所以 $f_n(x)=a^n(3^{x-n}+3^{n-x})$；

易证函数所以 $f_n(x)=a^n(3^{x-n}+3^{n-x})$，$x \in [n, n+1]$，$n \geqslant 0$，$n \in \mathbf{Z}$

当 $a>0$ 时是增函数，此时 $f_n(x) \in \left[2a^n, \frac{10}{3}a^n\right]$，若函数 $y=f(x)$ 在区间 $[0, +\infty)$ 上是单调增函数，则必有 $2a^{n+1} \geqslant \frac{10}{3}a^n$，即 $a \geqslant \frac{5}{3}$

显然 $a<0$ 时，函数 $y=f(x)$ 在区间 $[0, +\infty)$ 上不是单调增函数函数，

所以 $a \geqslant \frac{5}{3}$.

例 9　设函数 $y=f(x)$ 的定义域为 D，值域为 B，如果存在函数 $x=g(t)$，使得函数 $y=f(g(t))$ 的值域仍然是 B，那么，称函数 $x=g(t)$ 是函数 $y=f(x)$ 的一个等值域变换，

(1) 判断下列 $x=g(t)$ 是不是 $y=f(x)$ 的一个等值域变换？说明理由；

A. $f(x)=2x+b$，$x \in \mathbf{R}$，$x=t^2-2t+3$，$t \in \mathbf{R}$；

B. $f(x)=x^2-x+1$，$x \in \mathbf{R}$，$x=g(t)=2^t$，$t \in \mathbf{R}$；

(2) 设 $f(x)=\log_2 x$ 的值域 $B=[1, 3]$，已知 $x=g(t)=\dfrac{mt^2-3t+n}{t^2+1}$ 是 $y=f(x)$ 的一个等值域变换，且函数 $f(g(t))$ 的定义域为 R，求实数 m，n 的值；

(3) 设函数 $y=f(x)$ 的定义域为 D，值域为 B，函数 $g(t)$ 的定义域为 D_1，值域为 B_1，写出 $x=g(t)$ 是 $y=f(x)$ 的一个等值域变换的充分非必要条件(不必证明)，并举例说明条件的不必要性. **CⅡh1d CⅡh3d CⅡh4d**

解：(1) (A)：函数 $f(x)=2x+b$，$x\in\mathbf{R}$ 的值域为 R，$x=t^2-2t+3=(t-1)^2+2\geqslant 2$，$y=f(g(t))=2[(t-1)^2+2]+b\geqslant 4+b$，

所以，$x=g(t)$ 不是 $f(x)$ 的一个等值域变换；

(B)：$f(x)=x^2-x+1=\left(x-\dfrac{1}{2}\right)^2+\dfrac{3}{4}\geqslant\dfrac{3}{4}$，即 $f(x)$ 的值域为 $\left[\dfrac{3}{4},+\infty\right)$，

当 $t\in\mathbf{R}$ 时，$f(g(t))=\left(2^t-\dfrac{1}{2}\right)^2+\dfrac{3}{4}\geqslant\dfrac{3}{4}$，即 $y=f(g(t))$ 的值域仍为 $\left[\dfrac{3}{4},+\infty\right)$，

所以，$x=g(t)$ 是 $f(x)$ 的一个等值域变换；

(2) $f(x)=\log_2 x$ 的值域为 $[1,3]$，由 $1\leqslant\log_2 x\leqslant 3$ 知 $2\leqslant x\leqslant 8$，

即 $f(x)=\log_2 x$ 定义域为 $[2,8]$，

因为 $x=g(t)$ 是 $f(x)$ 的一个等值域变换，且函数 $f(g(t))$ 的定义域为 R，

所以，$x=g(t)=\dfrac{mt^2-3t+n}{t^2+1}$，$t\in\mathbf{R}$ 的值域为 $[2,8]$，

$$2\leqslant\frac{mt^2-3t+n}{t^2+1}\leqslant 8\Leftrightarrow 2(t^2+1)\leqslant mt^2-3t+n\leqslant 8(t^2+1),$$

所以，恒有 $\begin{cases}(m-2)t^2-3t+(n-2)\geqslant 0\\(m-8)t^2-3t+(n-8)\leqslant 0\end{cases}$，且存在 t_1，$t_2\in\mathbf{R}$ 使两个等号分别成立，

于是 $\begin{cases}2<m<8\\\Delta_1=9-4(m-2)(n-2)=0,\\\Delta_2=9-4(m-8)(n-8)=0\end{cases}$

解得 $\begin{cases}m=5+\dfrac{3\sqrt{3}}{2}\\n=5-\dfrac{3\sqrt{3}}{2}\end{cases}$ 或 $\begin{cases}m=5-\dfrac{3\sqrt{3}}{2}\\n=5+\dfrac{3\sqrt{3}}{2}\end{cases}$.

(3) 设函数 $f(x)$ 的定义域为 D，值域为 B，函数 $g(t)$ 的定义域为 D_1，值域为 B_1，则 $x=g(t)$ 是 $f(x)$ 的一个等值域变换的充分非必要条件是"$D=B_1$".

条件的不必要性的一个例子是 $f(x)=x^2$，$D=\mathbf{R}$，$B=[0,+\infty)$

$g(t)=2^t-1$，$D_1=\mathbf{R}$，$B_1=(-1,+\infty)$

此时 $D\supseteq B_1$，但 $f(g(t))=(2^t-1)^2$ 的值域仍为 $B=[0,+\infty)$，

即 $g(t)=2^t-1(x\in\mathbf{R})$ 是 $f(x)=x^2(x\in\mathbf{R})$ 的一个等值域变换.

(反例不唯一)

例 10 对于函数 $f_1(x)$，$f_2(x)$，$h(x)$，如果存在实数 a，b 使得 $h(x)=af_1(x)+bf_2(x)$，那么称 $h(x)$ 为 $f_1(x)$、$f_2(x)$ 的生成函数.

(1) 下面两组函数，$h(x)$ 是否分别为 $f_1(x)$、$f_2(x)$ 的生成函数？并说明理由；

第一组：$f_1(x)=\sin x$，$f_2(x)=\cos x$，$h(x)=\sin\left(x+\frac{\pi}{3}\right)$；

第二组：$f_1(x)=x^2-x$，$f_2(x)=x^2+x+1$，$h(x)=x^2-x+1$

(2) 设 $f_1(x)=\log_2 x$，$f_2(x)=\log_{\frac{1}{2}} x$，$a=2$，$b=1$，生成函数 $h(x)$. 若不等式 $h(4x)+t\cdot h(2x)<0$，在 $x\in[2,4]$ 上有解，求实数 t 的取值范围；

(3) 设 $f_1(x)=x(x>0)$，$f_2(x)=\frac{1}{x}(x>0)$，取 $a>0$，$b>0$，生成函数 $h(x)$ 图像的最低点的坐标为 $(2,8)$，若对于任意正实数 x_1，x_2，且 $x_1+x_2=1$，试问是否存在最大的常数 m，使得 $h(x_1)h(x_2)\geqslant m$ 恒成立？如果存在，求出这个 m 的值；如果不存在，请说明理由. **CⅡh1b CⅡh3c CⅡh4c**

解：(1) ① $h(x)=\sin\left(x+\frac{\pi}{3}\right)=\frac{1}{2}\sin x+\frac{\sqrt{3}}{2}\cos x=\frac{1}{2}f_1(x)+\frac{\sqrt{3}}{2}f_2(x)$

所以 $h(x)$ 是 $f_1(x)$，$f_2(x)$ 的生成函数

② 设 $a(x^2-x)+b(x^2+x+1)=x^2-x+1$，即 $(a+b)x^2+(-a+b)x+b=x^2-x+1$，

则 $\begin{cases}a+b=1\\-a+b=-1\\b=1\end{cases}$，该方程组无解. 所以 $h(x)$ 不是 $f_1(x)$，$f_2(x)$ 的生成函数.

(2) $h(x)=\log_2 x$，由 $h(4x)+t\cdot h(2x)<0$，可得：

$t<-1-\frac{1}{1+\log_2 x}$ 在 $x\in[2,4]$ 上有解，因为 $y=-1-\frac{1}{1+\log_2 x}$ 在 $[2,4]$ 上递增

所以 $\left(-1-\dfrac{1}{1+\log_2 x}\right)_{\max}=-\dfrac{4}{3}$，从而 $t<-\dfrac{4}{3}$.

(3) 由题意，得 $h(x)=ax+\dfrac{b}{x}(x>0)$，则 $h(x)=ax+\dfrac{b}{x}\geqslant 2\sqrt{ab}$

$\begin{cases}2a+\dfrac{b}{2}=8\\ 2\sqrt{ab}=8\end{cases}$，解得 $\begin{cases}a=2\\ b=8\end{cases}$，所以 $h(x)=2x+\dfrac{8}{x}(x>0)$

假设存在最大的常数 m，使 $h(x_1)h(x_2)\geqslant m$ 恒成立.

于是设 $u=h(x_1)h(x_2)=4\left(x_1+\dfrac{4}{x_1}\right)\left(x_2+\dfrac{4}{x_2}\right)=4x_1x_2+\dfrac{64}{x_1x_2}+16\left(\dfrac{x_1}{x_2}+\dfrac{x_2}{x_1}\right)=4x_1x_2+\dfrac{64}{x_1x_2}+16\cdot\dfrac{x_1^2+x_2^2}{x_1x_2}=4x_1x_2+\dfrac{64}{x_1x_2}+16\cdot\dfrac{(x_1+x_2)^2-2x_1x_2}{x_1x_2}=4x_1x_2+\dfrac{80}{x_1x_2}-32$

令 $t=x_1x_2$，则 $t=x_1x_2\leqslant\left(\dfrac{x_1+x_2}{2}\right)^2=\dfrac{1}{4}$，即 $t\in\left(0,\dfrac{1}{4}\right]$

设 $u=4t+\dfrac{80}{t}-32$ 在 $t\in\left(0,\dfrac{1}{4}\right]$ 上单调递减，

$u\geqslant u\left(\dfrac{1}{4}\right)=289$，故存在最大的常数 $m=289$.

例 11 设 a 是大于 0 的实数，$f(x)$ 是定义在全体实数 x 上的一个实函数，并且对每一个实数 x 满足条件：$f(x+a)=\dfrac{1}{2}+\sqrt{f(x)-[f(x)]^2}$.

(1) 证明：函数 $f(x)$ 是周期函数.

(2) 就 $a=1$ 举出一个这种函数 $f(x)$ 的例子，但 $f(x)$ 不能是常数.

CⅡh1d　CⅡh3d　CⅡh4d

解：(1) $f(x+2a)=f[(x+a)+a]=\dfrac{1}{2}+\{f(x+a)-[f(x+a)]^2\}^{\frac{1}{2}}=\dfrac{1}{2}+\left\{\dfrac{1}{2}+\sqrt{f(x)-[f(x)]^2}-\left\{\dfrac{1}{4}+\sqrt{f(x)-[f(x)]^2}+f(x)-[f(x)]^2\right\}\right\}^{\frac{1}{2}}=\dfrac{1}{2}+\left\{\dfrac{1}{4}-f(x)+[f(x)]^2\right\}^{\frac{1}{2}}$ ①

由于 $f(x)=\dfrac{1}{2}+\{f(x-a)-[f(x-a)]^2\}^{\frac{1}{2}}\geqslant\dfrac{1}{2}$，

所以由①可得 $f(x+2a)=\frac{1}{2}+f(x)-\frac{1}{2}=f(x)$

即 $f(x)$ 是周期函数,周期 $T=2a$

(2) 不难验证 $f(x)=\frac{1}{2}\left(1+\left|\cos\frac{\pi x}{2}\right|\right)$ 满足要求.

例 12 已知函数 $f(x)$ 对任意的整数 x, y 均有 $f(x+y)=f(x)+f(y)+2xy$, 且 $f(1)=1$.

(1) 当 $t\in\mathbf{Z}$, 用 t 的代数式表示 $f(t+1)-f(t)$;

(2) (理)当 $t\in\mathbf{Z}$, 求 $f(t)$ 的解析式;

(文)当 $t\in\mathbf{N}$, 求 $f(t)$ 的解析式;

(3) 如果 $x\in[-1,1]$, $a\in\mathbf{R}$, 且 $(f(1))^{\frac{x}{2}}+(f(2))^{\frac{x}{2}}+\cdots+(f(2003))^{\frac{x}{2}}>(f(2004))^{\frac{x}{2}}\cdot a$ 恒成立,求 a 的取值范围.

CⅡh1b CⅡh3c CⅡh4b

解: (1) 令 $x=t$, $y=1$, $f(t+1)=f(t)+f(1)+2t$, $f(t+1)-f(t)=1+2t$

(2) (理)当 $t\in\mathbf{Z}^{+}\cup\{0\}$ 时,

$f(0)=0$, $f(1)-f(0)=1$, $f(2)-f(1)=3$, $\cdots$, $f(t)-f(t-1)=2t-1$,

上述各式相加,得 $f(t)=t^2$.

当 $t\in\mathbf{Z}^{-}$ 时, $f(0)-f(-1)=-1$, $f(-1)-f(-2)=-3$, $f(-2)-f(-3)=-5$, $\cdots$, $f(t+1)-f(t)=2t+1=-[2(-t)-1]$

上述各式相加,得 $-f(t)=-(-t)^2$, 即 $f(t)=t^2$

综上,得 $t\in\mathbf{Z}$, $f(t)=t^2$.

(文) $t\in\mathbf{N}$, $f(t)=t^2$

(3) $a<\left(\frac{1}{2004}\right)^x+\left(\frac{2}{2004}\right)^x+\cdots+\left(\frac{2003}{2004}\right)^x$ $(x\in[-1,1])$ 恒成立

令 $g(x)=\left(\frac{1}{2004}\right)^x+\left(\frac{2}{2004}\right)^x+\cdots+\left(\frac{2003}{2004}\right)^x$ $(x\in[-1,1])$, $g(x)$ 是减函数

所以 $a<g(1)=\frac{1+2+\cdots+2003}{2004}=\frac{2003}{2}$

例 13 对于定义域为 D 的函数 $y=f(x)$,若有常数 M,使得对任意的 $x_1\in D$,存在唯一的 $x_2\in D$ 满足等式 $\frac{f(x_1)+f(x_2)}{2}=M$,则称 M 为函数

$y=f(x)$ 的“均值”.

(1) 判断 1 是否为函数 $f(x)=2x+1(-1\leqslant x\leqslant 1)$ 的“均值”,请说明理由;

(2) 若函数 $f(x)=ax^2-2x(1<x<2$, a 为常数)存在“均值”,求实数 a 的取值范围;

(3) 若函数 $f(x)$ 是单调函数,且其值域为区间 I. 试探究函数 $f(x)$ 的“均值”情况(是否存在、个数、大小等)与区间 I 之间的关系,写出结论(不必证明).

CⅡh1b　CⅡh3d　CⅡh4b

解: (1) 对任意的 $x_1\in[-1, 1]$, 有 $-x_1\in[-1, 1]$,

当且仅当 $x_2=-x_1$ 时,有 $\dfrac{f(x_1)+f(x_2)}{2}=x_1+x_2+1=1$,

故存在唯一 $x_2\in[-1, 1]$, 满足 $\dfrac{f(x_1)+f(x_2)}{2}=1$,

所以 1 是函数 $f(x)=2x+1(-1\leqslant x\leqslant 1)$ 的“均值”.

另法: 对任意的 $x_1\in[-1, 1]$, 有 $-x_1\in[-1, 1]$, 令 $x_2=-x_1$,

则 $x_2\in[-1, 1]$, 且 $\dfrac{f(x_1)+f(x_2)}{2}=x_1+x_2+1=1$, 若 $x'_2\in[-1, 1]$, 且 $\dfrac{f(x_1)+f(x'_2)}{2}=1$, 则有 $f(x_2)=f(x'_2)$, 可得 $x_2=x'_2$, 故存在唯一 $x_2\in[-1, 1]$, 满足 $\dfrac{f(x_1)+f(x_2)}{2}=1$

所以 1 是函数 $f(x)=2x+1(-1\leqslant x\leqslant 1)$ 的“均值”.

(2) 当 $a=0$ 时, $f(x)=-2x(1<x<2)$ 存在“均值”,且“均值”为 -3;

当 $a\neq 0$ 时,由 $f(x)=ax^2-2x(1<x<2)$ 存在均值,可知对任意的 x_1,

都有唯一的 x_2 与之对应,从而有 $f(x)=ax^2-2x(1<x<2)$ 单调,

故有 $\dfrac{1}{a}\leqslant 1$ 或 $\dfrac{1}{a}\geqslant 2$, 解得 $a\geqslant 1$ 或 $a<0$ 或 $0<a\leqslant\dfrac{1}{2}$,

综上, a 的取值范围是 $a\leqslant\dfrac{1}{2}$ 或 $a\geqslant 1$.

$\left(\text{另法: 分 } a=0,\ \dfrac{1}{a}\leqslant 1,\ 1<\dfrac{1}{a}<2,\ \dfrac{1}{a}\geqslant 2 \text{ 四种情形进行讨论}\right)$

(3) ① 当 $I=(a, b)$ 或 $[a, b]$ 时,函数 $f(x)$ 存在唯一的“均值”. 这时函数 $f(x)$ 的“均值”为 $\dfrac{a+b}{2}$;

② 当 I 为 $(-\infty, +\infty)$ 时,函数 $f(x)$ 存在无数多个“均值”. 这时任意实数均为函数 $f(x)$ 的“均值”;

③ 当 $I=(a,+\infty)$ 或 $(-\infty,a)$ 或 $[a,+\infty)$ 或 $(-\infty,a]$ 或 $[a,b)$ 或 $(a,b]$ 时，函数 $f(x)$ 不存在“均值”.

例 14 A 是定义在 $[2,4]$ 上且满足如下条件的函数 $\varphi(x)$ 组成的集合：① 对任意的 $x\in[1,2]$，都有 $\varphi(2x)\in(1,2)$；② 存在常数 $L(0<L<1)$，使得对任意的 $x_1, x_2\in[1,2]$，都有 $|\varphi(2x_1)-\varphi(2x_2)|\leqslant L|x_1-x_2|$. 问：

(1) 设 $\varphi(x)=\sqrt[3]{1+x}$，$x\in[2,4]$，证明：$\varphi(x)\in A$

(2) 设 $\varphi(x)\in A$，如果存在 $x_0\in(1,2)$，使得 $x_0=\varphi(2x_0)$，那么这样的 x_0 是唯一的；

(3) 设 $\varphi(x)\in A$，任取 $x_1\in(1,2)$，令 $x_{n+1}=\varphi(2x_n)$，$n=1,2,\cdots$，证明：给定正整数 k，对任意的正整数 p，成立不等式 $|x_{k+p}-x_k|\leqslant\dfrac{L^{k-1}}{1-L}|x_2-x_1|$.

CⅡh1d CⅡh3d CⅡh4a

解：(1) 由题设，对任意 $x\in[1,2]$，有 $\varphi(2x)=\sqrt[3]{1+2x}$，$x\in[1,2]$. 因为 $\sqrt[3]{3}\leqslant\varphi(2x)\leqslant\sqrt[3]{5}$，$1<\sqrt[3]{3}<\sqrt[3]{5}<2$. 所以 $\varphi(2x)\in(1,2)$. 又因为对任意的 $x_1, x_2\in[1,2]$，

$|\varphi(2x_1)-\varphi(2x_2)|=\dfrac{2\ \ x_1-x_2\ |}{\sqrt[3]{(1+2x_1)^2}+\sqrt[3]{(1+2x_1)(1+2x_2)}+\sqrt[3]{(1+2x_2)^2}}$. 而 $6<\sqrt[3]{(1+2x_1)^2}+\sqrt[3]{(1+2x_1)(1+2x_2)}+\sqrt[3]{(1+2x_2)^2}<9$，

所以 $\dfrac{2}{9}<\dfrac{2}{\sqrt[3]{(1+2x_1)^2}+\sqrt[3]{(1+2x_1)(1+2x_2)}+\sqrt[3]{(1+2x_2)^2}}<\dfrac{1}{3}$.

令 $\dfrac{2}{\sqrt[3]{(1+2x_1)^2}+\sqrt[3]{(1+2x_1)(1+x_2)+\sqrt[3]{(1+x^2)^2}}}=L$，显然存在常数 $L(0<L<1)$，使得 $|\varphi(2x_1)-\varphi(2x_2)|\leqslant L|x_1-x_2|$. 综上所述，可知 $\varphi(x)\in A$.

(2)（运用反证法证明）设存在两个实数 $x_1, x_2\in(1,2)$ 且 $x_1\neq x_2$，使得 $x_1=\varphi(2x_1)$，$x_2=\varphi(2x_2)$. 因为 $\varphi(x)\in A$，则由 $|x_1-x_2|=|\varphi(2x_1)-\varphi(2x_2)|\leqslant L|x_1-x_2|$，得 $|x_1-x_2|\leqslant L|x_1-x_2|$，所以 $L\geqslant 1$，这与题设 $0<L<1$ 矛盾，故假设不成立.

从而所证命题结论成立.

(3) 因为 $\varphi(x)\in A$，任取 $x_1\in(1,2)$，且 $x_{n+1}=\varphi(2x_n)$，$n=1,2,\cdots$，

所以 $|x_{n+1}-x_n|=|\varphi(2x_n)-\varphi(2x_{n-1})|\leqslant L|x_n-x_{n-1}|$

$=L|\varphi(2x_{n-1})-\varphi(2x_{n-2})|\leqslant L^2|x_{n-1}-x_{n-2}|$

$=L^2|\varphi(2x_{n-2})-\varphi(2x_{n-3})|\leqslant L^3|x_{n-2}-x_{n-3}|$

$=\cdots\leqslant L^{n-1}|x_2-x_1|$（其中 $0<L<1$），

所以 $|x_{k+p}-x_k|=|(x_{k+p}-x_{k+p-1})+(x_{k+p-1}-x_{k+p-2})+\cdots+(x_{k+1}-$

$x_k)|\leqslant|x_{k+p}-x_{k+p-1}|+|x_{k+p-1}-x_{k+p-2}|+\cdots+|x_{k+1}-x_k|\leqslant L^{k+p-2}|x_2-x_1|+L^{k+p-3}|x_2-x_1|+\cdots+L^{k-1}|x_2-x_1|=(L^{k+p-2}+L^{k+p-3}+\cdots+L^{k-1})|x_2-x_1|=\dfrac{L^{k-1}(1-L^p)}{1-L}|x_2-x_1|\leqslant\dfrac{L^{k-1}}{1-L}|x_2-x_1|$,

故对于给定正整数 k，对任意的正整数 p，不等式 $|x_{k+p}-x_k|\leqslant\dfrac{L^{k-1}}{1-L}|x_2-x_1|$ 均成立.

例 15 已知集合 $A=\{a_1, a_2, a_3, \cdots, a_k\}(k\geqslant 2)$ 其中 $a_i\in\mathbf{Z}(i=1, 2, \cdots, k)$，由 A 中的元素构成两个相应的集合 $S=\{(a, b)\mid a\in A, b\in A, a+b\in A\}$，$T=\{(a, b)\mid a\in A, b\in A, a-b\in A\}$，其中 (a, b) 是有序实数对，集合 S 和 T 的元素个数分别为 m，n，

若对于任意的 $a\in A$，总有 $-a\notin A$，则称集合 A 具有性质 P.

(1) 检验集合 $\{0, 1, 2, 3\}$ 与 $\{-1, 2, 3\}$ 是否具有性质 P，并对其中具有性质 P 的集合写出相应的集合 S 和 T；

(2) 对任何具有性质 P 的集合 A，证明：$n\leqslant\dfrac{k(k-1)}{2}$；

(3) 判断 m 和 n 的大小关系，并证明结论. **CⅡh1a CⅡh3d CⅡh4a**

解：(1) 集合 $\{0, 1, 2, 3\}$ 不具有性质 P，$\{-1, 2, 3\}$ 具有性质 P，其相应的集合 S 和 T 是 $S=\{(-1, 3), (3, -1)\}$，$T=\{(2, -1), (2, 3)\}$；

(2) 证明：首先由 A 中的元素构成的有序实数对共有 k^2 个，因为 $0\in A$，$(a_i, a_i)\in T(i=1, 2, \cdots, k)$，

又因为当 $a\in A$ 时，$-a\notin A$，

所以当 $(a_i, a_j)\in T$ 时，$(a_j, a_i)\notin T(i=1, 2, \cdots, k)$，于是集合 T 中的元素的个数最多为 $n=\dfrac{1}{2}(k^2-k)=\dfrac{1}{2}k(k-1)$，即 $n\leqslant\dfrac{k(k-1)}{2}$.

(3) 解：$m=n$，证明如下：

① 对于 $(a, b)\in S$，根据定义 $a\in A$，$b\in A$，则 $a+b\in A$，从而 $(a+b, b)\in T$

如果 (a, b) 与 (c, d) 是 S 中的不同元素，那么 $a=c$ 与 $b=d$ 中至少有一个不成立，于是 $a+b=c+d$ 与 $b=d$ 中至少有一个不成立，故 $(a+b, b)$ 与 $(c+d, d)$ 也是 T 中的不同元素. 可见 S 中的元素个数不多于 T 中的元素个数，即 $m\leqslant n$；

② 对于 $(a, b)\in T$，根据定义 $a\in A$，$b\in A$，则 $a-b\in A$，从而 $(a-b, b)\in S$

如果 (a, b) 与 (c, d) 是 T 中的不同元素，那么 $a=c$ 与 $b=d$ 中至少有一个不成立，于是 $a-b=c-d$ 与 $b=d$ 中至少有一个不成立，故 $(a-b, b)$ 与 $(c-d, d)$ 也是 S 中的不同元素. 可见 T 中的元素个数不多于 S 中的元素个数，即 $n\leqslant m$.

由①②可知 $m=n$.

第二部分　幂函数、指数函数和对数函数

学生在初中学习了一些最基本、最简单的函数，如正比例函数、反比例函数、一次函数与二次函数. 这一章学习的是几类重要的初等函数：幂函数、指数函数和对数函数. 通过学习，不仅需要学生掌握几类重要的函数，而且也将进一步加深学生对函数概念与函数性质的理解与运用. 并为今后的进一步学习打下基础.

一、基础知识与基本技能掌握要求

AⅡm1 了解幂函数的模型，会分析幂指数 $\alpha \in \left\{-2, -1, -\frac{1}{2}, \frac{1}{3}, \frac{1}{2}, 1, 2, 3\right\}$ 的幂函数的性质

AⅡm2 掌握具体幂函数的性质，画出它们的大致图像，并能根据其图像特点应用幂函数的基本性质，如能利用幂函数的性质比较两个幂的大小等

AⅡm3 理解指数函数的概念，掌握指数函数的性质

AⅡm4 能用描点法画出指数函数的图像，认识指数函数模型的增长特点

AⅡm5 以幂函数、指数函数为载体，进一步理解函数的基本性质

AⅡm6 了解对数形成的背景和意义，体验由指数式到对数概念的过程，理解对数的概念与意义

AⅡm7 掌握对数的运算性质和换底公式，能用对数的运算性质及换底公式进行计算、证明. 能用计算器求对数值

AⅡm8 理解反函数的概念，掌握互为反函数的两个函数图像之间关系，会求一些简单初等函数的反函数并画出其图像

AⅡm9 理解对数函数的概念，认识对数函数模型的特点及作用

AⅡm10 能利用对数函数与指数函数互为反函数的关系，研究并掌握对数函数的性质与图像

AⅡm11 理解指数方程和对数方程的概念，能将简单的指数、对数方程转化为代数方程求解

AⅡm12 理解求指数、对数方程近似解的常用方法，如图像法、逼近法，或使用计算机(器)求解方程

AⅡm13 能从实际情境或数学(或其他学科)情境中发现问题，经历建立指数函数、对数函数模型解决简单实际问题的过程，其中包括利用

给定函数模型求解，建立函数模型求解. 增强数形结合的意识和提出与解决问题能力

实例

例 1 图中曲线是幂函数 $y=x^n$ 在第一象限的图像. 已知 n 可取 ± 2, $\pm\frac{1}{2}$ 四个值，则相应于曲线 C_1、C_2、C_3、C_4 的 n 依次为(　　).

A. $-2, -\frac{1}{2}, \frac{1}{2}, 2$

B. $-\frac{1}{2}, -2, \frac{1}{2}, 2$

C. $-\frac{1}{2}, -2, 2, \frac{1}{2}$

D. $-2, -\frac{1}{2}, 2, \frac{1}{2}$　　　**A Ⅰ m1　A Ⅰ m2**

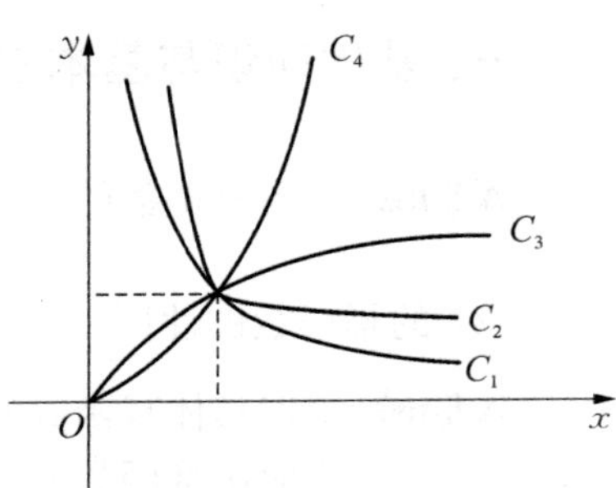

例 1 图

解： 根据幂函数 $y=x^n$ 的性质在第一象限内的图像，故选 A.

例 2 若 $(a+1)^{-3}<(3-2a)^{-3}$，试求 a 的取值范围.

A Ⅰ m1　A Ⅰ m2　A Ⅰ m5

解： 根据幂函数 $y=x^{-3}$ 在 $(-\infty, 0)$ 和 $(0, +\infty)$ 分别单调递减，所以 $a+1>3-2a>0$ 或 $0>a+1>3-2a$ 或 $a+1<0<3-2a$，即 $\frac{2}{3}<a<\frac{3}{2}$ 或 $a<-1$.

例 3 若函数 $y=2^{-x+1}+m$ 的图像不过第一象限，则 m 的取值范围是________.

A Ⅰ m1　A Ⅰ m2

解： $m\leqslant -2$.

例 4 已知函数 $f(x-1)=x^2-2x+3(x\leqslant 0)$，求函数 $f(x)$ 的反函数求 $f^{-1}(x)$.

A Ⅰ m9

解： 令 $x-1=t\in(-\infty, 1]$, $x\leqslant 0$ 则 $x=t+1$ 所以 $f(t)=(t+1)^2-2(t+1)+3=t^2+2$,

所以 $f(x)=x^2+2x\leqslant 0$ 所以 $f(x)\in[3, +\infty)$ 由 $y=x^2+2$ 解得 $x=-\sqrt{y-2}$

所以 $y=f^{-1}(x)=-\sqrt{x-2}$　$x\in[3, +\infty)$.

例 5 设函数 $f(x)=2^{x}+a\cdot 2^{-x}-1$($a$ 为实数).

A Ⅰ m3 A Ⅰ m5 A Ⅰ m9 A Ⅰ m10

(1) 若 $a<0$, 用函数单调性定义证明: $y=f(x)$ 在 $(-\infty,+\infty)$ 上是增函数.

(2) 若 $a=0$, $y=g(x)$ 与 $y=f(x)$ 的图像关于直线 $y=x$ 对称,求函数 $y=g(x)$ 的解析式.

解: (1) 设任意实数 $x_1<x_2$, 则 $f(x_1)-f(x_2)=(2^{x_1}+a\cdot 2^{-x_1}-1)-(2^{x_2}+a\cdot 2^{-x_2}-1)=(2^{x_1}-2^{x_2})+a(2^{-x_1}-2^{-x_2})=(2^{x_1}-2^{x_2})\cdot\dfrac{2^{x_1+x_2}-a}{2^{x_1+x_2}}$

因为 $x_1<x_2$,所以 $2^{x_1}<2^{x_2}$,所以 $2^{x_1}-2^{x_2}<0$;因为 $a<0$,所以 $2^{x_1+x_2}-a>0$.

又 $2^{x_1+x_2}>0$, 所以 $f(x_1)-f(x_2)<0$, 所以 $f(x)$ 是增函数.

(2) 当 $a=0$ 时, $y=f(x)=2^{x}-1$, 所以 $2^{x}=y+1$, 所以

$$x=\log_2(y+1),\ y=g(x)=\log_2(x+1).$$

例 6 设 $x, y, z\in(0,+\infty)$ 且 $3^{x}=4^{y}=6^{z}$, 求证: $\dfrac{1}{x}+\dfrac{1}{2y}=\dfrac{1}{z}$.

A Ⅰ m6 A Ⅰ m7

证明: 设 $3^{x}=4^{y}=6^{z}=k$ 因为 $x, y, z\in(0,+\infty)$ 所以 $k>1$

取对数得: $x=\dfrac{\lg k}{\lg 3}$, $y=\dfrac{\lg k}{\lg 4}$, $z=\dfrac{\lg k}{\lg 6}$

所以 $\dfrac{1}{x}+\dfrac{1}{2y}=\dfrac{\lg 3}{\lg k}+\dfrac{\lg 4}{2\lg k}=\dfrac{2\lg 3+\lg 4}{2\lg k}=\dfrac{2\lg 3+2\lg 2}{2\lg k}=\dfrac{\lg 6}{\lg k}=\dfrac{1}{z}$.

例 7 已知 $f(x)=a^{x}$, $g(x)=\log_a x$ $(a>0, a\neq 1)$,若 $f(3)\times g(3)<0$, 那么 $f(x)$与 $g(x)$在同一坐标系内的图像可能为(　　).

A Ⅰ m8 A Ⅰ m9 A Ⅰ m10

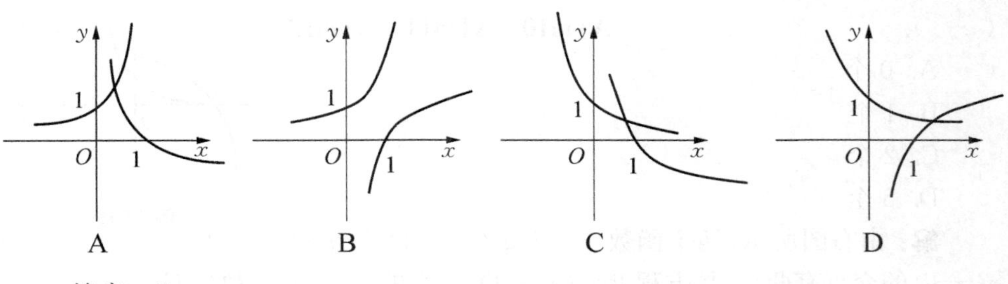

答案: C.

例 8 在海拔 x m 处的大气压强是 y Pa，y 与 x 之间的函数关系式是 $y=ce^{kx}$，其中 c，k 为常量. 已知某地某天在海平面的大气压为 1.01×10^5 Pa，1000 m 高空的大气压为 0.90×10^5 Pa，求 600 m 高空的大气压强(结果保留 3 个有效数字). **A Ⅰ m3 A Ⅰ m12 A Ⅰ m13**

解：将 $x=0$，$y=1.01\times10^5$，$x=1000$，$y=0.90\times10^5$，分别代入函数式 $y=ce^{kx}$，得

$\begin{cases}1.01\times10^5=ce^{k\cdot0}\\0.90\times10^5=ce^{1000k}\end{cases}$. 解之得 $\begin{cases}c=1.01\times10^5\\k=-1.15\times10^{-4}\end{cases}$ 所以 $y=1.01\times10^5\times e^{-1.15\times10^{-4}x}$

将 $x=600$ 代入上述函数式得 $y=1.01\times10^5\times e^{-1.15\times10^{-4}\times600}=0.943\times10^5$(Pa)

答：在 600 m 高空的大气压约为 0.943×10^5 Pa

例 9 已知关于 x 的函数 $y=\log_{m^2}[(m^2-2m)x]$ 在区间 $(-\infty,0)$ 为单调减函数，求 m 的取值范围. **A Ⅰ m9 A Ⅰ m10**

解：由 $(m^2-2m)x>0$ 及 $x\in(-\infty,0)$ 得 $m^2-2m<0$，即 $m\in(0,2)$.

此函数可看作 $y=\log_m{}^2t$ 与 $t=(m^2-2m)x$ 的复合函数，由于 $t=(m^2-2m)x$ 在 $(-\infty,0)$ 上单调递减，所以要使复合后的函数单调递减，函数 $y=\log_m{}^2t$ 应单调递增，从而 $m^2>1$，即 $|m|>1$，结合 $m\in(0,2)$，得 $m\in(1,2)$.

例 10 解方程：$\log_2(4^x+4)=x+\log_2(2^{x+1}-3)$. **A Ⅰ m10 A Ⅰ m11**

解：原方程等价于 $\begin{cases}4^x+4>0\\2^{x+1}-3>0\\4^x+4=2^x(2^{x+1}-3)\end{cases}$，所以 $x+1>\log_2 3$.

$2^{2x}+4=2\cdot2^{2x}-3\cdot2^x$，$2^{2x}-3\cdot2^x-4=0$，所以 $2^x=4$，或 $2^x=-1$(舍去)，所以 $x=2$.

经检验 $x=2$ 是原方程的解.

例 11 方程 $\log_2(x+4)=3^x$ 的实数解的个数是(　　). **A Ⅰ m10 A Ⅰ m11 A Ⅰ m12**

A. 0 个

B. 1 个

C. 2 个

D. 3 个

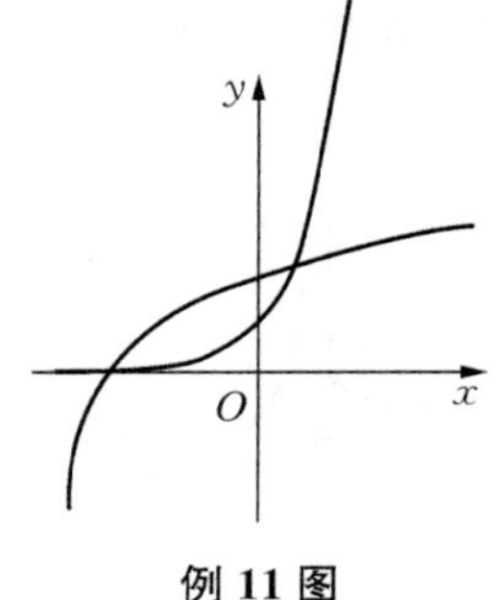

例 11 图

解：由右图所示，两个函数 $y=\log_2(x+4)$ 与函数 $y=3^x$ 的交点有两个，故方程 $\log_2(x+4)=3^x$ 的解有两个. 故选 C.

例 12 一片树林中现有木材 30000 m^3，如果每年增长 5%，经过 x 年树林中有木材 y m^3，写出 y 关于 x 的函数关系式，并求约经过多少年，木材可以增加到 40000 m^3(结果保留一个有效数字). **AⅠm11 AⅠm12 AⅠm13**

解：函数关系式为：$y=30000(1+5\%)^x=30000\times1.05^x\ (x\geqslant0)$

当 $y=40000$ 时，得 $\frac{4}{3}=(1+5\%)^x=1.05^x$，$x=\log_{1.05}\frac{4}{3}\approx5.89$

答：应经过 6 年木材可以增加到 40000 m^3.

二、思想方法分类阐释

BⅡm1 分类讨论思想 对于含有字母参变量的幂函数的指数的正负讨论函数的性质、指数函数的底数 a 与对数函数的底数 a 分为 $a>1$ 与 $0<a<1$ 讨论单调性等.

例 1 求函数 $f(x)=\log_a(a-a^x)\ (a>0,\ a\neq1)$ 的定义域.

解：当 $a>1$ 时，由 $a-a^x>0$，即 $a^x<a$ 得，函数定义域为 $(-\infty,\ 1)$；当 $0<a<1$ 时，由 $a-a^x>0$，即 $a^x<a$ 得，函数定义域为 $(1,\ +\infty)$.

BⅡm2 数形结合思想 求解含有指数与对数的方程或不等式的问题往往需要化为两个函数图像间的位置关系的讨论等几何问题.

例 2 解关于 x 的不等式：$2^{-x}>x-\frac{1}{2}$

解：由图像得 $x=1$ 时，$2^{-1}>1-\frac{1}{2}=\frac{1}{2}$

所以不等式的解集为 $(-\infty,\ 1)$.

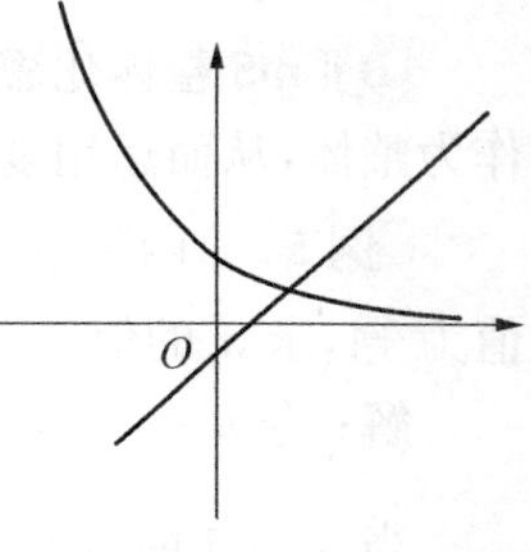

例 2 图

BⅡm3 函数思想 规避通过函数的解析式直接求解的形式，而是借助函数的性质，如奇偶性、单调性等求解相关问题.

例 3 已知 $a>0$，$a\neq1$，$f(\log_a x)=\left(\frac{a}{a^2-1}\right)\left(x-\frac{1}{x}\right)$. 当 $f(x)$ 的定义域为$(-1,\ 1)$时，解关于 m 的不等式 $f(1-m)+f(1-m^2)<0$.

解：令 $t=\log_a x$，可得 $f(t)=\frac{a}{a^2-1}(a^t-a^{-t})$ 因为 $f(-x)=-f(x)$ 所以 $f(x)$为奇函数.

设 $x_1<x_2$，则 $f(x_1)-f(x_2)=\frac{a}{a^2-1}(a^{x_1}-a^{x_2})\frac{1+a^{x_1+x_2}}{a^{x_1+x_2}}$

当 $a>1$ 时 $a^{x_1}<a^{x_2}$，$a^2-1>0$ 当 $0<a<1$ 时 $a^{x_1}>a^{x_2}$，$a^2-1<0$

所以 $f(x_1)-f(x_2)<0$ 为增函数.

$$f(1-m)+f(1-m^2)<0\Rightarrow f(1-m)<f(m^2-1)\Rightarrow\begin{cases}-1<1-m<1\\-1<1-m^2<1\\1-m<m^2-1\end{cases}\Rightarrow$$

$1<m<\sqrt{2}$.

BⅡm4 化归思想 将与指对有关的新问题向旧问题的转化，将复杂问题向简单问题转化，如将含有对数、指数的超越不等式或超越方程中指数形式或对数形式作为整体，从而等价转化为代数方程或不等式求解.

例 4 不等式 $\sqrt{3\log_a x-2}<2\log_a x-1(a>1)$.

解：$t=\log_a x$ 原不等式等价于 $\begin{cases}3t-2\geqslant 0,\\3t-2<(2t-1)^2,\\2t-1>0.\end{cases}$ 解之得 $\begin{cases}t\geqslant\dfrac{2}{3},\\t<\dfrac{3}{4}\text{ 或 }t>1,\\t>\dfrac{1}{2}\end{cases}$

所以 $\dfrac{2}{3}\leqslant\log_a x<\dfrac{3}{4}$ 或 $\log_a x>1$. 解集是 $\{x\mid a^{\frac{2}{3}}\leqslant x<a^{\frac{3}{4}}\}\cup\{x\mid x>a\}$.

BⅡm5 整体化思想 处理指数型或对数型的函数或方程中常把某些表达式作为整体，从而运用复合函数的思想解决相应的问题.

例 5 函数 $y=a^{2x}+2a^x-1(a>0,\ a\neq 1)$ 在区间$[-1,\ 1]$上的最大值为 14，求 a 的值.

解：令 $u=a^x$，$y=(u+1)^2-2$. 因为 $-1\leqslant x\leqslant 1$

当 $a>1$ 时 $u\in\left[\dfrac{1}{a},\ a\right]\subseteq[-1,\ +\infty)$，所以 $14=a^2+2a-1\Rightarrow a=3$ 或 $a=-5$(舍)

当 $0<a<1$ 时，$u\in\left[a,\ \dfrac{1}{a}\right]\subseteq[-1,\ +\infty)$，所以 $14=\left(\dfrac{1}{a}\right)^2+2\left(\dfrac{1}{a}\right)-1\Rightarrow a=\dfrac{1}{3}$ 或 $a=-\dfrac{1}{5}$(舍)

综上得，$a=\dfrac{1}{3}$ 或 $a=3$.

BⅡm6 待定系数法 对于已知函数类型的函数求解时可用待定系数的方式进行运算或求解.

例 6 已知幂函数 $f(x)$ 的反函数的图像经过$(2,\ 4)$，求 $f(x)$ 的解析式.

解：设 $f(x)=x^n$，由已知得 $f(4)=4^n=2$，所以 $n=\dfrac{1}{2}$ 所以 $f(x)=x^{\frac{1}{2}}$

三、能力水平划分

幂函数指数函数对数函数	水平 a	水平 b	水平 c	水平 d
运算求解能力	能正确按三类函数的概念确定它们的定义域、值域； 能够根据三类函数的概念对函数的定义域值域等运算过程或运算结果的正确性加以判断	能灵活地求解幂指对函数的定义域、值域等；能理解运算求解的合理性和具体算法的依据，并明确其运用时的使用条件；能根据具体的数学问题情境合理选择合适的确定函数定义域值域等的具体方法	在较综合的幂指对函数问题情境中，有意识地通过多步骤的形式有效地解决与三类函数的三要素和性质等相关的问题； 能解释函数三要素和三性质运算公式、法则等使用条件的依据与条件，做到言之有据	能将三类函数运算与性质等进行推理和探究
空间想象能力	能通过函数图像的表示函数、函数的关系、运算等	明确函数图像表示的具体的函数含义	能用文氏图、数轴、函数图像等图形揭示函数问题的本质	
推理论证能力	能对简单幂指对函数问题进行解答，对问题作出直接或间接的判断，并能给出简要的说明	能理解幂指对中较简单函数问题的推理或论证过程；能判断该推理或论证过程是否正確	能运用已知的定理、性质、推论等对幂指对函数问题进行完整的数学解答； 能根据幂指对函数的概念和定义做出合情推理，并能加以论证	能合理转化问题，自觉寻找或设计推理论证途径对幂指对函数的数学结论进行证明；能严谨性地合理运用不同的论证方法
提出与解决问题能力	能在一定的条件下抽象出或提出简单的幂指对函数问题； 能较准确借助幂指对函数关系式解决具体的函数问题	能运用幂指对函数关系式等解决某些日常生活情境中的具体问题	能从真实情境中发现问题，并用函数语言等将其表述成较规范的数学问题形式或数学模型； 并通过完整实施各步骤逐步解决问题	能较为熟练地运用函数语言抽象、准确地表达数学问题； 能尝试形成分析和解决此类问题的一些典型方法，并能给予解释、说明或推广

例 1 若 $0<a<1$，则下列不等式中正确的是（　　）. **CⅡm1a**

A. $2^a>2^{-a}>0.2^a$　　B. $0.2^a>2^{-a}>2^a$

C. $2^{-a}>0.2^a>2^a$　　D. $2^a>0.2^a>2^{-a}$

解析：函数 $f(x)=x^a$ 在 $(0,+\infty)$ 上单调递增，则 $2^a>0.5^a>0.2^a$，即 $2^a>2^{-a}>0.2^a$，所以，答案为 A.

例 2 函数 $f(x)=x-\dfrac{1}{x}$ 的图像是（　　）. **CⅡm2a**

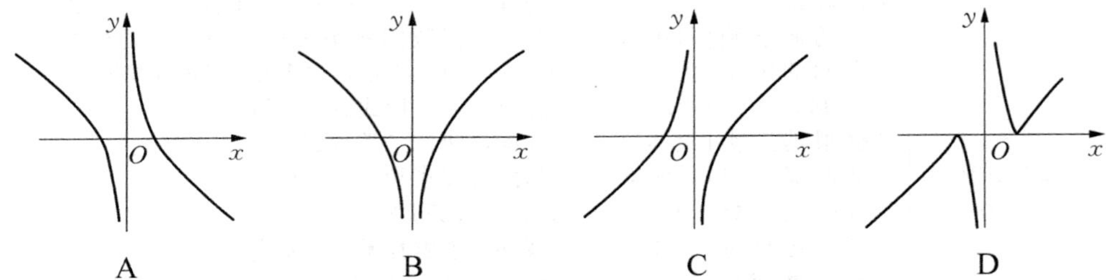

解析：函数 $f(x)=x-\dfrac{1}{x}$ 是奇函数，并由函数 $y=x$ 和函数 $y=-\dfrac{1}{x}$ 都是 $(0,+\infty)$ 上的增函数得函数 $f(x)=x-\dfrac{1}{x}$ 在 $(0,+\infty)$ 上单调递增，所以，函数 $f(x)=x-\dfrac{1}{x}$ 的图像是 C.

例 3 在以下给出的三个函数中：① $y=\dfrac{1}{x}$；② $y=\sqrt{x}$；③ $y=x^2$ 对任意 $x_1>0$ 和 $x_2>0(x_1\neq x_2)$ 都有 $f\left(\dfrac{x_1+x_2}{2}\right)<\dfrac{f(x_1)+f(x_2)}{2}$ 成立的函数的个数是（　　）. **CⅡm1b**

A. 0　　B. 1　　C. 2　　D. 3

解析：考察函数 $y=\dfrac{1}{x}$、$y=\sqrt{x}$、$y=x^2$ 的图像可知，对任意 $x_1>0$ 和 $x_2>0(x_1\neq x_2)$，$y=\dfrac{1}{x}$ 和 $y=x^2$ 都有 $f\left(\dfrac{x_1+x_2}{2}\right)<\dfrac{f(x_1)+f(x_2)}{2}$ 成立，而函数 $y=\sqrt{x}$ 使得 $f\left(\dfrac{x_1+x_2}{2}\right)>\dfrac{f(x_1)+f(x_2)}{2}$ 所以，答案为 C.

例 4 幂函数 $y=x^t$ 的图像，当 $x\in(0,1)$ 时，在直线 $y=x$ 上方，当 $x\in(1,+\infty)$ 时，在直线 $y=x$ 下方，求实数 t 的取值范围. **CⅡm1c**

解析：$0<x<1$ 时，若 $t>1$，则 $t-1>0$，$0<x^{t-1}<1$，于是 $x^t<x$，此时函数 $y=x^t$ 在$(0, 1)$上的图像在直线 $y=x$ 的下方，矛盾. 若 $t<1$，则 $t-1<0$，$x^{t-1}>1$，$x^t>x$，此时函数 $y=x^t$ 在$(0, 1)$上的图像在直线 $y=x$ 的上方，所以，t 的取值范围是 $t<1$.

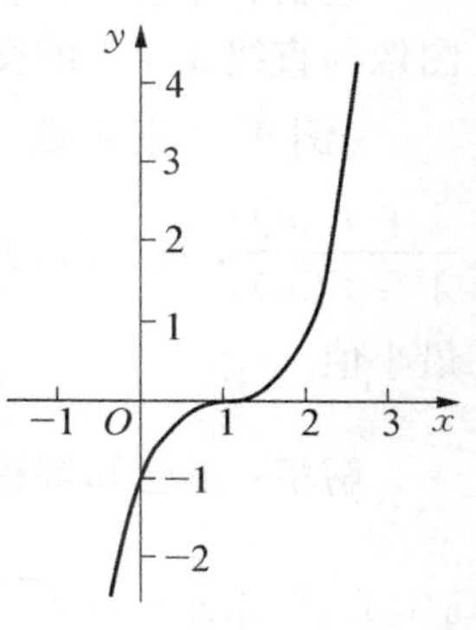

例 4 图

例 5　已知 $f(x)=x^3+ax^2+3x+b$ 满足 $f(0)=-1$，并有 $f(x+1)=-f(1-x)$ 对任意 $x\in\mathbf{R}$ 都成立，试求 a，b 的值，并作出该函数的图像. **CⅡm2b**

解析：由 $f(0)=-1$ 得 $b=-1$，由 $f(x+1)=-f(1-x)$ 得

$(x+1)^3+a(x+1)^2+3(x+1)-1=-[(1-x)^3+a(1-x)^2+3(1-x)-1]$，于是，

$x^3+3x^2+3x+1+ax^2+2ax+a+3x+3-1=-(1-3x+3x^2-x^3+a-2ax+ax^2+3-3x-1)$，

即 $6x^2+2ax^2+2a+6=0$ 对任意 $x\in\mathbf{R}$ 都成立，所以，$a=-3$，$f(x)=(x-1)^3$.

例 6　若 $0<a<1$，$b<-1$，则函数 $f(x)=a^x+b$ 的图像不经过(　　). **CⅡm2c**

A. 第一象限　　B. 第二象限　　C. 第三象限　　D. 第四象限

解析：由于 $b<-1$，则函数 $f(x)=a^x+b$ 的图像可由函数 $g(x)=a^x$ 的图像向下平移 $|b|$ 个单位得到，函数 $f(x)$ 的图像与 y 轴的交点$(0, b+1)$在 x 轴的下方，而函数 $g(x)=a^x$ 在$(-\infty, -\infty)$上单调递减，所以，函数 $f(x)=a^x+b$ 的图像不经过第一象限，答案为 A.

例 7　对实数 a，b，定义运算“$\otimes$”为 $a\otimes b=a^b$. 则下列命题中正确命题的个数是(　　). **CⅡm1c**

① $a\otimes b=b\otimes a$；

② $(a\otimes b)\otimes c=a\otimes(b\otimes c)$；

③ $a\otimes(b+c)=(a\otimes b)+(a\otimes c)$，

A. 0　　B. 1　　C. 2　　D. 3

解析：若 $a=2$，$b=1$，则 $a\otimes b=2$，$b\otimes a=1$，此时，$a\otimes b\neq b\otimes a$；若 $a=2$，$b=1$，$c=2$，则 $(a\otimes b)\otimes c=4$，$a\otimes(b\otimes c)=2$，此时，$(a\otimes b)\otimes c\neq a\otimes(b\otimes c)$；

若 $a=1$，$b=2$，$c=2$，则 $a\otimes(b+c)=1$，$(a\otimes b)+(a\otimes c)=2$，此时，$a\otimes(b+c)\neq(a\otimes b)+(a\otimes c)$；

所以，答案为 A.

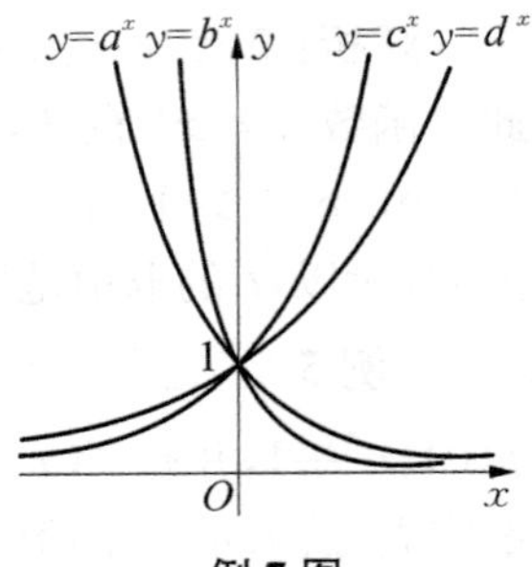

例 7 图

例 8 指数函数 $y=a^x$，$y=b^x$，$y=c^x$，$y=d^x$ 的图像如图所示，则 a，b，c，d 及 1 这 5 个数的大小关系是________. **CⅡm2c**

解析： 考察函数 $y=a^x$，$y=b^x$，$y=c^x$，$y=d^x$ 的图像与直线 $x=1$ 的交点可得 $c>d>1>a>b$.

例 9 正实数 x_1，x_2 及函数 $f(x)$ 满足 $4^x=\dfrac{1+f(x)}{1-f(x)}$，且 $f(x_1)+f(x_2)=1$，求 $f(x_1+x_2)$ 的最小值. **CⅡm1c　CⅡm3c　CⅡm4a**

解析： 由已知解得 $f(x)=\dfrac{4^x-1}{4^x+1}$，则 $\dfrac{4^{x_1}-1}{4^{x_1}+1}+\dfrac{4^{x_2}-1}{4^{x_2}+1}=1$，$4^{x_1+x_2}=4^{x_1}+4^{x_2}+3\geqslant 2\sqrt{4^{x_1}\cdot 4^{x_2}}+3$，即 $(\sqrt{4^{x_1+x_2}}-3)(\sqrt{4^{x_1+x_2}}+1)\geqslant 0$，于是，$4^{x_1+x_2}\geqslant 9$.

又 $f(x_1+x_2)=\dfrac{4^{x_1+x_2}-1}{4^{x_1+x_2}+1}=1-\dfrac{2}{4^{x_1+x_2}+1}\geqslant\dfrac{4}{5}$，所以，$f(x_1+x_2)$ 的最小值是 $\dfrac{4}{5}$.

例 10 设 a、$b\in\mathbf{R}^+$，比较 a^ab^b 与 a^bb^a 的大小. **CⅡm1b　CⅡm3b　CⅡm4b**

解析： $\dfrac{a^ab^b}{a^bb^a}=a^{a-b}b^{b-a}=\left(\dfrac{a}{b}\right)^{a-b}$，

若 $a>b>0$，则 $\dfrac{a}{b}>1$，$a-b>0$，于是 $\left(\dfrac{a}{b}\right)^{a-b}>1$；若 $a-b>0$，则 $\left(\dfrac{a}{b}\right)^{a-b}=1$；若 $b>a>0$，则 $0<\dfrac{a}{b}<1$，$a-b<0$，于是 $\left(\dfrac{a}{b}\right)^{a-b}>1$.

所以，$a^ab^b\geqslant a^bb^a$，其中等号当且仅当 $a=b$ 时成立.

例 11 已知 $2^x+3^y+5^z=7$，$2^{x-1}+3^y+5^{z+1}=11$，求 $2^{x-1}+3^y+5^{z-1}$ 的取值范围. **CⅡm1c　CⅡm3c**

解析： 已知得 $\begin{cases}2^x+3^y=7-5^z,\\ \dfrac{1}{2}\times 2^x\times 3^y=11-5\times 5^z,\end{cases}$ 解得 $\begin{cases}2^x=8\times 5^z-8>0,\\ 3^y=15-9\times 5^z>0,\end{cases}$ 则 $0<5^z<\dfrac{5}{3}$，于是 $2^{x+1}+3^y+5^{z-1}=16\times 5^z-16+15-9\times 5^z+\dfrac{1}{5}\times 5^z=\dfrac{36}{5}\times$

5^z-1，所以，$\frac{31}{5}<2^{x+1}+3^y+5^{z-1}<11$.

例 12 设函数 $f(x)=\frac{a-2^x}{1+2^x}$，其中实常数 $a\geqslant -1$，试研究该函数的基本性质并给出相应的结论. **CⅡm1d CⅡm3c CⅡm4d**

解析： 函数 $f(x)=\frac{a-2^x}{1+2^x}$ 的定义域 **R**.

若 $a=-1$，则此函数的值域是 $\{-1\}$；若 $a>-1$，则 $2^x=\frac{a-f(x)}{1+f(x)}>0$，解得 $-1<f(x)<a$，即此函数的值域是 $(-1,a)$.

若 $a=-1$，则 $f(x)=-1$，此时该函数为偶函数；若 $a=1$，即 $c=\sqrt{2}$，则 $f(-x)=\frac{1-2^{-x}}{1+2^x}=\frac{2^x-1}{2^x+1}=-f(x)$，所以，若 $a=1$，则函数是奇函数；

若 $a>-1$ 且 $a\neq 1$，则 $f(1)=\frac{a-2}{3}$，$f(-1)=\frac{2a-1}{3}$，此时，$f(-1)\neq f(1)$，$f(-1)\neq -f(1)$，函数 $f(x)$ 是非奇非偶函数.

设 $x_1<x_2$，则 $f(x_1)-f(x_2)=\frac{(a+1)(2^{x_2}-2^{x_1})}{(1+2^{x_1})(1+2^{x_2})}$，如果 $a>-1$，则 $f(x_1)-f(x_2>0)$，所以，当 $a=-1$ 时，函数 $f(x)$ 是常数函数；当 $a>-1$ 时，函数 $f(x)$ 在 $(-\infty,+\infty)$ 上单调递减.

例 13 若 $f_1(x)=3^{|x-p_1|}$，$f_2(x)=2\cdot 3^{|x-p_2|}$，$x\in\mathbf{R}$，$p_1$，$p_2$ 为常数，

且 $f(x)=\begin{cases}f_1(x), & f_1(x)\leqslant f_2(x)\\ f_2(x), & f_1(x)>f_2(x)\end{cases}$

(1) 求 $f(x)=f_1(x)$ 对所有实数成立的充要条件(用 p_1，p_2 表示)；

(2) 设 a，b 为两实数，$a<b$ 且 p_1，$p_2(a,b)$，若 $f(a)=f(b)$

求证：$f(x)$ 在区间 $[a,b]$ 上的单调增区间的长度和为 $\frac{b-a}{2}$ (闭区间 $[m,n]$ 的长度定义为 $n-m$). **CⅡm3b CⅡm4c CⅡm1b**

解： (1) $f(x)=f_1(x)$ 恒成立 $\Leftrightarrow f_1(x)\leqslant f_2(x)\Leftrightarrow 3^{|x-p_1|}\leqslant 2\cdot 3^{|x-p_2|}\Leftrightarrow 3^{|x-p_1|-|x-p_2|}\leqslant 3^{\log_3 2}\Leftrightarrow |x-p_1|-|x-p_2|\leqslant \log_3 2(*)$

因为 $|x-p_1|-|x-p_2|\leqslant|(x-p_1)-(x-p_2)|=|p_1-p_2|$

所以，故只需 $|p_1-p_2|\leqslant\log_3 2(*)$ 恒成立

综上所述，$f(x)=f_1(x)$ 对所有实数成立的充要条件是：$|p_1-p_2|\leqslant\log_3 2$

(2) 1° 如果 $|p_1-p_2|\leqslant \log_3 2$，则的图像关于直线 $x=p_1$ 对称. 因为 $f(a)=f(b)$，所以区间 $[a, b]$ 关于直线 $x=p_1$ 对称.

因为减区间为 $[a, p_1]$，增区间为 $[p_1, b]$，所以单调增区间的长度和为 $\dfrac{b-a}{2}$

2° 如果 $|p_1-p_2|>\log_3 2$.

(1) 当 $p_1-p_2>\log_3 2$ 时，$f_1(x)=\begin{cases}3^{x-p_1}, & x\in[p_1, b]\\ 3^{p_1-x}, & x\in[a, p_1]\end{cases}$，$f_2(x)=\begin{cases}3^{x-p_2+\log_3 2}, & x\in[p_2, b]\\ 3^{p_2-x+\log_3 2}, & x\in[a, p_2]\end{cases}$

当 $x\in[p_1, b]$，$\dfrac{f_1(x)}{f_2(x)}=3^{p_2-p_1-\log_3 2}<3^0=1$，因为 $f_1(x)>0$，$f_2(x)>0$，所以 $f_1(x)<f_2(x)$，故 $f(x)=f_1(x)=3^{x-p_1}$

当 $x\in[a, p_2]$，$\dfrac{f_1(x)}{f_2(x)}=3^{p_1-p_2-\log_3 2}>3^0=1$，因为 $f_1(x)>0$，$f_2(x)>0$，所以 $f_1(x)>f_2(x)$

故 $f(x)=f_2(x)=3^{p_2-x+\log_3 2}$

因为 $f(a)=f(b)$，所以 $3^{b-p_1}=3^{p_2-a+\log_3 2}$，所以 $b-p_1=p_2-a+\log_3 2$，即 $a+b=p_1+p_2+\log_3 2$

当 $x\in[p_2, p_1]$ 时，令 $f_1(x)=f_2(x)$，则 $3^{p_1-x}=3^{x-p_2+\log_3 2}$，所以 $x=\dfrac{p_1+p_2-\log_3 2}{2}$，

当 $x\in\left[p_2, \dfrac{p_1+p_2-\log_3 2}{2}\right]$ 时，$f_1(x)\geqslant f_2(x)$，所以 $f(x)=f_2(x)=3^{x-p_2+\log_3 2}$

$x\in\left[\dfrac{p_1+p_2-\log_3 2}{2}, p_1\right]$ 时，$f_1(x)\leqslant f_2(x)$，所以 $f(x)=f_1(x)=3^{p_1-x}$

$f(x)$ 在区间 $[a, b]$ 上的单调增区间的长度和 $b-p_1+\dfrac{p_1+p_2-\log_3 2}{2}-p_2=b-\dfrac{p_1+p_2+\log_3 2}{2}=b-\dfrac{a+b}{2}=\dfrac{b-a}{2}$

（2）当 $p_2-p_1>\log_3 2$ 时，$f_1(x)=\begin{cases}3^{x-p_1}, & x\in[p_1, b]\\3^{p_1-x}, & x\in[a, p_1]\end{cases}$，$f_2(x)=$
$\begin{cases}3^{x-p_2+\log_3 2}, & x\in[p_2, b]\\3^{p_2-x+\log_3 2}, & x\in[a, p_2]\end{cases}$

当 $x\in[p_2, b]$，$\dfrac{f_1(x)}{f_2(x)}=3^{p_2-p_1-\log_3 2}>3^0=1$，因为 $f_1(x)>0$，$f_2(x)>0$，所以 $f_1(x)>f_2(x)$，故 $f(x)=f_2(x)=3^{x-p_2+\log_3 2}$

当 $x\in[a, p_1]$，$\dfrac{f_1(x)}{f_2(x)}=3^{p_1-p_2-\log_3 2}<3^0=1$，因为 $f_1(x)>0$，$f_2(x)>0$，所以 $f_1(x)<f_2(x)$

故 $f(x)=f_1(x)=3^{p_1-x}$

因为 $f(a)=f(b)$，所以 $3^{p_1-a}=3^{b-p_2+\log_3 2}$，所以 $a+b=p_1+p_2-\log_3 2$

当 $x\in[p_1, p_2]$ 时，令 $f_1(x)=f_2(x)$，则 $3^{x-p_1}=3^{p_2-x+\log_3 2}$，所以 $x=\dfrac{p_1+p_2+\log_3 2}{2}$，

当 $x\in\left[p_1, \dfrac{p_1+p_2+\log_3 2}{2}\right]$时，$f_1(x)\leqslant f_2(x)$，所以 $f(x)=f_1(x)=3^{x-p_1}$

$x\in\left[\dfrac{p_1+p_2+\log_3 2}{2}, p_1\right]$时，$f_1(x)\geqslant f_2(x)$，所以 $f(x)=f_2(x)=3^{p_2-x+\log_3 2}$

$f(x)$在区间$[a, b]$上的单调增区间的长度和 $b-p_2+\dfrac{p_1+p_2+\log_3 2}{2}-p_1=b-\dfrac{p_1+p_2-\log_3 2}{2}=b-\dfrac{a+b}{2}=\dfrac{b-a}{2}$

综上得 $f(x)$在区间$[a, b]$上的单调增区间的长度和为$\dfrac{b-a}{2}$.

第三部分　三 角 函 数

在初中，学生学习过了三角函数的初步知识，重点研究的是解三角形（包括解直角三角形和斜三角形）的问题. 在高中阶段的学习，主要用代数和函数的观

点来研究三角函数，把初中学过的三角函数的定义加以推广，在这基础上主要研究三角变换、三角函数、反三角函数的图像与性质. 这些知识对于学生接下来的学习都是必备的基础.

一、基础知识与基本技能掌握要求

AⅡsj1 理解任意角、象限角等概念，认识终边相同的角的概念及表示方法

AⅡsj2 掌握弧度制的概念，会进行角度制和弧度制的互化

AⅡsj3 掌握任意角的三角比的定义和同角三角比的基本关系，能用已知的三角比的值求其他相应的三角比值，并能进行同角三角比的化简与证明

AⅡsj4 结合初中锐角三角比的概念及任意角的概念，经历在坐标平面内定义任意角的三角比、形成任意角的三角比的过程，体会坐标化的作用，并能从三角比的定义推导同角三角比的基本关系

AⅡsj5 掌握诱导公式$\left(\text{主要涉及}\frac{\pi}{2}\pm\alpha\text{、}\frac{3\pi}{2}\pm\alpha\text{、}\pi\pm\alpha\text{、}2k\pi\pm\alpha(k\in\mathbf{Z})\right.$的正弦、余弦、正切公式$\Big)$，能运用诱导公式进行化简计算

AⅡsj6 经历利用圆以及圆的对称性研究诱导公式的过程，明确诱导公式所对应的几何特征，数形结合加深对公式的理解和记忆

AⅡsj7 感悟三角公式之间的相互联系，认识数学的转化思想

AⅡsj8 理解正弦函数和余弦函数的概念，掌握正弦函数和余弦函数的图像，并会用“五点法”画正弦函数和余弦函数的图像

AⅡsj9 了解周期函数的概念和图像特征，形成对周期现象和周期函数的初步认识

AⅡsj10 掌握正弦函数和余弦函数的奇偶性、周期性、单调性、最大值和最小值等性质

AⅡsj11 类比正弦函数的研究方法，认识并掌握正切函数的性质和图像

AⅡsj12 经过图像直观和数值的分析，从数、式、形上认识三角函数的奇偶性、周期性、单调性、最大值和最小值等性质. 能对周期函数进行解析描述，理解其图像特征，提高数学抽象能力

AⅡsj13 能运用正弦函数和余弦函数来刻画圆周运动，用函数的周期性去刻画一些自然现象

AⅡsj14 理解反正弦函数、反余弦函数和反正切函数的概念，知道它们的基本性质和图像

AⅡsj15 会用反三角函数的值表示角的大小，并会用计算器求反三角函数

的值

AⅡsj16 掌握正弦定理、余弦定理的推导过程，会用正弦定理、余弦定理以及有关的三角知识解三角形，能运用三角方法解决实际情境中较简单的数学问题

AⅡsj17 认识三角知识的发展历程，了解三角函数在物理等方面的应用，增强用联系的观点认识事物的意识，认识三角学在解决实际问题和推动社会发展中的作用

AⅡsj18 掌握两角和与差的正弦、余弦、正切公式，以及二倍角的正弦、余弦、正切公式，会用这些公式进行恒等变形和解决有关的计算问题

AⅡsj19 在两角和与差的正弦、余弦、正切公式、二倍角公式的推导过程中，经历用角的代换得出新公式的过程，能正向和逆向运用这些公式

AⅡsj20 理解并掌握半角公式、积化和差、和差化积公式，掌握它们的基本运用

AⅡsj21 经历半角公式、积化和差、和差化积公式的推导过程，建立三角公式之间的联系，体会代换思想，发展三角变换的能力

AⅡsj22 掌握三角变换的基本方法，能根据数学问题情境合理选择运算和求解的途径正确解决问题

AⅡsj23 在积化和差、和差化积这两个对立的统一体中，体会对立统一的观点

AⅡsj24 理解函数 $y=A\sin(\omega x+\varphi)(A>0,\ \omega>0)$ 的图像和性质，知道 $A,\ \omega,\ \varphi$ 的物理意义及对函数图像的影响

AⅡsj25 能通过三角变换，将三角函数解析式变换成 $y=A\sin(\omega x+\varphi)(A>0,\ \omega>0)$ 的形式，并研究其性质

AⅡsj26 能用函数 $y=A\sin(\omega x+\varphi)$ 来刻画圆周运动，利用函数的周期性去解释一些自然现象，并作出一些预测，体会三角函数的实际应用

AⅡsj27 了解三角方程的概念，掌握最简三角方程的解集，会解简单的三角方程

实例

例 1 写出在 $-360°$ 到 $360°$ 之间且与 $-1050°$ 的角终边相同的角____________.

AⅡsj1

解:（考查终边相同的角的表示）

与 $-1050°$ 的角终边相同的角的全体为：$\alpha=-1050°+k\cdot 360°(k\in \mathbf{Z})$

$k=2$ 时，$\alpha=-330°$；$k=3$ 时，$\alpha=30°$.

在 $-360°$ 到 $360°$ 之间且与 $-1050°$ 的角终边相同的角为 $-330°$ 和 $30°$.

例 2　写出第三象限角的集合 $S=$________，若角 $\alpha\in S$，则角 $\dfrac{\alpha}{2}$ 是第________象限角.　　**AⅡsj1**

解：(考查象限角的表示)

第三象限角 $S=\left\{\alpha\,\middle|\,2k\pi+\pi<\alpha<2k\pi+\dfrac{3\pi}{2},\ k\in\mathbf{Z}\right\}$，

$$k\pi+\frac{\pi}{2}<\frac{\alpha}{2}<k\pi+\frac{3\pi}{4}(k\in\mathbf{Z})$$

$k=2n(n\in\mathbf{Z})$ 时，$2n\pi+\dfrac{\pi}{2}<\dfrac{\alpha}{2}<2n\pi+\dfrac{3\pi}{4}$，$\dfrac{\alpha}{2}$ 是第二象限角.

$k=2n+1(n\in\mathbf{Z})$ 时，$2n\pi+\dfrac{3\pi}{2}<\dfrac{\alpha}{2}<2n\pi+\dfrac{7\pi}{4}$，$\dfrac{\alpha}{2}$ 是第四象限角.

综上，$\dfrac{\alpha}{2}$ 是第二或第四象限角.

例 3　$67°30'=$__________弧度，$\dfrac{7}{5}\pi$ 弧度 $=$__________度.　　**AⅡsj2**

解：(考查角度制与弧度制的互化)

$$\frac{67.5}{180}=\frac{\alpha}{\pi}\Rightarrow\alpha=\frac{3}{8}\pi,\ \frac{\frac{7}{5}\pi}{\pi}=\frac{\beta}{180}\Rightarrow\beta=252.$$

所以 $67°30'=\dfrac{3}{8}\pi$ 弧度，$\dfrac{7}{5}\pi$ 弧度 $=252°$.

例 4　若角 α 的终边落在直线 $y=3x$ 上，则 $\sec\alpha=$________.

AⅡsj3　AⅡsj4

解：(考查任意角的三角比的定义)

任取角 α 的终边上的点 $P(x,3x)(x\neq0)$，记 $r=\sqrt{x^2+9x^2}=\sqrt{10}\,|x|$，

当 $x>0$ 时，$\sec\alpha=\dfrac{r}{x}=\sqrt{10}$. 当 $x<0$ 时，$\sec\alpha=\dfrac{r}{x}=-\sqrt{10}$.

综上，$\sec\alpha=\pm\sqrt{10}$.

例 5　若 $\cos10°=-m$，则 $\tan10°=$____________(用含 m 的表达式表示).　　**AⅡsj3**

解:(考查同角三角比的关系)

$$\sin 10^\circ=\sqrt{1-m^2}, \tan 10^\circ=-\frac{\sqrt{1-m^2}}{m}.$$

例 6 若 $\sin\theta=\frac{m-3}{m+5}$, $\cos\theta=\frac{4-2m}{m+5}$, $\theta\in\left(\frac{\pi}{2}, \pi\right)$,则实数 $m=$ ________.

A Ⅱ sj3

解:(考查同角三角比的关系)

因为 $\sin^2\theta+\cos^2\theta=\left(\frac{m-3}{m+5}\right)^2+\left(\frac{4-2m}{m+5}\right)^2=1$,

所以 $m=0$ 或 $m=8$,又因为 $\theta\in\left(\frac{\pi}{2}, \pi\right)$,所以 $\sin\theta>0$, $\cos\theta<0$,

所以 $m=8$.

例 7 化简 $\frac{\cos(90^\circ+\alpha)\cdot\csc(270^\circ+\alpha)\cdot\tan(180^\circ-\alpha)}{\sec(360^\circ-\alpha)\cdot\sin(180^\circ+\alpha)\cdot\cot(90^\circ-\alpha)}=$ ________.

A Ⅱ sj3 A Ⅱ sj5

解:(考查诱导公式和同角三角比的关系)

$$\begin{aligned}&\frac{\cos(90^\circ+\alpha)\cdot\csc(270^\circ+\alpha)\cdot\tan(180^\circ-\alpha)}{\sec(360^\circ-\alpha)\cdot\sin(180^\circ+\alpha)\cdot\cot(90^\circ-\alpha)}\\&=\frac{(-\sin\alpha)(-\sec\alpha)(-\tan\alpha)}{\sec\alpha\cdot(-\sin\alpha)\cdot\tan\alpha}\\&=1.\end{aligned}$$

例 8 利用三角函数线,证明 $\sin(\pi+\alpha)=-\sin\alpha$.

A Ⅱ sj5 A Ⅱ sj6

解:(考查利用圆的对称性和三角函数线的相关知识)

设角 α 和角 $\pi+\alpha$ 的终边与圆 O: $x^2+y^2=r^2(r>0)$

分别交于点 P, Q,则 P, Q 关于原点对称.

点 P, Q 的坐标分别为 $P(r\cos\alpha, r\sin\alpha)$, $Q(r\cos(\pi+\alpha), r\sin(\pi+\alpha))$,

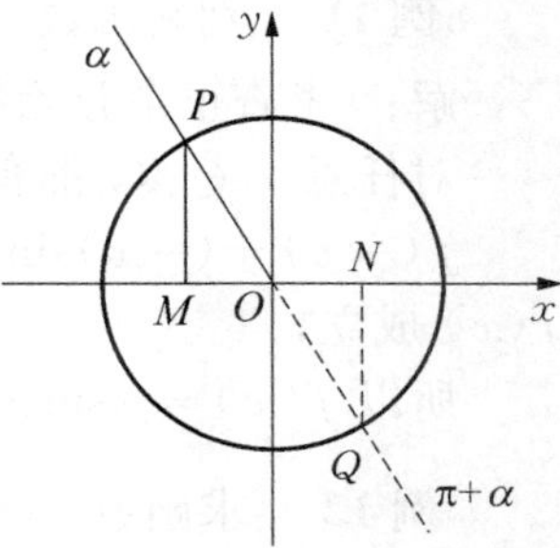

例 8 图

因为 P, Q 关于原点对称,所以 $r\cos(\pi+\alpha)=-r\cos\alpha$, $r\sin(\pi+\alpha)=-r\sin\alpha$,即 $\sin(\pi+\alpha)=-\sin\alpha$.

例 9 已知 $\tan\theta=-\dfrac{1}{2}$，则 $2\sin^2\theta-3\sin\theta\cos\theta-5\cos^2\theta=$________.

AⅡsj3　AⅡsj7

解：（考查同角三角比的关系，体会数学中的转化思想）

$$\begin{aligned}2\sin^2\theta-3\sin\theta\cos\theta-5\cos^2\theta&=\frac{2\sin^2\theta-3\sin\theta\cos\theta-5\cos^2\theta}{\sin^2\theta+\cos^2\theta}\\&=\frac{2\tan^2\theta-3\tan\theta-5}{\tan^2\theta+1}\\&=\frac{2\times\frac{1}{4}+3\times\frac{1}{2}-5}{\frac{1}{4}+1}\\&=-\frac{12}{5}.\end{aligned}$$

例 10 在同一坐标系中，画出函数 $y=\cos x$，$x\in\left[-\dfrac{\pi}{2},\dfrac{3\pi}{2}\right]$ 和函数 $y=1+\sin x$，$x\in[0,2\pi]$ 的大致图像，并说明前者经怎样的平移可得到后者. **AⅡsj8**

解：（考查正、余弦函数的"五点法"作图，及正、余弦函数图像之间的关系）

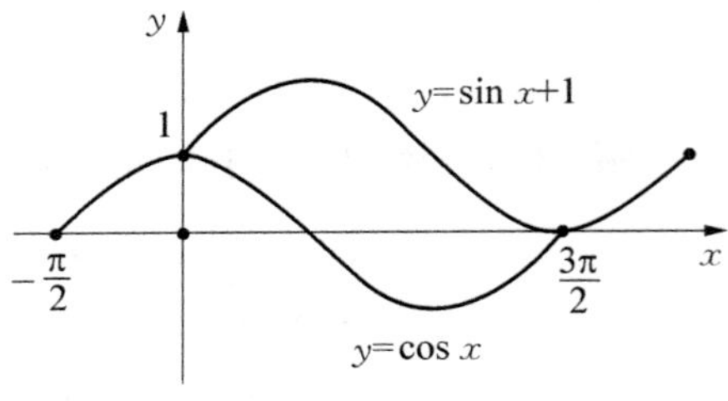

例 10 图

图像见上方. 前者向右平移 $\dfrac{\pi}{2}$，再向上平移 1 个单位，可得到后者.

例 11 判断函数 $f(x)=x\sin x\cos x$ 的奇偶性. **AⅡsj10**

解：（考查正余弦函数的奇偶性）

对任意 $x\in\mathbf{R}$，都有

$f(-x)=(-x)\sin(-x)\cos(-x)=-x(-\sin x)\cos x=x\sin x\cos x=f(x)$ 成立，

所以 $f(x)=x\sin x\cos x$ 是偶函数.

例 12 求函数 $f(x)=\sin\left(\dfrac{\pi}{3}-x\right)+\sin x$ 的最小正周期.

AⅡsj9　AⅡsj10

解：（考查三角函数的周期性）

$$f(x)=\sin\left(\frac{\pi}{3}-x\right)+\sin x=\frac{\sqrt{3}}{2}\cos x+\frac{1}{2}\sin x=\sin\left(\frac{\pi}{3}+x\right)$$

所以 $f(x)$ 最小正周期是 2π.

例 13　写出函数 $f(x)=\cos\left(\frac{\pi}{4}-2x\right)$，$x\in[-\pi,\pi]$ 的单调递增区间.

A Ⅱ sj10

解:（考查三角函数的单调性）

$$f(x)=\cos\left(\frac{\pi}{4}-2x\right)=\cos\left(2x-\frac{\pi}{4}\right),$$

所以 $2x-\frac{\pi}{4}\in[2k\pi-\pi, 2k\pi]$，即 $x\in\left[k\pi-\frac{3\pi}{8}, k\pi+\frac{\pi}{8}\right](k\in\mathbf{Z})$

又因为 $x\in[-\pi,\pi]$，所以 $f(x)$ 的递增区间为 $\left[-\pi,-\frac{7\pi}{8}\right]$、$\left[-\frac{3\pi}{8},\frac{\pi}{8}\right]$、$\left[\frac{5\pi}{8},\pi\right]$.

例 14　求函数 $f(x)=\sqrt{\sin x+\sqrt{3}\cos x}$ 的定义域、值域和取得最大值、最小值的 x 的取值.

A Ⅱ sj10

解:（考查三角函数的值域、最值）

$$f(x)=\sqrt{\sin x+\sqrt{3}\cos x}=\sqrt{2\sin\left(x+\frac{\pi}{3}\right)},$$

定义域 $D=\left\{x\,\middle|\,\sin\left(x+\frac{\pi}{3}\right)\geqslant 0\right\}=\left\{x\,\middle|\,2k\pi-\frac{\pi}{3}\leqslant x\leqslant 2k\pi+\frac{2\pi}{3}, k\in\mathbf{Z}\right\}$，

值域 $A=[0,\sqrt{2}]$，

当 $x+\frac{\pi}{3}=\frac{\pi}{2}+2k\pi$ 即 $x=\frac{\pi}{6}+2k\pi(k\in\mathbf{Z})$ 时，函数取到最大值 $f(x)_{\max}=\sqrt{2}$，

当 $x+\frac{\pi}{3}=k\pi$ 即 $x=k\pi-\frac{\pi}{3}(k\in\mathbf{Z})$ 时，函数取到最小值 $f(x)_{\min}=0$.

例 15　在函数① $y=\tan 2x$　② $y=\tan\frac{1}{2}x$　③ $y=-\tan x$ 中，同时满足：(1) 在 $\left(0,\frac{\pi}{2}\right)$ 递增，(2) 以 2π 为周期，(3) 为奇函数的函数的序号是__________.

A Ⅱ sj11

解: 根据正切函数的性质，正确序号为②.

例 16　如图，一只蚂蚁绕一个竖直放置的圆环逆时针匀速爬行，已知圆环

的半径为 8 m，圆环的圆心 O 距离地面的高度为 10 m，蚂蚁每 12 分钟爬行一圈，若蚂蚁的起始位置在最低点 P_0 处.

(1) 试确定在时刻 t(min) 时蚂蚁距离地面的高度 h(m).

(2) 在蚂蚁绕圆环爬行的一圈内，有多长时间蚂蚁距离地面超过 14 m?

AⅡsj10　AⅡsj12　AⅡsj13　AⅡsj26

解：(考查三角函数的综合应用，体会三角函数的实际应用)

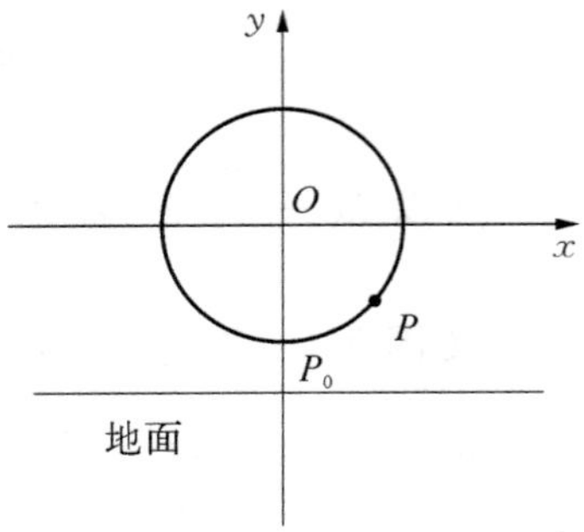

(1) 角速度 $\omega=\dfrac{2\pi}{12}=\dfrac{\pi}{6}$(rad/min)，初相 $\varphi=-\dfrac{\pi}{2}$，

所以 $h=10+8\sin\left(\dfrac{\pi}{6}t-\dfrac{\pi}{2}\right)=10-8\cos\left(\dfrac{\pi}{6}t\right)$，$(t\geqslant 0)$.

例 16 图

(2) 因为 $h=10-8\cos\left(\dfrac{\pi}{6}t\right)\geqslant 14(0\leqslant t\leqslant 12)$，所以 $\cos\left(\dfrac{\pi}{6}t\right)\leqslant-\dfrac{1}{2}(0\leqslant t\leqslant 12)$，

所以 $\begin{cases}\dfrac{2\pi}{3}+2k\pi\leqslant\dfrac{\pi}{6}t\leqslant\dfrac{4\pi}{3}+2k\pi(k\in\mathbf{Z})\\0\leqslant t\leqslant 12\end{cases}$，即 $4\leqslant t\leqslant 8$，

所以，在蚂蚁绕圆环爬行的一圈内，有 4 分钟时间蚂蚁距离地面超过 14 m.

例 17　求函数 $y=\arcsin(x^2-x)$ 的定义域和值域.　**AⅡsj14**

解：(考查反三角函数的概念，定义域和值域)

定义域 $D=\{x\mid -1\leqslant x^2-x\leqslant 1\}=\left\{x\,\middle|\,\dfrac{1-\sqrt{5}}{2}\leqslant x\leqslant\dfrac{1+\sqrt{5}}{2}\right\}$，

值域 $A=\left\{y\,\middle|\,\arcsin\left(-\dfrac{1}{4}\right)\leqslant y\leqslant\arcsin 1\right\}=\left[-\arcsin\dfrac{1}{4},\dfrac{\pi}{2}\right]$.

例 18　用反三角函数形式表示下列各式中的 x：

(1) $\sin x=-\dfrac{\sqrt{3}}{3}$，$x\in\left(\pi,\dfrac{3\pi}{2}\right)$. (2) $\tan x=2$，$x\in\left(\pi,\dfrac{3\pi}{2}\right)$.

AⅡsj15　AⅡsj27

解：(考查用反三角函数的值表示角，会解简单的三角方程)

(1) 因为 $\pi-x\in\left(-\dfrac{\pi}{2},0\right)$ 且 $\sin(\pi-x)=\sin x=-\dfrac{\sqrt{3}}{3}$，

所以 $\pi - x = \arcsin\left(-\dfrac{\sqrt{3}}{3}\right)$，所以 $x = \pi + \arcsin\dfrac{\sqrt{3}}{3}$.

(2) 因为 $x - \pi \in \left(0, \dfrac{\pi}{2}\right)$ 且 $\tan(x-\pi) = \tan x = 2$，

所以 $x - \pi = \arctan 2$，所以 $x = \pi + \arctan 2$.

例 19　在 $\triangle ABC$ 中，角 A，B，C 的对边分别为 a，b，c，且 $a^2 + c^2 - b^2 = \dfrac{1}{2}ac$.

(1) 求 $\sin^2\dfrac{A+C}{2} + \cos 2B$ 的值. (2) 若 $b = 2$，求 $\triangle ABC$ 面积的最大值.

AⅡsj16　AⅡsj18

解：(考查余弦定理的应用和二倍角、半角公式的运用)

(1) 由余弦定理知 $a^2 + c^2 - b^2 = 2ac\cos B$，所以 $2ac\cos B = \dfrac{1}{2}ac$，所以 $\cos B = \dfrac{1}{4}$，

$$\sin^2\frac{A+C}{2} + \cos 2B = \cos^2\frac{B}{2} + \cos 2B = \frac{1}{2} + \frac{1}{2}\cos B + 2\cos^2 B - 1 = -\frac{1}{4}.$$

(2) 因为 $b = 2$，所以 $a^2 + c^2 - 4 = \dfrac{1}{2}ac \geqslant 2ac - 4$，所以 $ac \leqslant \dfrac{8}{3}$，

所以 $S = \dfrac{1}{2}ac\sin B = \dfrac{\sqrt{15}}{8}ac \leqslant \dfrac{\sqrt{15}}{8} \cdot \dfrac{8}{3} = \dfrac{\sqrt{15}}{3}$，

当且仅当 $a = c = \dfrac{2\sqrt{6}}{3}$ 时等号成立，所以 $\triangle ABC$ 面积的最大值为 $\dfrac{\sqrt{15}}{3}$.

例 20　如图，某河段的两岸可视为平行，为了测量该河段的宽度，在河段的一岸边选取两点 A，B，观察对岸的点 C 测得 $\angle CAB = 75°$，$\angle CBA = 45°$，且 $AB = 100$ m，求该河段的宽度.　**AⅡsj16　AⅡsj17**

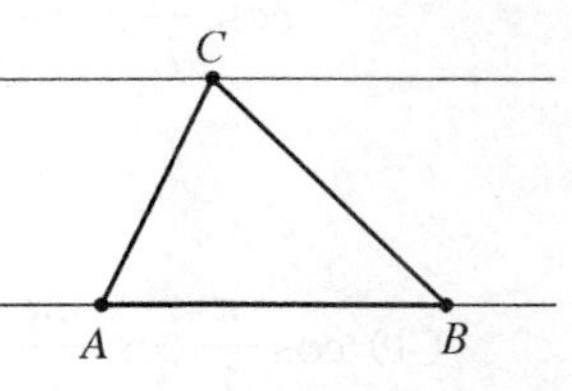

例 20 图

解：(考查正弦定理在实际问题中的应用)

因为 $\angle ACB = 180° - 75° - 45° = 60°$ 且 $\dfrac{AC}{\sin 45°} = \dfrac{AB}{\sin 60°}$，

所以 $AC = \dfrac{AB\sin 45°}{\sin 60°} = \dfrac{100\sqrt{2}}{\sqrt{3}}$，

所以河段的宽度 $l = AC\sin 75^\circ = \dfrac{100\sqrt{2}}{\sqrt{3}} \dfrac{\sqrt{2}+\sqrt{6}}{4} = \dfrac{50\sqrt{3}+150}{3}$.

例 21 化简：(1) $\cos x \cdot \sin(x-y) - \cos(y-x) \cdot \sin x =$ ______.

(2) $\cos 65^\circ \cdot \cos 115^\circ - \cos 25^\circ \sin 115^\circ =$ ______.

(3) $\tan 17^\circ + \tan 28^\circ + \tan 17^\circ \cdot \tan 28^\circ =$ ______.

(4) $\cos\dfrac{\pi}{7}\cos\dfrac{2\pi}{7}\cos\dfrac{4\pi}{7} =$ ______.

(5) $\dfrac{\tan(45^\circ-\alpha)}{1-\tan^2(45^\circ-\alpha)} \cdot \dfrac{\sin\alpha\cos\alpha}{\cos^2\alpha-\sin^2\alpha} =$ ______.

AⅡsj18　AⅡsj19

解：(考查对两角和差、二倍角公式的正向和逆向运用)

(1)
$$\begin{aligned}&\cos x \cdot \sin(x-y) - \cos(y-x) \cdot \sin x\\ =&\sin(x-y) \cdot \cos x - \cos(x-y) \cdot \sin x\\ =&\sin(x-y-x)\\ =&-\sin y.\end{aligned}$$

(2)
$$\begin{aligned}&\cos 65^\circ \cdot \cos 115^\circ - \cos 25^\circ \sin 115^\circ\\ =&\cos 65^\circ \cdot \cos 115^\circ - \sin 65^\circ \cdot \sin 115^\circ\\ =&\cos(65^\circ + 115^\circ)\\ =&-1.\end{aligned}$$

(3) 因为 $\tan 45^\circ = \dfrac{\tan 17^\circ + \tan 28^\circ}{1-\tan 17^\circ \cdot \tan 28^\circ} = 1$,

所以 $\tan 17^\circ + \tan 28^\circ = 1 - \tan 17^\circ \cdot \tan 28^\circ$,

所以 $\tan 17^\circ + \tan 28^\circ + \tan 17^\circ \cdot \tan 28^\circ = 1$

$$\cos\frac{\pi}{7}\cos\frac{2\pi}{7}\cos\frac{4\pi}{7} = \frac{\sin\frac{\pi}{7}\cos\frac{\pi}{7}\cos\frac{2\pi}{7}\cos\frac{4\pi}{7}}{\sin\frac{\pi}{7}}.$$

(4) $\cos\dfrac{\pi}{7}\cos\dfrac{2\pi}{7}\cos\dfrac{4\pi}{7} = \dfrac{\sin\frac{2\pi}{7}\cos\frac{2\pi}{7}\cos\frac{4\pi}{7}}{2\sin\frac{\pi}{7}} = \dfrac{\sin\frac{4\pi}{7}\cos\frac{4\pi}{7}}{4\sin\frac{\pi}{7}} =$

$\dfrac{\sin\frac{8\pi}{7}}{8\sin\frac{\pi}{7}} = -\dfrac{1}{8}$.

(5) $\dfrac{\tan(45°-\alpha)}{1-\tan^2(45°-\alpha)}\cdot\dfrac{\sin\alpha\cos\alpha}{\cos^2\alpha-\sin^2\alpha}=\dfrac{1}{2}\tan(90°-2\alpha)\cdot\dfrac{1}{2}\tan 2\alpha=\dfrac{1}{4}$.

例 22　已知 $\alpha\in\left(\dfrac{5}{2}\pi, 3\pi\right)$，化简：$\sqrt{\dfrac{1}{2}+\dfrac{1}{2}\sqrt{\dfrac{1}{2}+\dfrac{1}{2}\cos 2\alpha}}=$ ____________.

AⅡsj20

解：(考查半角公式的应用)

因为 $\alpha\in\left(\dfrac{5}{2}\pi, 3\pi\right)$，所以 $\dfrac{\alpha}{2}\in\left(\dfrac{5\pi}{4}, \dfrac{3\pi}{2}\right)$

$$\sqrt{\frac{1}{2}+\frac{1}{2}\sqrt{\frac{1}{2}+\frac{1}{2}\cos 2\alpha}}=\sqrt{\frac{1}{2}+\frac{1}{2}|\cos\alpha|}=\sqrt{\frac{1}{2}-\frac{1}{2}\cos\alpha}$$
$$=\left|\sin\frac{\alpha}{2}\right|=-\sin\frac{\alpha}{2}.$$

例 23　若 $\dfrac{\sin 10°+\sin 30°+\sin 50°}{\cos 10°+\cos 30°+\cos 50°}=\dfrac{1-\cos\alpha}{\sin\alpha}$，且 $0<\alpha<\pi$，则 $\alpha=$ ________.

AⅡsj20

解：(考查和差化积、半角公式的应用)

因为 $\dfrac{\sin 10°+\sin 30°+\sin 50°}{\cos 10°+\cos 30°+\cos 50°}=\dfrac{2\sin 30°\cos 20°+\sin 30°}{2\cos 30°\cos 20°+\cos 30°}$

$$=\frac{\cos 20°+\frac{1}{2}}{\sqrt{3}\cos 20°+\frac{\sqrt{3}}{2}}=\frac{\sqrt{3}}{3}$$

且 $\dfrac{1-\cos\alpha}{\sin\alpha}=\tan\dfrac{\alpha}{2}$，所以 $\tan\dfrac{\alpha}{2}=\dfrac{\sqrt{3}}{3}$，又 $0<\alpha<\pi$，所以 $\dfrac{\alpha}{2}=\dfrac{\pi}{6}$，所以 $\alpha=\dfrac{\pi}{3}$.

例 24　函数 $y=A\sin(\omega x+\varphi)(A>0, \omega>0, 0\leqslant\varphi<2\pi)$ 图像的一部分如右图所示，则函数的一个解析式为 ________________.

AⅡsj24

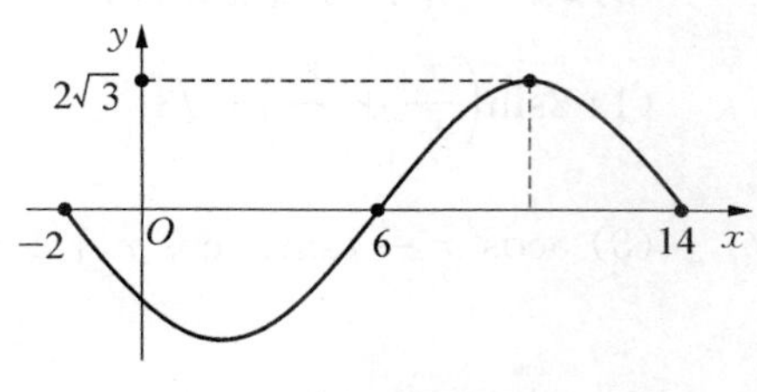

例 24 图

解：(考查函数 $y=A\sin(\omega x+\varphi)$ 中 A, ω, φ 对函数图像的影响)

如图，$A=2\sqrt{3}$，

因为 $\frac{T}{2}=\frac{\pi}{\omega}=6-(-2)=8$，所以 $\omega=\frac{\pi}{8}$

因为 $\frac{\pi}{8}\times 6+\varphi=2k\pi(k\in\mathbf{Z})$，所以 $\varphi=2k\pi-\frac{3\pi}{4}(k\in\mathbf{Z})$，

又因为 $0\leqslant\varphi<2\pi$，所以 $\varphi=\frac{5\pi}{4}$

所以 $y=2\sqrt{3}\sin\left(\frac{\pi}{8}x+\frac{5\pi}{4}\right)$.

例 25 已知函数 $f(x)=5\sin x\cos x-5\sqrt{3}\cos^2 x+\frac{5}{2}\sqrt{3}(x\in\mathbf{R})$.

求：(1) $f(x)$ 的最小正周期.

(2) $f(x)$ 的单调递增区间.

(3) $f(x)$ 图像的对称轴和对称中心. **AⅡsj22 AⅡsj25**

解：(考查通过三角变换，将三角函数变换成 $y=A\sin(\omega x+\varphi)$ 的形式，并研究其性质)

$$f(x)=5\sin x\cos x-5\sqrt{3}\cos^2 x+\frac{5}{2}\sqrt{3}=\frac{5}{2}\sin 2x-\frac{5}{2}\sqrt{3}\cos 2x=5\sin\left(2x-\frac{\pi}{3}\right)$$

(1) 最小正周期 $T=\pi$.

(2) $2x-\frac{\pi}{3}\in\left[2k\pi-\frac{\pi}{2},\ 2k\pi+\frac{\pi}{2}\right]$，增区间为 $\left[k\pi-\frac{\pi}{12},\ k\pi+\frac{5\pi}{12}\right](k\in\mathbf{Z})$.

(3) $2x-\frac{\pi}{3}=k\pi+\frac{\pi}{2}$，对称轴为 $x=\frac{k\pi}{2}+\frac{5\pi}{12}(k\in\mathbf{Z})$.

$2x-\frac{\pi}{3}=k\pi$，即 $x=\frac{k\pi}{2}+\frac{\pi}{6}$，对称中心为 $\left(\frac{k\pi}{2}+\frac{\pi}{6},\ 0\right)(k\in\mathbf{Z})$.

例 26 解下列三角方程：

(1) $2\sin\left(\frac{x}{2}+\frac{\pi}{6}\right)=\sqrt{3}$　　(2) $3\sin x-\cos 2x-1=0$

(3) $5\cos^2 x-7\sin x\cos x+1=0$　　(4) $\tan\left(x+\frac{\pi}{4}\right)=1+\sin 2x$

AⅡsj27

解：(考查三角方程的解法)

(1) $\sin\left(\frac{x}{2}+\frac{\pi}{6}\right)=\frac{\sqrt{3}}{2}$，$\frac{x}{2}+\frac{\pi}{6}=\frac{\pi}{3}+2k\pi$ 或 $\frac{x}{2}+\frac{\pi}{6}=\frac{2\pi}{3}+2k\pi$，

所以 $x=\frac{\pi}{3}+4k\pi$ 或 $x=\pi+4k\pi(k\in\mathbf{Z})$.

(2) $3\sin x-2\cos^2 x=0$，$2\sin^2 x+3\sin x-2=0$，所以 $\sin x=\frac{1}{2}$，

所以 $x=\frac{\pi}{6}+2k\pi$ 或 $x=\frac{5\pi}{6}+2k\pi(k\in\mathbf{Z})$.

(3) $6\cos^2 x-7\sin x\cos x+\sin^2 x=0$，所以 $\tan^2 x-7\tan x+6=0$，

所以 $\tan x=1$ 或 $\tan x=6$，所以 $x=\frac{\pi}{4}+k\pi$ 或 $x=\arctan 6+k\pi(k\in\mathbf{Z})$.

(4) $\dfrac{\sin\left(2x+\frac{\pi}{2}\right)}{1+\cos\left(2x+\frac{\pi}{2}\right)}=1+\sin 2x$，所以 $\dfrac{\cos 2x}{1-\sin 2x}=1+\sin 2x$，

所以 $\cos 2x=\cos^2 2x\left(x\neq\frac{\pi}{4}+k\pi\right)$，所以 $\cos 2x=0$ 或 $\cos 2x=1$，

所以 $x=\frac{3\pi}{4}+k\pi$ 或 $x=k\pi(k\in\mathbf{Z})$.

二、思想方法分类阐释

BⅡsj1 分类讨论思想 对于含有字母参变量的三角函数或关于三角函数的复合函数等的单调性、最值得情况进行讨论.

例 1 设 $\theta\in\left[0,\frac{\pi}{2}\right]$，且 $\cos^2\theta+2m\sin\theta-2m-2<0$ 恒成立，求 m 的取值范围.

解： 令 $f(\theta)=\cos^2\theta+2m\sin\theta-2m-2=-\sin^2\theta+2m\sin\theta-2m-1$

令 $t=\sin\theta$，由 $\theta\in\left[0,\frac{\pi}{2}\right]$，得 $0\leqslant t\leqslant 1$，

则 $f(t)=-t^2+2mt-2m-1=-(t-m)^2-m^2+2m+1$，$t\in[0,1]$，

因为 $f(\theta)<0$ 在 $\theta\in\left[0,\frac{\pi}{2}\right]$ 上恒成立，所以 $f(t)$ 在 $t\in[0,1]$ 上恒成立，

由二次函数图像分类讨论得，

① 当 $0\leqslant m<1$ 时，需 $f(m)>0$，得 $0\leqslant m\leqslant 1$；

② 当 $m > 1$ 时，需 $f(1) > 0$，得 $m > 1$；

③ 当 $m < 0$ 时，需 $f(0) > 0$，得 $-\dfrac{1}{2} < m < 0$；

综上所述，得 $m > -\dfrac{1}{2}$.

BⅡsj2 数形结合思想 利用三角函数的图像或正余弦线等求解三角不等式或三角方程等.

例 2 求不等式 $\sin|x| > |\cos x|$ 在 $[-\pi, \pi]$ 上的解集.

解：设 $y_1 = \sin|x|$，$y_2 = |\cos x|$，

在同一坐标系中作出在 $[0, \pi]$ 上两函数图像，

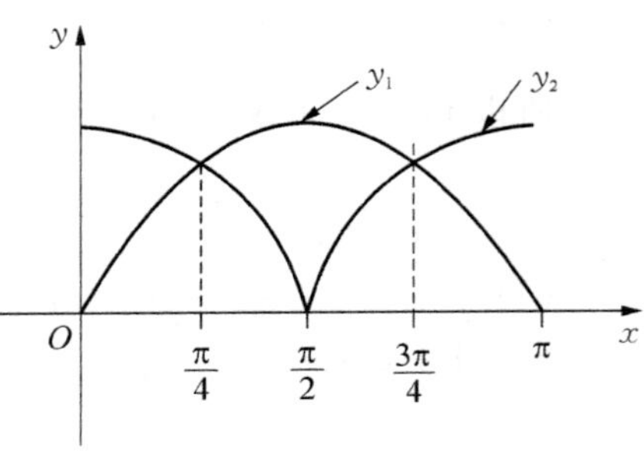

例 2 图

在 $[0, \pi]$ 上解得 $x = \dfrac{\pi}{4}$ 或 $x = \dfrac{3\pi}{4}$，

故由图像得，要使得 $y_1 > y_2$，即 $\dfrac{\pi}{4} < x < \dfrac{3\pi}{4}$，

由于 $y_1 = \sin|x|$，$y_2 = |\cos x|$ 在 $[-\pi, \pi]$ 上为偶函数，

故在 $[-\pi, 0]$ 上的解为 $-\dfrac{3\pi}{4} < x < -\dfrac{\pi}{4}$，

得原不等式的解集为 $\left(-\dfrac{3\pi}{4}, -\dfrac{\pi}{4}\right) \cup \left(\dfrac{\pi}{4}, \dfrac{3\pi}{4}\right)$.

BⅡsj3 化归思想 利用三角恒等式关系等将与三角有关的新问题向旧问题的转化、复杂问题向简单问题转化等.

例 3 求函数 $f(x) = \dfrac{\sin x \cos x}{1 + \sin x + \cos x}$ 的最大、最小值.

解：由条件和问题联想到公式 $(\sin x \pm \cos x)^2 = 1 \pm 2\sin x \cos x$，可实施代换求最值.

令 $t = \sin x + \cos x = \sqrt{2}\sin\left(x + \dfrac{\pi}{4}\right) \in [-\sqrt{2}, \sqrt{2}]$，

因为 $1 + \sin x + \cos x \neq 0$，$t \neq -1$，则 $\sin x \cos x = \dfrac{t^2 - 1}{2}$

所以 $y = \dfrac{\dfrac{t^2 - 1}{2}}{1 + t} = \dfrac{t - 1}{2}$，$t \in [-\sqrt{2}, -1) \cup (-1, \sqrt{2}]$，

故当 $t=\sqrt{2}$ 时，y 有最大值，$y_{\max}=\dfrac{\sqrt{2}-1}{2}$；

当 $t=-\sqrt{2}$ 时，y 有最小值，$y_{\max}=\dfrac{-\sqrt{2}-1}{2}$.

BⅡsj4 方程思想 利用同角三角比关系或其他三角恒等式等建立方程，通过简单的方恒的解解决复杂的问题.

例 4　已知 $\sin\alpha+3\cos\alpha=2$，求 $\dfrac{\sin\alpha-\cos\alpha}{\sin\alpha+\cos\alpha}$ 的值.

解： 令 $\dfrac{\sin\alpha-\cos\alpha}{\sin\alpha+\cos\alpha}=x$，则 $(x-1)\sin\alpha+(x+1)\cos\alpha=0$，

因为 $\sin\alpha+3\cos\alpha=2$，故解得 $\sin\alpha=\dfrac{x+1}{2-x}$，$\cos\alpha=\dfrac{x-1}{x-2}$，

所以 $\left(\dfrac{x+1}{2-x}\right)^2+\left(\dfrac{x-1}{x-2}\right)^2=1$ 解得，$x=-2\pm\sqrt{6}$，

所以 $\dfrac{\sin\alpha-\cos\alpha}{\sin\alpha+\cos\alpha}=-2\pm\sqrt{6}$.

BⅡsj5 函数思想 把变量之间的关系抽象成函数关系，把具体问题转化为函数问题，通过对函数相应问题的解决，达到解决变量之间具体问题的目的.

例 5　已知 $\sin^2\alpha+\sin^2\beta+\sin^2\gamma=1$，求证：$|\sin 2\alpha+\sin 2\beta+\sin 2\gamma|\leqslant 2\sqrt{2}$.

解： 由 $\sin^2\alpha+\sin^2\beta+\sin^2\gamma=1$ 得 $\cos^2\alpha+\cos^2\beta+\cos^2\gamma=2$，构造函数：

$$\begin{aligned}f(x)&=(x\sin\alpha-\cos\alpha)^2+(x\sin\beta-\cos\beta)^2+(x\sin\gamma-\cos\gamma)^2\\&=x^2-(\sin 2\alpha+\sin\beta+\sin\gamma)x+2\end{aligned}$$

显然 $f(x)\geqslant 0$，故 $\Delta=(\sin 2\alpha+\sin\beta+\sin\gamma)^2-8\leqslant 0$，

即得 $|\sin 2\alpha+\sin 2\beta+\sin 2\gamma|\leqslant 2\sqrt{2}$.

BⅡsj6 逆向思想 逆向思想通常是指从问题的反向进行思考，运用于正面考虑烦琐或难以进行时的一种解题思维策略，正确使用这种策略，往往能问题绝处逢生，找到求解的新途径.

例 6　将函数 $y=f(x)\sin x$ 的图像向右平移 $\dfrac{\pi}{4}$ 个单位后，再作关于 x 轴的对称变换，得到函数 $y=1-2\sin^2x$ 的图像，求 $f(x)$ 的解析式.

解： 我们可以采用倒推的方法，即将整个变化过程逆过来考虑.

因为 $y=1-2\sin^2x=\cos 2x$ 关于 x 轴的对称变换为 $y=-\cos 2x$，

然后再向左平移$\frac{\pi}{4}$个单位得$y=-\cos 2\left(x+\frac{\pi}{4}\right)=\sin 2x=2\cos x\cdot\sin x$，对照比较原函数$y=f(x)\sin x$得，$f(x)=2\cos x$.

三、能力水平划分

三角函数	水平 a	水平 b	水平 c	水平 d
运算求解能力	能正确的按照三角公式进行运算求解	能在众多三角公式中，灵活的选择适合的公式进行运算求解；在运用三角公式时能明确其使用条件	在较综合的问题情境中，能有意识的合理选择三角公式、算法，通过多步骤的运算解决问题	能解释三角公式的使用条件及其依据；能通过运算进行三角公式的推理和探究
空间想象能力				
论证推理能力	能对三角比和三角函数的相关知识和结论作出直接的判断，并给出说明	能理解各三角恒等式和正余弦定理的论证过程；能判断某个较简单的结论的论证过程是否正确	能运用已知的三角知识进行完整的数学证明；能根据数学问题作出合情的推理，并加以论证	能合理转化问题，自觉寻找推理论证途径对数学结论进行证明；能通过一般化、逆推等方法，将数学命题作合理的推广和拓展
提出与解决问题能力	能在一定的条件下抽象或提出简单的数学问题；能较准确的借助三角知识表达简单的数量关系	能将日常生活情境中的较简单问题数学化；运用适当的三角模型分析分析真实情境中较简单的数学问题	能从真实情境中发现问题，并用数学语言将其表述成较规范的三角模型；能综合运用三角知识和方法形成问题解决的合理步骤，并完整地解决问题	

实例

例 1　已知$\cos\alpha=\frac{1}{3}$，$\frac{3\pi}{2}<\alpha<2\pi$，求$\sin(2\pi-\alpha)$和$\tan(\alpha-3\pi)$的值.

CⅡsj1a

解：因为$\cos\alpha=\frac{1}{3}$，$\frac{3\pi}{2}<\alpha<2\pi$，所以$\sin\alpha=-\sqrt{1-\cos^2\alpha}=-\frac{2\sqrt{2}}{3}$，

所以 $\sin(2\pi-\alpha)=-\sin\alpha=\frac{2\sqrt{2}}{3}$，$\tan(\alpha-3\pi)=\tan\alpha=\frac{\sin\alpha}{\cos\alpha}=-2\sqrt{2}$.

例 2　已知 $\tan\alpha=2$，求值：$\sin^2\alpha+3\sin\alpha\cos\alpha-\cos^2\alpha$.　**CⅡsj1b**

解：
$$\begin{aligned}\sin^2\alpha+3\sin\alpha\cos\alpha-\cos^2\alpha&=\frac{\sin^2\alpha+3\sin\alpha\cos\alpha-\cos^2\alpha}{\sin^2\alpha+\cos^2\alpha}\\&=\frac{\tan^2\alpha+3\tan\alpha-1}{\tan^2\alpha+1}\\&=\frac{4+6-1}{4+1}\\&=\frac{9}{5}\end{aligned}$$

例 3　已知 $\sin\left(\frac{\pi}{4}-x\right)=\frac{5}{13}$，$0<x<\frac{\pi}{4}$，求 $\frac{\cos 2x}{\cos\left(\frac{\pi}{4}+x\right)}$ 的值.

CⅡsj1c

解：因为 $\sin\left(\frac{\pi}{4}-x\right)=\frac{5}{13}$，$0<x<\frac{\pi}{4}$，所以 $\cos\left(\frac{\pi}{4}-x\right)=\frac{12}{13}$，

所以
$$\begin{aligned}\cos 2x&=\cos\left[\frac{\pi}{2}-2\left(\frac{\pi}{4}-x\right)\right]=\sin 2\left(\frac{\pi}{4}-x\right)\\&=2\sin\left(\frac{\pi}{4}-x\right)\cos\left(\frac{\pi}{4}-x\right)=2\times\frac{5}{13}\times\frac{12}{13}=\frac{120}{169}\end{aligned}$$

又 $\cos\left(\frac{\pi}{4}+x\right)=\cos\left[\frac{\pi}{2}-\left(\frac{\pi}{4}-x\right)\right]=\sin\left(\frac{\pi}{4}-x\right)=\frac{5}{13}$，

所以 $\frac{\cos 2x}{\cos\left(\frac{\pi}{4}+x\right)}=\frac{120}{169}\Big/\frac{5}{13}=\frac{24}{13}$.

例 4　下列函数中，是同一个函数的序号为(　　).　**CⅡsj1d**

① $y=\tan x$；② $y=\frac{\sin 2x}{1+\cos 2x}$；③ $y=\frac{1-\cos 2x}{\sin 2x}$；④ $y=\frac{\sin 2x-\cos 2x+1}{\sin 2x+\cos 2x+1}$；⑤ $y=\frac{\cos 2x+\sin 2x-1}{\cos 2x-\sin 2x+1}$.

解：$D_1=\left\{x\,\middle|\,x\neq\frac{\pi}{2}+k\pi,\ k\in\mathbf{Z}\right\}$；$D_2=\{x\mid 1+\cos 2x\neq 0\}=$

$\left\{x \middle| x \neq \frac{\pi}{2}+k\pi,\ k \in \mathbf{Z}\right\}$；

$D_3=\{x \mid \sin 2x \neq 0\}=\left\{x \middle| x \neq \frac{k\pi}{2},\ k \in \mathbf{Z}\right\}$；

$D_4=\{x \mid \sin 2x+\cos 2x+1 \neq 0\}=\left\{x \middle| x \neq \frac{\pi}{2}+k\pi \text{ 且 } x \neq k\pi-\frac{\pi}{4},\right.$
$\left. k \in \mathbf{Z}\right\}$；

$D_5=\{x \mid \cos 2x-\sin 2x+1 \neq 0\}=\left\{x \middle| x \neq \frac{\pi}{2}+k\pi \text{ 且 } x \neq k\pi+\frac{\pi}{4},\right.$
$\left. k \in \mathbf{Z}\right\}$；

函数②—⑤在其定义域内化简后均为 $y=\tan x$，因此只有①与②是同一个函数.

例 5 下列命题中，正确命题的序号为________. **CⅡ sj3a**

① 存在这样的 α 和 β 的值，使得 $\cos(\alpha+\beta)=\cos\alpha\cdot\cos\beta+\sin\alpha\cdot\sin\beta$；
② 不存在无穷多个 α 和 β 的值，使得 $\cos(\alpha+\beta)=\cos\alpha\cdot\cos\beta+\sin\alpha\cdot\sin\beta$；
③ 对于任意的 α 和 β 的值，都有 $\cos(\alpha+\beta)=\cos\alpha\cdot\cos\beta+\sin\alpha\cdot\sin\beta$；
④ 不存在这样的 α 和 β 的值，使得 $\cos(\alpha+\beta)=\cos\alpha\cdot\cos\beta+\sin\alpha\cdot\sin\beta$.

解： 因为 $\cos(\alpha+\beta)=\cos\alpha\cdot\cos\beta-\sin\alpha\cdot\sin\beta$ 对任意 α，β 恒成立，若 $\cos(\alpha+\beta)=\cos\alpha\cdot\cos\beta+\sin\alpha\cdot\sin\beta$ 也成立，则 $\sin\alpha\cdot\sin\beta=0$，所以 $\alpha=k\pi$ 或 $\beta=k\pi(k\in\mathbf{Z})$，因此①正确，②③④都不正确.

例 6 判断三角方程 $\cos x-\sin x=\cos 2x$ 的下述解法是否正确.

CⅡ sj3b

$$\cos x-\sin x=\cos 2x \quad ①$$

$$(\cos x-\sin x)^2=\cos^2 2x \quad ②$$

$$1-\sin 2x=1-\sin^2 2x \quad ③$$

$$1+\sin 2x=1 \quad ④$$

$$\sin 2x=0 \quad ⑤$$

$$x=\frac{k\pi}{2}(k\in\mathbf{Z}) \quad ⑥$$

解： 方程①与方程②不同解，会产生增根；方程③与方程④不同解，会失根.

例 7 已知 $\tan^2\alpha=1+2\tan^2\beta$，求证：$\sin^2\beta=2\sin^2\alpha-1$. **CⅡ sj3c**

证明：因为 $\tan^2\alpha=1+2\tan^2\beta$，所以 $1+\tan^2\alpha=2(1+\tan^2\beta)$，
所以 $\sec^2\alpha=2\sec^2\beta$，所以 $\cos^2\beta=2\cos^2\alpha$，
所以 $1-\sin^2\beta=2(1-\sin^2\alpha)$，所以 $\sin^2\beta=2\sin^2\alpha-1$.

例 8 某同学在学习时发现，以下四个式子的值都等于同一个常数 M：
$\sin^2 13°+\cos^2 17°-\sin 13°\cos 17°$；$\sin^2 18°+\cos^2 12°-\sin 18°\cos 12°$；
$\sin^2 18°+\cos^2 48°+\sin 18°\cos 48°$；$\sin^2 25°+\cos^2 55°+\sin 25°\cos 55°$；
(1) 求常数 M 的值；
(2) 根据(1)的计算结果，将该同学的发现推广为三角恒等式，并给出证明.

CⅡsj3d

解：(1) $M=\dfrac{3}{4}$；

(2)
$$\begin{aligned}&\sin^2(\alpha-30°)+\cos^2\alpha+\sin(\alpha-30°)\cos\alpha\\&=\left(\frac{\sqrt{3}}{2}\sin\alpha-\frac{1}{2}\cos\alpha\right)^2+\cos^2\alpha+\left(\frac{\sqrt{3}}{2}\sin\alpha-\frac{1}{2}\cos\alpha\right)\cos\alpha\\&=\frac{3}{4}\sin^2\alpha-\frac{\sqrt{3}}{2}\sin\alpha\cos\alpha+\frac{1}{4}\cos^2\alpha+\cos^2\alpha+\frac{\sqrt{3}}{2}\sin\alpha\cos\alpha-\frac{1}{2}\cos^2\alpha\\&=\frac{3}{4}\sin^2\alpha+\frac{3}{4}\cos^2\alpha\\&=\frac{3}{4}.\end{aligned}$$

例 9 已知等腰三角形的底边上的高与底边长之比为 4∶3，求顶角的正切值.

CⅡsj4a

解：设等腰三角形底角为 α，其中 $0<\alpha<\dfrac{\pi}{2}$，所以 $\tan\alpha=\dfrac{4}{1.5}=\dfrac{8}{3}$，

顶角 $\pi-2\alpha$ 的正切 $\tan(\pi-2\alpha)=-\tan 2\alpha=-\dfrac{2\tan\alpha}{1-\tan^2\alpha}=-\dfrac{\frac{16}{3}}{1-\frac{64}{9}}=\dfrac{48}{55}$.

例 10 如图，某住宅小区的平面图呈圆心角为 120° 的扇形 AOB. 小区的两个出入口设置在点 A 及点 C 处，且小区里有一条平行于 BO 的小路 CD. 已知某人从 C 沿 CD 走到 D 用了 10 分钟，从 D 沿 DA 走到 A 用了 6 分钟. 若此人步行的速度为每分钟 50 m，求该扇形的半径 OA 的长(精确到 1 m).

CⅡsj4b

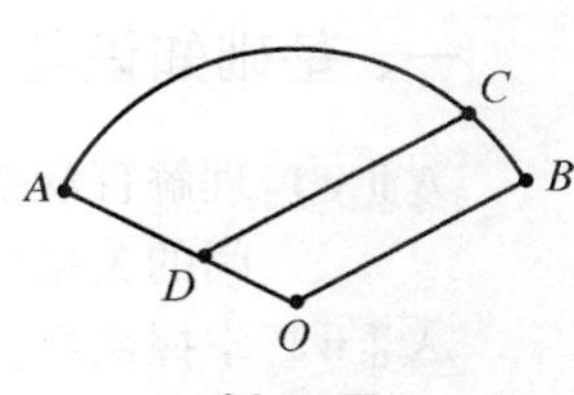

例 10 图

解：设该扇形的半径为 r m，连接 CO，由题意，得

$CD=500$ m，$DA=300$ m，$\angle CDO=60^\circ$，

在 $\triangle CDO$ 中，由余弦定理知：

$CD^2+OD^2-2CD\cdot OD\cdot\cos 60^\circ=OC^2$，即

$$500^2+(r-300)^2-2\times 500\times(r-300)\times\frac{1}{2}=r^2$$

解得 $r=\dfrac{4900}{11}\approx 445(\text{m})$.

例 11 如图，A，B，C，D 都在同一个与水平面垂直的平面内，B，D 为两岛上的两座灯塔的塔顶. 测量船于水面 A 处测得 B 点和 D 点的仰角分别为 75° 和 30°，于水面 C 处测得 B 点和 D 点的仰角均为 60°，$AC=0.1$ km. 求 B，D 间的距离.（计算结果精确到 0.01 km） **CⅡsj4c**

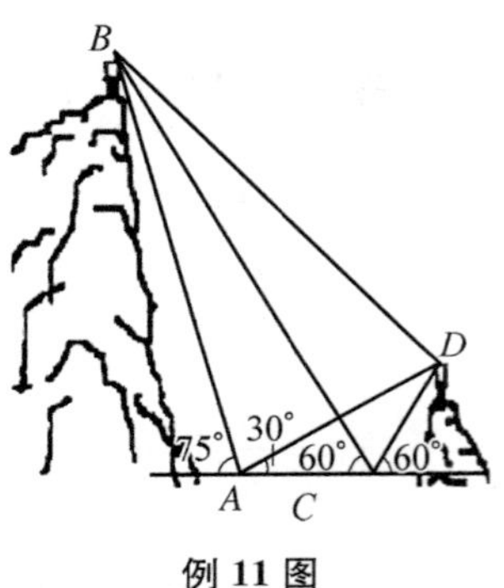

例 11 图

解：$\angle BCA=\angle BCD=60^\circ$，$\angle DAC=30^\circ$，

所以 $AD\perp BC$，所以 $BA=BD$，

在 $\triangle ABC$ 中，由正弦定理知，

$\dfrac{BA}{\sin 60^\circ}=\dfrac{AC}{\sin 15^\circ}$，解得 $BD=BA=0.33$ km.

第四部分　微积分初步

微积分的创立是数学发展的里程碑，开创了向近代数学过渡的新时期. 极限和导数的概念是微积分的核心概念之一，它为研究变量与函数提供了重要的方法和手段. 通过研究变化率得出导数的概念；利用导数来研究函数的单调性、极值和最值. 体会导数的几何意义和物理意义. 进一步加深对极限的理解，体会以直代曲的思想方法，深化对无穷小量的认识. 感受导数在解决数学问题和实际问题中的作用，体会微积分的产生对人类社会发展的价值.

一、基础知识与基本技能掌握要求

AⅡw1 理解直观描述的函数极限概念，能够区分函数的极限与函数值之间的关系

AⅡw2 掌握函数极限的运算法则，能够应用函数极限的四则运算法则求简单函数的极限

AⅡw3 理解函数连续性的概念,能够判断函数在某一点是否连续

AⅡw4 导数的概念、物理意义

AⅡw5 理解导数的几何意义,并能应用导数求曲线在某一点的切线

AⅡw6 导数的运算,多项式的求导

AⅡw7 导数的应用单调性的判断

AⅡw8 导数的应用多项式函数的求最值的问题

AⅡw9 定积分的概念及其意义

AⅡw10 定积分的基本性质

AⅡw11 能够利用定积分求曲边梯形面积、旋转体体积

实例

例 1　考察当 $x \to -1$ 时,函数 $y=\dfrac{x^2-1}{x+1}$ 的变化趋势,并求 $x \to -1$ 时的极限.　**AⅡw1**

解: 从函数 $y=\dfrac{x^2-1}{x+1}=x-1(x\neq -1)$ 的图形可知,当 x 从左、右两旁同时无限趋近于-1 时,函数 $y=\dfrac{x^2-1}{x+1}=x-1(x\neq -1)$ 的值无限趋近于常数 -2,所以

$$\lim_{x\to -1}\frac{x^2-1}{x+1}=\lim_{x\to -1}(x-1)=-2.$$

例 2　讨论下列函数当 $x\to 0$ 时的极限.　**AⅡw1**

(1) $f(x)=\mathrm{sgn}(x)=\begin{cases}1 & x>0\\ 0 & x=0\\ -1 & x<0\end{cases}$;　(2) $f(x)=\begin{cases}x+1 & x\geqslant 0\\ 1-x & x<0\end{cases}$

解: (1) $\lim\limits_{x\to 0}\mathrm{sgn}(x)$ 不存在;(2) $\lim\limits_{x\to 0}f(x)=1$.

例 3　求 $\lim\limits_{x\to 2}\dfrac{2x^2-3x+2}{x-1}$.　**AⅡw2**

解: $\lim\limits_{x\to 2}\dfrac{2x^2-3x+2}{x-1}=\dfrac{\lim\limits_{x\to 2}(2x^2-3x+2)}{\lim\limits_{x\to 2}(x-1)}=\dfrac{2\lim\limits_{x\to 2}x^2-3\lim\limits_{x\to 2}x+\lim\limits_{x\to 2}2}{\lim\limits_{x\to 2}x-\lim\limits_{x\to 2}1}=\dfrac{2\times 4-3\times 2+2}{2-1}=4.$

例 4 已知函数 $f(x)=\begin{cases} a+\log_2 x（当 x \geqslant 2 时） \\ \dfrac{x^2-4}{x-2}（当 x<2 时） \end{cases}$ 在点 $x=2$ 处连续，求常数 a 的值. **AⅡw1，AⅡw3**

解： 由 $\lim\limits_{x\to 2} f(x)=\lim\limits_{x\to 2}\dfrac{x^2-4}{x-2}=\lim\limits_{x\to 2}(x+2)=4$，$f(2)=a+\log_2 2=a+1$，由函数的连续性在一点处的连续性的定义知 $f(2)=\lim\limits_{x\to 2} f(x)=4$，可得 $a=3$.

例 5 已知物体所做的功 W 是时间 t 的函数 $W=W(t)$. 求在时刻 $t=t_0$ 的功率. **AⅡw4**

解： 已知物体从 0 到 t 这段时间内所做的功是 $W=W(t)$，那么，从时刻 t_0 到 $t_0+\Delta t$ 这段时间内物体所做的功（即功的改变量）为 $\Delta W=W(t_0+\Delta t)-W(t_0)$. 它和完成这些功所用时间（即时间改变量 Δt）的比 $\dfrac{\Delta W}{\Delta t}=\dfrac{W(t_0+\Delta t)-W(t_0)}{\Delta t}$ 就是 t_0 到 $t_0+\Delta t$ 这段时间内的平均功率. 当 $\Delta t\to 0$ 时，平均功率的极限 $\lim\limits_{\Delta t\to 0}\dfrac{W(t_0+\Delta t)-W(t_0)}{\Delta}=P_0$ 就是在时刻 t_0 的瞬时功率. 因此，功率 P 是功 W 对时间 t 的导数，即 $P=W'(t)$.

例 6 在平面直角坐标系 xOy 中，点 P 在曲线 C：$y=x^3-10x+3$ 上，且在第二象限内，已知曲线 C 在点 P 处的切线的斜率为 2，求点 P 的坐标. **AⅡw5**

解： 由 $y'=3x^2-10=2\Rightarrow x=\pm 2$，又点 P 在第二象限内，所以 $x=-2$ 所以点 P 的坐标为$(-2,\ 15)$.

例 7 已知函数 $f(x)=\dfrac{1}{3}ax^3+bx^2+x+3$，其中 $a>0$，且 $f(x)$ 在区间 $(0,\ 1]$ 上单调递增，试用 a 表示出 b 的取值范围. **AⅡw6 AⅡw7 AⅡw8**

解： 要使 $f(x)$ 在区间 $(0,\ 1]$ 上单调递增，需使 $f'(x)=ax^2+2bx+1\geqslant 0$ 在 $(0,\ 1]$ 上恒成立.

即 $b\geqslant -\dfrac{ax}{2}-\dfrac{1}{2x}$，$x\in(0,\ 1]$ 恒成立，所以 $b\geqslant\left(-\dfrac{ax}{2}-\dfrac{1}{2x}\right)_{\max}$

设 $g(x)=-\dfrac{ax}{2}-\dfrac{1}{2x}$，$g'(x)=-\dfrac{a}{2}+\dfrac{1}{2x^2}=\dfrac{a\left(x^2-\dfrac{1}{a}\right)}{2x^2}$，

令 $g'(x)=0$ 得 $x=\dfrac{1}{\sqrt{a}}$ 或 $x=-\dfrac{1}{\sqrt{a}}$（舍去），

当 $a>1$ 时，$0<\frac{1}{a}<1$，当 $x\in\left(0,\frac{1}{\sqrt{a}}\right)$ 时 $g'(x)>0$，$g(x)=-\frac{ax}{2}-\frac{1}{2x}$ 单调增函数；

当 $x\in\left(\frac{1}{\sqrt{a}},1\right]$ 时 $g'(x)<0$，$g(x)=-\frac{ax}{2}-\frac{1}{2x}$ 单调减函数，

所以当 $x=\frac{1}{\sqrt{a}}$ 时，$g(x)$ 取得最大，最大值为 $g\left(\frac{1}{\sqrt{a}}\right)=-\sqrt{a}$. 所以 $b\geqslant-\sqrt{a}$

当 $0<a\leqslant1$ 时，$\frac{1}{\sqrt{a}}\geqslant1$，此时 $g'(x)\geqslant0$ 在区间 $(0,1]$ 恒成立，所以 $g(x)=-\frac{ax}{2}-\frac{1}{2x}$ 在区间 $(0,1]$ 上单调递增，当 $x=1$ 时 $g(x)$ 最大，最大值为 $g(1)=-\frac{a+1}{2}$，所以 $b\geqslant-\frac{a+1}{2}$，

综上，当 $a>1$ 时，$b\geqslant-\sqrt{a}$；当 $0<a\leqslant1$ 时，$b\geqslant-\frac{a+1}{2}$.

例 8　已知 a，b 是实数，1 和 -1 是函数 $f(x)=x^3+ax^2+bx$ 的两个极值点.

(1) 求 a 和 b 的值；

(2) 设函数 $g(x)$ 的导函数 $g'(x)=f(x)+2$，求 $g(x)$ 的极值点.　**AⅡw8**

解：(1) 由 $f(x)=x^3+ax^2+bx$，得 $f'(x)=3x^2+2ax+b$.

因为 1 和 -1 是函数 $f(x)=x^3+ax^2+bx$ 的两个极值点，

所以 $f'(1)=3+2a+b=0$，$f'(-1)=3-2a+b=0$，解得 $a=0$，$b=-3$.

(2) 因为由(1)得，$f(x)=x^3-3x$，

所以 $g'(x)=f(x)+2=x^3-3x+2=(x-1)^2(x+2)$，解得 $x_1=x_2=1$，$x_3=-2$.

因为当 $x<-2$ 时，$g'(x)<0$；当 $-2<x<1$ 时，$g'(x)>0$，

所以 $x=-2$ 是 $g(x)$ 的极值点.

因为当 $-2<x<1$ 或 $x>1$ 时，$g'(x)>0$，所以 $x=1$ 不是 $g(x)$ 的极值点.

所以 $g(x)$ 的极值点是 -2.

例 9　设 $a>0$. 若曲线 $y=\sqrt{x}$ 与直线 $x=a$，$y=0$ 所围成封闭图形的面积为 a^2，求 a 的值.　**AⅡw9　AⅡw11**

解：由已知得 $S=\int_0^a\sqrt{x}=\frac{2}{3}x^{\frac{3}{2}}\big|_0^a=\frac{2}{3}a^{\frac{3}{2}}=a^2$，所以 $a^{\frac{1}{2}}=\frac{2}{3}$，所以 $a=\frac{4}{9}$.

二、思想方法分类阐释

BⅡw1 分类讨论思想 解决含有字母参变量的函数的最值或单调性等问题时，应对导数的正负情况进行讨论.

例 1 已知函数 $f(x)=x^3+3ax^2+(3-6a)x+12a-4(a\in\mathbf{R})$，若 $f(x)$ 在 $x=x_0$ 处取最小值，$x_0\in(1,3)$，求 a 的取值范围.

解： 由 $f'(x)=0$ 得 $x^2+2ax-1-2a=0$，

(1) 当 $-\sqrt{2}-1\leqslant a\leqslant\sqrt{2}-1$ 时，$f(x)$ 没有极小值；

(2) 当 $a>\sqrt{2}-1$ 或 $a<-\sqrt{2}-1$ 时，由 $f'(x)=0$ 得

$$x_1=-a-\sqrt{a^2+2a-1},\ x_2=-a+\sqrt{a^2+2a-1}.$$

故 $x_0=x_2$. 由题设知 $1<-a+\sqrt{a^2+2a-1}<3$，

当 $a>\sqrt{2}-1$ 时，不等式 $1<-a+\sqrt{a^2+2a-1}<3$ 无解；

当 $a<-\sqrt{2}-1$ 时，解不等式 $1<-a+\sqrt{a^2+2a-1}<3$ 得 $-\frac{5}{2}<a<-\sqrt{2}-1$

综合(1)(2)得 a 的取值范围是 $\left(-\frac{5}{2},-\sqrt{2}-1\right)$.

BⅡw2 数形结合思想 结合某些表达式的在积分或微分中的几何意义解决相关问题.

例 2 求证：$\frac{1}{2}+\frac{2}{3}+\cdots+\frac{n}{n+1}>n-\ln(n+1)$，其中 $n\in\mathbf{N}^*$

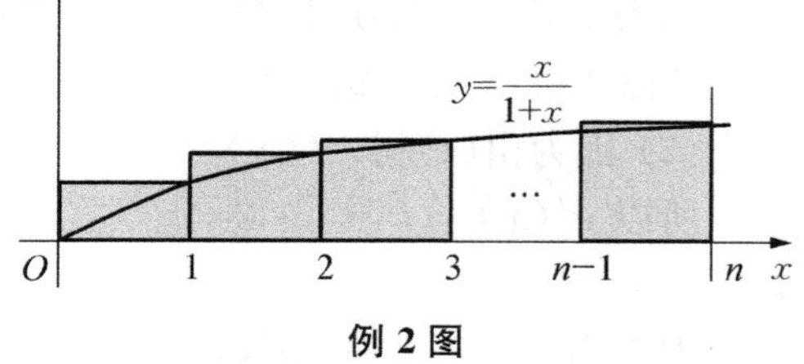

例 2 图

证明： 如图，$\int_0^n\frac{x}{x+1}\mathrm{d}x$ 是由曲线 $y=\frac{x}{x+1}$，$x=n$ 及 x 轴所围成的曲边梯形的面积，而 $\frac{1}{2}+\frac{2}{3}+\cdots+\frac{n}{n+1}$ 是图中所示各矩形的面积和

所以 $\frac{1}{2}+\frac{2}{3}+\cdots+\frac{n}{n+1}>\int_0^n\frac{x}{x+1}\mathrm{d}x=\int_0^n\left(1-\frac{1}{x+1}\right)\mathrm{d}x=n-\ln(n+1)$，结论得证.

BⅡw3 化归思想 将新颖问题转化为熟悉的问题，如将零点的个数问题转为单调性讨论从而利用导数求得.

例 3　已知函数 $f(x)=x^3$，$g(x)=x+\sqrt{x}$. 求函数 $h(x)=f(x)-g(x)$ 的零点个数，并说明理由.

解：由 $h(x)=x^3-x-\sqrt{x}$ 知，$x\in[0,+\infty)$，而 $h(0)=0$，且 $h(1)=-1<0$，$h(2)=6-\sqrt{2}>0$，则 $x=0$ 为 $h(x)$ 的一个零点，且 $h(x)$ 在 $(1,2)$ 内有零点，因此 $h(x)$ 至少有两个零点 $h'(x)=3x^2-1-\frac{1}{2}x^{-\frac{1}{2}}$，记 $\varphi(x)=3x^2-1-\frac{1}{2}x^{-\frac{1}{2}}$，则 $\varphi'(x)=6x+\frac{1}{4}x^{-\frac{3}{2}}$.

当 $x\in(0,+\infty)$ 时，$\varphi'(x)>0$，因此 $\varphi(x)$ 在 $(0,+\infty)$ 上单调递增，则 $\varphi(x)$ 在 $(0,+\infty)$ 内至多只有一个零点. 又因为 $\varphi(1)>0$，$\varphi\left(\frac{\sqrt{3}}{3}\right)<0$，则 $\varphi(x)$ 在 $\left(\frac{\sqrt{3}}{3},1\right)$ 内有零点，所以 $\varphi(x)$ 在 $(0,+\infty)$ 内有且只有一个零点. 记此零点为 x_1，则当 $x\in(0,x_1)$ 时，$\varphi(x)<\varphi'(x_1)=0$；当 $x\in(x_1,+\infty)$ 时，$\varphi(x)>\varphi'(x_1)=0$；

当 $x\in(0,x_1)$ 时，$h(x)$ 单调递减，而 $h(0)=0$，则 $h(x)$ 在 $(0,x_1]$ 内无零点；

当 $x\in(x_1,+\infty)$ 时，$h(x)$ 单调递增，则 $h(x)$ 在 $(x_1,+\infty)$ 内至多只有一个零点；

从而 $h(x)$ 在 $(0,+\infty)$ 内至多只有一个零点. 综上所述，$h(x)$ 有且只有两个零点.

三、能力水平划分

微积分	水平 a	水平 b	水平 c	水平 d
运算求解能力	能正确按函数极限定义求简单函数的极限； 能正确求出多项式函数的导函数； 在简单的数学问题中，能对给出的函数极限、函数导数的运算过程或运算结果的正确性加以判断	能灵活地调用函数极限的运算规则； 能理解导数运算公式、法则与性质的依据，并明确其运用时的使用条件； 能根据具体的数学问题情境合理选择函数极限与导数的运算方式	在较综合的函数问题情境中，有意识地通过多步骤的形式有效地解决与函数的运算、性质等相关的问题； 能解释函数极限、导数运算公式、法则等使用条件的依据与条件，做到言之有据	能将导数运算与函数性质结合进行推理和探究

续 表

微积分	水平 a	水平 b	水平 c	水平 d
空间想象能力	能通过函数图像的表示函数的极限、导数、定积分的几何意义	明确导数、定积分表示的几何意义；并能解决一些实际问题		
推理论证能力	能对简单函数极限、导数的性质作出直接或间接的判断，并能给出简要的说明	能理解函数极限、导数的意义；能运用已知的定理、性质对一些具体函数的问题作出完整的证明	能根据数学问题的特性做出合情推理，并能加以论证	能合理转化问题，自觉寻找或设计推理论证途径对数学结论进行证明； 能严谨性地合理运用不同的论证方法
提出与解决问题能力	能在一定的条件下抽象出或提出简单的数学问题；能较准确借助导数解决简单的函数性质的问题	能运用适当的函数极限、导数、定积分等数学知识解决某些日常生活情境中的具体问题	能从真实情境中发现问题，并用分析的语言等将其表述成较规范的数学问题形式或数学模型； 并通过完整实施各步骤逐步解决问题	能较为熟练地运用数学分析语言抽象、准确地表达数学问题； 能尝试形成分析和解决此类问题的一些典型方法，并能给予解释、说明或推广

实例

例 1 函数 $f(x)=\begin{cases}\dfrac{x^2-9}{x-3}, x<3\\ \ln(x-2), x\geqslant 3\end{cases}$ 在 $x=3$ 处的极限是(　　).

CⅡwa1

A. 不存在　　B. 等于 6　　C. 等于 3　　D. 等于 0

解：$f(x)=\begin{cases}\dfrac{x^2-9}{x-3}, x<3\\ \ln(x-2), x\geqslant 3\end{cases}$ 即为 $f(x)=\begin{cases}x+3, x<3\\ \ln(x-2), x\geqslant 3\end{cases}$，故其在 $x=3$ 处的极限不存在，选 A.

例 2 曲线 $y=x^3-x+3$ 在点 (1, 3) 处的切线方程为____________.

CⅡwb1

解：$2x-y+1=0$. $y'|_{x=1}=3\times1^2-1=2$，所以切线方程为 $y-3=2(x-1)$，即 $2x-y+1=0$.

例 3　已知函数 $f(x)=ax^2+1(a>0)$，$g(x)=x^3+bx$.　**CⅡwc1**

(1) 若曲线 $y=f(x)$ 与曲线 $y=g(x)$ 在它们的交点 $(1, c)$ 处具有公共切线，求 a，b 的值；

(2) 当 $a^2=4b$ 时，求函数 $f(x)+g(x)$ 的单调区间，并求其在区间 $(-\infty, -1]$ 上的最大值.

解：(1) 由 $(1, c)$ 为公共切点可得：$f(x)=ax^2+1(a>0)$，则 $f'(x)=2ax$，$k_1=2a$，

$g(x)=x^3+bx$，则 $g'(x)=3x^2+b$，$k_2=3+b$，所以 $2a=3+b$　(i)

又 $f(1)=a+1$，$g(1)=1+b$，所以 $a+1=1+b$，即 $a=b$，代入(i)式可得：$\begin{cases}a=3\\b=3\end{cases}$.

(2) 因为 $a^2=4b$，所以设 $h(x)=f(x)+g(x)=x^3+ax^2+\dfrac{1}{4}a^2x+1$

则 $h'(x)=3x^2+2ax+\dfrac{1}{4}a^2$，令 $h'(x)=0$，解得：$x_1=-\dfrac{a}{2}$，$x_2=-\dfrac{a}{6}$；

因为 $a>0$，所以 $-\dfrac{a}{2}<-\dfrac{a}{6}$，

所以原函数在 $\left(-\infty, -\dfrac{a}{2}\right)$ 单调递增，在 $\left(-\dfrac{a}{2}, -\dfrac{a}{6}\right)$ 单调递减，在 $\left(-\dfrac{a}{6}, +\infty\right)$ 上单调递增

① 若 $-1\leqslant-\dfrac{a}{2}$，即 $a\leqslant2$ 时，最大值为 $h(1)=a-\dfrac{a^2}{4}$；

② 若 $-\dfrac{a}{2}<-1<-\dfrac{a}{6}$，即 $2<a<6$ 时，最大值为 $h\left(-\dfrac{a}{2}\right)=1$

③ 若 $-1\geqslant-\dfrac{a}{6}$ 时，即 $a\geqslant6$ 时，最大值为 $h\left(-\dfrac{a}{2}\right)=1$.

综上所述：当 $a\in(0, 2]$ 时，最大值为 $h(1)=a-\dfrac{a^2}{4}$；当 $a\in(2, +\infty)$ 时，最大值为 $h\left(-\dfrac{a}{2}\right)=1$.

例 4　已知函数 $f(x)=2x^3-3x$. 若过点 $P(1, t)$ 存在 3 条直线与曲线

$y=f(x)$ 相切，求 t 的取值范围. **CⅡwd1**

解：设过点 $P(1, t)$ 的直线与曲线 $y=f(x)$ 相切于点 (x_0, y_0)，则

$y_0=2x_0^3-3x_0$，且切线斜率为 $k=6x_0^2-3$，所以切线方程为 $y-y_0=(6x_0^2-3)(x-x_0)$，

因此 $t-y_0=(6x_0^2-3)(1-x_0)$，整理得：$4x_0^3-6x_0^2+t+3=0$，

设 $g(x)=4x^3-6x^2+t+3$，则"过点 $P(1, t)$ 存在 3 条直线与曲线 $y=f(x)$ 相切"等价于"$g(x)$ 有 3 个不同零点"，$g'(x)=12x^2-12x=12x(x-1)$，

$g(x)$ 与 $g'(x)$ 的情况如下：

x	$(-\infty, 0)$	0	$(0, 1)$	1	$(1, +\infty)$
$g'(x)$	+	0	−	0	+
$g(x)$	↗	$t+3$	↘	$t+1$	↗

所以，$g(0)=t+3$ 是 $g(x)$ 的极大值，$g(1)=t+1$ 是 $g(x)$ 的极小值.

当 $g(0)=t+3\leqslant 0$，即 $t\leqslant -3$ 时，此时 $g(x)$ 在区间 $(-\infty, 1]$ 和 $(1, +\infty)$ 上分别至多有 1 个零点，所以 $g(x)$ 至多有 2 个零点，

当 $g(1)=t+1\geqslant 0$，$t\geqslant -1$ 时，此时 $g(x)$ 在区间 $(-\infty, 0)$ 和 $[0, +\infty)$ 上分别至多有 1 个零点，所以 $g(x)$ 至多有 2 个零点.

当 $g(0)>0$ 且 $g(1)<0$，即 $-3<t<-1$ 时，因为 $g(-1)=t-7<0$，$g(2)=t+11>0$，

所以 $g(x)$ 分别为区间 $[-1, 0)$，$[0, 1)$ 和 $[1, 2)$ 上恰有 1 个零点，由于 $g(x)$ 在区间 $(-\infty, 0)$ 和 $(1, +\infty)$ 上单调，所以 $g(x)$ 分别在区间 $(-\infty, 0)$ 和 $[1, +\infty)$ 上恰有 1 个零点.

综上可知，当过点 $P(1, t)$ 存在 3 条直线与曲线 $y=f(x)$ 相切时，t 的取值范围是 $(-3, -1)$.

例 5 设函数 $f(x)$ 在 R 上可导，其导函数为 $f'(x)$，且函数 $y=(1-x)f'(x)$ 的图像如图所示，则下列结论中一定成立的是（ ）. **CⅡwa2**

A. 函数 $f(x)$ 有极大值 $f(2)$ 和极小值 $f(1)$

B. 函数 $f(x)$ 有极大值 $f(-2)$ 和极小值 $f(1)$

C. 函数 $f(x)$ 有极大值 $f(2)$ 和极小值 $f(-2)$

D. 函数 $f(x)$ 有极大值 $f(-2)$ 和极小值 $f(2)$

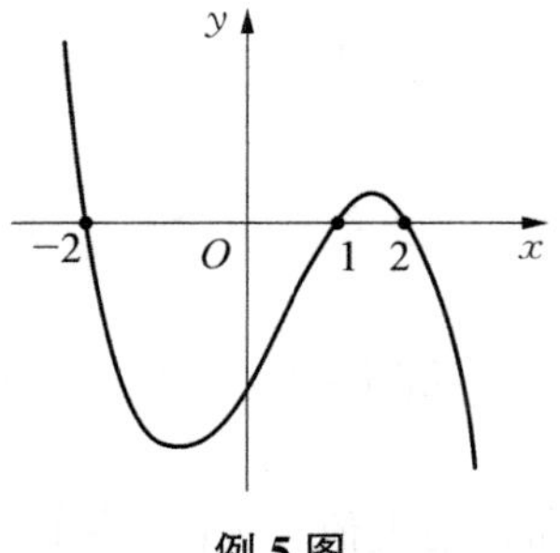

例 5 图

解：$x<-2$，$1-x>0$，由 $(1-x)f'(x)<0\Rightarrow f'(x)>0$，函数 $f(x)$ 为增；

$-2<x<1$，$1-x>0$，由 $(1-x)f'(x)<0 \Rightarrow f'(x)<0$，函数 $f(x)$ 为减；

$1<x<2$，$1-x<0$，由 $(1-x)f'(x)>0 \Rightarrow f'(x)<0$，函数 $f(x)$ 为减；

$x>2$，$1-x<0$，由 $(1-x)f'(x)<0 \Rightarrow f'(x)>0$，函数 $f(x)$ 为增.

例 6 已知函数 $f(x)=x^3-(k^2-k+1)x^2+5x-2$，$g(x)=k^2x^2+kx+1$，其中 $k\in\mathbf{R}$. 设函数 $q(x)=\begin{cases} g(x), & x\geqslant 0, \\ f(x), & x<0. \end{cases}$ 是否存在 k，对任意给定的非零实数 x_1，存在唯一的非零实数 $x_2(x_2\neq x_1)$，使得 $q'(x_2)=q'(x_1)$ 成立？若存在，求 k 的值；若不存在，请说明理由. **CⅡwc3**

解： 当 $x<0$ 时有 $q'(x)=f'(x)=3x^2-2(k^2-k+1)x+5$；

当 $x>0$ 时有 $q'(x)=g'(x)=2k^2x+k$，因为当 $k=0$ 时不合题意，因此 $k\neq 0$，

下面讨论 $k\neq 0$ 的情形，记 $A=(k,+\infty)$，$B=(5,+\infty)$ (1) 当 $x_1>0$ 时，$q'(x)$ 在 $(0,+\infty)$ 上单调递增，所以要使 $q'(x_2)=q'(x_1)$ 成立，只能 $x_2<0$ 且 $A\subseteq B$，因此有 $k\geqslant 5$，(2) 当 $x_1<0$ 时，$q'(x)$ 在 $(0,+\infty)$ 上单调递减，所以要使 $q'(x_2)=q'(x_1)$ 成立，只能 $x_2>0$ 且 $A\subseteq B$，因此 $k\leqslant 5$，综合(1)、(2) $k=5$；

当 $k=5$ 时 $A=B$，则 $\forall x_1<0$，$q'(x_1)\in B=A$，即 $\exists x_2>0$，使得 $q'(x_2)=q'(x_1)$ 成立，因为 $q'(x)$ 在 $(0,+\infty)$ 上单调递增，所以 x_2 的值是唯一的；

同理，$\forall x_1<0$，即存在唯一的非零实数 $x_2(x_2\neq x_1)$，要使 $q'(x_2)=q'(x_1)$ 成立，所以 $k=5$ 满足题意.

例 7 已知函数 $f(x)=x^3$，$g(x)=x+\sqrt{x}$. **CⅡwc4**

(i) 求函数 $h(x)=f(x)-g(x)$ 的零点个数，并说明理由；

(ii) 设数列 $\{a_n\}(n\in\mathbf{N}^*)$ 满足 $a_1=a(a>0)$，$f(a_{n+1})=g(a_n)$，证明：存在常数 M，使得对于任意的 $n\in\mathbf{N}^*$，都有 $a_n\leqslant M$.

解： (i) 由 $h(x)=x^3-x-\sqrt{x}$ 知，$x\in[0,+\infty)$，而 $h(0)=0$，且 $h(1)=-1<0$，$h(2)=6-\sqrt{2}>0$，则 $x=0$ 为 $h(x)$ 的一个零点，且 $h(x)$ 在 $(1,2)$ 内有零点，因此 $h(x)$ 至少有两个零点. $h'(x)=3x^2-1-\frac{1}{2}x^{-\frac{1}{2}}$，记 $\varphi(x)=3x^2-1-\frac{1}{2}x^{-\frac{1}{2}}$，则 $\varphi'(x)=6x+\frac{1}{4}x^{-\frac{3}{2}}$. 当 $x\in(0,+\infty)$ 时，$\varphi'(x)>0$，因此 $\varphi(x)$ 在 $(0,+\infty)$ 上单调递增，则 $\varphi(x)$ 在 $(0,+\infty)$ 内至多

只有一个零点. 又因为 $\varphi(1)>0$，$\varphi\left(\frac{\sqrt{3}}{3}\right)<0$，则 $\varphi(x)$ 在 $\left(\frac{\sqrt{3}}{3},1\right)$ 内有零点，所以 $\varphi(x)$ 在 $(0,+\infty)$ 内有且只有一个零点. 记此零点为 x_1，则当 $x\in(0,x_1)$ 时，$\varphi(x)<\varphi'(x_1)=0$；当 $x\in(x_1,+\infty)$ 时，$\varphi(x)>\varphi'(x_1)=0$；

所以：当 $x\in(0,x_1)$ 时，$h(x)$ 单调递减，而 $h(0)=0$，则 $h(x)$ 在 $(0,x_1]$ 内无零点；

当 $x\in(x_1,+\infty)$ 时，$h(x)$ 单调递增，则 $h(x)$ 在 $(x_1,+\infty)$ 内至多只有一个零点；

从而 $h(x)$ 在 $(0,+\infty)$ 内至多只有一个零点. 综上所述，$h(x)$ 有且只有两个零点.

(ii) 记 $h(x)$ 的正零点为 x_0，即 $x_0^3=x_0+\sqrt{x_0}$.

(1) 当 $a<x_0$ 时，由 $a_1=a$，即 $a_1<x_0$. 而 $a_2^3=a_1+\sqrt{a_1}<x_0+\sqrt{x_0}=x_0^3$，因此 $a_2<x_0$，由此猜测：$a_n<x_0$. 下面用数学归纳法证明：

① 当 $n=1$ 时，$a_1<x_0$ 显然成立；

② 假设当 $n=k(k\geqslant 1)$ 时，有 $a_k<x_0$ 成立，则当 $n=k+1$ 时，由

$a_{k+1}^3=a_k+\sqrt{a_k}<x_0+\sqrt{x_0}=x_0^3$ 知，$a_{k+1}<x_0$，因此，当 $n=k+1$ 时，$a_{k+1}<x_0$ 成立.

故对任意的 $n\in\mathbf{N}^*$，$a_n<x_0$ 成立.

(2) 当 $a\geqslant x_0$ 时，由(1)知，$h(x)$ 在 $(x_0,+\infty)$ 上单调递增. 则 $h(a)\geqslant h(x_0)=0$，即 $a^3\geqslant a+\sqrt{a}$. 从而 $a_2^3=a_1+\sqrt{a_1}=a+\sqrt{a}\leqslant a^3$，即 $a_2\leqslant a$，由此猜测：$a_n\leqslant a$. 下面用数学归纳法证明：

① 当 $n=1$ 时，$a_1\leqslant a$ 显然成立；

② 假设当 $n=k(k\geqslant 1)$ 时，有 $a_k\leqslant a$ 成立，则当 $n=k+1$ 时，由

$a_{k+1}^3=a_k+\sqrt{a_k}\leqslant a+\sqrt{a}\leqslant a^3$ 知，$a_{k+1}\leqslant a$，因此，当 $n=k+1$ 时，$a_{k+1}\leqslant a$ 成立.

故对任意的 $n\in\mathbf{N}^*$，$a_n\leqslant a$ 成立.

综上所述，存在常数 $M=\max\{x_0,a\}$，使得对于任意的 $n\in\mathbf{N}^*$，都有 $a_n\leqslant M$.

模块三　图 形 与 几 何

第一部分　平面向量的坐标表示

向量是近代数学重要和基本的概念之一，是沟通几何、代数、三角等内容的桥梁，它具有丰富的实际背景和广泛的应用. 通过把平行向量关系、垂直向量关系转化为坐标关系，把向量的度量计算转化为坐标运算，感知坐标化的过程和意义. 通过认识“给定两个不平行向量确定共面向量集合”的事实，感知坐标系的实质.

一、基础知识与基本技能掌握要求

AⅢp1 理解基向量的概念
AⅢp2 导出并理解平面向量分解定理
AⅢp3 掌握向量的加法、减法、数与向量的积、向量的数量积的坐标表示
AⅢp4 向量的数量积以及运算律
AⅢp5 掌握平面直角坐标系中的向量及其运算的坐标表示
AⅢp6 会利用坐标讨论两个向量平行或垂直的条件
AⅢp7 会求两个向量的长度以及两个向量的夹角
AⅢp8 会运用向量方法进行简单的几何证明和计算
AⅢp9 能用于解决一些简单的平面几何问题

实例

例 1　已知下列各组向量：① $\boldsymbol{e}_1=(-1, 2)$ 和 $\boldsymbol{e}_2=(5, 7)$；② $\boldsymbol{e}_1=(3, 5)$ 和 $\boldsymbol{e}_2=(6, 10)$；③ $\boldsymbol{e}_1=(2, -3)$ 和 $\overrightarrow{MA}+\overrightarrow{MB}+\overrightarrow{MC}=\overrightarrow{0}$，其中能作为它们所在平面内所有向量的基向量的是(　　).　**AⅢp1**

A. 仅①　　B. ①和③　　C. ②和③　　D. ①,②,③

解： 若 $\boldsymbol{e}_1=(3, 5)$，$\boldsymbol{e}_2=(6, 10)$，则 $\boldsymbol{e}_2=2\boldsymbol{e}_1$，$\boldsymbol{e}_1$ 和 $\boldsymbol{e}_2$ 是平行向量；若 $\boldsymbol{e}_1=(2, -3)$，$\boldsymbol{e}_2=\left(\dfrac{1}{2}, -\dfrac{3}{4}\right)$，则 $\boldsymbol{e}_2=\dfrac{1}{4}\boldsymbol{e}_1$，$\boldsymbol{e}_1$ 与 $\boldsymbol{e}_2$ 是平行向量；而 $\boldsymbol{e}_1=(-1, 2)$ 与 $\boldsymbol{e}_2=(5, 7)$ 是不平行向量，所以，①中的两个向量可以作为它们所在平面内所

有向量的基向量，答案为 A.

例 2 如图，$OM \,/\!/\, AB$，点 P 在由射线 OM，线段 OB 及 AB 的延长线围成的区域内（不含边界）运动，且 $\overrightarrow{OP}=x\overrightarrow{OA}+y\overrightarrow{OB}$，则 x 的取值范围是________；当 $x=-\dfrac{1}{2}$ 时，y 的取值范围是________. **AⅢp2**

解：过 P 作 $PP_1/\!/OM$ 交 OB 于点 P_1，过 P 作 $PP_2/\!/OB$ 交 OM 于点 P_2，则 $\overrightarrow{OP}=p_1\overrightarrow{OB}+p_2\overrightarrow{AB}$，其中 $0<p_1<1$，$p_2>0$，则 $\overrightarrow{OP}=(p_1+p_2)\overrightarrow{OB}-p_2\overrightarrow{OA}$，于是，$x=-p_2<0$，即 x 的取值范围是 $x<0$.

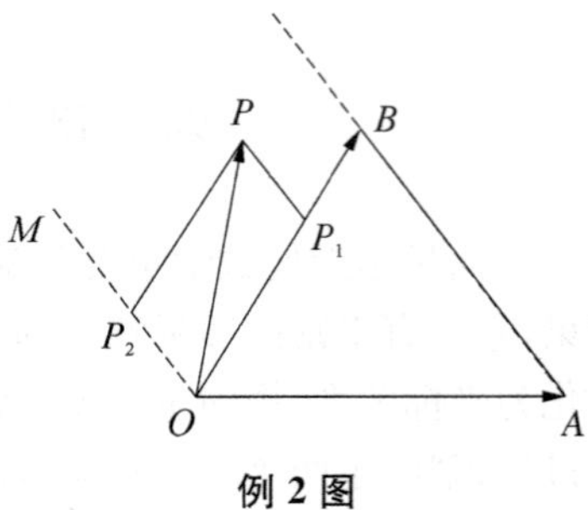

例 2 图

$y=p_1+p_2=p_1-x$，若 $x=-\dfrac{1}{2}$，则 $0<y-\dfrac{1}{2}<1$，所以，$\dfrac{1}{2}<y<\dfrac{3}{2}$.

例 3 设向量 $\boldsymbol{a}$，$\boldsymbol{b}$，$\boldsymbol{c}$ 满足 $\boldsymbol{a}+\boldsymbol{b}+\boldsymbol{c}=\boldsymbol{0}$，$(\boldsymbol{a}-\boldsymbol{b})\perp\boldsymbol{c}$，$\boldsymbol{a}\perp\boldsymbol{b}$，若 $|\boldsymbol{a}|=1$，则 $|\boldsymbol{a}|^2+|\boldsymbol{b}|^2+|\boldsymbol{c}|^2$ 的值是________. **AⅢp4**

解：由已知得 $\boldsymbol{a}\cdot\boldsymbol{b}=0$，$(\boldsymbol{a}-\boldsymbol{b})\cdot\boldsymbol{c}=0$，则

$$\begin{aligned}|\boldsymbol{a}|^2+|\boldsymbol{b}|^2+|\boldsymbol{c}|^2&=(\boldsymbol{a}+\boldsymbol{b}+\boldsymbol{c})^2-2(\boldsymbol{a}\cdot\boldsymbol{b}+\boldsymbol{b}\cdot\boldsymbol{c}+\boldsymbol{c}\cdot\boldsymbol{a})\\&=-4\boldsymbol{c}\cdot\boldsymbol{a}-4\boldsymbol{a}\cdot\boldsymbol{b}-4\boldsymbol{a}^2+4\boldsymbol{a}^2\\&=-4(\boldsymbol{a}+\boldsymbol{b}+\boldsymbol{c})\cdot\boldsymbol{a}+4\boldsymbol{a}^2=4.\end{aligned}$$

例 4 如图，在△ABC 中，点 O 是 BC 的中点，过点 O 的直线分别交直线 AB，AC 于不同的两点 M，N，若 $\overrightarrow{AB}=m\overrightarrow{AM}$，$\overrightarrow{AC}=n\overrightarrow{AN}$ 则 $m+n$ 的值为________. **AⅢp8**

解：由 $\overrightarrow{AB}=m\overrightarrow{AM}$ 得 $\overrightarrow{AB}=m(\overrightarrow{AB}+\overrightarrow{BM})$，则 $\overrightarrow{BM}=\left(\dfrac{1}{m}-1\right)\overrightarrow{AB}$，由 $\overrightarrow{AC}=n\overrightarrow{AN}$ 得 $\overrightarrow{AC}=n(\overrightarrow{AC}+\overrightarrow{CN})$，则 $\overrightarrow{CN}=\left(\dfrac{1}{n}-1\right)\overrightarrow{AC}$.

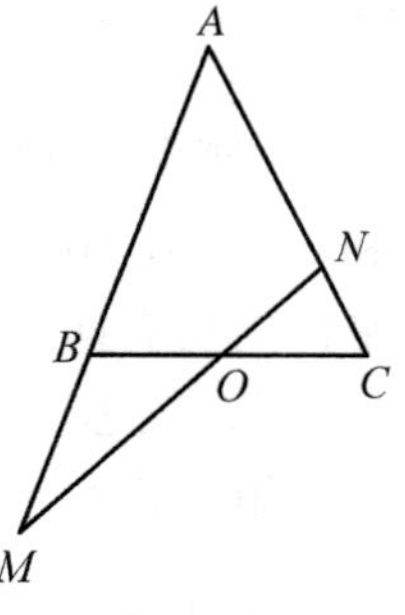

例 4 图

设 $\overrightarrow{OM}=\mu\overrightarrow{ON}$，则 $\overrightarrow{OB}+\overrightarrow{BM}=\mu(\overrightarrow{OC}+\overrightarrow{CN})$，$\overrightarrow{OB}+\left(\dfrac{1}{m}-1\right)\overrightarrow{AB}=\mu\overrightarrow{OC}+\mu\left(\dfrac{1}{n}-1\right)\overrightarrow{AC}$，而 $\overrightarrow{OB}=-\overrightarrow{OC}$，于是，$(1+\mu)\overrightarrow{OB}+\left(\dfrac{1}{m}-1\right)\overrightarrow{AB}=\mu\left(\dfrac{1}{n}-1\right)\overrightarrow{AC}$.

又 $\overrightarrow{OB}=\frac{1}{2}\overrightarrow{CB}=\frac{1}{2}(-\overrightarrow{AC}+\overrightarrow{AB})$，则 $\left(\frac{1}{m}-1+\frac{1+\mu}{2}\right)\overrightarrow{AB}=\left(\frac{\mu}{n}-\mu+\frac{1+\mu}{2}\right)\overrightarrow{AC}$

$\begin{cases}\frac{1}{m}+\frac{\mu}{2}-\frac{1}{2}=0,\\ \frac{\mu}{n}-\frac{\mu}{2}+\frac{1}{2}=0,\end{cases}\begin{cases}\mu=1-\frac{2}{m},\\ \mu=\frac{n}{n-2}\end{cases}$，所以，$m+n=2$.

例 5　已知向量 $\boldsymbol{a}$、$\boldsymbol{b}$、$\boldsymbol{c}$ 有 $|\boldsymbol{a}|=3$，$|\boldsymbol{b}|=2$，$|\boldsymbol{c}|=1$，它们两两之间的夹角都是 $\frac{2\pi}{3}$，如果 $\boldsymbol{a}=m\boldsymbol{b}+n\boldsymbol{c}$，求实数 m、n 的值.　**AⅢp4**

解：$\begin{cases}\boldsymbol{a}\cdot\boldsymbol{b}=m\boldsymbol{b}^2+n\boldsymbol{c}\cdot\boldsymbol{b},\\ \boldsymbol{a}\cdot\boldsymbol{c}=m\boldsymbol{b}\cdot\boldsymbol{c}+n\boldsymbol{c}^2,\end{cases}$则

$\begin{cases}3\times2\times\left(-\frac{1}{2}\right)=m\times2^2+n\times1\times2\times\left(-\frac{1}{2}\right),\\ 3\times1\times\left(-\frac{1}{2}\right)=m\times2\times1\times\left(-\frac{1}{2}\right)-n\times1^2\end{cases}$解得$\begin{cases}m=-\frac{3}{2},\\ n=-3.\end{cases}$

例 6　在△ABC 中，∠A 的平分线交 BC 于 D，求证：$\frac{AC}{AB}=\frac{CD}{BD}$.

AⅢp9

解：由 AD 是 $\angle CAB$ 的平分线得 $\cos\frac{A}{2}=\frac{\overrightarrow{AC}\cdot\overrightarrow{AD}}{|\overrightarrow{AC}||\overrightarrow{AD}|}=\frac{\overrightarrow{AB}\cdot\overrightarrow{AD}}{|\overrightarrow{AB}||\overrightarrow{AD}|}$，由 D 在线段 BC 上得 $\overrightarrow{CD}=\lambda\overrightarrow{DB}$，则 $\overrightarrow{CA}+\overrightarrow{AD}=\lambda(\overrightarrow{DA}+\overrightarrow{AB})$，$\overrightarrow{AD}=\frac{\overrightarrow{AC}+\lambda\overrightarrow{AB}}{1+\lambda}$，

$$\frac{\frac{|\overrightarrow{AC}|^2+\lambda\overrightarrow{AC}\cdot\overrightarrow{AB}}{1+\lambda}}{|\overrightarrow{AC}|}=\frac{\frac{\overrightarrow{AC}\cdot\overrightarrow{AB}+\lambda|\overrightarrow{AB}|^2}{1+\lambda}}{|\overrightarrow{AB}|}$$

$|\overrightarrow{AB}|(|\overrightarrow{AC}|^2+\lambda|\overrightarrow{AC}||\overrightarrow{AB}|\cos A)=|\overrightarrow{AC}|(|\overrightarrow{AC}||\overrightarrow{AB}|\cos A+\lambda|\overrightarrow{AB}|^2)$

$|\overrightarrow{AC}|+\lambda|\overrightarrow{AB}|\cos A=\lambda|\overrightarrow{AB}|+|\overrightarrow{AC}|\cos A$，$(1-\cos A)|\overrightarrow{AC}|=(1-\cos A)\lambda|\overrightarrow{AB}|$，$1-\cos A\neq0$，则 $\lambda=\frac{|\overrightarrow{AC}|}{|\overrightarrow{AB}|}$，所以，$\frac{AC}{AB}=\frac{CD}{BD}$.

例 7 (1) $A(x_A, y_A)$和$B(x_B, y_B)$是直角坐标平面上的两点,O是坐标系原点,M是AB中点,试用$\overrightarrow{OA}$、$\overrightarrow{OB}$表示$\overrightarrow{OM}$并用A、B的坐标表示M的坐标;

(2) G是顶点为$A(x_A, y_A)$、$B(x_B, y_B)$、$C(x_C, y_C)$的$\triangle ABC$重心,O是坐标系原点,证明$\overrightarrow{OG}=\frac{1}{3}(\overrightarrow{OA}+\overrightarrow{OB}+\overrightarrow{OC})$,并用$A$、$B$、$C$的坐标表示$G$.

AⅢp5

解: (1) 设点M的坐标是(x, y),由已知可得$\overrightarrow{OM}=\frac{1}{2}(\overrightarrow{OA}+\overrightarrow{OB})$,所以,

$$\begin{cases} x=\frac{1}{2}(x_A+x_B), \\ y=\frac{1}{2}(y_A+y_B). \end{cases}$$

(2) 设$\triangle ABC$的重心是$G(x, y)$,AG的延长线交BC于D,则$\overrightarrow{OG}=\overrightarrow{OA}+\overrightarrow{AG}=\overrightarrow{OA}+\frac{2}{3}\overrightarrow{AD}=\overrightarrow{OA}+\frac{2}{3}\times\frac{1}{2}(\overrightarrow{AB}+\overrightarrow{AC})=\overrightarrow{OA}+\frac{1}{3}(-\overrightarrow{OA}+\overrightarrow{AB}-\overrightarrow{OA}+\overrightarrow{OC})=\frac{1}{3}(\overrightarrow{OA}+\overrightarrow{OB}+\overrightarrow{OC})$,所以,$\begin{cases} x=\frac{1}{3}(x_A+x_B+x_C), \\ y=\frac{1}{3}(y_A+y_B+y_C). \end{cases}$

例 8 在平面直角坐标系中,$\triangle ABC$的三个顶点是$A(2, 3)$, $B(1, -1)$, $C(5, 1)$,动点P在直线BC上,动点Q满足$\overrightarrow{PQ}=\overrightarrow{PA}+\overrightarrow{PB}+\overrightarrow{PC}$,则点$Q$的轨迹方程是________.

AⅢp6

解: 由已知可得$\overrightarrow{PQ}=(-1, y-2, 2)$,即$\overrightarrow{AQ}=\overrightarrow{PB}+\overrightarrow{PC}$,而$P$, B, C三点共线,则$\overrightarrow{AQ}\parallel\overrightarrow{BC}$,设$Q(x, y)$是所求轨迹上的任意一点,则$\left(-\frac{1}{2}, \frac{1}{2}, 0\right)$, $\overrightarrow{BC}=(4, 2)$,于是,$\frac{x-2}{4}=\frac{y-3}{2}$,所以,点$Q$的轨迹方程是$x-2y+4=0$.

二、思想方法分类阐释

BⅢp1 数形结合思想 由于向量本身具有代数形式(有序实数对表示)与几何形式(有向线段表示)的双重特点,所以在向量学习中体现了数形结合的思想方法.

例 1 一架飞机向北飞行 100 km,然后改变方向向西飞行 100 km,求飞

机飞行的路程及两次位移的和.

解：如图所示，飞机飞行的路程为：$|\overrightarrow{AB}|+|\overrightarrow{BC}|=100+100=200(\text{km})$；位移为：$\overrightarrow{AC}=100\sqrt{2}(\text{km})$.

BⅢp2 函数与方程思想 通过模、数量积等转化为关于相应参数的函数(方程问题). 从而利用相关知识结合函数或方程思想来处理有关参数的问题.

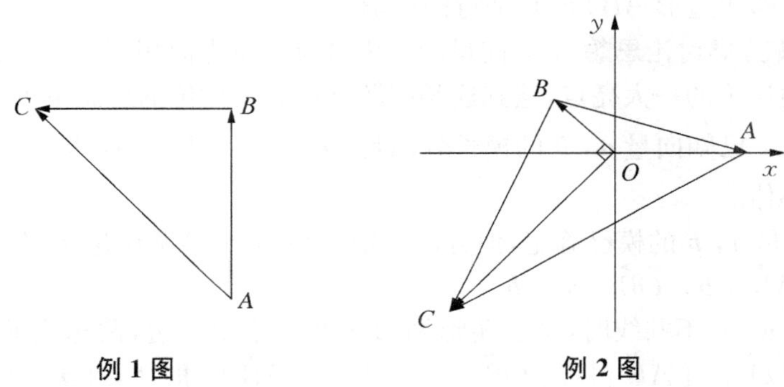

例 1 图　　　　例 2 图

例 2　已知点 O 是 $\triangle ABC$ 内一点，$\angle AOB=150°$，$\angle BOC=90°$，设 $\overrightarrow{OA}=\boldsymbol{a}$，$\overrightarrow{OB}=\boldsymbol{b}$，$\overrightarrow{OC}=\boldsymbol{c}$，且 $|\boldsymbol{a}|=2$，$|\boldsymbol{b}|=1$，$|\boldsymbol{c}|=3$，试用 $\boldsymbol{a}$ 和 $\boldsymbol{b}$ 表示 $\boldsymbol{c}$.

解：如图所示，以点 O 为原点，$\overrightarrow{OA}$ 为 x 轴的非负半轴建立平面直角坐标系，由三角函数的定义，得 $\boldsymbol{B}(\cos 150°,\ \sin 150°)$，$\boldsymbol{C}(3\cos 240°,\ 3\sin 240°)$，

即 $\boldsymbol{B}\left(-\dfrac{\sqrt{3}}{2},\ \dfrac{1}{2}\right)$，$\boldsymbol{C}\left(-\dfrac{3}{2},\ -\dfrac{3\sqrt{3}}{2}\right)$.

又知 $\boldsymbol{a}=(2,\ 0)$，$\boldsymbol{b}=\left(-\dfrac{\sqrt{3}}{2},\ \dfrac{1}{2}\right)$，$\boldsymbol{c}=\left(-\dfrac{3}{2},\ -\dfrac{3\sqrt{3}}{2}\right)$.

设 $\boldsymbol{c}=\lambda_1\boldsymbol{a}+\lambda_2\boldsymbol{b}(\lambda_1,\ \lambda_2\in\mathbf{R})$，

从而有 $\left(-\dfrac{3}{2},\ -\dfrac{3\sqrt{3}}{2}\right)=\lambda_1(2,\ 0)+\lambda_2\left(-\dfrac{\sqrt{3}}{2},\ \dfrac{1}{2}\right)=\left(2\lambda_1-\dfrac{\sqrt{3}}{2}\lambda_2,\ \dfrac{1}{2}\lambda_2\right)$，

所以 $\begin{cases}2\lambda_1-\dfrac{\sqrt{3}}{2}\lambda_2=-\dfrac{3}{2},\\ \dfrac{1}{2}\lambda_2=-\dfrac{3\sqrt{3}}{2},\end{cases}$ 解得 $\begin{cases}\lambda_1=-3,\\ \lambda_2=-3\sqrt{3},\end{cases}$

所以 $\boldsymbol{c}=-3\boldsymbol{a}-3\sqrt{3}\boldsymbol{b}$.

BⅢp3 转化与化归思想 转化与化归思想是解决数学问题的一种重要的策略和方法，以向量为工具，通过转化，可以为平面几何中的许多问题提供新颖、简捷的解法.

例 3 求证：如果四边形 $ACPH$，$AMBE$，$AHBT$，$BMXK$，$CKXP$ 都是平行四边形(所有四边形的顶点按同一方向排列)，那么四边形 $ABTE$ 也是平行四边形.

证明： 由 $\square AMBE$ 得 $\overrightarrow{AE}=\overrightarrow{MB}$，由 $\square BMXK$ 得 $\overrightarrow{MB}=\overrightarrow{XK}$，由 $\square CKXP$ 得 $\overrightarrow{XK}=\overrightarrow{PC}$，由 $\square ACPH$ 得 $\overrightarrow{PC}=\overrightarrow{HA}$，由 $\square AHBT$ 得 $\overrightarrow{HA}=\overrightarrow{BT}$，所以 $\overrightarrow{AE}=\overrightarrow{BT}$，即四边形 $ABTE$ 是平行四边形.

BⅢp4 分类讨论思想 平面向量问题中含有向量方向相同，相反及不共线的问题是分类讨论的一大亮点，遇到这类问题利用分类讨论的思想不可忽视.

例 4 已知向量 $\boldsymbol{a}$，$\boldsymbol{b}$ 的模长分别是 $|\boldsymbol{a}|=4$，$|\boldsymbol{b}|=6$，求 $|\boldsymbol{a}+\boldsymbol{b}|$ 的最大值和最小值.

解： 向量 $\boldsymbol{a}$，$\boldsymbol{b}$ 的模已确定，但方向不定，因此应分情况讨论 $\boldsymbol{a}$，$\boldsymbol{b}$ 的方向，作 $\overrightarrow{OA}=\boldsymbol{a}$，$\overrightarrow{AB}=\boldsymbol{b}$，$\overrightarrow{OB}=\boldsymbol{a}+\boldsymbol{b}$.

(1) 当 $\boldsymbol{a}$，$\boldsymbol{b}$ 不共线时，由三角形两边之和大于第三边，两边之差小于第三边可得 $||\overrightarrow{OA}|-|\overrightarrow{AB}||<|\overrightarrow{OB}|<|\overrightarrow{OA}|+|\overrightarrow{AB}|$，即 $2<|\boldsymbol{a}+\boldsymbol{b}|<10$.

(2) 当向量 $\boldsymbol{a}$，$\boldsymbol{b}$ 共线时，要分同向与反向两种情况.

若向量 $\boldsymbol{a}$，$\boldsymbol{b}$ 同向，则 $|\overrightarrow{OB}|=|\overrightarrow{OA}|+|\overrightarrow{AB}|=4+6=10$，即 $|\boldsymbol{a}+\boldsymbol{b}|=10$.

若向量 $\boldsymbol{a}$，$\boldsymbol{b}$ 方向相反，则 $|\overrightarrow{OB}|=|\overrightarrow{AB}|-|\overrightarrow{OA}|=6-4=2$，即 $|\boldsymbol{a}+\boldsymbol{b}|=2$.

故 $|\boldsymbol{a}+\boldsymbol{b}|$ 的最大值为 10，最小值为 2.

BⅢp5 对应的思想方法 平面向量与它的几何表示(有向线段)或坐标表示(有序实数对)；两个向量的夹角与范围角 $[0°,180°]$；平面向量的线性表示(向量基本定理)等.

例 5 直角坐标平面内，点 A、B 的坐标分别是 $A(3,4)$、$B(-5,12)$，O 是原点，C 是 $\angle AOB$ 的平分线上的一点，$OC=\sqrt{65}$，求 C 点的坐标.

解析： 设点 C 的坐标是 (x,y)，而 $|\overrightarrow{OA}|=5$，$|\overrightarrow{OB}|=13$，则 $\cos\angle AOC=\dfrac{3x+4y}{5\sqrt{65}}$，$\cos\angle BOC=\dfrac{-5x+12y}{13\sqrt{65}}$，由 OC 是 $\angle AOB$ 的平分线得 $\dfrac{3x+4y}{5\sqrt{65}}=\dfrac{-5x+12y}{13\sqrt{65}}$，于是，$y=8x$，其中 $y>0$，又 $x^2+y^2=65$，解得 $\begin{cases}x=1,\\y=8,\end{cases}$ 所以，点 C 的坐标是 $(1,8)$.

例 6 如图所示：在同一平面内的三个向量 $\overrightarrow{OA}$、$\overrightarrow{OB}$、$\overrightarrow{OC}$ 满足 $|\overrightarrow{OA}|=|\overrightarrow{OB}|=1$，$|\overrightarrow{OC}|=5$，$\overrightarrow{OC}$ 与 $\overrightarrow{OA}$ 和 $\overrightarrow{OB}$ 的夹角分别是 30°、90°，试用 $\overrightarrow{OA}$ 和 $\overrightarrow{OB}$ 表示 $\overrightarrow{OC}$.

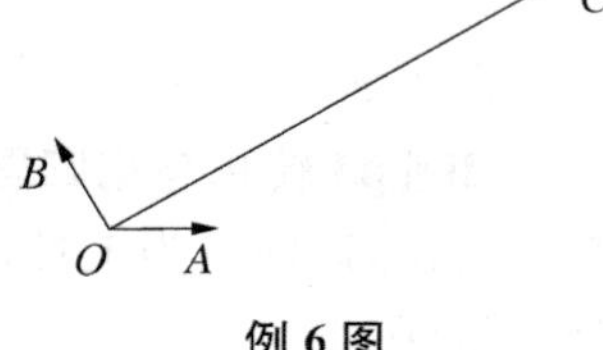

例 6 图

解析：分别以 OC、OB 所在直线为 x、y 轴建立直角坐标系，则有 $\overrightarrow{OA}=\left(\frac{\sqrt{3}}{2},\ -\frac{1}{2}\right)$，$\overrightarrow{OB}=(0,\ 1)$，$\overrightarrow{OC}=(5,\ 0)$，设 $\overrightarrow{OC}=\mu\overrightarrow{OA}+\lambda\overrightarrow{OB}$，于是，

$$\begin{cases}\frac{\sqrt{3}}{2}\mu=5,\\ -\frac{1}{2}\mu+\lambda=0,\end{cases}\text{解得}\begin{cases}\mu=\frac{10\sqrt{3}}{3},\\ \lambda=\frac{5\sqrt{3}}{3},\end{cases}\text{所以，}\overrightarrow{OC}=\frac{10\sqrt{3}}{3}\overrightarrow{OA}+\frac{5\sqrt{3}}{3}\overrightarrow{OB}.$$

BⅢp6 平移变换的思想方法 相等向量、平行向量、共线向量等概念的建立及其想过作图的训练；作为向量知识的一个应用的平移公式的推导，以及运用平移公式解决有关问题，均是平移变换的思想方法的体现.

例 7　将函数 $y=\sin\left(2x+\frac{\pi}{3}\right)$ 的图像按向量 $\boldsymbol{a}$ 平移后所得的图像关于点 $\left(-\frac{\pi}{12},\ 0\right)$ 中心对称，则向量 $\boldsymbol{a}$ 的坐标可能为(　　).

A. $\left(-\frac{\pi}{12},\ 0\right)$　　B. $\left(-\frac{\pi}{6},\ 0\right)$

C. $\left(\frac{\pi}{12},\ 0\right)$　　D. $\left(\frac{\pi}{6},\ 0\right)$

解析：设 $\boldsymbol{a}=(a,\ 0)$，(x,y) 是函数 $y=\sin\left(2x+\frac{\pi}{3}\right)$ 的图像按向量 $\boldsymbol{a}$ 平移后所得的图像上任意一点，它是由原图像上的点 $(x',\ y')$ 经平移得到的，则 $x=x'+a$，由已知可得 $2\times\left(-\frac{\pi}{12}-a\right)+\frac{\pi}{3}=k\pi(k\in\mathbf{Z})$，$a=-\frac{k\pi}{2}+\frac{\pi}{12}$，所以，$\boldsymbol{a}$ 的坐标可能为 $\left(\frac{\pi}{12},\ 0\right)$，答案为 C.

例 8　若函数 $y=f(x)$ 的图像按向量 $\boldsymbol{a}$ 平移后，得到函数 $y=f(x+1)-2$ 的图像，则向量 $\boldsymbol{a}=$(　　).

A. $(-1,\ -2)$　　B. $(1,\ -2)$

C. $(-1,\ 2)$　　D. $(1,\ 2)$

解析：设 $(x,\ y)$ 是函数 $y=f(x)$ 的图像按向量 $\boldsymbol{a}$ 平移后所得曲线上的任意一点，它是由原图像上的点 $(x',\ y')$ 经平移得到的，若 $\begin{cases}x=x'-1,\\ y=y'-2,\end{cases}$ 于是，平移后图像的解析式是 $y+2=f(x+1)$，所以，$\boldsymbol{a}=(-1,\ -2)$，答案为 A.

三、能力水平划分

平面向量的坐标表示	水平 a	水平 b	水平 c	水平 d
运算求解能力	能正确地根据向量的运算法则进行向量的运算和求解	能理解运算求解的运算依据，在运用公式、法则、性质时能明确其使用条件	能有意识地合理运用向量的运算法则和几何意义，通过多步骤运算解决问题	能解释或说明与向量有关的公式、法则等使用条件的依据；能通过向量运算进行推理和探究
空间想象能力	能建立与向量有关的基本几何图形；能依据文字描述想象向量的方向、模等特征	能够分析出简单几何图形的向量特征；能从向量的角度分析基本几何图形的变化与运动	能对图形分解与组合；能建立图形中的基本元素之间的向量关系；能建立图形与图形之间的向量关系	能通过逻辑推理揭示图形中的几何特征以及向量特征；能够想象几何图形较复杂的运动和变化，并指出其中所蕴含的几何特征和向量关系
推理论证能力	能对简单的与向量有关的数学结论作出直接判断，并能给出说明	能合理地利用向量进行表达、讨论或质疑；能理解向量中较简单结论的推理或论证过程，能判断该推理或论证过程是否正确；能通过观察、实验、归纳、类比等方法提出简单的数学猜想，并作出判断	能运用已知的定理、性质、推论等进行完整的数学证明；能根据数学问题的特性做出合情推理，并能加以论证	能合理转化问题，自觉寻找或设计，利用向量方法，对数学结论进行证明；能通过一般化、逆推等方法，将数学命题作合理的推广和拓展
提出与解决问题能力	能较准确表达简单的向量关系	能运用适当的向量模型分析较简单的数学问题 能将向量语言运用于简单的运算过程或推理过程	能用向量语言规范地表述数学问题或数学模型，表达数学问题解决或探究的过程	能较为熟练地运用向量语言抽象、准确地表达数学问题；能合理地用向量方法解决数学模型问题

实例

例 1 平面向量 $\boldsymbol{a}$ 与 $\boldsymbol{b}$ 的夹角为 $120°$，$\boldsymbol{a}=(-2,0)$，$|\boldsymbol{b}|=1$，则 $|\boldsymbol{a}+\boldsymbol{b}|$ (　　).

CⅢp1b

A. 3　　B. $\sqrt{3}$　　C. 7　　D. $\sqrt{7}$

答案：B.

例 2 设平面向量 $\boldsymbol{a}=(1, 2)$，$\boldsymbol{b}=(-1, m)$，若 $\boldsymbol{a}\parallel\boldsymbol{b}$，则实数 m 的值为(　　). **CⅢp1a**

A. -1　　B. -2　　C. 1　　D. 2

答案：B.

例 3 已知 $\boldsymbol{a}=(-5, 6)$，$\boldsymbol{b}=(6, 5)$，则 $\boldsymbol{a}$ 与 $\boldsymbol{b}$ (　　). **CⅢp3a**

A. 垂直　　B. 不垂直也不平行

C. 平行且同向　　D. 平行且反向

答案：A.

例 4 已知 $\triangle ABC$ 和点 M 满足 $\overrightarrow{MA}+\overrightarrow{MB}+\overrightarrow{MC}=\mathbf{0}$. 若存在 m 使得 $\overrightarrow{AB}+\overrightarrow{AC}=m\overrightarrow{AM}$ 成立，则 $m=$(　　). **CⅢp1c**

A. 2　　B. 3　　C. 4　　D. 5

答案：B.

例 5 已知 $\overrightarrow{OB}=(2, 0)$，$\overrightarrow{OC}=(2, 2)$，$\overrightarrow{CA}=(\sqrt{2}\cos\alpha, \sqrt{2}\sin\alpha)$，则 $\overrightarrow{OA}$ 与 $\overrightarrow{OB}$ 夹角的取值范围是(　　). **CⅢp2b**

A. $\left[\frac{\pi}{12}, \frac{\pi}{3}\right]$　　B. $\left[\frac{\pi}{4}, \frac{5\pi}{12}\right]$　　C. $\left[\frac{\pi}{12}, \frac{5\pi}{12}\right]$　　D. $\left[\frac{5\pi}{12}, \frac{\pi}{2}\right]$

答案：C.

例 6 若两个非零向量 $\boldsymbol{a}$，$\boldsymbol{b}$ 满足 $|\boldsymbol{a}+\boldsymbol{b}|=|\boldsymbol{a}-\boldsymbol{b}|=2|\boldsymbol{a}|$，则向量 $\boldsymbol{a}+\boldsymbol{b}$ 与 $\boldsymbol{a}-\boldsymbol{b}$ 的夹角是________. **CⅢp2c**

答案：$\frac{2\pi}{3}$.

例 7 已知点 $A(1, 1)$，$B(1, -1)$，$C(\sqrt{2}\cos\theta, \sqrt{2}\sin\theta)(\theta\in\mathbf{R})$，$O$ 为坐标原点.

(1) 若 $|\overrightarrow{BC}-\overrightarrow{BA}|=\sqrt{2}$，求 $\sin 2\theta$ 的值； **CⅢp1d**

(2) 若实数 m，n 满足 $m\overrightarrow{OA}+n\overrightarrow{OB}=\overrightarrow{OC}$，求 $(m-3)^2+n^2$ 的最大值. **CⅢp3c**

解：(1) 因为 $|\overrightarrow{BC}-\overrightarrow{BA}|^2=|\overrightarrow{AC}|^2=(\sqrt{2}\cos\theta-1)^2+(\sqrt{2}\sin\theta-1)^2$

$$=-2\sqrt{2}(\sin\theta+\cos\theta)+4$$

所以 $-2\sqrt{2}(\sin\theta+\cos\theta)+4=2$

即 $\sin\theta+\cos\theta=\frac{\sqrt{2}}{2}$

两边平方得：$1+\sin 2\theta=\frac{1}{2}$ 所以 $\sin 2\theta=-\frac{1}{2}$.

(2) 由已知得：$(m,\ m)+(n,\ -n)=(\sqrt{2}\cos\theta,\ \sqrt{2}\sin\theta)$

所以 $\begin{cases} m+n=\sqrt{2}\cos\theta \\ m-n=\sqrt{2}\sin\theta \end{cases}$ 所以解得 $\begin{cases} m=\frac{\sqrt{2}}{2}(\cos\theta+\sin\theta) \\ n=\frac{\sqrt{2}}{2}(\cos\theta-\sin\theta) \end{cases}$

所以 $(m-3)^2+n^2=m^2+n^2-6m+9$

$$=-3\sqrt{2}(\sin\theta+\cos\theta)+10$$

$$=-6\sin\left(\theta+\frac{\pi}{4}\right)+10.$$

所以当 $\sin\left(\theta+\frac{\pi}{4}\right)=-1$ 时，$(m-3)^2+n^2$ 取得最大值 16.

例 8 已知向量 $\boldsymbol{a}=(1,\ 2)$，$b=(-2,\ m)$，$\boldsymbol{x}=\boldsymbol{a}+(t^2+1)\boldsymbol{b}$，$\boldsymbol{y}=-k\boldsymbol{a}+\frac{1}{t}\boldsymbol{b}$，$m\in\mathbf{R}$，$k$，$t$ 为正实数.

(1) 若 $\boldsymbol{a}\parallel\boldsymbol{b}$，求 m 的值； **CⅢp1a**

(2) 若 $\boldsymbol{a}\perp\boldsymbol{b}$，求 m 的值； **CⅢp1a**

(3) 当 $m=1$ 时，若 $\boldsymbol{x}\perp\boldsymbol{y}$，求 k 的最小值. **CⅢp1b**

解：(1) 因为 $\boldsymbol{a}\parallel\boldsymbol{b}$，所以 $1\cdot m-(-2)2=0$，$m=-4$.

(2) 因为 $\boldsymbol{a}\perp\boldsymbol{b}$，所以 $\boldsymbol{a}\cdot\boldsymbol{b}=0$，

所以 $1\cdot(-2)+2m=0$，所以 $m=1$.

(3) 当 $m=1$ 时，$\boldsymbol{a}\cdot\boldsymbol{b}=0$，

因为 $\boldsymbol{x}\perp\boldsymbol{y}$ 所以 $\boldsymbol{x}\cdot\boldsymbol{y}=0$.

则 $\boldsymbol{x}\cdot\boldsymbol{y}=-k\boldsymbol{a}^2+\frac{1}{t}\boldsymbol{a}\cdot\boldsymbol{b}-k(t^2+1)\boldsymbol{a}\cdot\boldsymbol{b}+\left(t+\frac{1}{t}\right)\boldsymbol{b}^2=0$，

因为 $t>0$ 所以 $k=t+\frac{1}{t}\geqslant 2$($t=1$ 时取等号).

例 9 在$\triangle OAB$ 的边 OA、OB 上分别取点 M、N，使 $|\overrightarrow{OM}|:|\overrightarrow{OA}|=1:3$，$|\overrightarrow{ON}|:|\overrightarrow{OB}|=1:4$，设线段 AN 与 BM 交于点 P，记 $\overrightarrow{OA}=\boldsymbol{a}$，$\overrightarrow{OB}=\boldsymbol{b}$，用 $\boldsymbol{a}$，$\boldsymbol{b}$ 表示向量 $\overrightarrow{OP}$. **CⅢp3c**

解：因为 B、P、M 共线

所以记 $\overrightarrow{BP}=s\overrightarrow{PM}$

所以 $\overrightarrow{OP}=\frac{1}{1+s}\overrightarrow{OB}+\frac{s}{1+s}\overrightarrow{OM}=\frac{1}{1+s}\overrightarrow{OB}+\frac{s}{3(1+s)}\overrightarrow{OA}=\frac{1}{1+s}\boldsymbol{b}+\frac{s}{3(1+s)}\boldsymbol{a}$　①

同理,记 $\overrightarrow{AP}=t\overrightarrow{PN}$

所以 $\overrightarrow{OP}=\frac{1}{1+t}\boldsymbol{a}+\frac{t}{4(1+t)}\boldsymbol{b}$　②

因为 $\boldsymbol{a}$, $\boldsymbol{b}$ 不共线

所以由①②得 $\begin{cases}\frac{1}{1+t}=\frac{s}{3(1+s)}\\ \frac{1}{1+s}=\frac{t}{4(1+t)}\end{cases}$ 解之得: $\begin{cases}s=\frac{9}{2}\\ t=\frac{8}{3}\end{cases}$

所以 $\overrightarrow{OP}=\frac{8}{11}\boldsymbol{a}+\frac{2}{11}\boldsymbol{b}$.

例 10　在$\triangle ABC$ 中, $\overrightarrow{AB}\cdot\overrightarrow{AC}=|\overrightarrow{AB}-\overrightarrow{AC}|=2$.

(1) 求 $|\overrightarrow{AB}|^2+|\overrightarrow{AC}|^2$ 的值;　**CⅢp4a**

(2) 当$\triangle ABC$ 的面积最大时,求$\angle A$ 的大小.　**CⅢp4c**

解: (1) 由已知得 $\begin{cases}\overrightarrow{AB}\cdot\overrightarrow{AC}=2,\\ |\overrightarrow{AB}|^2-2\overrightarrow{AB}\cdot\overrightarrow{AC}+|\overrightarrow{AC}|^2=4\end{cases}$.

因此, $|\overrightarrow{AB}|^2+|\overrightarrow{AC}|^2=8$.

(2) $\cos A=\frac{\overrightarrow{AB}\cdot\overrightarrow{AC}}{|\overrightarrow{AB}|\cdot|\overrightarrow{AC}|}=\frac{2}{|\overrightarrow{AB}|\cdot|\overrightarrow{AC}|}$,

$$S_{\triangle ABC}=\frac{1}{2}|\overrightarrow{AB}|\cdot|\overrightarrow{AC}|\sin A=\frac{1}{2}|\overrightarrow{AB}|\cdot|\overrightarrow{AC}|\sqrt{1-\cos^2 A}$$

$$=\frac{1}{2}\sqrt{|\overrightarrow{AB}|^2\cdot|\overrightarrow{AC}|^2-|\overrightarrow{AB}|^2\cdot|\overrightarrow{AC}|^2\cos^2 A}$$

$$=\frac{1}{2}\sqrt{|\overrightarrow{AB}|^2\cdot|\overrightarrow{AC}|^2-4}.$$

$$\leqslant\frac{1}{2}\sqrt{\left(\frac{|\overrightarrow{AB}|^2+|\overrightarrow{AC}|^2}{2}\right)^2-4}$$

$=\sqrt{3}$(当且仅当 $|\overrightarrow{AB}|=|\overrightarrow{AC}|=2$ 时,取等号)

当 $\triangle ABC$ 的面积最大值$\sqrt{3}$时, $\cos A=\frac{\overrightarrow{AB}\cdot\overrightarrow{AC}}{|\overrightarrow{AB}|\cdot|\overrightarrow{AC}|}=\frac{1}{2}$, $\angle A=\frac{\pi}{3}$.

第二部分　直线和圆的方程

研究几何图形的时候，是从一些图形的最简单、最基本的性质出发，用推理论证的方法得到几何图形的其他性质的这种研究几何图形性质的方法称为综合法. 而借助于坐标系用代数方法研究平面几何图形的性质就是平面解析几何. 它是数学的一个重要的分科. 这一部分会学习解析几何的一些基础知识，并着重研究直线和圆. 会讨论直线方程的几种形式，直线和直线之间的相互关系，还将讨论圆的方程、圆的确定和圆的切线等问题.

一、基础知识与基本技能掌握要求

AⅢz1 理解直线的方向向量、法向量的定义和关系

AⅢz2 掌握利用两个向量平行、垂直的坐标关系，建立直线的点方向式、点法向式方程

AⅢz3 懂得将直线的点方向式方程和点法向式方程变形为直线的一般式方程. 理解直线的一般式方程中字母系数的几何意义，懂得二元一次方程的图形是直线

AⅢz4 理解直线的倾斜角与斜率的概念. 理解斜率与直线的方向向量或法向量的坐标之间的关系. 掌握直线的点斜式方程

AⅢz5 掌握利用直线的法向量(或方向向量)，建立两条直线具有平行关系或垂直关系时它们的方程中系数的数量关系

AⅢz6 理解二元一次方程组的解与两条相交直线的交点坐标之间的关系. 理解两条相交直线的夹角与它们的方向向量或法向量的夹角之间的关系

AⅢz7 掌握利用向量的数量积推导点到直线的距离公式

AⅢz8 懂得根据问题情境合理地选用不同形式的直线方程正确解决问题，并能理解图形语言与符号语言的转换作用

AⅢz9 掌握圆方程的建立，理解通过直线和圆的方程，运用代数方法研究它们的位置关系

AⅢz10 认识向量知识在建立直线方程中的作用

AⅢz11 懂得坐标法对建立形与数之间关系的意义

实例

例 1　求通过点 $A(1,\ -2)$，且一个方向向量为 $\boldsymbol{d}=(-1,\ 3)$ 的直线的

方程. **AⅢz2　AⅢz3**

答案：$3x+y-1=0$.

例 2　求过点 $P(1, 2)$，且一个法向量为 $\boldsymbol{n}=(3, 4)$ 的直线方程. **AⅢz2　AⅢz3**

答案：$3x+4y-11=0$.

例 3　已知 $A(2, 3)$，$B(-4, 0)$，$P(-3, 1)$，$Q(-1, 2)$，判断直线 AB 与 PQ 的位置关系. **AⅢz5**

答案：平行.

例 4　若直线 l_1：$2x+my+1=0$ 与直线 l_2：$y=3x-1$ 平行，则实数 $m=$________. **AⅢz5**

答案：$-\dfrac{2}{3}$.

例 5　直线 L 的法向量是 $(\cos\theta, \sqrt{3})$，则其倾斜角的取值范围是________. 设直线 l 过原点，其倾斜角为 $\alpha\in\left(\dfrac{\pi}{2}, \pi\right)$，将直线 l 绕坐标原点沿逆时针方向旋转 45°，得到直线 l_1，则直线 l_1 的倾斜角 β 为________，斜率为________. **AⅢz4**

答案：$\left[\dfrac{5}{6}\pi, \pi\right)\cup\left[0, \dfrac{\pi}{6}\right]$，$\beta=\begin{cases}\alpha+\dfrac{\pi}{4}, \alpha\in\left(\dfrac{\pi}{2}, \dfrac{3}{4}\pi\right), \\ 0, \alpha=\dfrac{3}{4}\pi, \\ \alpha-\dfrac{3}{4}\pi, \alpha\in\left(\dfrac{3}{4}\pi, \pi\right);\end{cases}$　$\tan\left(\alpha+\dfrac{\pi}{4}\right)$.

例 6　若直线 l：$y=kx-\sqrt{3}$ 与直线 $2x+3y-6=0$ 的交点位于第一象限，求直线 l 的倾斜角的取值范围. **AⅢz8　AⅢz6**

答案：$\left(\dfrac{\pi}{6}, \dfrac{\pi}{2}\right)$.

例 7　设倾斜角为直线 $y=-\sqrt{3}x+1$ 的倾斜角的一半，且分别满足下列条件的直线方程：

(1) 经过点 $(-4, 1)$.　(2) 在 y 轴上的截距为 -10. **AⅢz4**

答案：(1) $\sqrt{3}x-y+1+4\sqrt{3}=0$.　(2) $\sqrt{3}x-y-10=0$.

解： 直线 $y=-\sqrt{3}x+1$ 的斜率为 $-\sqrt{3}$，可知此直线的倾斜角为 120°，由题意知所求直线的倾斜角为 60°，则所求直线的斜率 $k=\tan 60^\circ=\sqrt{3}$.

(1) 由于直线过点$(-4, 1)$,由直线的点斜式方程得 $y-1=\sqrt{3}(x+4)$,即为$\sqrt{3}x-y+1+4\sqrt{3}=0$.

(2) 由于直线在 y 轴上的截距为-10,

由直线的斜截式方程得

$y=\sqrt{3}x-10$,即为$\sqrt{3}x-y-10=0$.

例 8 直线 l 经过点 $P(3, 2)$,且与 x 轴、y 轴的正半轴分别交于点 A,B,$\triangle AOB$ 的面积为 12,求直线 l 的方程. **AⅢz8**

答案:$2x+3y-12=0$.

解:方法一: 设直线 l 的方程为 $\frac{x}{a}+\frac{y}{b}=1(a>0, b>0)$,

所以 $A(a, 0)$, $B(0, b)$,所以$\begin{cases}ab=24\\ \frac{3}{a}+\frac{2}{b}=1\end{cases}$,解得$\begin{cases}a=6\\ b=4\end{cases}$.

所以所求直线 l 的方程为$\frac{x}{6}+\frac{y}{4}=1$,即 $2x+3y-12=0$.

方法二: 设直线 l 的方程为 $y-2=k(x-3)$,

令 $y=0$,得直线 l 在 x 轴的正半轴上的截距 $a=3-\frac{2}{k}$,

令 $x=0$,得直线 l 在 y 轴的正半轴上的截距 $b=2-3k$,

所以$\left(3-\frac{2}{k}\right)(2-3k)=24$,

解得 $k=-\frac{2}{3}$.

所以所求直线 l 的方程为 $y-2=-\frac{2}{3}(x-3)$,

即 $2x+3y-12=0$.

例 9 已知三角形的三个顶点为 $A(-2, 2)$, $B(3, 2)$, $C(3, 0)$,求三边所在直线方程和边 AC 上的高 AD 所在直线的方程. **AⅢz8 AⅢz2**

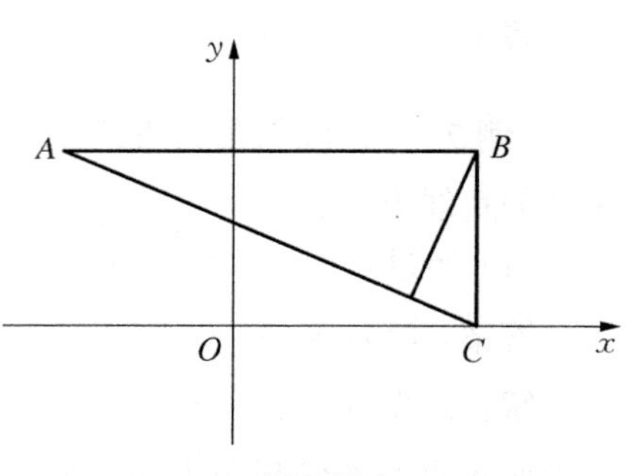

例 9 图

答案:AB: $y=2$, BC: $x=3$, AC: $2x+5y-6=0$, AD: $5x-2y-11=0$.

解: 如图,直线 AC 过点 $A(-2, 2)$, $C(3, 0)$,由直线的两点式方程得

$$\frac{y-0}{2-0}=\frac{x-3}{-2-3},$$

整理可得 $2x+5y-6=0$，这就是所求直线 AC 的方程.

直线 AB 经过 $A(-2, 2)$，$B(3, 2)$，由于其纵坐标相等，可知其方程为 $y=2$，这就是所求直线 AB 的方程.

直线 BC 经过 $B(3, 2)$，$C(3, 0)$，由于其横坐标相等，可知其方程为 $x=3$，这就是所求直线 BC 的方程.

由于 $A(-2, 2)$，$C(3, 0)$，

所以 $k_{AC}=\dfrac{0-2}{3-(-2)}=-\dfrac{2}{5}$.

由 AC 边上的高与 AC 垂直，得 AC 边上的高所在直线的斜率为 $\dfrac{5}{2}$，又直线过 B 点，则直线方程为 $y-2=\dfrac{5}{2}(x-3)$，整理得 $5x-2y-11=0$. 这就是 AC 边上的高所在直线的方程.

例 10 已知两条直线 l_1：$ax-2y=2a-4$，l_2：$2x+a^2y=2a^2+4$（其中 $0<a<2$）与两坐标轴的正半轴围成四边形. 当 a 为何值时，围成的四边形的面积取得最小值，并求最小值. **AⅢz6**

答案：$a=\dfrac{1}{2}$，$S_{\min}=\dfrac{15}{4}$.

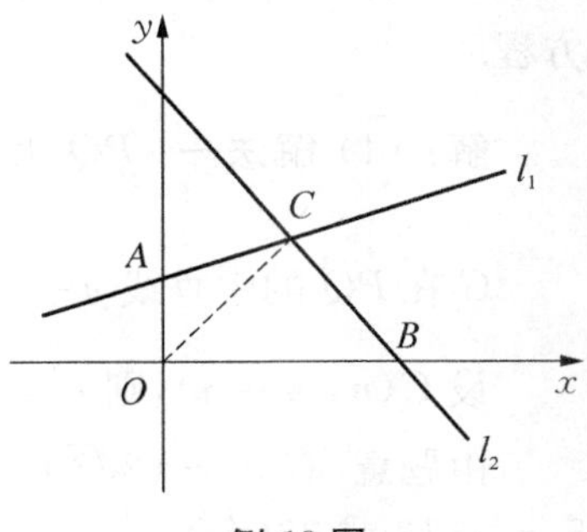

例 10 图

解： 两直线 l_1：$a(x-2)=2(y-2)$，

l_2：$2(x-2)=-a^2(y-2)$，都过点 $(2, 2)$，如图.

设两直线 l_1，l_2 的交点为 C，且它们的斜率分别为 k_1 和 k_2，

则 $k_1=\dfrac{a}{2}\in(0, 1)$，$k_2=-\dfrac{2}{a^2}\in\left(-\infty, -\dfrac{1}{2}\right)$.

因为直线 l_1 与 y 轴的交点 A 的坐标为 $(0, 2-a)$，直线 l_2 与 x 轴的交点 B 的坐标为 $(2+a^2, 0)$.

$$\text{所以 } S_{\text{四边形}OACB}=S_{\triangle OAC}+S_{\triangle OCB}=\frac{1}{2}(2-a)\times 2+\frac{1}{2}\times(2+a^2)\times 2$$

$$=a^2-a+4=\left(a-\frac{1}{2}\right)^2+\frac{15}{4}.$$

所以当 $a=\frac{1}{2}$ 时，

四边形 $OACB$ 的面积最小，其值为$\frac{15}{4}$.

例 11 过点 $M(-1,\ 5)$作圆 $(x-1)^2+(y-2)^2=4$ 的切线，求切线方程.

AⅢz9

答案：$x=-1$ 或 $5x+12y-55=0$.

例 12 已知圆 $x^2+y^2+2x-4y+1=0$ 关于直线 $2ax-by+2=0(a>0,\ b>0)$ 对称，求$\frac{4}{a}+\frac{1}{b}$ 的最小值. **AⅢz9**

答案：9.

例 13 设直线 $ax-y+3=0$ 与圆$(x-1)^2+(y-2)^2=4$ 相交于 A、B 两点，且弦 AB 的长为 $2\sqrt{3}$，求 a 的值. **AⅢz7 AⅢz9 AⅢz10**

答案：0.

例 14 已知圆 C 经过 $P(4,\ -2)$，$Q(-1,\ 3)$两点，且在 y 轴上截得的线段长为 $4\sqrt{3}$，半径小于 5. **AⅢz8 AⅢz9**

(1) 求直线 PQ 与圆C 的方程.

(2) 若直线 $l\ /\!/\ PQ$，且 l 与圆 C 交于点 A，B，$\angle AOB=90°$，求直线 l 的方程.

解：(1) **解法一：**PQ 为 $y-3=\frac{3+2}{-1-4}\times(x+1)$ 即 $x+y-2=0$

C 在 PQ 的中垂线 $y-\frac{3-2}{2}=1\times\left(x-\frac{4-1}{2}\right)$ 即 $y=x-1$ 上

设 $C(n,\ n-1)$，则 $r^2=|CQ|^2=(n+1)^2+(n-4)^2$

由题意，有 $r^2=(2\sqrt{3})^2+|n|^2$ 所以 $n^2+12=2n^2-6n+17$ 所以 $n=1$ 或 5，$r^2=13$ 或 37(舍)

所以圆 C 为$(x-1)^2+y^2=13$

解法二：设所求圆的方程为 $x^2+y^2+Dx+Ey+F=0$

由已知得$\begin{cases}4D-2E+F=-20\\D-3E-F=10\\E^2-4F=48\end{cases}$ 解得$\begin{cases}D=-2\\E=0\\F=-12\end{cases}$ 或$\begin{cases}D=-10\\E=-8\\F=4\end{cases}$.

当$\begin{cases}D=-2\\E=0\\F=-12\end{cases}$ 时，$r=\sqrt{13}<5$. 当$\begin{cases}D=-10\\E=-8\\F=4\end{cases}$ 时，$r=\sqrt{37}>5$(舍)

所以所求圆的方程为 $x^2+y^2-2x-12=0$.

(2) 设 l 为 $x+y+m=0$

由 $\begin{cases}x+y+m=0\\(x-1)^2+y^2=13\end{cases}$,得 $2x^2+(2m-2)x+m^2-12=0$.

设 $A(x_1, y_1)$, $B(x_2, y_2)$,则 $x_1+x_2=1-m$, $x_1x_2=\dfrac{m^2-12}{2}$,

因为 $\angle AOB=90°$,所以 $x_1x_2+y_1y_2=0$

所以 $x_1x_2+(x_1+m)(x_2+m)=0$

所以 $m^2+m-12=0$　所以 $m=3$ 或 -4(均满足 $\Delta>0$)

所以 l 为 $x+y+3=0$ 或 $x+y-4=0$.

例 15　已知直线 $x+y=a$ 与圆 $x^2+y^2=4$ 交于 A, B 两点,O 是坐标原点,向量 $\overrightarrow{OA}$, $\overrightarrow{OB}$ 满足 $|\overrightarrow{OA}+\overrightarrow{OB}|=|\overrightarrow{OA}-\overrightarrow{OB}|$,求实数 a 的值.

AⅢz10　AⅢz11

答案:±2.

例 16　若直线 $2x-y+c=0$ 按向量 $\boldsymbol{a}=(1,-1)$ 平移后与圆 $x^2+y^2=5$ 相切,求 c 的值.　**AⅢz7　AⅢz9　AⅢz10**

答案:8 或 -2.

例 17　若关于 x, y 的方程组 $\begin{cases}ax+by=1\\x^2+y^2=10\end{cases}$ 有解,且所有的解都是整数,求有序数对 (a, b) 的数目.　**AⅢz9**

答案:32.

二、思想方法分类阐释

BⅢz1 分类讨论思想 如直线的斜率是否存在,利用行列式讨论两条直线的位置关系,利用点到直线的距离判断直线与圆的位置关系等.

例 1　已知圆 C: $x^2+y^2-4x-6y+12=0$ 和点 $A(3, 5)$,过点 A 的圆的切线方程.

解: $\odot C$: $(x-2)^2+(y-3)^2=1$

当切线的斜率不存在时,对直线 $x=3$. $C(2, 3)$ 到直线的距离为 1,满足条件;

当 k 存在时,设直线 $y-5=k(x-3)$,即 $y=kx+5-3k$, $\dfrac{|-k+2|}{\sqrt{k^2+1}}=1$,得 $k=\dfrac{3}{4}$;

所以切线方程 $x=3$ 或 $y=\frac{3}{4}x+\frac{11}{4}$.

BⅢz2 数形结合思想 如利用圆的几何性质求与圆有关的最值问题,判断直线与圆(或圆的一部分)的交点个数,求解涉及直线的最值问题等.

例 2 直线 $y=x+b$ 与曲线 $x=\sqrt{1-y^2}$ 有且只有一个交点,则 b 的取值范围是________.

答案:$(-1, 1]\cup\{-\sqrt{2}\}$.

例 3 光线从点 $A(1, 1)$ 出发,经 y 轴发射到圆 C: $x^2+y^2-10x-14y+70=0$ 的最短路程为________.

$6\sqrt{2}-2$. 提示:$A(1, 2)$关于 Y 轴对称的点 $A_1(-1, 1)$

所以最短路程为:$|A_1C|-2=6\sqrt{2}-2$.

BⅢz3 函数思想 将与直线、圆有关的几何问题代数化,建立函数关系,利用函数的性质判断交点个数,求解最值问题等.

例 4 已知定点 $P(6, 4)$与定直线 l_1: $y=4x$,过 P 点的直线 l 与 l_1 交于第一象限的 Q 点,与 x 轴正半轴交于点 M,求使 $\triangle OQM$ 的面积最小时,直线 l 的方程.

解:设 $Q(x_0, 4x_0)$, $M(m, 0)$.

当直线 l 的斜率存在时,因为 Q, P, M 共线,所以 $\frac{4-4x_0}{6-x_0}=\frac{4}{6-m}$,

解之得:$m=\frac{5x_0}{x_0-1}$,由 $x_0>0$, $m>0$ 得,$x_0>1$,

所以 $S_{\triangle OMQ}=\frac{1}{2}|OM|4x_0=2mx_0=\frac{10x_0^2}{x_0-1}$,

令 $t=x_0-1>0$,则 $S=\frac{10(t+1)^2}{t}=10\left(t+\frac{1}{t}+2\right)\geqslant 40$,

当且仅当 $t=1$, $x_0=2$ 时,等号成立,

当直线 l 的斜率不存在时,$M(6, 0)$, $Q(6, 24)$, $S=\frac{1}{2}\times 6\times 24=72$,

故当 $\triangle OQM$ 的面积最小时,直线 l 的方程为 $x+y-10=0$.

BⅢz4 转化思想 如利用二元一次方程组的解讨论两条直线的位置关系,将二元二次方程转化为某元的一元二次方程等.

例 5 如果方程 $ax^2-4xy+\sqrt{3}y^2+3\sqrt{3}x-3y=0$ 表示两条直线,求这两条直线的夹角.

将原方程整理为关于 y 的二次方程：$\sqrt{3}y^2-(4x+3)y+(ax^2+3\sqrt{3}x)=0$

$$y=\frac{(4x+3)\pm\sqrt{4(4-\sqrt{3}a)x^2-12x+9}}{2\sqrt{3}} \quad ①$$

故根号下的二次三项式应为完全平方，所以二次三项式的判别式 $\Delta=0$，故 $\Delta=(-12)^2-4\times4(4-\sqrt{3}a)\times9=0$，得 $a=\sqrt{3}$.

把 $a=\sqrt{3}$ 代入①式，得两直线为：l_1 为 $y=\sqrt{3}x$，l_2 为 $y=\frac{\sqrt{3}}{3}x+\sqrt{3}$

故两条直线的夹角为 30°.

BⅢz5 基本量思想 如直线的斜率，圆的圆心和半径等.

例 6 求过点 $P(-5,-4)$ 且与两坐标轴围成的三角形面积为 5 求直线方程：

解：设所求直线方程为 $y+4=k(x+5)$，令 $x=0$，$y=5k-4$，$y=0$，$x=\frac{4-5k}{k}$

所以直线与两坐标轴交点为 $\left(\frac{4-5k}{k},0\right)(0,5k-4)$.

由已知 $\frac{1}{2}|5k-4|\times\left|\frac{4-5k}{k}\right|=5$，即 $(5k-4)^2=10|k|$

当 $k<0$ 时无解，当 $k>0$ 时有 $25k^2-50k+16=0$. 解之得 $k=\frac{8}{5}$，$k=\frac{2}{5}$ 代入即可.

三、能力水平划分

直线和圆的方程	水平 a	水平 b	水平 c	水平 d
运算求解能力	能正确地求解直线和圆的方程；正确地判断直线与圆的位置关系；能利用圆的简单几何性质求解问题	能从直线和圆的性质出发，理解运算求解的依据，明确公式、性质的使用条件；能根据具体的数学问题合理选择运算方式	能灵活选用或设计有效的方法正确解决问题；能适当根据圆的性质进行运算或求解	能解释或说明方法的几何依据；能通过运算进行推理和探究，能通过合理选用运算工具提高效率

续　表

直线和圆的方程	水平 a	水平 b	水平 c	水平 d
空间想象能力	能建立直线和圆的图形表象；能依据方程等语言想象直线和圆的几何特征	能根据直线和圆的方程分析图形的几何特征和位置关系；能对直线和圆的变化与运动进行想象	能对图形分解与组合；能建立图形中的基本元素之间的位置与数量关系；能建立图形与图形之间的位置与数量关系	能通过逻辑推理揭示图形中的几何特征；能够想象几何图形较复杂的运动和变化，并指出其中所蕴含的几何特征和数量关系
推理论证能力	能对简单的直线和圆的结论作出直接判断，并能给出说明；能提出简单的数学猜想	能理解直线和圆的简单数学结论的推理或论证过程，能提出简单的数学猜想，并作出判断	能运用与直线和圆有关的定理、性质等进行完整的数学证明；能根据数学问题的特性做出合情推理，并能加论证	能将问题合理地转化问题，自觉依据直线和圆的性质设计推理论证或计算的途径；能通过一般化、逆推等方法，将数学命题作合理的推广和拓展
提出与解决问题能力	能较准确表达简单的直线和圆的数量关系或位置关系	能运用适当的直线和圆的模型分析较简单的数学问题；能将直线和圆的语言运用于简单的运算过程或推理过程	能用直线和圆的方程和性质规范地表述数学问题，建立数学模型；能综合运用数学方法或策略形成问题解决的合理步骤	能较为熟练地运用直线和圆的符号语言抽象、准确地表达数学问题；能建立恰当的直线和圆的模型；能对解决问题的不同方法或模型进行比较和评价

实例

例 1　直线 $x+(a^2+1)y+1=0(a\in\mathbf{R})$ 的倾斜角的取值范围是(　　).

CⅢz1a

A. $\left[0,\dfrac{\pi}{4}\right]$　　B. $\left[\dfrac{3\pi}{4},\pi\right)$

C. $\left[0,\dfrac{\pi}{4}\right]\cup\left(\dfrac{\pi}{2},\pi\right)$　　D. $\left[\dfrac{\pi}{4},\dfrac{\pi}{2}\right)\cup\left[\dfrac{3\pi}{4},\pi\right)$

答案：B.

例 2　已知圆 C 与直线 $x-y=0$ 及 $x-y-4=0$ 都相切，圆心在直线 $x+y=0$ 上，则圆 C 的方程为（　　）. **CⅢz1c**

A. $(x+1)^2+(y-1)^2=2$　　B. $(x-1)^2+(y+1)^2=2$

C. $(x-1)^2+(y-1)^2=2$　　D. $(x+1)^2+(y+1)^2=2$

答案：B.

例 3　过点 $C(6,\ -8)$ 作圆 $x^2+y^2=25$ 的切线，切点为 A、B，那么点 C 到直线 AB 的距离为________. **CⅢz2b**

答案：$\dfrac{15}{2}$.

例 4　已知集合 $A=\left\{(x,\ y)\left|\ \dfrac{y-3}{x-1}=2,\ x、y\in\mathbf{R}\right.\right\}$，$B=\{(x,\ y)\mid 4x+ay=16,\ x、y\in\mathbf{R}\}$，若 $A\cap B=\varnothing$，则实数 a 的值为________. **CⅢz2d**

答案：4 或 -2.

例 5　若过定点 $M(-1,\ 0)$ 且斜率为 k 的直线与圆 $x^2+4x+y^2-5=0$ 在第一象限内的部分有交点，则 k 的取值范围是（　　）. **CⅢz2c**

A. $0<k<\sqrt{5}$　　B. $-\sqrt{5}<k<0$

C. $0<k<\sqrt{13}$　　D. $0<k<5$

答案：A.

例 6　“$a=3$”是“直线 $ax-2y-1=0$”与“直线 $6x-4y+c=0$ 平行”的（　　）. **CⅢz1b**

A. 充分不必要条件　　B. 充要条件

C. 必要不充分条件　　D. 既不充分也不必要条件

答案：B.

例 7　平面内称横坐标为整数的点为“次整点”. 过函数 $y=\sqrt{9-x^2}$ 图像上任意两个次整点作直线，则倾斜角大于 45°的直线条数为（　　）. **CⅢp3a**

A. 10　　B. 11　　C. 12　　D. 13

答案：B.

例 8　过圆 O：$x^2+y^2=4$ 与 y 轴正半轴交点 A 作此圆的切线 l，M 为 l 上任一点，过 M 作圆 O 的另一条切线，切点为 Q，求△MAQ 垂心 P 的轨迹方程. **CⅢz2b**

解：连接 OQ，则由 $OQ\perp MQ$，$AP\perp MQ$ 得 $OQ\ /\!/\ AP$

同理，$OA\ /\!/\ PQ$

又 $OA=OQ$

所以 $OAPQ$ 为菱形

所以 $|PA|=|OA|=2$

设 $P(x, y)$, $Q(x_0, y_0)$,则$\begin{cases} x_0=x \\ y_0=y-2 \end{cases}$

又 $x_0^2+y_0^2=4$

所以 $x^2+(y-2)^2=4(x\neq 0)$

例 9 已知$\triangle ABC$ 中,$A(2, -1)$, $B(4, 3)$, $C(3, -2)$,求: **CⅢz2a**

(1) BC 边上的高所在直线方程;(2) AB 边中垂线方程;(3) $\angle A$ 平分线所在直线方程.

解:(1) 因为 $k_{BC}=5$

所以 BC 边上的高 AD 所在直线斜率 $k=-\dfrac{1}{5}$

所以 AD 所在直线方程 $y+1=-\dfrac{1}{5}(x-2)$

即 $x+5y+3=0$.

(2) 因为 AB 中点为$(3, 1)$, $k_{AB}=2$

所以 AB 中垂线方程为 $x+2y-5=0$.

(3) 设$\angle A$ 平分线为 AE,斜率为 k,则直线 AC 到 AE 的角等于 AE 到 AB 的角.

因为 $k_{AC}=-1$, $k_{AB}=2$

所以$\dfrac{k+1}{1-k}=\dfrac{2-k}{1+2k}$

所以 $k^2+6k-1=0$

所以 $k=-3-\sqrt{10}$(舍), $k=-3+\sqrt{10}$

所以 AE 所在直线方程为$(\sqrt{10}-3)x-y-2\sqrt{10}+5=0$.

例 10 如果圆 $(x-a)^2+(y-a)^2=4$ 上总存在两个点到原点的距离为 1,则实数 a 的取值范围是____________________. **CⅢz2d**

解:因为 $(x-a)^2+(y-a)^2=4$,所以圆心坐标为(a, a),半径为 2,圆心在直线 $y=x$ 上,只需考察圆心与原点之间的距离,先画个单位圆,由于圆$(x-a)^2+(y-a)^2=4$ 的半径为 2,当 $a=\dfrac{\sqrt{2}}{2}$ 时,单位圆与圆$(x-a)^2+(y-a)^2=4$ 内切,此时只有切点到原点的距离是 1,当 $a=\dfrac{3\sqrt{2}}{2}$ 时,单位圆与圆$(x-a)^2+$

$(y-a)^2=4$外切，此时也只有切点到原点的距离是1，而当$\frac{\sqrt{2}}{2}<a<\frac{3\sqrt{2}}{2}$时，单位圆与圆$(x-a)^2+(y-a)^2=4$相交于两个点，且恰有这两个交点到原点的距离为1；同理，当$-\frac{3\sqrt{2}}{2}<a<-\frac{\sqrt{2}}{2}$时，单位圆与圆$(x-a)^2+(y-a)^2=4$也相交于两个点，且恰有这两个交点到原点的距离为1，即当$\frac{\sqrt{2}}{2}<a<\frac{3\sqrt{2}}{2}$或$-\frac{3\sqrt{2}}{2}<a<-\frac{\sqrt{2}}{2}$时，单位圆与圆$(x-a)^2+(y-a)^2=4$相交于两个点，在圆$(x-a)^2+(y-a)^2=4$上总存在这两个交点到原点的距离为1，

故所求为$\frac{\sqrt{2}}{2}<a<\frac{3\sqrt{2}}{2}$或$-\frac{3\sqrt{2}}{2}<a<-\frac{\sqrt{2}}{2}$.

第三部分　曲线与方程

借助于平面直角坐标系，利用平面内点和有序实数对之间的一一对应关系，建立了直线和圆的方程，并通过对方程的讨论研究它们的几何性质. 这一部分的内容将继续用代数方法研究曲线问题. 讨论曲线和方程之间的内在联系，再研究椭圆、双曲线、抛物线的方程和性质，然后研究它们的切线和法线及其性质等问题.

一、基础知识与基本技能掌握要求

AⅢq1 懂得曲线与方程的概念，学会求曲线方程的一般方法和步骤，理解适当选取坐标系的意义. 在简单的情况下能画方程的曲线和求两条曲线的交点坐标

AⅢq2 理解椭圆、双曲线、抛物线的概念，能根据椭圆、双曲线、抛物线的定义建立标准方程，掌握利用方程研究椭圆、双曲线、抛物线的主要几何性质

AⅢq3 领会用代数方法研究曲线的方法

AⅢq4 理解坐标轴的平移和旋转及其变换公式，能对二次曲线方程进行化简

AⅢq5 理解建立参数方程的意义，领会建立曲线的参数方程的方法，懂得参数方程和普通方程间的互化. 能运用参数方程解决问题

AⅢq6 理解点的极坐标与直角坐标的互化，领会建立极坐标系的方法，掌

握常见曲线方程的极坐标方程和直角坐标方程的互化

AⅢq7 说出圆锥曲线的统一定义和统一极坐标方程

AⅢq8 理解通过坐标系建立曲线的方程、再用代数方法研究曲线的性质

实例

例 1 对于曲线 C：$\frac{x^2}{4-k}+\frac{y^2}{k-1}=1$，给出下面四个命题：① 曲线 C 不可能表示椭圆. ② 当 $1<k<4$ 时，曲线 C 表示椭圆. ③ 若曲线 C 表示双曲线，则 $k<1$ 或 $k>4$. ④ 若曲线 C 表示焦点在 x 轴上的椭圆，则 $1<k<\frac{5}{2}$. 其中所有正确命题的序号为________. **AⅢq2**

答案：③、④.

例 2 若抛物线 $y^2=\frac{1}{2p}x$ 的焦点与椭圆 $\frac{x^2}{6}+\frac{y^2}{2}=1$ 的右焦点重合，则 p 的值为________. **AⅢq2**

答案：$\frac{1}{16}$.

例 3 若 $m>0$，点 $P\left(m,\ \frac{5}{2}\right)$ 在双曲线 $\frac{x^2}{4}-\frac{y^2}{5}=1$ 上，则点 P 到该双曲线左焦点的距离为________. **AⅢq2**

答案：$\frac{13}{2}$.

例 4 过椭圆 $\frac{x^2}{a^2}+\frac{y^2}{b^2}=1(a>b>0)$ 中心的直线与椭圆交于 A，B 两点，右焦点为 $F_2(c,\ 0)$，则 $\triangle ABF_2$ 的最大面积是________. **AⅢq2**

答案：bc.

例 5 在 $\triangle ABC$ 中，$BC=24$，AC，AB 边上的中线长之和等于 39，建立适当的坐标系，求 $\triangle ABC$ 的重心的轨迹方程. **AⅢq8**

解：以线段 BC 所在直线为 x 轴、线段 BC 的中垂线为 y 轴建立直角坐标系.

设 M 为 $\triangle ABC$ 的重心，BD 是 AC 边上的中线，CE 是 AB 边上的中线，由重心的性质知 $|BM|=\frac{2}{3}|BD|$，$|CM|=\frac{2}{3}|CE|$，于是

$|MB|+|MC|=\frac{2}{3}|BD|+\frac{2}{3}|CE|=\frac{2}{3}(|BD|+|CE|)=\frac{2}{3}\times 39=26.$

根据椭圆的定义知，点 M 的轨迹是以 B，C 为焦点的椭圆.

因为 $2a=|MB|+|MC|=26$，所以 $a=13$，

又 $2c=|BC|=24$，所以 $c=12$，所以 $b^2=a^2-c^2=13^2-12^2=25$，

故所求的椭圆方程为$\frac{x^2}{169}+\frac{y^2}{25}=1(y\neq 0)$.

例 6 根据下列条件，求双曲线方程. **AⅢq2**

(1) 与双曲线 $\frac{x^2}{9}-\frac{y^2}{16}=1$ 有共同渐近线，且过点$(-3,2\sqrt{3})$.

(2) 与双曲线 $\frac{x^2}{16}-\frac{y^2}{4}=1$ 有公共焦点，且过点$(3\sqrt{2},2)$.

解法一：(1) 双曲线 $\frac{x^2}{9}-\frac{y^2}{16}=1$ 的渐近线为 $y=\pm\frac{4}{3}x$

令 $x=-3$，$y=\pm 4$，因 $2\sqrt{3}<4$，故点$(-3,2\sqrt{3})$在射线 $y=-\frac{4}{3}x(x\leqslant 0)$ 及 x 轴负半轴之间，

所以双曲线焦点在 x 轴上，设双曲线方程为$\frac{x^2}{a^2}-\frac{y^2}{b^2}=1(a>0,b>0)$，

$\begin{cases}\frac{b}{a}=\frac{4}{3},\\ \frac{(-3)^2}{a^2}-\frac{(2\sqrt{3})^2}{b^2}=1,\end{cases}$，解之得：$\begin{cases}a^2=\frac{9}{4},\\ b^2=4.\end{cases}$所以双曲线方程为$\frac{x^2}{\frac{9}{4}}-\frac{y^2}{4}=1$.

(2) 设双曲线方程为$\frac{x^2}{a^2}-\frac{y^2}{b^2}=1(a>0,b>0)$，则$\begin{cases}a^2+b^2=20,\\ \frac{(3\sqrt{2})^2}{a^2}-\frac{2^2}{b^2}=1,\end{cases}$

解之得：$\begin{cases}a^2=12,\\ b^2=8,\end{cases}$所以双曲线方程为$\frac{x^2}{12}-\frac{y^2}{8}=1$.

解法二：(1) 设双曲线方程为 $\frac{x^2}{9}-\frac{y^2}{16}=\lambda(\lambda\neq 0)$，所以$\frac{(-3)^2}{9}-\frac{(2\sqrt{3})^2}{16}=\lambda$

所以$\lambda=\dfrac{1}{4}$,双曲线方程为$\dfrac{x^2}{\frac{9}{4}}-\dfrac{y^2}{4}=1$.

(2) 设双曲线方程为 $\dfrac{x^2}{16-k}-\dfrac{y^2}{4+k}=1(16-k>0,\ 4+k>0)$,

所以$\dfrac{(3\sqrt{2})^2}{16-k}-\dfrac{2^2}{4+k}=1$,解之得：$k=4$,双曲线方程为$\dfrac{x^2}{12}-\dfrac{y^2}{8}=1$.

例 7 A, B 是抛物线$y^2=2px\ (p>0)$上的两点,且$OA\perp OB$,其中O为坐标原点. **AⅢq1**

(1) 求A, B两点的横坐标之积和纵坐标之积.

(2) 求证：直线AB过定点.

(3) 求弦AB中点P的轨迹方程.

(4) 求$\triangle AOB$面积的最小值.

(5) 求O在AB上的射影M轨迹方程.

解：设$A(x_1,\ y_1)$, $B(x_2,\ y_2)$,中点$P(x_0,\ y_0)$,

(1) $k_{OA}=\dfrac{y_1}{x_1}$, $k_{OB}=\dfrac{y_2}{x_2}$,

因为$OA\perp OB$,所以$k_{OA}k_{OB}=-1$,即$x_1x_2+y_1y_2=0$,

将$y_1^2=2px_1$, $y_2^2=2px_2$代入得,$\dfrac{y_1^2}{2p}\cdot\dfrac{y_2^2}{2p}+y_1y_2=0$,

因为$y_1\neq 0$, $y_2\neq 0$,所以$y_1y_2=-4p^2$, $x_1x_2=4p^2$.

(2) 因为$y_1^2=2px_1$, $y_2^2=2px_2$,所以$(y_1+y_2)(y_1-y_2)=2p(x_1-x_2)$,

所以$\dfrac{y_1-y_2}{x_1-x_2}=\dfrac{2p}{y_1+y_2}$, $k_{AB}=\dfrac{2p}{y_1+y_2}$,

所以直线AB：$y-y_1=\dfrac{2p}{y_1+y_2}(x-x_1)$,即$y=\dfrac{2px}{y_1+y_2}+y_1-\dfrac{2px_1}{y_1+y_2}$,

所以$y=\dfrac{2px}{y_1+y_2}+\dfrac{y_1^2-2px_1+y_1y_2}{y_1+y_2}$,

因为$y_1^2=2px_1$, $y_1y_2=-4p^2$,所以$y=\dfrac{2px}{y_1+y_2}+\dfrac{-4p^2}{y_1+y_2}$,

所以$y=\dfrac{2p}{y_1+y_2}(x-2p)$,$AB$过定点$(2p,\ 0)$,设$M(2p,\ 0)$.

(3) 设 OA：$y=kx$，代入 $y^2=2px$，得 $x=0$(舍)或 $x=\frac{2p}{k^2}$，

所以 $A\left(\frac{2p}{k^2}, \frac{2p}{k}\right)$，同理，$B(2pk^2, -2pk)$，所以 $\begin{cases} x_0=p\left(k^2+\frac{1}{k^2}\right), \\ y_0=P\left(\frac{1}{k}-k\right). \end{cases}$

因为 $k^2+\frac{1}{k^2}=\left(\frac{1}{k}-\frac{k}{k}\right)^2+2$，所以 $\frac{x_0}{p}=\left(\frac{y_0}{p}\right)^2+2$，即 $y_0^2=px_0-2p^2$，

所以中点 M 轨迹方程 $y^2=px-2p^2$.

(4) $S_{\triangle AOB}=S_{\triangle AOM}+S_{\triangle BOM}=\frac{1}{2}|OM|(|y_1|+|y_2|)=p(|y_1|+|y_2|)$

$\geqslant 2p\sqrt{|y_1y_2|}=4p^2$，

当且仅当 $|y_1|=|y_2|=2p$ 时，等号成立.

(5) **解法一：** 设 $H(x_3, y_3)$，则 $k_{OH}=\frac{y_3}{x_3}$，$k_{AB}=-\frac{x_3}{y_3}$

所以直线 AB：$y-y_3=-\frac{x_3}{y_3}(x-x_3)$，即 $x=-\frac{y_3}{x_3}(y-y_3)+x_3$，

将 $y^2=2px$ 代入，得 $y^2+\frac{2py_3}{x_3}y-\frac{2py_3^2}{x_3}-2px_3=0$，

由(1)知，$y_1y_2=-4p^2$，所以 $\frac{2py_3^2}{x_3}+2px_3=4p^2$，

整理得：$x_3^2+y_3^2-2px_3=0$，点 H 轨迹方程为 $x^2+y^2-4x=0$(去掉原点).

解法二： 因为 $\angle OHM=90°$，又由(2)知 OM 为定线段，

所以 H 在以 OM 为直径的圆上，方程为 $(x-2)^2+y^2=4$(去掉原点).

例 8　已知曲线 C_1 的参数方程为 $\begin{cases} x=-2+\sqrt{10}\cos\theta \\ y=\sqrt{10}\sin\theta \end{cases}$ (θ 为参数)，曲线 C_2 的极坐标方程为 $\rho=2\cos\theta+6\sin\theta$. 判断曲线 C_1，C_2 的交点个数.

AⅢq5　AⅢq6

解： 由 $\begin{cases} x=-2+\sqrt{10}\cos\theta \\ y=\sqrt{10}\sin\theta \end{cases}$ 得 $(x+2)^2+y^2=10$，

所以曲线 C_1 的普通方程为 $(x+2)^2+y^2=10$……①，

由 $\rho=2\cos\theta+6\sin\theta$ 可得 $\rho^2=2\rho\cos\theta+6\rho\sin\theta$，

所以曲线 C_2 的直角坐标方程为 $(x-1)^2+(y-3)^2=10$……②，

因为圆 C_1 的圆心为 $(-2,\ 0)$，圆 C_2 的圆心为 $(1,\ 3)$，

所以 $|C_1C_2|=\sqrt{(-2-1)^2+(0-3)^2}=3\sqrt{2}<2\sqrt{10}$，所以两圆有两个不同的公共点.

例 9　已知椭圆 $\dfrac{x^2}{a^2}+\dfrac{y^2}{b^2}=1(a>b>0)$ 的焦距与长轴长之比为 $\dfrac{\sqrt{6}}{3}$，短轴的一个端点到右焦点的距离为 $\sqrt{3}$，直线 l：$y=kx+m$ 交椭圆于不同的两点 A，B.　　**AⅢq1　AⅢq3**

(1) 求椭圆的方程.

(2) 若坐标原点 O 到直线 l 的距离为 $\dfrac{\sqrt{3}}{2}$，求 $\triangle AOB$ 面积的最大值.

解：(1) 设椭圆的半焦距为 c，依题意 $\begin{cases}\dfrac{c}{a}=\dfrac{\sqrt{6}}{3},\\ a=\sqrt{3},\end{cases}$ 解得 $c=\sqrt{2}$，

由 $a^2=b^2+c^2$ 得，$b=1$，所求椭圆方程为 $\dfrac{x^2}{3}+y^2=1$.

(2) 由已知，$\dfrac{|m|}{\sqrt{1+k^2}}=\dfrac{\sqrt{3}}{2}$，$m^2=\dfrac{3}{4}(k^2+1)$，

将 $y=kx+m$ 代入椭圆方程，整理得 $(1+3k^2)x^2+6kmx+3m^2-3=0$，

$\Delta=(6km)^2-4(1+3k^2)(3m^2-3)>0$　(＊)

所以 $x_1+x_2=\dfrac{-6km}{1+3k^2}$，$x_1\cdot x_2=\dfrac{3m^2-3}{1+3k^2}$.

所以 $|AB|^2=(1+k^2)(x_2-x_1)^2=(1+k^2)\left[\dfrac{36k^2m^2}{(3k^2+1)^2}-\dfrac{12(m^2-1)}{3k^2+1}\right]$

$=\dfrac{12(k^2+1)(3k^2+1-m^2)}{(3k^2+1)^2}=\dfrac{3(k^2+1)(9k^2+1)}{(3k^2+1)^2}$

$=3+\dfrac{12k^2}{9k^4+6k^2+1}=3+\dfrac{12}{9k^2+\dfrac{1}{k^2}+6}\leqslant 3+\dfrac{12}{2\times 3+6}=4$　$(k\neq 0)$

当且仅当 $9k^2=\dfrac{1}{k^2}$，即 $k=\pm\dfrac{\sqrt{3}}{3}$ 时等号成立.

经检验，$k=\pm\dfrac{\sqrt{3}}{3}$ 满足(＊)式.

当 $k=0$ 时，$|AB|=\sqrt{3}$.

综上可知 $|AB|_{\max}=2$.

所以当 $|AB|$ 最大时，$\triangle AOB$ 的面积取最大值 $S=\frac{1}{2}\times 2\times\frac{\sqrt{3}}{2}=\frac{\sqrt{3}}{2}$.

例 10　已知直线 $y=kx+1$ 与双曲线 $3x^2-y^2=1$ 相交于 A，B 两点，那么是否存在实数 k 使得 A，B 两点关于直线 $x-2y=0$ 对称？若存在，求出 k 的值. 若不存在，说明理由.　**AⅢq3**

解：设 $A(x_1, y_1)$，$B(x_2, y_2)$，若存在这样的 k，使 A，B 两点关于直线 $x-2y=0$ 对称，则 $\frac{y_2-y_1}{x_2-x_1}=-2$，且 AB 的中点 (x_0, y_0) 满足 $x_0-2y_0=0$.

由 $\begin{cases}3x_1^2-y_1^2=1\\3x_2^2-y_2^2=1\end{cases}$，两式相减得：

$3(x_1+x_2)(x_1-x_2)=(y_1+y_2)(y_1-y_2)$，所以 $3\cdot\frac{x_1+x_2}{y_1+y_2}=\frac{y_1-y_2}{x_1-x_2}$，

所以 $3\cdot\frac{x_0}{y_0}=-2$，即 $y_0=-\frac{3}{2}x_0$，又 $x_0=2y_0$，所以 $y_0=-\frac{3}{2}\cdot 2y_0$ 即 $y_0=-3y_0$，所以 $y_0=0$，从而 $x_0=0$，这显然是不可能的，故不存在这样的直线.

例 11　设点 O 为抛物线的顶点，F 是抛物线的焦点且 PQ 为过焦点的弦，若 $|OF|=a$，$|PQ|=b$，求 $\triangle OPQ$ 的面积.　**AⅢq3　AⅢq8**

解：取 O 为坐标原点，OF 所在的直线为 x 轴，建立直角坐标系，因为 $|OF|=a$，F 为焦点，所以抛物线方程为 $y^2=4ax$.

设 $P(x_1, y_1)$，$Q(x_2, y_2)$，PQ 所在的直线为 $my=x-a$.

由 $\begin{cases}my=x-a\\y^2=4x\end{cases}$ 得 $y^2-4amy-4a^2=0$，则 $y_1+y_2=4am$.

$y_1\cdot y_2=-4a^2$. 由抛物线的定义，焦点弦长 $PQ=x_1+x_2+2a=\frac{y_1^2}{4a}+\frac{y_2^2}{4a}+2a=b$

所以 $y_1^2+y_2^2=4ab-8a^2$，所以 $(y_1-y_2)^2=y_1^2+y_2^2-2y_1y_2=4ab$

所以 $S_{\triangle POQ}=\frac{1}{2}a(|y_1|+|y_2|)=\frac{a}{2}|y_1-y_2|=a\sqrt{ab}$.

二、思想方法分类阐释

BⅢq1 分类讨论思想 如直线的斜率是否存在，利用方程判断直线与圆锥曲

线的交点个数等.

例 1 在直角坐标平面内,已知点 $A(2, 0)$, $B(-2, 0)$, P 是平面内一动点,直线 PA、PB 斜率之积为 $-\frac{3}{4}$. 动点 P 的轨迹为曲线,过点 $\left(\frac{1}{2}, 0\right)$ 作直线 l 与轨迹 C 交于 E、F 两点,线段 EF 的中点为 M,求直线 MA 的斜率 k 的取值范围.

解:设 P 点的坐标为 (x, y),依题意,有 $\frac{y}{x-2}\cdot\frac{y}{x+2}=-\frac{3}{4}(x\neq\pm 2)$.

化简并整理,得 $\frac{x^2}{4}+\frac{y^2}{3}=1(x\neq\pm 2)$. 动点 P 的轨迹 C 的方程是 $\frac{x^2}{4}+\frac{y^2}{3}=1(x\neq\pm 2)$.

依题意,直线 l 过点 $\left(\frac{1}{2}, 0\right)$ 且斜率不为零.

当直线 l 与 x 轴垂直时,M 点的坐标为 $\left(\frac{1}{2}, 0\right)$,此时,$k=0$;

当直线 l 的斜率存在且不为零时,设直线 l 方程为 $y=m\left(x-\frac{1}{2}\right)$,

由方程组 $\begin{cases} y=m\left(x-\frac{1}{2}\right) \\ \frac{x^2}{4}+\frac{y^2}{3}=1 \end{cases}$ 消去 y,并整理得 $(3+4m^2)x^2-4m^2x+m^2-12=0$.

设 $E(x_1, y_1)$, $F(x_2, y_2)$, $M(x_0, y_0)$,则

所以 $x_1+x_2=\frac{4m^2}{3+4m^2}$,所以 $x_0=\frac{x_1+x_2}{2}=\frac{2m^2}{3+4m^2}$

所以 $y_0=m(x_0\neq\pm 2)=-\frac{3m}{2(3+4m^2)}$,

所以 $k=\frac{y_0}{x_0-2}=\frac{m}{4m^2+4}=\frac{1}{4\left(m+\frac{1}{m}\right)}(m\neq 0)$,

因为 $\left|m+\frac{1}{m}\right|=|m|+\frac{1}{|m|}\geqslant 2$,所以 $0<|k|\leqslant\frac{1}{8}$.

所以 $0<|k|\leqslant\frac{1}{8}$. 所以 $-\frac{1}{8}\leqslant k\leqslant\frac{1}{8}$ 且 $k\neq 0$.

综上可知直线 MA 的斜率 k 的取值范围是: $-\frac{1}{8}\leqslant k\leqslant\frac{1}{8}$.

BⅢq2 数形结合思想 如利用圆锥曲线的几何性质或几何意义求与圆锥曲线有关的最值问题或轨迹问题等.

例 2 已知双曲线 $\frac{x^2}{3}-\frac{y^2}{9}=1$，$P$ 是其右支上任一点，F_1，F_2 分别是双曲线的左、右焦点，Q 是 PF_1 上的点，N 是 F_2Q 上的一点，且有 $\overrightarrow{PN}\cdot\overrightarrow{F_2N}=0$，$\overrightarrow{F_2N}=\overrightarrow{NQ}$. 求 Q 点的轨迹方程.

解: 由已知得 $c=2\sqrt{3}$，

所以 $F_1(-2\sqrt{3},\ 0)$，$F_2(2\sqrt{3},\ 0)$

所以 PN 垂直平分 F_2Q，

由双曲线的定义得 $|PF_1|-|PF_2|=2\sqrt{3}$.

所以 $|F_1Q|=2\sqrt{3}$

所以 Q 的轨迹是以 F_1 为圆心，半径为 $2\sqrt{3}$ 的一段圆弧.

因为渐近线为 $y=\pm\sqrt{3}x$，过 F_1 作与 $y=\sqrt{3}x$ 平行的直线与圆弧在第二象限的交点为 $(\sqrt{3},\ 3)$.

所以 Q 的轨迹方程为 $(x+2\sqrt{3})^2+y^2=12(-\sqrt{3}<x\leqslant 0)$.

BⅢq3 函数思想 将与直线、圆锥曲线有关的几何问题代数化，建立函数关系，利用函数的性质判断交点个数，求解最值问题等.

例 3 设椭圆中心在坐标原点，$A(2,\ 0)$，$B(0,\ 1)$ 是它的两个顶点，直线 $y=kx(k>0)$ 与 AB 相交于点 D，与椭圆相交于 E，F 两点. 求四边形 $AEBF$ 面积的最大值.

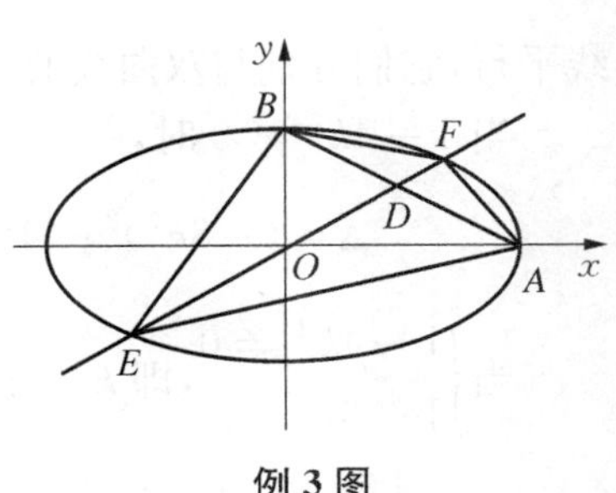

例 3 图

解: 依题设得椭圆的方程为 $\frac{x^2}{4}+y^2=1$，

直线 AB，EF 的方程分别为 $x+2y=2$，$y=kx(k>0)$

如图，设 $D(x_0,\ kx_0)$，$E(x_1,\ kx_1)$，$F(x_2,\ kx_2)$，其中 $x_1<x_2$，

且 x_1，x_2 满足方程 $(1+4k^2)x^2=4$，

故 $x_2=-x_1=\frac{2}{\sqrt{1+4k^2}}$.　①

根据点到直线的距离公式和①式知，点 E，F 到 AB 的距离分别为 $h_1=\frac{|x_1+2kx_1-2|}{\sqrt{5}}=\frac{2(1+2k+\sqrt{1+4k^2})}{\sqrt{5(1+4k^2)}}$，$h_2=\frac{|x_2+2kx_2-2|}{\sqrt{5}}=$

$\dfrac{2(1+2k-\sqrt{1+4k^2})}{\sqrt{5(1+4k^2)}}$

又 $|AB|=\sqrt{2^2+1}=\sqrt{5}$，所以四边形 $AEBF$ 的面积为

$$S=\frac{1}{2}|AB|(h_1+h_2)=\frac{1}{2}\cdot\sqrt{5}\cdot\frac{4(1+2k)}{\sqrt{5(1+4k^2)}}$$

$$=\frac{2(1+2k)}{\sqrt{1+4k^2}}=2\sqrt{\frac{1+4k^2+4k}{1+4k^2}}\leqslant 2\sqrt{2},$$

当 $2k=1$，即当 $k=\dfrac{1}{2}$ 时，上式取等号. 所以 S 的最大值为 $2\sqrt{2}$.

BⅢq4 转化思想 如将曲线的交点转化为方程组解的讨论等.

例 4 根据实数 k 的不同取值，讨论直线 $y=k(x+1)$ 与双曲线 $\dfrac{x^2}{4}-y^2=1$ 的交点的个数.

解：由 $\begin{cases}y=k(x+1)\\x^2-4y^2=4\end{cases}$ 消去 y，得

$$(1-4k^2)x^2-8k^2x-4k^2-4=0.$$

当 $1-4k^2=0$，即 $k=\pm\dfrac{1}{2}$ 时，直线 $y=\pm\dfrac{1}{2}(x+1)$ 分别与双曲线的渐近线平行，它们分别与双曲线的一支交于一点.

当 $1-4k^2\neq 0$ 时，

$$\Delta=(-8k^2)^2-4(1-4k^2)(-4k^2-4)=16(1-3k^2).$$

当 $\begin{cases}1-4k^2\neq 0\\1-3k^2=0\end{cases}$，即 $k=\pm\dfrac{\sqrt{3}}{3}$ 时，

直线 $y=\pm\dfrac{\sqrt{3}}{3}(x+1)$ 与双曲线只有一个公共点；

当 $\begin{cases}1-4k^2\neq 0\\1-3k^2>0\end{cases}$，即 $k\in\left(-\dfrac{\sqrt{3}}{3},\dfrac{\sqrt{3}}{3}\right)$ 且 $k\neq\pm\dfrac{1}{2}$ 时，直线与双曲线有两个公共点；

当 $\begin{cases}1-4k^2\neq 0\\1-3k^2<0\end{cases}$，即 $k<-\dfrac{\sqrt{3}}{3}$ 或 $k>\dfrac{\sqrt{3}}{3}$ 时，直线与双曲线无公共点.

综合上述，知当 $k \in \left(-\frac{\sqrt{3}}{3}, \frac{\sqrt{3}}{3}\right)$ 且 $k \neq \pm\frac{1}{2}$ 时，直线与双曲线有两个公共点；当 $k=\pm\frac{1}{2}$ 或 $k=\pm\frac{\sqrt{3}}{3}$ 时，直线与双曲线只有一个公共点；当 $k<-\frac{\sqrt{3}}{3}$ 或 $k>\frac{\sqrt{3}}{3}$ 时，直线与双曲线没有公共点.

BⅢq5 基本量思想 如椭圆的焦点、长轴长，双曲线的焦点，实轴长，抛物线的焦距等.

例 5 已知一动圆 M 恒过点 $F(1, 0)$，且总与直线 $l: x=-1$ 相切. 求动圆圆心 M 的轨迹 C 的方程.

解： 因为动圆 M，过点 $F(1, 0)$ 且与直线 $l: x=-1$ 相切，所以圆心 M 到 F 的距离等于到直线 l 的距离. 所以，点 M 的轨迹是以 F 为焦点，l 为准线的抛物线，且 $\frac{p}{2}=1$, $p=2$,

所以所求的轨迹方程为 $y^2=4x$.

三、能力水平划分

曲线与方程	水平 a	水平 b	水平 c	水平 d
运算求解能力	能按照步骤正确地求解曲线的方程，处理直线与圆锥曲线的交点问题；在简单的曲线问题中，能对给出的运算过程或运算结果的正确性加以判断	能理解求曲线方程的步骤的依据，明确变形过程的条件；能根据具体的数学问题合理选择运算方式	在较综合的问题中，能使用合理的计算方法解决问题；能用适当的运算工具进行运算或求解	能解释或说明计算方法的使用条件；能通过运算进行推理和探究曲线的性质与关系；能通过合理选用运算方法提高效率
空间想象能力	能依据方程作出几何图形，明确几何图形的形状、大小等特征	能依据方程明确曲线的形状和几何性质；能对曲线的变化与运动进行想象	能对图形分解与组合；能建立图形中的基本元素之间的位置与数量关系；能建立图形与图形之间的位置与数量关系；能够将图形及其特征联系起来，根据条件或性质作出平面图形	能通过逻辑推理揭示图形中的几何特征；能够想象几何图形较复杂的运动和变化，并指出其中所蕴含的几何特征和数量关系

续 表

曲线与方程	水平 a	水平 b	水平 c	水平 d
推理论证能力	能对简单的曲线方程作出直接判断，并能给出说明；能通过观察、实验、归纳等方法提出简单的数学猜想	能合理地进行表达；能理解曲线方程的推理或论证过程，能判断该推理或论证过程是否正确；能提出简单的数学猜想，并作出判断	能运用与曲线有关的定理、性质等进行完整的数学证明；能根据曲线的特性做出合情推理，并能加以论证	能合理转化问题，自觉寻找或设计论证或计算途径对数学结论进行验证或证明；能评价各种不同的论证或计算方法；能通过一般化、逆推等方法，将数学命题作合理的推广和拓展
提出与解决问题能力	能较准确表达曲线的方程和几何特征；能处理简单的直线与圆锥曲线的交点问题，并提出合理猜测	能运用适当的曲线模型分析来自真实情境的较简单的数学问题；能合理地进行运算或推理	能用数学语言将问题表述成较规范的圆锥曲线模型；能综合运用数学方法解决圆锥曲线问题	能较为熟练地运用圆锥曲线的方程等符号语言抽象、准确地表达数学问题；能反思和回顾问题提出和解决过程，尝试形成分析和解决问题的一些典型方法，并能给予解释、说明或推广

实例

例 1 设 F_1，F_2 是椭圆 $\frac{4x^2}{49}+\frac{y^2}{6}=1$ 的两个焦点，P 是椭圆上的点，且 $|PF_1|:|PF_2|=4:3$，求 $\triangle PF_1F_2$ 的面积. **CⅢq1b**

解： 由于 $|PF_1|+|PF_2|=7$，且 $|PF_1|:|PF_2|=4:3$，得 $|PF_1|=4$，$|PF_2|=3$，又 $|F_1F_2|=2c=2\sqrt{\frac{49}{4}-6}=5$，显然 $|PF_1|^2+|PF_2|^2=|F_1F_2|^2$，所以 $\triangle PF_1F_2$ 是以 PF_1，PF_2 为直角边的直角三角形，从而所求 $\triangle PF_1F_2$ 的面积为 $S=\frac{1}{2}\times|PF_1|\times|PF_2|=\frac{1}{2}\times4\times3=6$.

例 2 给出问题：F_1、F_2 是双曲线 $\frac{x^2}{16}-\frac{y^2}{20}=1$ 的焦点，点 P 在双曲线上. 若点 P 到焦点 F_1 的距离等于 9，求点 P 到焦点 F_2 的距离. 某学生的解答如

下：双曲线的实轴长为 8，由$||PF_1|-|PF_2||=8$，即$|9-|PF_2||=8$，得$|PF_2|=1$或 17.

该学生的解答是否正确？若正确，请将他的解题依据填在下面横线上；若不正确，将正确结果填在后面的横线上. ________. **CⅢq3b**

答案：17.

例 3 设点 P 到点 $M(-1, 0)$、$N(1, 0)$距离之差为 $2m$，到 x 轴、y 轴距离之比为 2，求 m 的取值范围. **CⅢq3c**

解：设点 P 的坐标为(x, y)，依题意得 $\dfrac{|y|}{|x|}=2$，即 $y=\pm 2x\ (x\neq 0)$ ①

因此，点 $P(x, y)$、$M(-1, 0)$、$N(1, 0)$ 三点不共线，得$||PM|-|PN||<|MN|=2$.

因为$||PM|-|PN||=2|m|>0$，所以 $0<|m|<1$. 因此，点 P 在以 M、N 为焦点，实轴长为 $2|m|$ 的双曲线上. 故设$\dfrac{x^2}{m^2}-\dfrac{y^2}{1-m^2}=1$. ②

将①代入②，并解得 $x^2=\dfrac{m^2(1-m^2)}{1-5m^2}$.

因为 $1-m^2>0$，所以 $1-5m^2>0$. 解得 $0<|m|<\dfrac{\sqrt{5}}{5}$，

即 m 的取值范围为$\left(-\dfrac{\sqrt{5}}{5}, 0\right)\cup\left(0, \dfrac{\sqrt{5}}{5}\right)$.

例 4 已知点 P 在以坐标轴为对称轴的椭圆上，点 P 到两焦点的距离分别为 $\dfrac{4\sqrt{5}}{3}$ 和$\dfrac{2\sqrt{5}}{3}$，过点 P 作长轴的垂线，恰好过椭圆的一个焦点，求椭圆的方程. **CⅢq2a**

解：设椭圆的两个焦点分别为 F_1，F_2，$|PF_1|=\dfrac{4\sqrt{5}}{3}$，$|PF_2|=\dfrac{2\sqrt{5}}{3}$

由椭圆的定义知 $2a=|PF_1|+|PF_2|=2\sqrt{5}$，即 $a=\sqrt{5}$，由$|PF_1|>|PF_2|$知 PF_2 垂直于长轴. 所以在 $\mathrm{Rt}\triangle PF_2F_1$ 中，$4c^2=|PF_1|^2-|PF_2|^2=\dfrac{60}{9}$，所以 $c^2=\dfrac{5}{3}$，于是 $b^2=a^2-c^2=\dfrac{10}{3}$

又由于所求的椭圆的焦点可以在 x 轴上，也可以在 y 轴上，故所求的椭圆方程为$\dfrac{x^2}{5}+\dfrac{3y^2}{10}=1$ 或$\dfrac{3x^2}{10}+\dfrac{y^2}{5}=1$.

例 5 求满足下列各条件的椭圆的标准方程. **CⅢq2b**

(1) 焦点在坐标轴上,且经过两点 $P\left(\frac{1}{3}, \frac{1}{3}\right)$、$Q\left(0, -\frac{1}{2}\right)$;

(2) 经过点 $(2, -3)$ 且与椭圆 $9x^2+4y^2=36$ 具有共同的焦点.

解法一: (1) 当所求椭圆的焦点在 x 轴上时,设它的标准方程为 $\frac{x^2}{a^2}+\frac{y^2}{b^2}=1(a>b>0)$,

依题意应有 $\begin{cases}\frac{\left(\frac{1}{3}\right)^2}{a^2}+\frac{\left(\frac{1}{3}\right)^2}{b^2}=1\\ \frac{\left(-\frac{1}{2}\right)^2}{b^2}=1\end{cases}$,解得 $\begin{cases}a^2=\frac{1}{5}\\ b^2=\frac{1}{4}\end{cases}$,因为 $a>b$ 从而方程组无解;

(2) 当所求椭圆的焦点在 y 轴上时,设它的标准方程为 $\frac{y^2}{a^2}+\frac{x^2}{b^2}=1(a>b>0)$,

依题意应有 $\begin{cases}\frac{\left(\frac{1}{3}\right)^2}{a^2}+\frac{\left(\frac{1}{3}\right)^2}{b^2}=1\\ \frac{\left(-\frac{1}{2}\right)^2}{a^2}=1\end{cases}$,解得 $\begin{cases}a^2=\frac{1}{4}\\ b^2=\frac{1}{5}\end{cases}$,所以所求椭圆的标准方程为 $\frac{y^2}{\frac{1}{4}}+\frac{x^2}{\frac{1}{5}}=1$.

故所求的椭圆的标准方程为 $\frac{y^2}{\frac{1}{4}}+\frac{x^2}{\frac{1}{5}}=1$.

解法二: 设所求椭圆的方程为 $mx^2+ny^2=1(m>0, n>0$,且 $m\neq n)$,

(1) 依题意得 $\begin{cases}\frac{1}{9}m+\frac{1}{9}n=1\\ \frac{1}{4}n=1\end{cases}$,解得 $\begin{cases}m=5\\ n=4\end{cases}$,从而所求椭圆的标准方程为

$\frac{y^2}{\frac{1}{4}}+\frac{x^2}{\frac{1}{5}}=1$.

(2) 因为椭圆 $9x^2+4y^2=36$ 的焦点坐标为$(0, \pm\sqrt{5})$,从而可设所求的椭圆的方程为$\frac{x^2}{\lambda}+\frac{y^2}{\lambda+5}=1(\lambda>0)$,将又因为经过点$(2, -3)$,从而得$\frac{4}{\lambda}+\frac{9}{\lambda+5}=1$,解得 $\lambda=10$ 或 $\lambda=-2$(舍去),故所求椭圆的标准方程为:$\frac{x^2}{10}+\frac{y^2}{15}=1$.

例 6　已知抛物线 C 的顶点在原点,焦点 F 在 x 轴的正半轴上,设 A, B 是抛物线 C 上的两个动点(AB 不垂直于 x 轴),但 $|AF|+|BF|=8$, 线段 AB 的垂直平分恒经过定点 $Q(6, 0)$,求抛物线的方程. **CⅢq4d**

解: 设抛物线的方程为 $y^2=2px(p>0)$,其准线为 $x=-\frac{p}{2}$.

设 $A(x_1, y_1)$, $B(x_2, y_2)$,因为 $|AF|+|BF|=8$,所以 $x_1+\frac{p}{2}+x_2+\frac{p}{2}=8$,即 $x_1+x_2=8-p$.

因为$Q(6, 0)$在线段 AB 的中垂线上,所以$(x_1-x_2)(x_1+x_2-12+2p)=0$
因为 AB 与 x 轴不垂直,所以 $x_1\neq x_2$,
故 $x_1+x_2-12+2p=8-p-12+2p=0$,即 $p=4$.
从而抛物线方程为 $y^2=8x$.

例 7　设点 O 为抛物线的顶点,F 是抛物线的焦点且 PQ 为过焦点的弦,若 $|OF|=a$, $|PQ|=b$,求$\triangle OPQ$ 的面积. **CⅢq4c**

解: 取 O 为坐标原点,OF 所在的直线为 x 轴,建立如图所示的直角坐标系,因为 $|OF|=a$, F 为焦点,所以抛物线方程为 $y^2=4ax$.

设 $P(x_1, y_1)$, $Q(x_2, y_2)$,PQ 所在的直线为 $my=x-a$.

由$\begin{cases}my=x-a\\y^2=4x\end{cases}$得 $y^2-4amy-4a^2=0$,则 $y_1+y_2=4am$

$y_1\cdot y_2=-4a^2$. 由抛物线的定义,焦点弦长 $PQ=x_1+x_2+2a=\frac{y_1^2}{4a}+\frac{y_2^2}{4a}+2a=b$

所以 $y_1^2+y_2^2=4ab-8a^2$，所以 $(y_1-y_2)^2=y_1^2+y_2^2-2y_1y_2=4ab$

所以 $S_{\triangle POQ}=\frac{1}{2}a(|y_1|+|y_2|)=\frac{a}{2}|y_1-y_2|=a\sqrt{ab}$.

例 8 已知直线 $y=(a+1)x-1$ 与曲线 $y^2=ax$ 恰有一个公共点，求实数 a 的值. **CⅢq1d**

解： 联立方程 $\begin{cases}y=(a+1)x-1\\y^2=ax\end{cases}$

(1) 当 $a=0$ 时，此方程组恰有组解 $\begin{cases}x=1\\y=0\end{cases}$；

(2) 当 $a\neq0$ 时，消去 x，得 $\frac{a+1}{a}y^2-y-1=0$；

① 当 $\frac{a+1}{a}=0$，即 $a=-1$ 时，方程变为一元一次方程 $-y-1=0$，方程恰有一组解 $\begin{cases}x=1\\y=-1\end{cases}$；

② 若 $\frac{a+1}{a}\neq0$，即 $a\neq-1$ 时，令 $\Delta=0$，得 $1+\frac{4(a+1)}{a}=0$，解得 $a=-\frac{4}{5}$，此时直线与曲线相切，有且只有一个公共点.

综上所述，当 $a=0$，$a=-1$ 或 $a=-\frac{4}{5}$ 时，直线与曲线 $y^2=ax$ 恰有一个公共点.

例 9 过点 $P(-1,1)$ 作直线与椭圆 $\frac{x^2}{4}+\frac{y^2}{2}=1$ 交于 A，B 两点，若线段 AB 的中点为 P，求直线 AB 所在的直线方程和线段 AB 的长度. **CⅢq1c**

解： 设 $A(x_1,y_1)$，$B(x_2,y_2)$，由 $\begin{cases}x_1^2+2y_1^2=4\\x_2^2+2y_2^2=4\end{cases}$ 得 $(x_1-x_2)(x_1+x_2)+2(y_1+y_2)(y_1-y_2)=0$，显然 $x_1=x_2$ 不合题意，所以 $x_1\neq x_2$，$(x_1+x_2)+2(y_1+y_2)\cdot k_{AB}=0$，所以 $k_{AB}=\frac{1}{2}$，从而直线 AB 的方程为 $y-1=\frac{1}{2}(x+1)$，即 $x-2y+3=0$.

由 $\begin{cases}x-2y+3=0\\\frac{x^2}{4}+\frac{y^2}{2}=1\end{cases}$，得 $3x^2+6x+1=0$，所以 $x_1+x_2=-2$，$x_1\cdot x_2=\frac{1}{3}$

所以 $|AB|=\sqrt{1+k^2}\,|x_1-x_2|=\sqrt{1+\frac{1}{4}}\cdot\frac{\sqrt{24}}{3}=\frac{\sqrt{30}}{3}$.

例 10 已知椭圆 E：$\frac{x^2}{4}+\frac{y^2}{3}=1$，试确定 m 的取值范围，使得椭圆 E 上存在不同的两点关于直线 l：$y=4x+m$ 对称. **CⅢq1d**

解法一： 设 $A(x_1, y_1)$，$B(x_2, y_2)$ 是椭圆 E 上关于直线 l：$y=4x+m$ 的两个对称点，则

$$\begin{cases}\frac{x_1^2}{4}+\frac{y_1^2}{3}=1 & ① \\ \frac{x_2^2}{4}+\frac{y_2^2}{3}=1 & ② \\ \frac{y_1-y_2}{x_1-x_2}=-\frac{1}{4} & ③ \\ \frac{y_1+y_2}{2}=4\,\frac{x_1+x_2}{2}+m & ④ \\ 3\left(\frac{x_1+x_2}{2}\right)^2+4\left(\frac{y_1+y_2}{2}\right)^2<12 & ⑤\end{cases}$$

由①②③得 $\frac{x_1+x_2}{4}+\frac{y_1+y_2}{3}\cdot\left(-\frac{1}{4}\right)=0$，所以

$$y_1+y_2=3(x_1+x_2) \qquad ⑥$$

联立 ④⑥ 得 $\begin{cases}\frac{x_1+x_2}{2}=-m \\ \frac{y_1+y_2}{2}=-3m\end{cases}$ 代入 ⑤，得 $3(-m)^2+4(-3m)^2<12$

所以 $-\frac{2\sqrt{13}}{13}<m<\frac{2\sqrt{13}}{13}$.

解法二： 把对称点视为直线 l 垂直平分弦之两端. 设 $A(x_1, y_1)$，$B(x_2, y_2)$ 是椭圆 E 上关于 l 对称的两点，则 AB 所在的直线方程为 $y=-\frac{1}{4}x+b$ 与椭圆方程 $3x^2+4y^2=12$ 联立，消去 x 得 $13y^2-24by+3(4b^2-1)=0$.

因为此方程有两个实根，所以 $\Delta=(-24b)^2-12\times13(4b^2-1)>0$，解之得：$-\frac{\sqrt{13}}{2}<b<\frac{\sqrt{13}}{2}$ （$*$）

由韦达定理，得 $y_1+y_2=\dfrac{24b}{13}$，所以弦 AB 中点纵坐标是 $\dfrac{13b}{12}$.

又弦 AB 中点是直线 $y=4x+m$ 与 $y=-\dfrac{1}{4}x+b$ 的公共点，

所以解方程组 $\begin{cases} y=4x+m \\ y=-\dfrac{1}{4}x+b \end{cases}$，得弦 AB 中点为 $\left(\dfrac{4(b-m)}{17}, \dfrac{16b+m}{17}\right)$，

所以 $\dfrac{16b+m}{17}=\dfrac{12b}{13}$，即 $b=-\dfrac{13}{4}m$，代入（*）式，得 $-\dfrac{\sqrt{13}}{2}<-\dfrac{13}{4}m<\dfrac{\sqrt{13}}{2}$，即 $-\dfrac{2\sqrt{13}}{13}<m<\dfrac{2\sqrt{13}}{13}$.

第四部分　空间图形的相关概念

空间图形是由点、直线和平面等元素组成的，平面图形是空间图形的一部分，是在同一平面内的特殊空间图形，平面几何的知识是研究立体几何的基础，立体几何的公理体系也是建立在平面几何公理体系之上的，是由研究二维空间拓广到研究三维空间. 空间图形是培养和发展空间想象能力的重要载体. 通过观察实例，抽象提炼，形成空间中点、直线、平面等的基本概念、基本性质，并把平面内的直线的性质推广到空间，建立空间几何的基础.

一、基础知识与基本技能掌握要求

AⅢk1 理解平面的概念

AⅢk2 通过实例认识平面的概念，体验从现实世界中抽象出空间形式的过程

AⅢk3 理解平面的画法

AⅢk4 理解平面的符号表示

AⅢk5 掌握公理及其推论

AⅢk6 掌握平面的基本性质及其简单应用

AⅢk7 掌握长方体的以平面的基本性质为画图依据的简单截面的画法

AⅢk8 在观察、实验的基础上归纳平面的基本性质，能合理地用文字语言、图形语言、符号语言表述平面的基本性质以及空间直线和直线、直线和平面、平面和平面的位置关系. 通过用基本性质解释实际事例和证明有关推论，加深对基本性质的理解

AⅢk9 掌握画空间图形的基本技能. 能对基本几何图形的变化与运动进行想象

AⅢk10 理解直线和直线、直线和平面、平面和平面的位置关系

AⅢk11 理解平行线的传递性、等角定理

AⅢk12 理解反证法证明两条直线是异面直线

AⅢk13 经历用反证法证明两条直线是异面直线的过程，体会反证法的作用

AⅢk14 认识从二维平面到三维空间不仅有量的变化也有质的区别，感受类比和推广结果的不可靠性，体会演绎证明的必要性和重要性

AⅢk15 理解异面直线所成角的概念

AⅢk16 懂得简单情形下的异面直线所成角的计算

AⅢk17 识记直线与平面所成角、二面角及其平面角的概念，能计算直线与平面所成的角、二面角的平面角可直接计算的问题

AⅢk18 能根据空间图形的特性做出合情推理，并能加以论证

AⅢk19 体会演绎法在证明和计算空间有关问题中的作用，发展逻辑思考、符号表达的意识

实例

例 1　用符号表示图形 1 和图形 2 中的点、直线、平面之间的关系.

AⅢk1　AⅢk2　AⅢk3　AⅢk4　AⅢk8

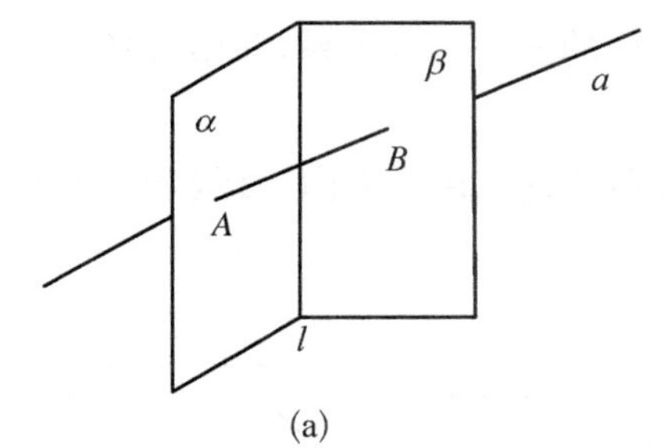

(a)

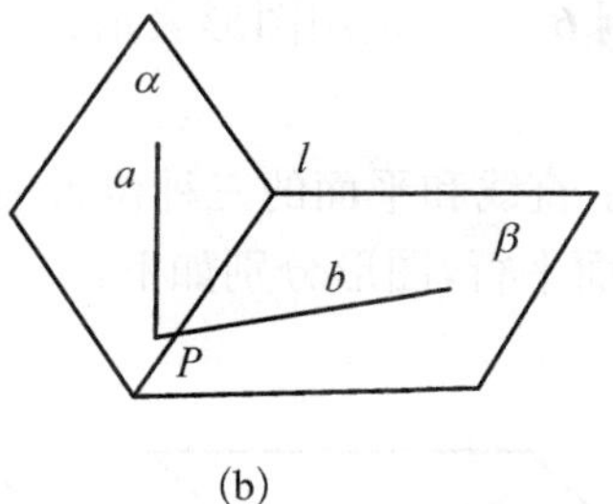

(b)

例 1 图

解：图(a)中，$\alpha \cap \beta = l$，$a \cap \alpha = A$，$a \cap \beta = B$.

图(b) 中，$\alpha \cap \beta = l$，$a \subsetneqq \alpha$，$b \subsetneqq \beta$，$a \cap l = P$，$b \cap l = P$.

例 2　不共面的四点可以确定几个平面？共点的三条直线可以确定几个平面？

AⅢk5

解：不共面的四点可以确定 4 个平面(如三棱锥)，共点的三条直线可以确定 1 个或 3 个平面.

例 3 如图所示，分别作出平面 ABC 与平面 α 与平面 β 的交线.

AⅢk6

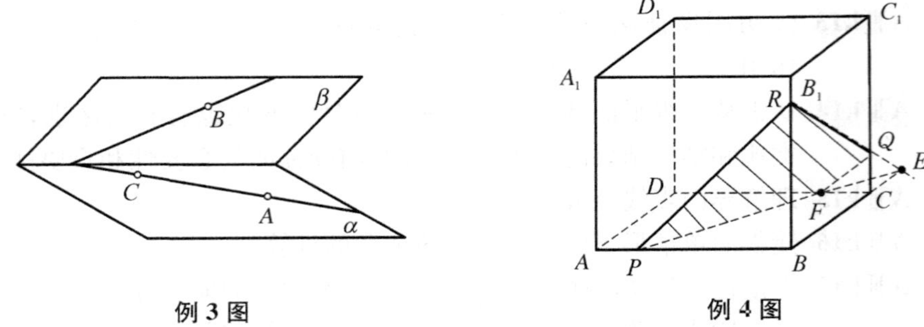

例 3 图　　例 4 图

例 4 如图，做出平面 PQR 与长方体 $ABCD-A_1B_1C_1D_1$ 各面的交线.

AⅢk7

例 5 已知正方体 $ABCD-A_1B_1C_1D_1$. **AⅢk9　AⅢk10**

(1) 哪些棱所在直线与直线 BA_1 是异面直线?

(2) 哪些棱所在的直线与 AA_1 垂直?

解: (1) 棱 AD、DC、CC_1、DD_1、D_1C_1、B_1C_1 所在直线分别与直线 BA_1 是异面直线.

(2) 直线 AB、BC、CD、DA、A_1B_1、B_1C_1、C_1D_1、D_1A_1 分别与 AA_1 垂直.

例 6 分别用图形表示直线和平面的三种位置关系，并用符号语言表示.

AⅢk10

解: 直线和平面的三种位置关系分别是直线在平面内、直线和平面相交、直线和平面平行，图形分别如下:

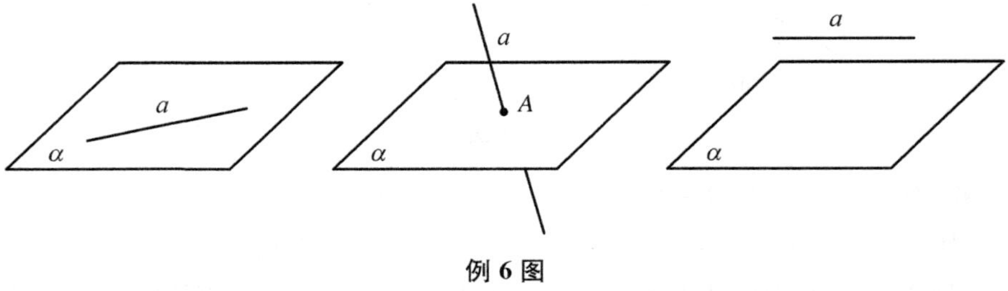

例 6 图

分别表示为: $a \subsetneqq$ 平面 α、$a \cap$ 平面 $\alpha = A$、$a \parallel$ 平面 α.

例 7 空间四边形 $ABCD$ 中，E、F、G、H 分别是 AB、BC、CD、DA 的中点，

求证: 四边形 $EFGH$ 是平行四边形 **AⅢk11**

证明：连接 BD，

因为 EH 是 $\triangle ABD$ 的中位线，所以 $EH \parallel BD$ 且 $EH=\frac{1}{2}BD$

同理 $FG \parallel BD$ 且 $FG=\frac{1}{2}BD$. 因为 $EH \parallel FG$ 且 $EH=FG$

所以四边形 $EFGH$ 是平行四边形.

例 8　如图，等腰直角三角形 ABC 中，$\angle A=90^\circ$，$BC=\sqrt{2}$，$DA \perp AC$，$DA \perp AB$，若 $DA=1$，且 E 为 DA 的中点，求异面直线 BE 与 CD 所成的角.

AⅢk11　AⅢk14　AⅢk15　AⅢk16

解：取 AC 的中点 F，连接 EF，在 $\triangle ACD$ 中，E、F 分别是 AD、AC 的中点，

所以 $EF \parallel CD$，

所以 $\angle BEF$ 即为所求的异面直线 BE 与 CD 所成的角或其补角.

在 $\mathrm{Rt}\triangle EAB$ 中，$AB=1$，$AE=\frac{1}{2}AD=\frac{1}{2}$，所以 $BE=\frac{\sqrt{5}}{2}$.

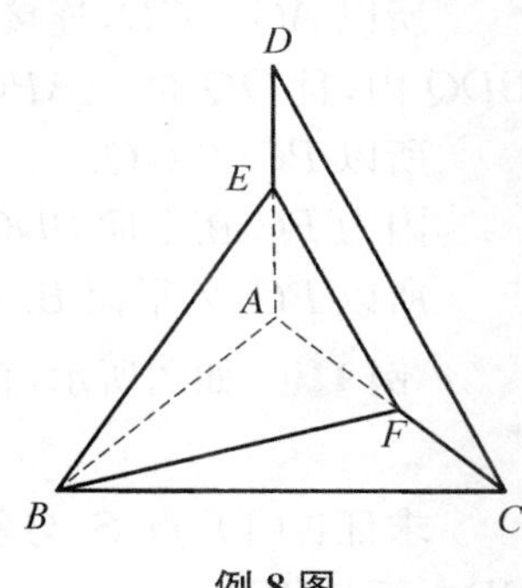

例 8 图

在 $\mathrm{Rt}\triangle AEF$ 中，$AC=1$，$AE=\frac{1}{2}$，所以 $EF=\frac{\sqrt{2}}{2}$.

在 $\mathrm{Rt}\triangle ABF$ 中，$AB=1$，$AE=\frac{1}{2}$，所以 $BF=\frac{\sqrt{5}}{2}$.

在等腰三角形 EBF 中，$\cos\angle FEB=\dfrac{\frac{1}{2}EF}{BE}=\dfrac{\frac{\sqrt{2}}{4}}{\frac{\sqrt{5}}{2}}=\frac{\sqrt{10}}{10}$，

所以异面直线 BE 与 CD 所成的角为 $\arccos\frac{\sqrt{10}}{10}$.

例 9　已知：平面 $\alpha \cap$ 平面 $\beta=l$，$A \in l$，$B \in l$，$AC \subsetneqq \alpha$，$BD \subsetneqq \beta$，如图.

求证：AC、BD 是异面直线.　**AⅢk12　AⅢk13**

证明：假设 AC，BD 不是异面直线，则它们必共面.

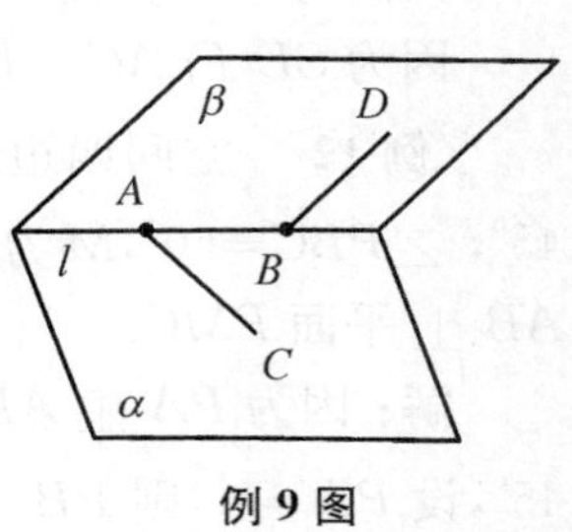

例 9 图

所以 A、B、C、D 在同一平面内，

即 A、B、C 所确定的平面 α 与 A、B、D 确定的平面 β 重合.

这与平面 $\alpha \cap$ 平面 $\beta = l$ 矛盾，

所以 AC、BD 是异面直线.

例 10 P 是平行四边形 $ABCD$ 所在平面外一点，Q 是 PA 的中点，求证：PC//平面 BDQ.

AⅢk17 AⅢk18 AⅢk19

证明：如图所示，连接 AC，交 BD 于点 O，

因为四边形 $ABCD$ 是平行四边形

所以 $AO = CO$，连接 OQ，则 OQ 在平面 BDQ 内，且 OQ 是 $\triangle APC$ 的中位线，

所以 $PC \parallel OQ$.

因为 PC 在平面 BDQ 外，

所以 $PC \parallel$ 平面 BDQ.

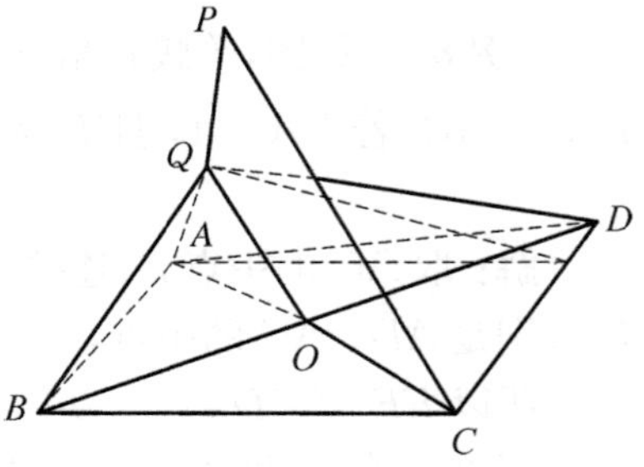

例 10 图

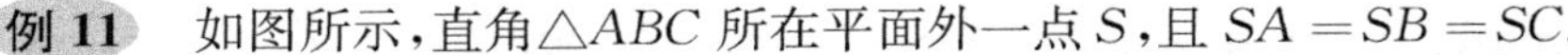

例 11 如图所示，直角$\triangle ABC$ 所在平面外一点 S，且 $SA = SB = SC$.

AⅢk17 AⅢk18 AⅢk19

求证：(1) 点 S 与斜边 AC 中点 D 的连线 $SD \perp$ 面 ABC.

(2) 若直角边 $BA = BC$，求证：$BD \perp$ 面 SAC.

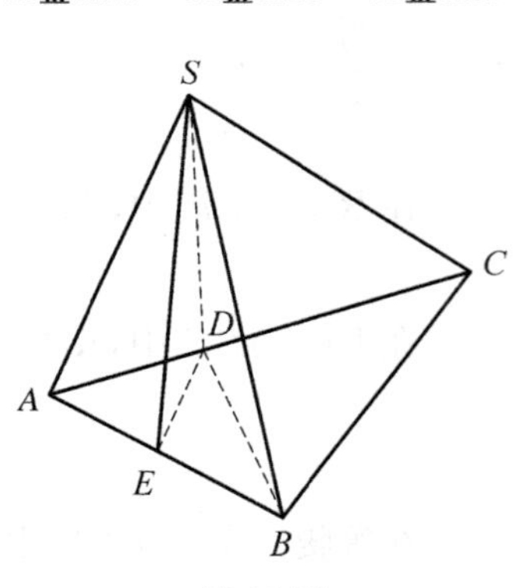

例 11 图

证明：(1) 在等腰 $\triangle SAC$ 中，D 为 AC 中点，所以 $SD \perp AC$.

取 AB 中点 E，连接 DE、SE.

因为 $ED \parallel BC$，$BC \perp AB$，所以 $DE \perp AB$.

又 $SE \perp AB$，所以 $AB \perp$ 面 SED，所以 $AB \perp SD$.

所以 $SD \perp$ 面 ABC（AB、AC 是面 ABC 内两相交直线）.

(2) 因为 $BA = BC$，所以 $BD \perp AC$.

又因为 $SD \perp$ 面 ABC，所以 $SD \perp BD$.

因为 $SD \cap AC = D$，所以 $BD \perp$ 面 SAC.

例 12 空间四边形 $PABC$ 中，PA、PB、PC 两两相互垂直，$\angle PBA = 45°$，$\angle PBC = 60°$，M 为 AB 的中点. (1) 求 BC 与平面 PAB 所成的角. (2) 求证：$AB \perp$ 平面 PMC.

AⅢk17 AⅢk18 AⅢk19

解：因为 $PA \perp AB$，所以 $\angle APB = 90°$. 在 $\text{Rt}\triangle APB$ 中，因为 $\angle ABP = 45°$，设 $PA = a$，则 $PB = a$，$AB = \sqrt{2}a$，因为 $PB \perp PC$，在 $\text{Rt}\triangle PBC$ 中，因为

$\angle PBC=60^\circ$，$PB=a$. 所以 $BC=2a$，$PC=\sqrt{3}a$.

因为 $AP\perp PC$，所以在 Rt$\triangle APC$ 中，$AC=\sqrt{PA^2+PC^2}=\sqrt{a^2+(\sqrt{3}a)^2}=2a$

(1) 因为 $PC\perp PA$，$PC\perp PB$，所以 $FC\perp$ 平面 PAB，所以 BC 在平面 PBC 上的射影是 BP.

$\angle CBP$ 是 CB 与平面 PAB 所成的角，因为 $\angle PBC=60^\circ$，所以 BC 与平面 PBA 的角为 60°.

(2) 由上知，$PA=PB=a$，$AC=AB=2a$. 所以 M 为 AB 的中点，则 $AB\perp PM$，$AB\perp CM$. 所以 $AB\perp$ 平面 PCM.

例 13　如图，四棱锥 $P-ABCD$ 的底面 $ABCD$ 为正方形，$PD\perp$ 底面 $ABCD$，$PD=AD$，

求证：(1) 平面 $PAC\perp$ 平面 PBD. (2) 求 PC 与平面 PBD 所成的角.

(3) 在线段 PB 上是否存在一点 E，使得 $PC\perp$ 平面 ADE？若存在，请加以证明，并求此时二面角 $A-ED-B$ 的大小. 若不存在，请说明理由.

AⅢk17　AⅢk18　AⅢk19

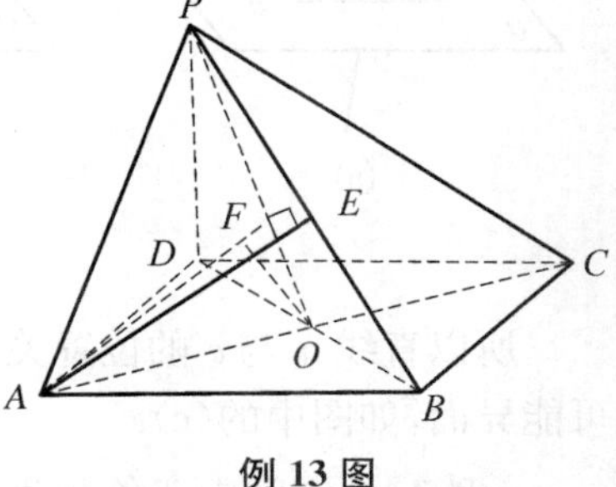

例 13 图

解：(1) 因为 $PD\perp$ 底面 $ABCD$，所以 $AC\perp PD$，又因为底面 $ABCD$ 为正方形，

所以 $AC\perp BD$，而 PD 与 BD 交于点 D，所以 $AC\perp$ 平面 PBD，

又 $AC\subset$ 平面 PAC，所以平面 $PAC\perp$ 平面 PBD.

(2) 记 AC 与 BD 相交于 O，连接 PO，由 (1) 知，$AC\perp$ 平面 PBD，

所以 PC 在平面 PBD 内的射影是 PO，所以 $\angle CPO$ 就是 PC 与平面 PBD 所成的角.

因为 $PD=AD$，所以在 Rt$\triangle PDC$ 中，$PC=\sqrt{2}CD$，而在正方形 $ABCD$ 中，

$OC=\dfrac{1}{2}AC=\dfrac{\sqrt{2}}{2}CD$，所以在 Rt$\triangle POC$ 中，有 $\angle CPO=30^\circ$. 即 PC 与平面 PBD 所成的角为 30°.

(3) 在平面 PBD 内作 $DE\perp PO$ 交 FB 于点 E，连接 AE，则 $PC\perp$ 平面 ADE. 以下证明：

由(1) 知，$AC\perp$ 平面 PBD，所以 $AC\perp DE$，又 PO、AC 交于点 O，所以 $DE\perp$ 平面 PAC，

所以 $DE\perp PC$，(或用三垂线定理证明) 而 $PD\perp$ 平面 $ABCD$，所以 $PD\perp AD$，又因为 $AD\perp CD$，

所以 $AD \perp$ 平面 PCD，所以 $AD \perp PC$，所以 $PC \perp$ 平面 ADE，由 $AC \perp$ 平面 PBD，

所以过点 O 作 $OF \perp DE$ 于 F，连接 AF，由三垂线定理可得，$AF \perp DE$，所以 $\angle OFA$ 是二面角 $A-ED-B$ 的平面角.

二、思想方法分类阐释

BⅢk1 分类讨论思想 根据公理3及其三个推论求生成的平面有几个时常常要分类讨论；研究空间中直线与直线、直线与平面等的位置关系有时需要分类讨论.

例 1 a、b、c 是三条直线，若 a 与 b 异面，b 与 c 异面，判断 a 与 c 的位置关系，并画图说明.

解： 直线 a 与 c 的位置关系有以下三种情形如图：

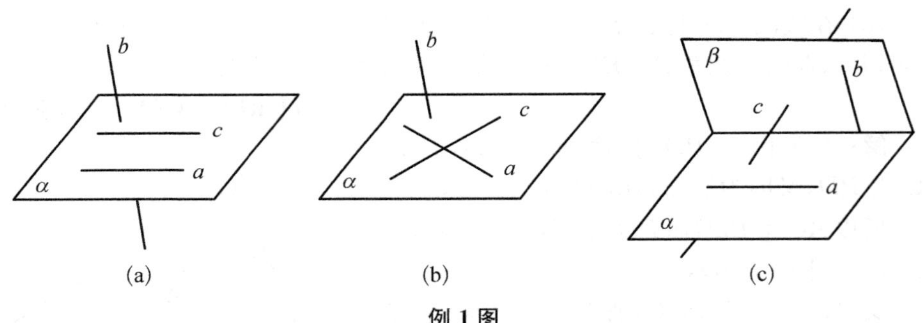

例 1 图

所以直线 a 与 c 的位置关系可能平行，图中的(a)；可能相交，如图中的(b)；可能异面，如图中的(c).

例 2 空间中四条两两平行的直线可确定几个平面？

解：(1) 当这四条直线在同一平面内时可确定一个平面；

(2) 当其中三条直线在一个平面内而另一条直线在该平面外时可确定四个平面；

(3) 当其中两条直线在一个平面内而另外两条直线在该平面外时可确定六个平面；

综上，共可确定一个、四个或六个平面.

BⅢk2 转化思想 空间中两条直线所成的角及距离、线面所成的角等都可以转化为平面的角和距离.

例 3 已知四面体 $S-ABC$ 的所有棱长均为 a，求：

(1) 异面直线 SC、AB 的公垂线段 EF 及 EF 的长；

(2) 异面直线 EF 和 SA 所成的角.

解：(1) 如图，分别取 SC、AB 的中点 E、F，连接 SF、CF.

由已知，得 $\triangle SAB \cong \triangle CAB$.

所以 $SF = CF$，E 是 SC 的中点，

所以 $EF \perp SC$.

同理可证 $EF \perp AB$，

所以 EF 是 SC、AB 的公垂线段.

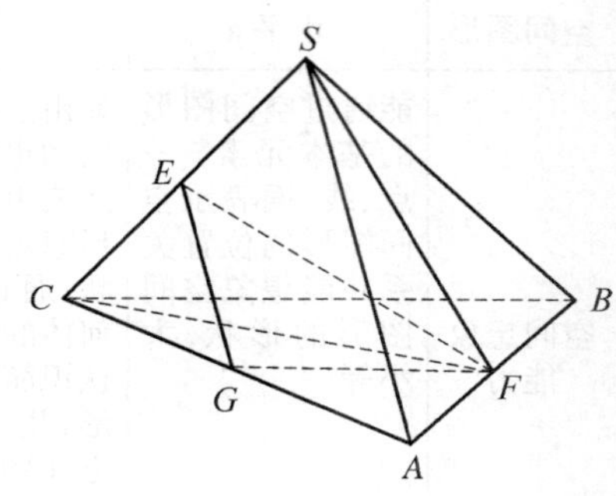

例 3 图

在 Rt$\triangle SEF$ 中，$SF = \frac{\sqrt{3}}{2}a$，$SE = \frac{1}{2}a$.

所以 $EF = \sqrt{SF^2 - SE^2}$

$$\sqrt{\frac{3}{4}a^2 - \frac{1}{4}a^2} = \frac{\sqrt{2}}{2}a.$$

(2) 取 AC 的中点 G，连接 EG，则 $EG \parallel SA$.

所以 EF 和 GE 所成的锐角或直角就是异面直线 EF 和 SA 所成的角.

连接 FG，在 $\triangle EFG$ 中，$EG = \frac{1}{2}a$，$GF = \frac{1}{2}a$，$EF = \frac{\sqrt{2}}{2}a$.

由余弦定理，得

$$\cos\angle GEF = \frac{EG^2 + EF^2 - GF^2}{2 \cdot EG \cdot EF} = \frac{\frac{1}{4}a^2 + \frac{2}{4}a^2 - \frac{1}{4}a^2}{2 \cdot \frac{1}{2}a \cdot \frac{\sqrt{2}}{2}a} = \frac{\sqrt{2}}{2}.$$

所以 $\angle GEF = 45°$. 故异面直线 EF 和 SA 所成的角为 $45°$.

三、能力水平划分

空间图形	水平 a	水平 b	水平 c	水平 d
运算求解能力	能正确地按异面直线所成的角等空间中的角和距离的概念等进行运算和求解； 在简单的空间图形中能对给出的空间中角和距离的运算结果的正确性加以判断	能灵活运用空间中角和距离等概念进行求解；能理解利用空间中角和距离等概念进行运算的依据，并明确其运算时的使用条件； 能根据具体的空间问题情境选择合理的空间图形的运算方式	在较综合的空间问题情境中，有意识地通过多步骤的形式有效地解决与空间图形运算、空间图形的性质等相关的问题； 能解释空间图形运算的公式、概念等使用的依据与条件，做到言之有据	能将空间图形的运算及空间图形的性质进行推理和研究

续 表

空间图形	水平 a	水平 b	水平 c	水平 d
空间想象能力	能通过空间图形的基本元素——点、线、面表示空间图形的位置关系并能想象空间图形的形状、大小等	能由空间中简单的实物想象出几何图形或由空间几何图形想象出实物的形状；通过空间中几何体的整体形状来认识简单的空间图形，并分析出简单空间图形的特征；能对空间中的基本图形变化与运动进行想象	能对空间图形分解与组合；能建立空间图形的基本元素——点、线、面之间的位置与数量关系；能建立空间图形的位置与数量关系；能将空间图形及其特征联系起来，并根据条件或性质作出或画出空间图形的直观图	能通过逻辑推理揭示空间图形的几何特征；能够想象空间图形较复杂的运动和变化，并指出其中所蕴含的几何特征和数量关系
推理论证能力	能对空间图形中简单的几何结论作出直接判断，并能给出说明；能通过对空间图形的观察及想象等方法提出简单的猜想	能在空间想象中有条理地思考，并能进行合乎逻辑的表达等；能理解较简单的空间图形的结论的推理或论证，并能直观判断该推理或论证是否正确；能通过对空间图形的观察及想象等方法提出简单的猜想，并做出直观的判断	能运用空间图形中已知的定理、性质、推论等进行完整的数学证明；能根据空间图形的特性做出合乎情理的推理，并能加以论证	能合理地把空间图形中的问题转化为平面几何中的问题，自觉寻找或设计转化过程对空间图形中的结论进行证明；能从论证的逻辑性、严密性、严禁性和简明性等方面评价各种不同的论证方法；能通过一般化、逆推等方法，将空间图形中的问题作合理的推广和拓展
提出与解决问题能力	能在一定条件的引导或启发下抽象出或提出简单的有关空间图形的问题；能较准确表达简单的空间图形的数量关系、规律或事实；能对运算数据进行分类整理	能将空间图形中比较简单的问题数学化；能运用适当的空间图形模型分析真实的三维空间中较简单的数学图形；将不同的图形语言、文字语言和符号语言运用于简单的运算过程或推理过程	能从真实的三维空间中的图形发现问题，并用图形语言、文字语言和符号语言将其表述为较规范的数学问题形式或数学模型；能综合运用数学方法或策略形成空间图形中问题解决的合理步骤，并最终逐步解决问题；能问题的解决过程进行反思，判断个步骤是否符合问题条件；能合理地使用数学语言表述数学模型、表达数学问题或探究的过程	能从真实的三维空间中的问题提炼出有一定深度的数学问题；较为熟练地运用符号语言抽象、准确地表达数学问题；能建立数学模型，并自主设计、运动科学合理的方法解决模型；能反思和回顾问题提出和解决过程，尝试一些典型的方法，并能给出解释、说明或推广

实例

例 1　如图，正方体 $ABCD-A_1B_1C_1D_1$ 中，E、F 分别是 AB、CC_1 的中点，则异面直线 A_1C 与 EF 所成角的余弦值为(　　).　**CⅢk1a**

A. $\frac{\sqrt{3}}{3}$　　B. $\frac{\sqrt{2}}{3}$　　C. $\frac{1}{3}$　　D. $\frac{1}{6}$

答案：B.

解析：连接 A_1C_1，并取 A_1C_1 的中点 O，连接 FO，在三角形 EFO 中利用余弦定理可解决.

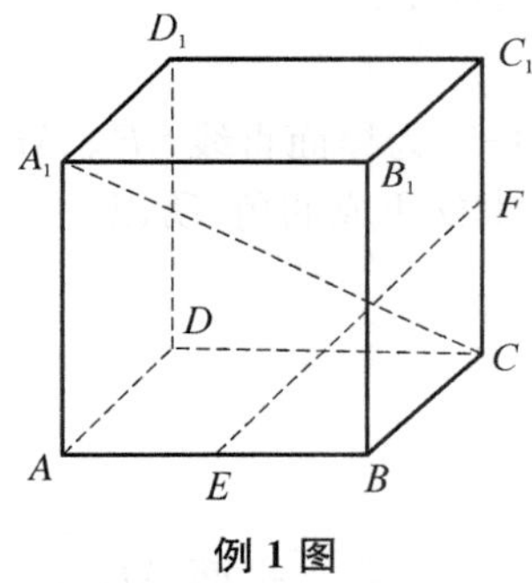

例 1 图

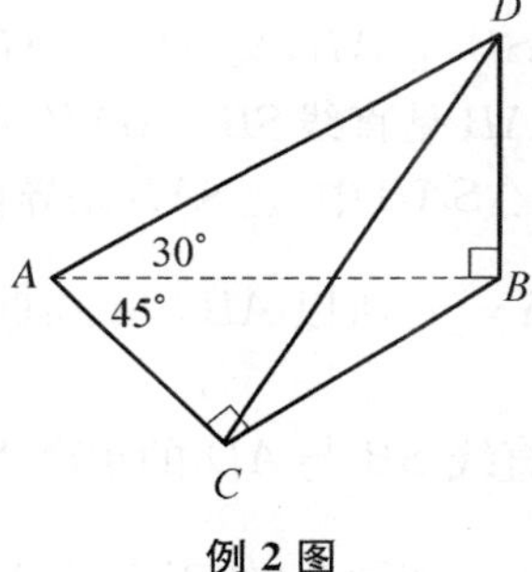

例 2 图

例 2　一副三角板 ABC 和 ABD 如图摆成直二面角，若 $BC=a$，求 AB 和 CD 的夹角的余弦值.　**CⅢk1b**

解：因为 $BC=a$，$\angle BAC=45°$，所以 $AC=a$，$AB=\sqrt{2}a$，$\triangle ABD$ 中，$AB=\sqrt{2}a$，$\angle DAB=30°$，所以 $BD=\frac{\sqrt{6}}{3}a$，$AD=\frac{2\sqrt{6}}{3}a$，作 $CE\parallel AB$，且 $CE=AB$，所以 $\angle BCE=135°$，则 $BE=\sqrt{5}a$，又 $CD=\frac{\sqrt{15}}{3}a$，所以 $BE=\sqrt{5}a$，$DE=\frac{\sqrt{51}}{3}a$，$\angle DCE$ 是 AB 与 CD 所成的角或其补角，所以 $\cos\angle DCE=\frac{DC^2+EC^2-DE^2}{2DC\cdot EC}=-\frac{\sqrt{30}}{10}$，

所以 $\cos a=\frac{\sqrt{30}}{10}$.

例 3　S 是矩形 $ABCD$ 所在平面外一点，$SA\perp BC$，$SB\perp CD$，SA 与 CD 成 $60°$ 角，SD 与 BC 成 $30°$ 角，$SA=a$，求：(1) 直线 SA 与 CD 的距离；(2) 求直

线 SB 与 AD 的距离. **CⅢk1c**

解: (1) 如图所示,在矩形 $ABCD$ 中,$BC \parallel AD$.

因为 $SA \perp BC$,所以 $SA \perp AD$.

又 $CD \perp AD$,所以 AD 是异面直线 SA、CD 的公垂线段,

其长度为异面直线 SA、CD 的距离.

在 Rt$\triangle SAD$ 中,因为 $\angle SDA$ 是 SD 与 BC 所成的角,

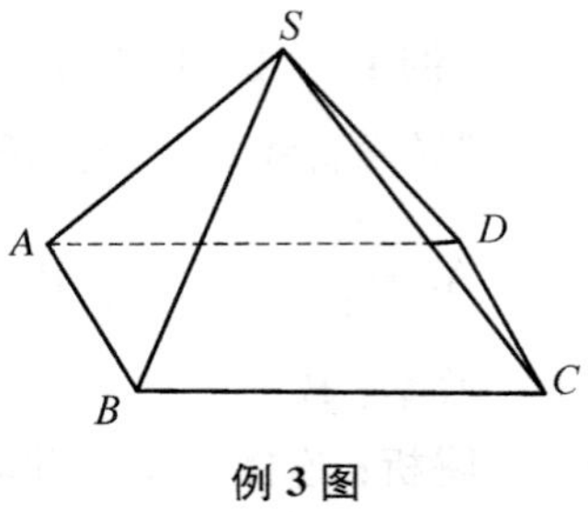

例 3 图

所以 $\angle SDA = 30°$. 又 $SA = a$,所以 $AD = \sqrt{3}a$.

(2) 在矩形 $ABCD$ 中,$AB \parallel CD$, $SB \perp AD$,

所以 $SB \perp AB$,又 $AB \perp AD$,

所以 AB 是直线 SB、AD 的公垂线段,其长度为异面直线 SB、AD 的距离.

在 Rt$\triangle SAB$ 中,$\angle SAB$ 是异面直线 SA 与 CD 所成的角,所以 $\angle SAB = 60°$.

又 $SA = a$,所以 $AB = a\cos 60° = \dfrac{a}{2}$,

所以直线 SB 与 AD 的距离为 $\dfrac{a}{2}$.

例 4 如图,已知正方形 $ABCD$ 边长为 4, $CG \perp$ 平面 $ABCD$, $CG = 2$, E、F 分别是 AB、AD 中点,求点 B 到平面 GEF 的距离. **CⅢk1d**

解: 连接 BD、AC, EF 和 BD 分别交 AC 于 H、O,连 GH,作 $OK \perp GH$ 于 K.

因为 $ABCD$ 为正方形,E、F 分别为 AB、AD 的中点,

所以 $EF \parallel BD$, H 为 AO 中点.

因为 $BD \parallel EF$, $BD \not\subset$ 平面 GFE,

所以 $BD \parallel$ 平面 GFE.

所以 BD 与平面 GFE 的距离就是 O 点到平面 EFG 的距离.

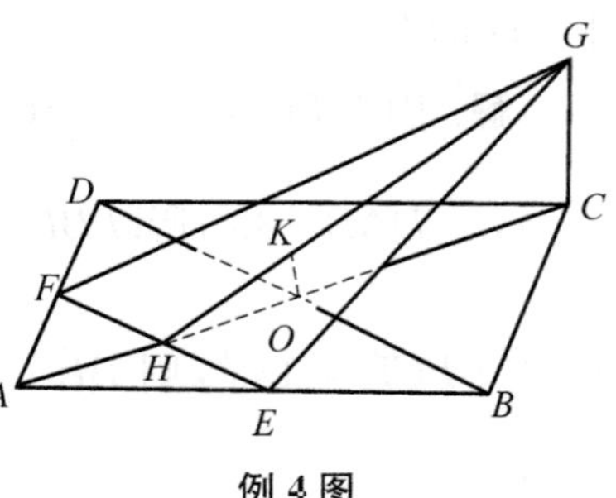

例 4 图

因为 $BD \perp AC$,所以 $EF \perp AC$.

因为 $GC \perp$ 面 $ABCD$,所以 $GC \perp EF$.

因为 $GC \cap AC = C$,

所以 $EF \perp$ 平面 GCH.

因为 $OK \subset$ 平面 GCH,

所以 $EF \perp OK$.

又因为 $OK \perp GH$，$GH \cap EF = H$，

所以 $OK \perp$ 平面 GEF，

即 OK 长就是点 B 到平面 GEF 的距离.

因为正方形边长为 4，$CG = 2$，

所以 $AC = 4\sqrt{2}$，$HO = \sqrt{2}$，$HC = 3\sqrt{2}$.

在 Rt△HCG 中，$HG = \sqrt{HC^2 + CG^2} = \sqrt{22}$.

在 Rt△GCH 中，$OK = \dfrac{HO \cdot GC}{HG} = \dfrac{2\sqrt{11}}{11}$.

例 5 “直线 m 经过平面 α 外一点 P”用符号表示为（　　）. **CⅢk2a**

A. $P \in a$，$a \parallel \alpha$　　　　B. $a \cap \alpha = P$

C. $P \in m$，$P \notin \alpha$　　　　D. $P \in a$，$a \subset \alpha$

答案：C.

解析：利用集合语言表示空间中点、线、面的位置关系.

例 6 对于空间中的三条直线，有以下四个条件：① 三条直线两两相交；② 三条直线两两平行；③ 三条直线共点；④ 两直线相交，第三条平行于其中一条与另一条相交. 其中使这三条直线共面的充分条件有（　　）个. **CⅢk2b**

A. 1　　B. 2　　C. 3　　D. 4

答案：B.

解析：根据公理 3 及其三个推理可得.

例 7 如图 $ABCD-A_1B_1C_1D_1$ 是正方体，O 是 B_1D_1 的中点，直线 A_1C 交平面 AB_1D_1 于点 M，则下列结论中错误的是（　　）. **CⅢk2c**

A. A、M、O 三点共线

B. M、O、A_1、A 四点共面

C. A、O、C、M 四点共面

D. B、B_1、O、M 四点共面

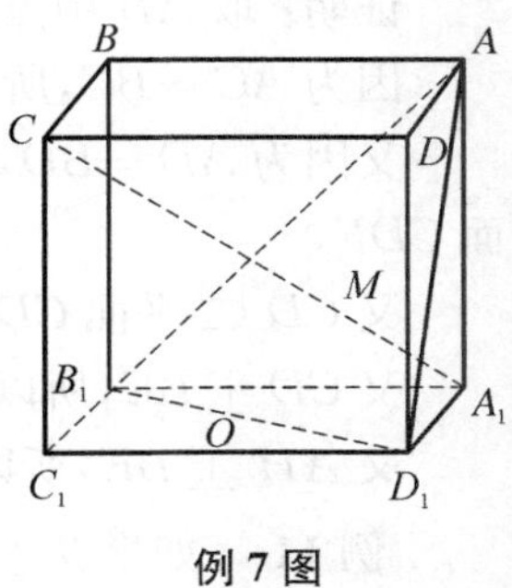

例 7 图

答案：D.

解析：根据平面的无限延伸性及公理 2、公理 3 可得.

例 8 a，b 为两异面直线，下列结论正确的是（　　）. **CⅢk2d**

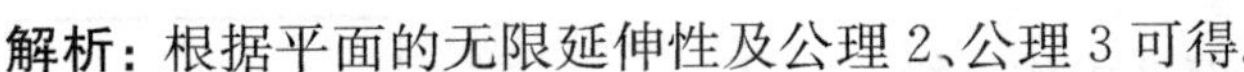

A. 过不在 a，b 上的任何一点，可作一个平面与 a，b 都平行

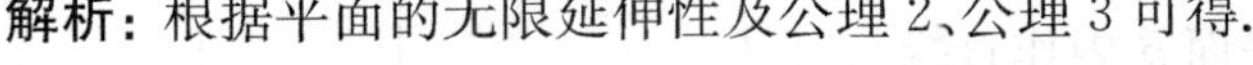

B. 过不在 a，b 上的任一点，可作一直线与 a，b 都相交

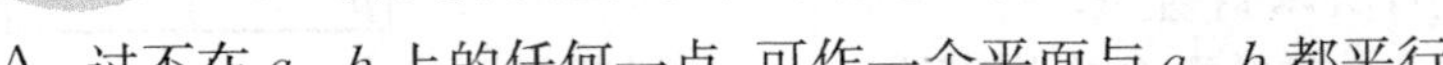

C. 过不在 a，b 上任一点，可作一直线与 a，b 都平行

D. 过 a 可以并且只可以作一个平面与 b 平行

答案：D.

解析： 当点选在过其中一条异面直线且和另一条异面直线平行的平面上时，可排除答案A、B、C，根据直线和平面平行的判定定理可知答案D正确.

例 9 如图所示，$\triangle ABC$是正三角形，AE和CD都垂直于平面ABC，且$AE=AB=2a$，$CD=a$，F是BE的中点，求证：(1) $DF\parallel$平面ABC；(2) $AF\perp BD$. **CⅢk3a**

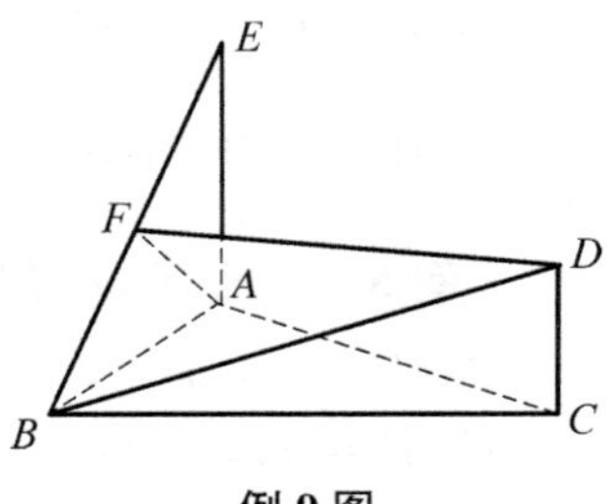

例9图

证明： (1) 过F作$FG\perp AB$于G，$FG\parallel AE$，$FG=\dfrac{1}{2}AE$，又$CD\perp$平面ABC，$AE\perp$平面ABC，所以$CD\parallel AE$，$CD=\dfrac{1}{2}AE$，所以$FG\parallel CD$，$FG=CD$，所以四边形$CDFG$是平行四边形，$DF\parallel CG$，$CG\subset$平面ABC，所以$DF\parallel$平面ABC；(2) Rt$\triangle ABE$中，$AE=2a$，$AB=2a$，F为BE中点，所以$AF\perp BE$，又$DF\perp FG$，$DF\perp AE$，所以$DF\perp$平面ABE，$DF\perp AF$，又$BE\perp AF$，所以$AF\perp$平面BDF，所以$AF\perp BD$.

例 10 如图，已知空间四边形$ABCD$的边$BC=AC$，$AD=BD$，引$BE\perp CD$，E为垂足，作$AH\perp BE$于H，求证：$AH\perp$平面BCD. **CⅢk3b**

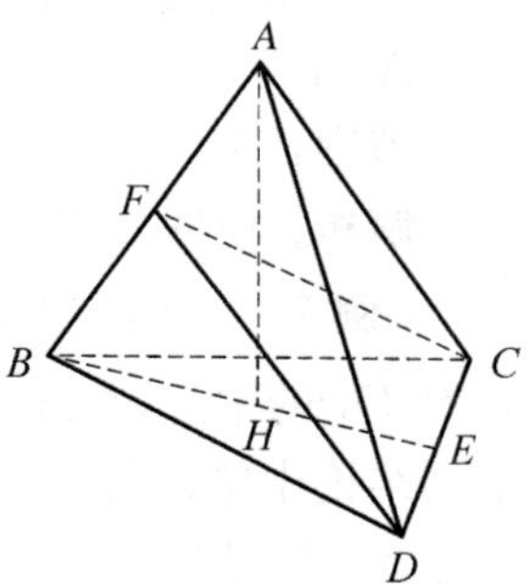

例10图

证明： 取AB中点F，连接CF、DF，

因为$AC=BC$，所以$CF\perp AB$.

又因为$AD=BD$，所以$DF\perp AB$，所以$AB\perp$平面CDF，

又$CD\subset$平面CDF，所以$CD\perp AB$

又$CD\perp BE$，所以$CD\perp$平面ABE，$CD\perp AH$，

又$AH\perp BE$，所以$AH\perp$平面BCD.

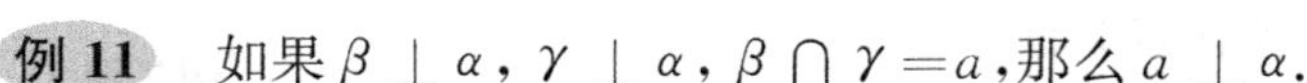

例 11 如果$\beta\perp\alpha$，$\gamma\perp\alpha$，$\beta\cap\gamma=a$，那么$a\perp\alpha$. **CⅢk3c**

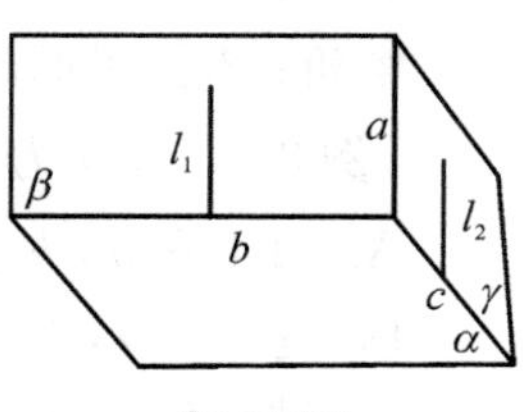

例11图

证明： 如图所示，

设$\alpha\cap\beta=b$，在平面β内作直线$l_1\perp b$.

因为$\alpha\perp\beta$，所以$l_1\perp\alpha$.

设$\alpha\cap\gamma=c$，在平面γ内作直线$l_2\perp c$. 同理可证$l_2\perp a$，因此$l_1\parallel l_2$.

由于$l_1\subset\beta$，$l_2\not\subset\beta$，所以$l_2\parallel\beta$，

而$l_2\subset\gamma$，$a=\beta\cap\gamma$，所以$l_2\parallel a$.

故由 $l_2 // a$ 知，$a \perp \alpha$.

例 12 设 a，b 为异面直线，AB 为它们的公垂线. **CⅢk3d**

(1) 若 a，b 都平行于平面 α，则 $AB \perp \alpha$；

(2) 若 a，b 分别垂直于平面 α、β，且 $\alpha \cap \beta = c$，则 $AB // c$.

证明：(1) 如图(a)所示，在 α 内任取一点 P，设直线 a 与点 P 确定的平面与平面 α 的交线为 a'，设直线 b 与点 P 确定的平面与平面 α 的交线为 b'.

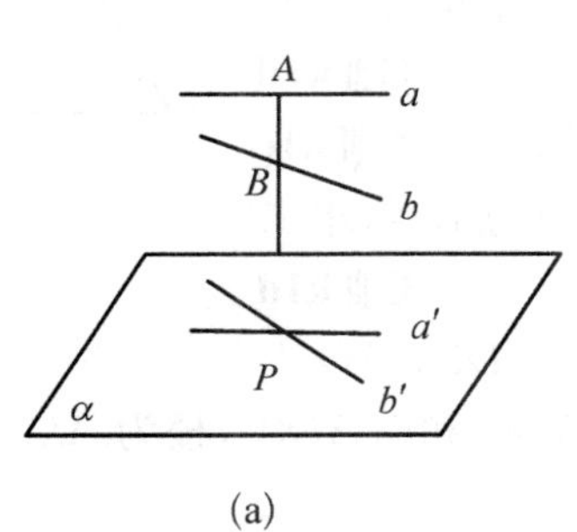

(a)

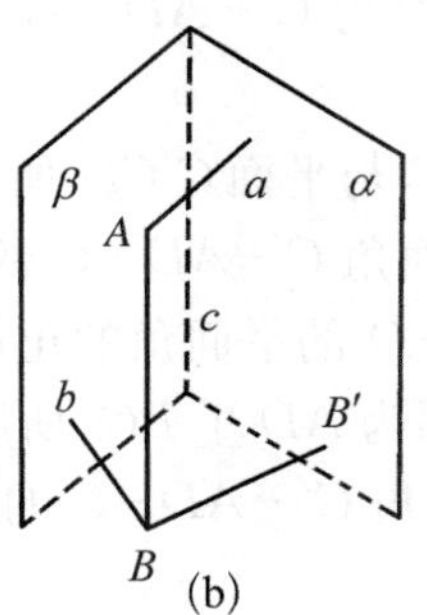

(b)

例 12 图

因为 $a // \alpha$，$b // \alpha$，所以 $a // a'$，$b // b'$

又因为 $AB \perp a$，$AB \perp b$，所以 $AB \perp a'$，$AB \perp b'$，

所以 $AB \perp \alpha$.

(2) 如图(b)所示，过 B 作 $BB' \perp \alpha$，则 $BB' // a$，

则 $AB \perp BB'$

又因为 $AB \perp b$，所以 AB 垂直于由 b 和 BB' 确定的平面.

因为 $b \perp \beta$，所以 $b \perp c$，$BB' \perp \alpha$，所以 $BB' \perp c$.

所以 c 也垂直于由 BB' 和 b 确定的平面.

故 $c // AB$.

例 13 如图，在立体图形 $D-ABC$ 中，若 $AB=CB$，$AD=CD$，E 是 AC 的中点，则下列命题中正确的是(　　). **CⅢk4a**

A. 平面 $ABC \perp$ 平面 ABD

B. 平面 $ABD \perp$ 平面 BDC

C. 平面 $ABC \perp$ 平面 BDE，且平面 $ADC \perp$ 平面 BDE

D. 平面 $ABC \perp$ 平面 ADC，且平面 $ADC \perp$ 平面 BDE

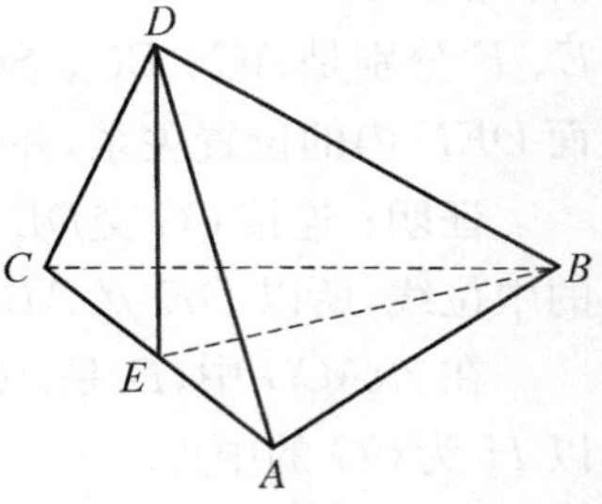

例 13 图

答案：C.

分析：因为 $AB=CB$，且 E 是 AC 的中点，所以

$BE \perp AC$，同理有 $DE \perp AC$，于是 $AC \perp$ 平面 BDE. 因为 $AC \subsetneq$ 平面 ABC，所以平面 $ABC \perp$ 平面 BDE. 又由于 $AC \subsetneq$ 平面 ACD，所以平面 $ACD \perp$ 平面 BDE. 所以选 C.

例 14 如图，将边长为 a 的正三角形 ABC 以它的高 AD 为折痕折成一个二面角 $C'-AD-C$.

(1) 指出这个二面角的面、棱、平面角； **CⅢk4b**

(2) 若二面角 $C'-AD-C$ 是直二面角，求 $C'C$ 的长； **CⅢk1d**

(3) 求 AC' 与平面 $C'CD$ 所成的角； **CⅢk1c**

(4) 若二面角 $C'-AD-C$ 的平面角为 $120°$，求二面角 $A-C'C-D$ 的平面角的正切值. **CⅢk1d**

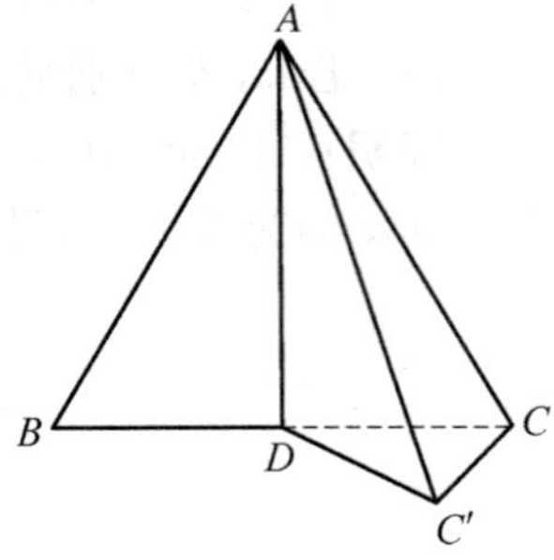

例 14 图

解：(1) 因为 $AD \perp BC$，所以 $AD \perp DC$，$AD \perp DC'$，所以二面角 $C'-AD-C$ 的面为 ADC 和面 ADC'，棱为 AD，二面角的平面角为 $\angle CDC'$.

(2) 若 $\angle CDC'=90°$，因为 $AC=a$，所以 $DC=DC'=\dfrac{1}{2}a$，所以 $CC'=\dfrac{\sqrt{2}}{2}a$.

(3) 因为 $AD \perp DC'$，$AD \perp DC$，所以 $AD \perp$ 平面 $DC'C$，所以 $\angle AC'D$ 为 AC' 与平面 $C'CD$ 所成的角. 在直角三角形 ADC' 中，$DC=DC'=\dfrac{1}{2}AC$，所以 $\angle DAC'=30°$，于是 $\angle AC'D=60°$.

(4) 取 CC' 的中点 E，连接 AE、DE，

因为 $DC'=DC$，$AC'=AC$，所以 $AE \perp CC'$，$DE \perp CC'$，

所以 $\angle AED$ 为二面角 $A-C'C-D$ 的平面角.

因为 $\angle C'DC=120°$，$C'D=CD=\dfrac{1}{2}a$，所以 $DE=\dfrac{1}{4}a$.

例 15 已知点 S 是正三角形 ABC 所在平面外的一点，且 $SA=SB=SC$，SG 为 $\triangle SAB$ 上的高，D、E、F 分别是 AC、BC、SC 的中点，试判断 SG 与平面 DEF 内的位置关系，并给予证明. **CⅢk4c**

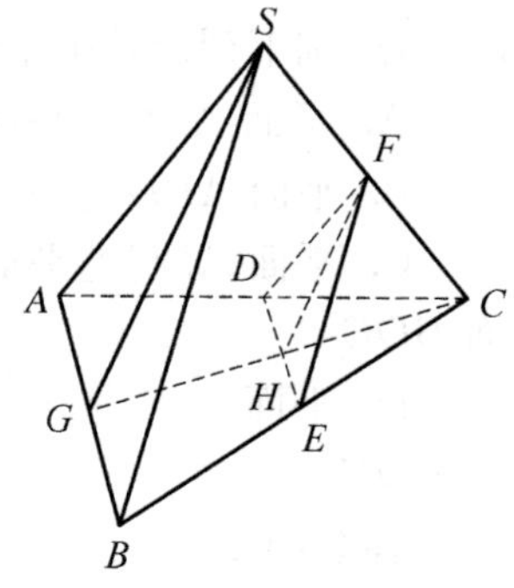

例 15 图

证明：连接 CG 交 DE 于点 H，因为 DE 是 $\triangle ABC$ 的中位线，所以 $DE \parallel AB$.

在 $\triangle ACG$ 中，D 是 AC 的中点，且 $DH \parallel AG$，所以 H 为 CG 的中点.

因为 FH 是 $\triangle SCG$ 的中位线，所以 $FH \parallel SG$.

又 $SG \not\subset$ 平面 DEF，$FH \subset$ 平面 DEF，所以 $SG \parallel$ 平面 DEF.

例 16　由四个全等的等边三角形的封面几何体称为正四面体，如图，正四面体 $ABCD$ 中，E、F 分别是棱 BC、AD 的中点，CF 与 DE 是一对异面直线，在图形中适当的选取一点作出异面直线 CF、DE 的平行线，找出异面直线 CF 与 DE 成的角.　**CⅢk4d**

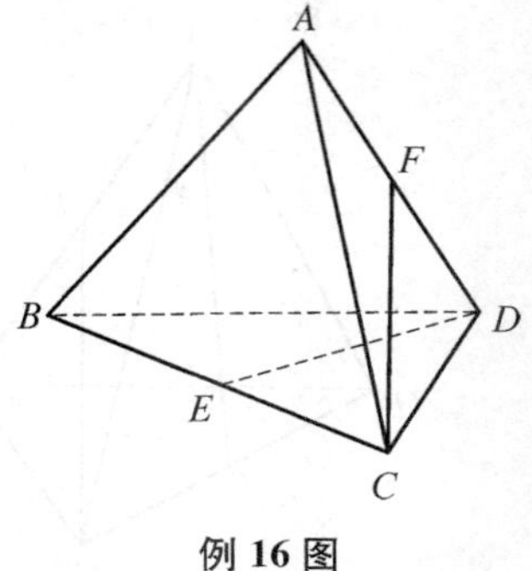

例 16 图

解：

分析 1： 选取平面 ACD，该平面有以下两个特点，(1) 该平面包含直线 CF，(2) 该平面与 DE 相交于点 D，伸展平面 ACD，在该平面中，过点 D 作 $DM \parallel CF$ 交 AC 的延长线于 M，连接 EM. 可以看出：DE 与 DM 所成的角，即为异面直线 DE 与 CF 所成的角. 如图(a)所示.

分析 2： 选取平面 BCF，该平面有以下两个特点：(1) 该平面包含直线 CF，(2) 该平面与 DE 相交于点 E. 在平面 BCF 中，过点 E 作 CF 的平行线交 BF 于点 N，连接 ND，可以看出：EN 与 ED 所成的角，即为异面直线 FC 与 ED 所成的角. 如图(b)所示.

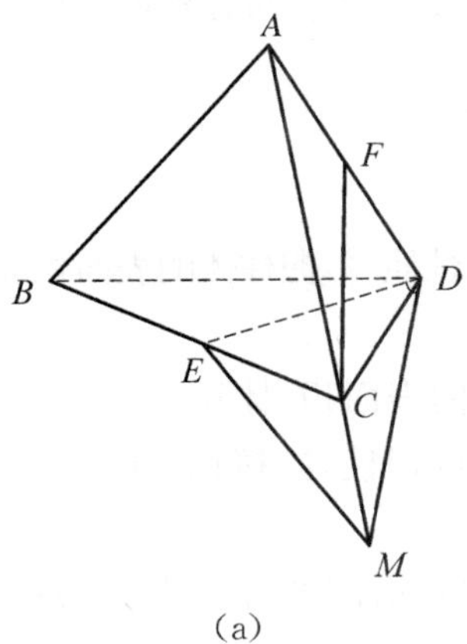

(a)

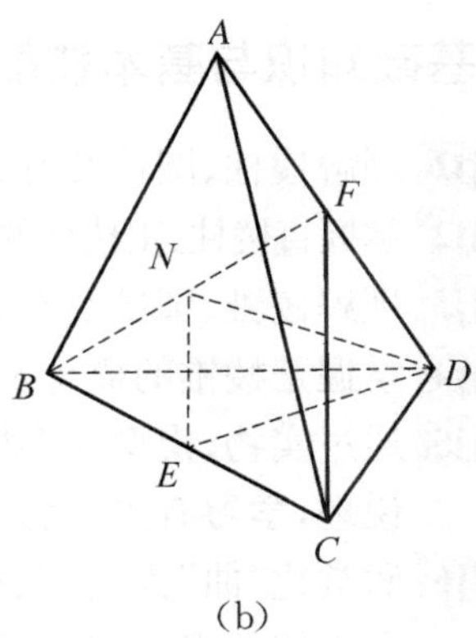

(b)

分析 3： 选取平面 ADE，该平面有如下两个特点：(1) 该平面包含直线 DE，(2) 该平面与 CF 相交于点 F. 在平面 ADE 中，过点 F 作 $FG \parallel DE$，与 AE 相交于点 G，连接 CG，可以看出：FG 与 FC 所成的角，即为异面直线 CF 与 DE 所成的角. 如图(c)所示.

分析 4： 选取平面 BCD，该平面有如下特点：(1) 该平面包含直线 DE，(2) 该平面与 CF 相交于点 C，伸展平面 BCD，在该平面内过点 C 作 $CK \parallel DE$ 与 BD 的延长线交于点 K，且 $DK = BD$，连接 FK，则 CF 与 CK 所成的角，即为

异面直线 CF 与 DE 所成的角. 如图(d)所示.

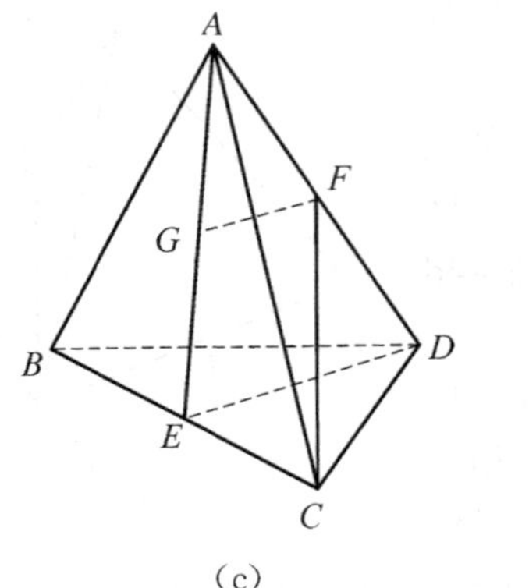

(c)

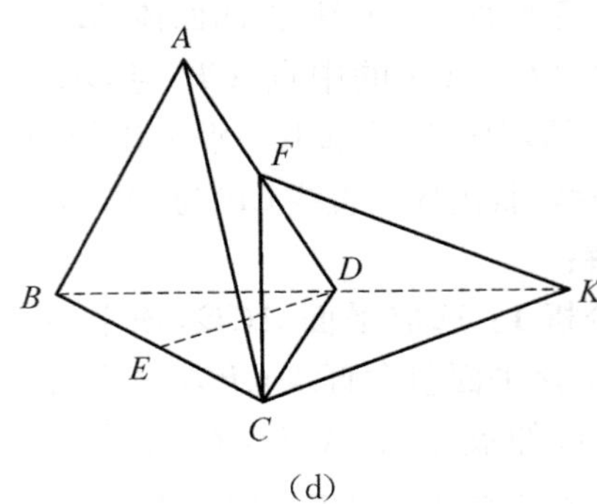

(d)

第五部分　简单的几何体

生活中蕴含着丰富的几何体,随处可见的房屋,各式各样的建筑. 而它们往往都是由一些球体、锥体、柱体等简单的几何体组合而成. 简单几何体的学习既是发展数学抽象和概括能力的途径,又是进一步发展空间想象能力的重要载体.

一、基础知识与基本技能掌握要求

AⅢjj1 理解棱柱、圆柱及有关概念

AⅢjj2 掌握直棱柱、正棱柱的有关概念及性质. 掌握柱体的表面积、体积公式

AⅢjj3 理解棱锥、圆锥及有关概念

AⅢjj4 掌握正棱锥的概念及性质. 锥体的表面积、体积

AⅢjj5 通过实物、模型和多媒体能直观认识棱柱、棱锥,通过观察、抽象和说理,学习有关概念

AⅢjj6 欣赏化"曲"为"直"、祖暅原理和图形割补等数学方法在获得柱体和锥体的表面积、体积计算公式中的作用

AⅢjj7 掌握简单几何体的"斜二测"画法

AⅢjj8 能够将图形及其特征联系起来,根据条件或性质画出立体图形的直观图

AⅢjj9 球的有关概念、球的截面、球面距离、经度、纬度等概念

AⅢjj10 识记利用图形的旋转理解圆柱、圆锥和球的生成过程,能依据语言或文字的描述想象几何图形的形状、大小等特征

AⅢjj11 利用图形的旋转理解圆柱、圆锥和球的生成过程,能依据语言或

	文字的描述想象几何图形的形状、大小等特征
AⅢjj12	经历柱体和锥体的表面积、体积计算公式的推导过程
AⅢjj13	欣赏化“曲”为“直”、祖暅原理和图形割补等数学方法在获得柱体和锥体的表面积、体积计算公式中的作用
AⅢjj14	认识平面基本性质和空间线面位置关系对研究简单几何体的作用，体会数学知识之间的联系和数学思想方法的应用
AⅢjj15	感悟球及其有关截面的性质与实际生活的联系，发展探究与创新的意愿
AⅢjj16	用现代信息技术展示空间图形，通过观察、操作、联想提高读图能力和空间想象能力
AⅢjj17	识记三视图的概念
AⅢjj18	理解简单多面体的三视图
AⅢjj19	能根据三视图的构成和画法，画出简单物体的三视图
AⅢjj20	通过观察和画图实践，感悟空间图形的直观与简洁，提高审美情趣

实例

例 1　设有四个命题：

① 底面是矩形的平行六面体是长方体.

② 棱长都相等的直四棱柱是正方体.

③ 有两条侧棱都垂直于底面一边的平行六面体是直平行六面体.

④ 对角线相等的平行六面体是直平行六面体.

其中真命题的个数是(　　).　　**AⅢjj1**

A. 1　　B. 2　　C. 3　　D. 4

分析：命题①是假命题. 因为底面是矩形的直平行六面体才是长方体. 底面是矩形，侧棱不垂直于底面，这样的四棱柱仍是斜平行六面体.

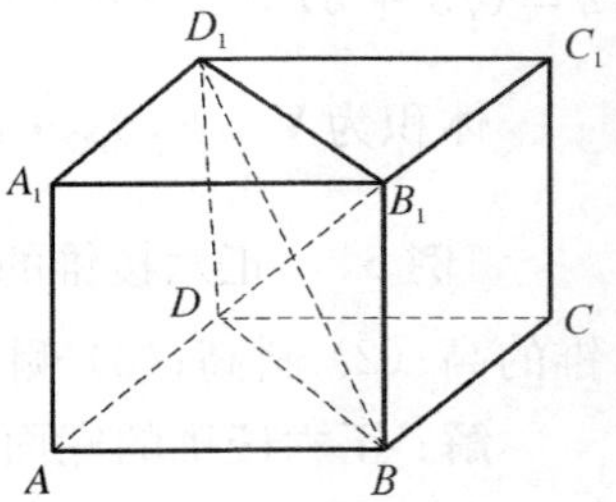

命题②是假命题. 底面是菱形，底面边长与棱长相等的直四棱柱不是正方体.

命题③是假命题. 因为有两条侧棱垂直于异面一边不能推出侧棱与底面垂直.

例 1 图

命题④是真命题，如图所示，平行六面体 $ABCD-A_1B_1C_1D_1$ 中所有对角线相等，对角面 B_1BDD_1 是平行四边形，对角线 $BD_1=B_1D$，所以四边形 B_1BDD_1 是矩形，即

$BB_1 \perp BD$，同理四边形 A_1ACC_1 是矩形，所以 $AA_1 \perp AC$，由 $AA_1 \parallel BB_1$ 知 $BB_1 \perp$ 底面 $ABCD$，即该平行六面体是直平行六面体.

故选 A.

例 2 斜三棱柱 $ABC-A_1B_1C_1$ 的底面$\triangle ABC$ 是直角三角形，$\angle C=90°$，$BC=2\,\text{cm}$，B_1 在底面上的射影 D 恰好是 BC 的中点，侧棱与底面成 $60°$角，侧面 AA_1B_1B 与侧面 BB_1C_1C 所成角为 $30°$，求斜棱柱的侧面积与体积. **AⅢjj2**

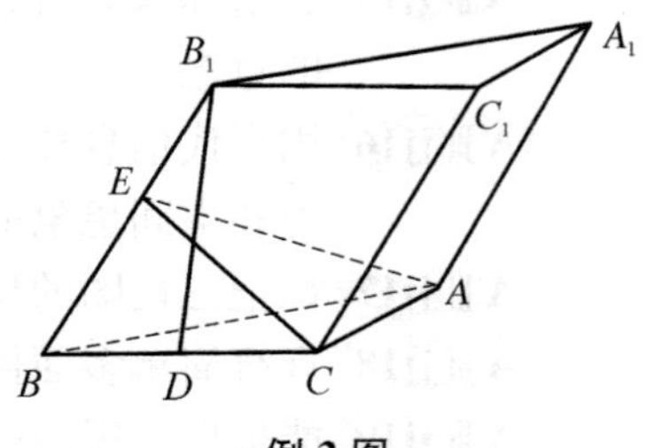

例 2 图

解：因为 B_1 在底面 ABC 上，射影 D 为 BC 中点，

所以 $B_1D \perp$ 平面 ABC.

所以$\angle B_1BD$ 为侧棱B_1B 与底面ABC 所成角，即 $\angle B_1BD=60°$，

因为$\angle C=90°$，即$AC \perp BC$，又$AC \perp B_1D$，

所以 $AC \perp$ 平面 BB_1C_1C，过 A 作 $AE \perp B_1B$ 于E，连接 CE，则 $CE \perp B_1B$.

所以 $\angle AEC$ 是侧面AA_1B_1B 与侧面CC_1B_1B 所成二面角的平面角，

所以 $\angle AEC=30°$.

在直角 $\triangle CEB$ 中，因为 $\angle CEB=60°$，$BC=2$，所以 $CE=\sqrt{3}$，

在直角 $\triangle ACE$ 中，因为 $\angle CEA=30°$，$CE=\sqrt{3}$，

所以 $AC=EC\tan 30°=1$，$AE=2AC=2$，

在直角 $\triangle B_1DB$ 中，$\angle B_1BD=60°$，$BD=\dfrac{1}{2}BC=1$，

所以 $BB_1=2BD=2$，$B_1D=BB_1\sin 60°=\sqrt{3}$.

所以侧面积为 $S_{侧}=CE\cdot BB_1+AE\cdot BB_1+AC\cdot AA_1=(\sqrt{3}+2+1)\times 2=(\sqrt{3}+3)\times 2=2(3+\sqrt{3})\text{cm}^2$.

体积为 $V=S_{\triangle ABC}\cdot B_1D=\dfrac{1}{2}AC\cdot BC\cdot B_1D=\dfrac{1}{2}\times 1\times 2\times\sqrt{3}=\sqrt{3}\ \text{cm}^3$.

例 3 正六棱锥的底面周长为 24，侧面与底面所成角为 $60°$，求：(1) 棱锥的高；(2) 斜高；(3) 侧棱长；(4) 侧棱与底面所成角. **AⅢjj3**

解：正六棱锥的底面周长为 24.

所以正六棱锥的底面边长为 4.

在正棱锥 $S-ABCDEF$ 中，

取 BC 中点 H，连接 SH，$SH \perp BC$，

O 是正六边形 $ABCDEF$ 的中心.

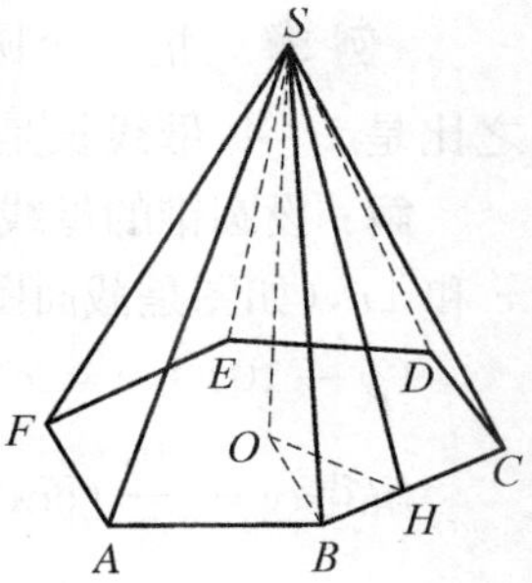

连接 SO,则 $SO\perp$ 底面 $ABCDEF$

所以 $OH\perp BC$.

所以 $\angle SHO$ 是侧面与底面所成二面角的平面角,即 $\angle SHO=60°$.

(1) 在 $\mathrm{Rt}\triangle SOH$ 中,$OH=\dfrac{\sqrt{3}}{2}BC=2\sqrt{3}$,$\angle SHO=60°$,

所以 $SO=OH\tan 60°=6$.

例 3 图

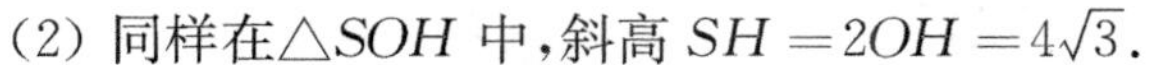

(2) 同样在$\triangle SOH$ 中,斜高 $SH=2OH=4\sqrt{3}$.

(3) $\mathrm{Rt}\triangle SOH$ 中,$SO=6$,$OB=BC=4$.

所以 $SB=\sqrt{SO^2+OB^2}=2\sqrt{13}$.

(4) 因为 $SO\perp$底面 $ABCDEF$,所以$\angle SBO$ 是侧棱与底面所成角,

同样在$\triangle SOB$ 中,$\tan\angle SBO=\dfrac{SO}{BO}=\dfrac{3}{2}$,所以 $\angle SBO=\arctan\dfrac{3}{2}$.

例 4 在三棱锥 $V-ABC$ 中,已知 $AB=AC=13$,$BC=10$,三个侧面与底面所成的二面角均为 $60°$,$VO\perp$平面 ABC,垂足为 O,如图所示. **AⅢjj4**

(1) 求证 O 是$\triangle ABC$ 的内心.

(2) 求三棱锥的高.

(3) 求三棱锥的体积.

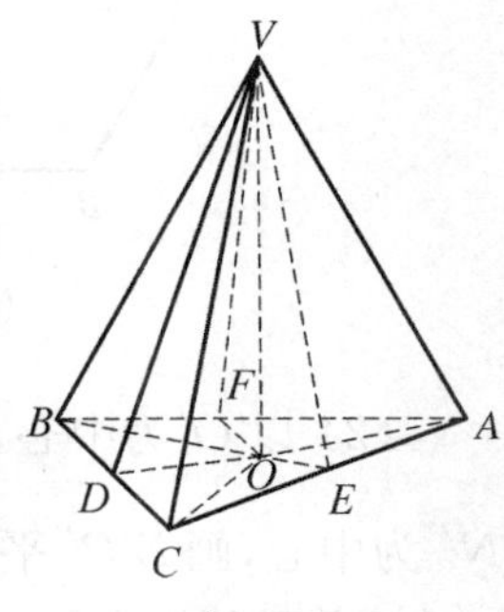

例 4 图

解:(1) 过 O 在$\triangle ABC$ 所在的平面内分别作 AB、BC、CA 的垂线 OD、OE、OF,垂足分别为 D、E、F,连接 VD、VE、VF. 因为 $VO\perp$平面 ABC,且 $OD\perp AC$,根据三垂线定理知 $VD\perp AC$,所以 $\angle VDO$ 就是侧面 VAC 与底面 ABC 所成的二面角的平面角,所以 $\angle VDO=60°$,同理 $\angle VEO=\angle VFO=60°$,所以 $OD=OE=OF=VO\cot 60°$,所以点 O 到$\triangle ABC$ 三个边的距离相等,所以点 O 是$\triangle ABC$ 的内心.

(2) $\mathrm{Rt}\triangle VEO$ 中,$VO=OE\cdot\tan 60°$,设$\triangle ABC$ 的内切圆的半径为 R,

因为 $S_{\triangle ABC}=S_{\triangle AOC}+S_{\triangle AOB}+S_{\triangle BOC}$,所以$\dfrac{1}{2}\times 10\times 12=\dfrac{1}{2}R(AB+BC+AC)$,

解得 $R=\dfrac{10}{3}$,所以 $OE=\dfrac{10}{3}$,因此 $VO=\dfrac{10}{3}\sqrt{3}$,即三棱锥的高是$\dfrac{10}{3}\sqrt{3}$.

(3) 三棱锥的体积 $V=\dfrac{1}{3}S_{\triangle ABC}\times VO=\dfrac{1}{3}\times 60\times\dfrac{10}{3}\sqrt{3}=\dfrac{200\sqrt{3}}{3}$.

例 5 把一个圆锥截成圆台，已知圆台的上下半径之比是 1∶4，母线长是 10 cm，求圆锥的母线长. **AⅢjj3**

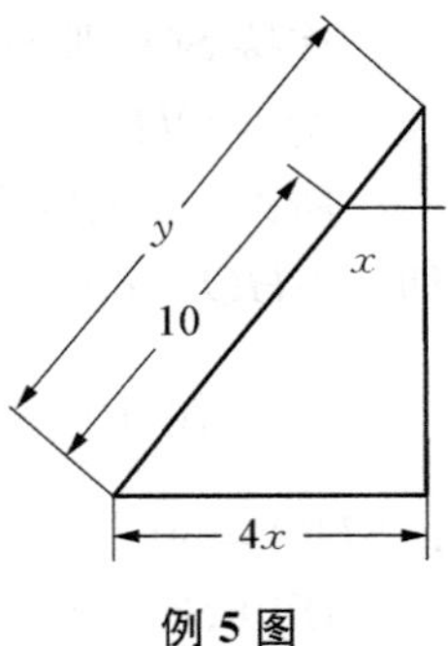

例 5 图

解：设圆锥的母线长为 y，圆台的上下底面半径分别是 x 和 $4x$，(如图是截面图)根据相似三角形的比例关系得到：

$(y-10):y=x:4x$ 即 $4(y-10)=y$

解得 $y=\dfrac{40}{3}$(cm).

所以，圆锥的母线长是$\dfrac{40}{3}$ cm.

例 6 用斜二测画法画水平放置的六边形的直观图. **AⅢjj7**

(1) 在六边形 $ABCDEF$ 中，取 AD 所在的直线为 x 轴，在对称轴 MN 所在直线为 y 轴，两轴交于点 O. 画相应的 x' 轴和 y' 轴，两轴相交于点 O'，使 $\angle x'Oy'=45°$.

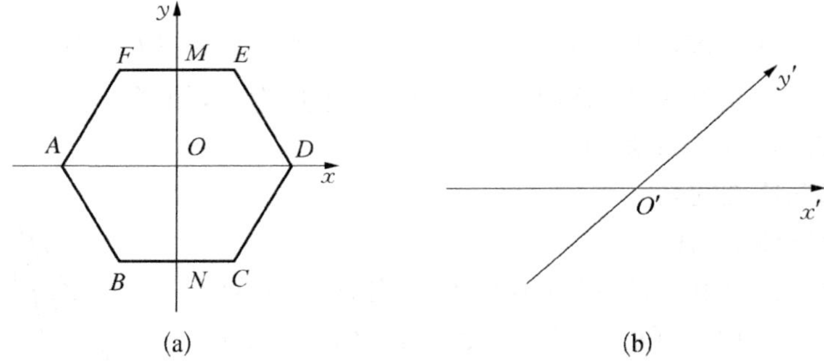

(a) (b)

(2) 以 O'为中心，在 x'上取 $A'D'=AD$，在 y' 轴上取 $M'N'=\dfrac{1}{2}MN$. 以点 N' 为中心，画 $B'C'$ 平行于 x' 轴，并且等于 BC；再以 M' 为中心，画 $E'F'$ 平行于 x' 轴，并且等于 EF.

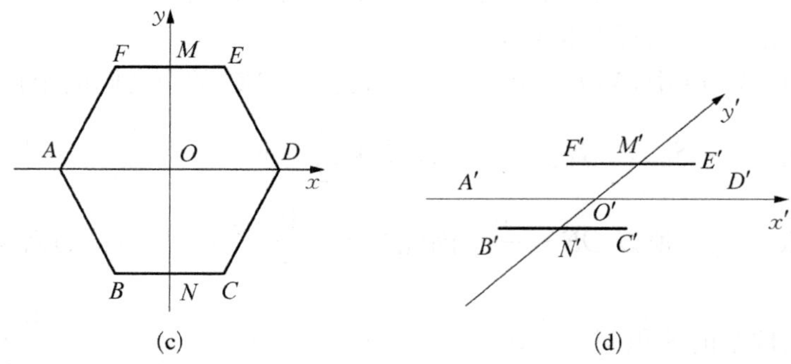

(c) (d)

(3) 连接 $A'B'$，$C'D'$，$E'F'$，$F'A'$，并擦去辅助线 x' 轴和 y' 轴，便获得正六边形 $ABCDEF$ 水平放置的直观图 $A'B'C'D'E'F'$.

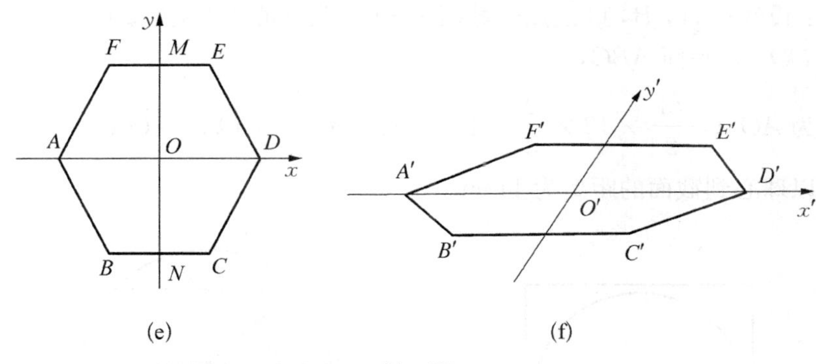

(e)　　(f)

例 6 图

例 7　画出长、宽、高分别为 4 cm、3 cm、2 cm 的长方体的直观图.

AⅢjj8

解：规则是：

(1) 在已知图形中取水平平面，取互相垂直的轴 ox、oy，再取 oz 轴，使 $\angle xoy=45°$，且 $\angle xoz=90°$；

(2) 画直观图时，把它们画成对应的 $o'x'$，$o'y'$，$o'z'$ 轴，使 $\angle x'o'y'=45°$(或 $135°$)，$\angle x'o'z'=90°$. $x'o'y'$ 所确定的平面表示水平平面；

(3) 已知图形中平行于 x 轴、y 轴或 z 轴的线段，在直观图中分别画成平行于 x' 轴、y' 轴或 z' 轴的线段；

(4) 已知图形中平行于 x 轴和 z 轴的线段，在直观图中保持长度不变；平行于 y 轴的线段，长度为原来的一半.

例 8　已知：圆柱底面直径与高都等于球的直径. 求证：

(1) 球的表面积等于圆柱的侧面积.

(2) 球的表面积等于圆柱全面积的$\dfrac{2}{3}$.

AⅢjj9　AⅢjj10　AⅢjj11

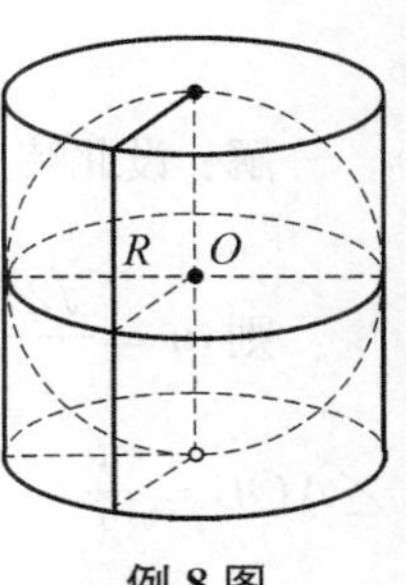

例 8 图

证明：(1) 设球的半径为 R，则圆柱的底面半径也是 R，高为 $2R$，则球的表面积 $S_{球}=4\pi R^2$，圆柱的侧面积 $S_{圆柱侧}=2\pi R\cdot 2R=4\pi R^2$，所以 $S_{球}=S_{圆柱侧}$.

(2) 圆柱的全面积 $S_{圆柱全}=4\pi R^2+2\pi R^2=6\pi R^2$，球的表

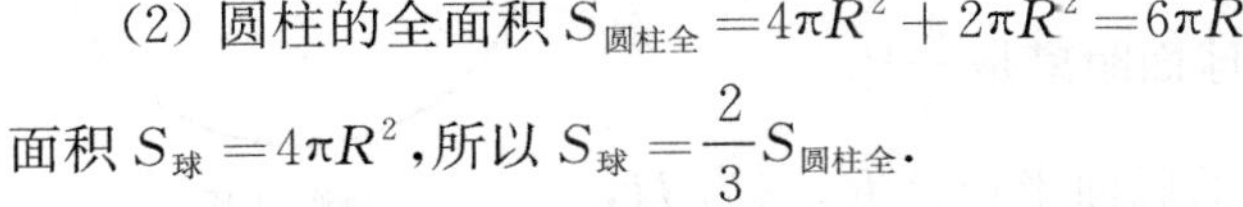

面积 $S_{球}=4\pi R^2$，所以 $S_{球}=\dfrac{2}{3}S_{圆柱全}$.

例 9 在半径为 13 cm 的球面上有 A，B，C 三点，$AB=BC=AC=12$ cm，求球心到经过这三点的截面的距离. **AⅢjj9 AⅢjj10 AⅢjj11**

解： 设经过 A，B，C 三点的截面为$\odot O'$，设球心为 O，连接 OO'，

则 $OO' \perp$ 平面 ABC，

因为 $AO'=\dfrac{\sqrt{3}}{2}\times 12\times\dfrac{2}{3}=4\sqrt{3}$，所以 $OO'=\sqrt{OA^2-OA'^2}=11$

所以球心到截面的距离为 11 cm.

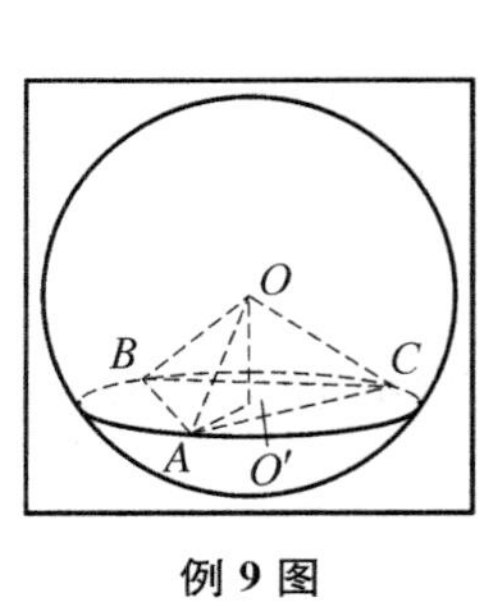

例 9 图

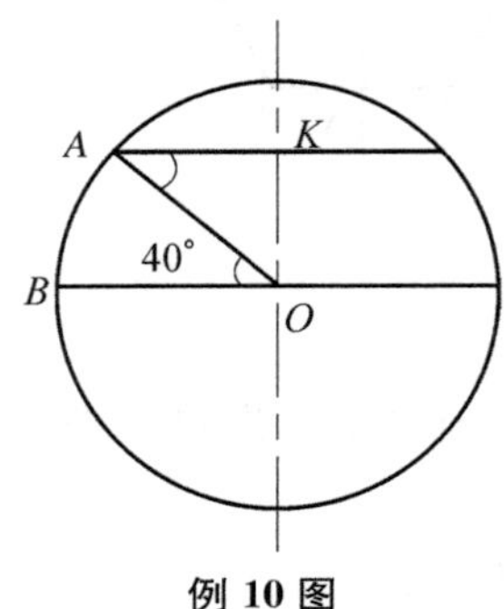

例 10 图

例 10 我国首都靠近北纬 40°，求北纬 40°纬线的长度等于多少？(地球半径大约为 6370 km). **AⅢjj9 AⅢjj10 AⅢjj11**

解： 如图，A 是北纬 40°纬线圈上任一点，AK 是它的半径，所以 $OK\perp AK$，

因为 $\angle AOB=\angle OAK=40°$，所以纬线圈长为

$C=2\pi AK=2\pi OA\cos\angle OAK\approx 3.066\times 10^4$ km.

例 11 在北纬 45°的纬线圈上有 A，B 两点，设该纬线圈上两点之间劣弧长度为$\dfrac{\sqrt{2}}{4}\pi R$(R 为地球半径)，求 A，B 两点之间的球面距离.

AⅢjj9 AⅢjj10 AⅢjj11 AⅢjj14

解： 设北纬 45°的纬线圈半径为 r，则 $r=\dfrac{\sqrt{2}}{2}R$，设 O' 为其圆心，$\angle AO'B=\alpha$，

则 $\alpha r=\dfrac{\sqrt{2}}{4}\pi R$，所以 $\alpha=\dfrac{\pi}{2}$，$AB=R$，$\triangle ABC$ 中，

$\angle AOB=\dfrac{\pi}{3}$，

所以 A，B 两点之间的球面距离是$\dfrac{\pi}{3}R$.

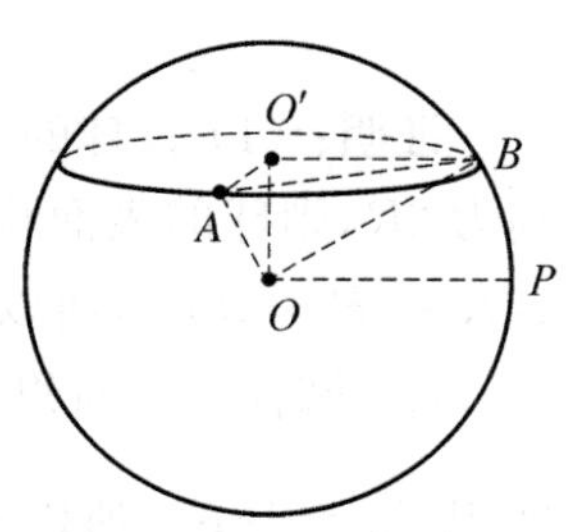

例 11 图

例 12 已知一个圆锥的底面半径是 R，高为 H，

在其中有一个高为 x 的内接圆柱，(1) 求圆柱的侧面积.
(2) x 为何值时，圆柱的侧面积最大？ **AⅢjj11 AⅢjj12**

解：(1) 画圆锥及内接圆柱的轴截面如图. 设内接圆柱的底面半径为 r，则它的侧面积是：

$S_{圆柱侧}=2\pi rx$，

因为 $\dfrac{r}{R}=\dfrac{H-x}{H}$，所以 $r=R-\dfrac{R}{H}x$，

所以 $S_{圆柱侧}=2\pi rx=2\pi Rx-\dfrac{2\pi R}{H}x^2$.

例 12 图

(2) $S_{圆柱侧}=2\pi Rx-\dfrac{2\pi R}{H}x^2=-\dfrac{2\pi R}{H}\left(x-\dfrac{H}{2}\right)^2+\dfrac{\pi^2R^2}{2H}$，

当 $x=\dfrac{H}{2}$ 时，$S_{圆柱侧}$ 最大.

所以，当圆柱的高是已知圆锥的高的一半时，它的侧面积最大.

例 13 母线长为 1 的圆锥的侧面展开图的圆心角等于 $\dfrac{4}{3}\pi$，求该圆锥的体积. **AⅢjj11 AⅢjj12**

解：设圆锥的底面半径为 r，则 $\dfrac{2\pi r}{1}=\dfrac{4}{3}\pi$，所以 $r=\dfrac{2}{3}$，

所以圆锥的高 $h=\sqrt{1-\left(\dfrac{2}{3}\right)^2}=\dfrac{\sqrt{5}}{3}$.

所以圆锥的体积 $V=\dfrac{1}{3}\pi r^2h=\dfrac{4\sqrt{5}}{81}\pi$.

例 14 如图(a)所示，半径为 R 的半圆内的阴影部分以直径 AB 所在直线为轴，旋转一周得到一几何体，求该几何体的表面积（其中 $\angle BAC=30^\circ$）及其体积. **AⅢjj11 AⅢjj12 AⅢjj13 AⅢjj14 AⅢjj16**

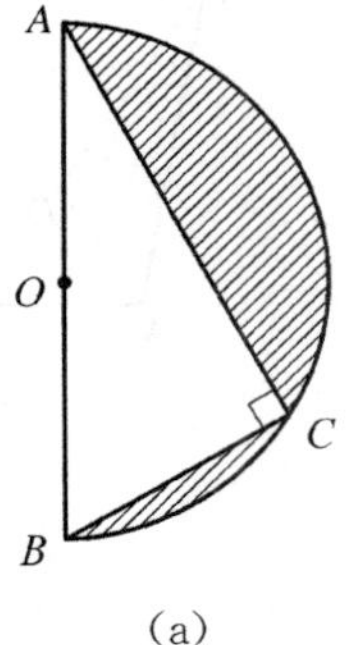

(a)

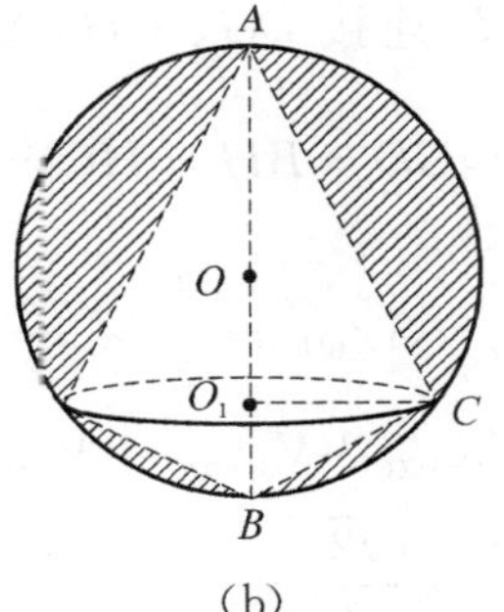

(b)

例 14 图

解：如图(b)所示，过 C 作 $CO_1 \perp AB$ 于 O_1，在半圆中可得 $\angle BCA=90°$，$\angle BAC=30°$，$AB=2R$，$CO_1=\frac{\sqrt{3}}{2}R$，

所以 $AC=\sqrt{3}R$，$BC=R$，所以 $S_{球}=4\pi R^2$，

$$S_{圆锥AO_1侧}=\pi\times\frac{\sqrt{3}}{2}R\times\sqrt{3}R=\frac{3}{2}\pi R^2,$$

$$S_{圆锥BO_1侧}=\pi\times\frac{\sqrt{3}}{2}R\times R=\frac{\sqrt{3}}{2}\pi R^2,$$

所以 $S_{几何体表}=S_{球}+S_{圆锥AO_1侧}+S_{圆锥BO_1侧}$

$$=4\pi R^2+\frac{3}{2}\pi R^2+\frac{\sqrt{3}}{2}\pi R^2=\frac{11+\sqrt{3}}{2}\pi R^2.$$

所以旋转所得到的几何体的表面积为$\frac{11+\sqrt{3}}{2}\pi R^2$.

又 $V_{球}=\frac{4}{3}\pi R^3$，$V_{圆锥AO_1}=\frac{1}{3}\cdot AO_1\cdot \pi CO_1^2=\frac{1}{4}\pi R^2\cdot AO_1$

$$V_{圆锥BO_1}=\frac{1}{3}BO_1\cdot\pi CO_1^2=\frac{1}{4}\pi R^2\cdot BO_1$$

所以 $V_{几何体}=V_{球}-(V_{圆锥AO_1}+V_{圆锥BO_1})$

$$=\frac{4}{3}\pi R^3-\frac{1}{2}\pi R^3=\frac{5}{6}\pi R^3.$$

例 15 如图，在多面体 $ABCDEF$ 中，已知 $ABCD$ 是边长为 1 的正方形，且$\triangle ADE$、$\triangle BCF$ 均为正三角形，$EF \parallel AB$，$EF=2$，求该多面体的体积.

AⅢjj13　AⅢjj14

解：如图所示，分别过 A、B 作 EF 的垂线，垂足分别为 G、H，连接 DG、CH，容易求得 $EG=HF=\frac{1}{2}$，$AG=GD=BH=HC=\frac{\sqrt{3}}{2}$，

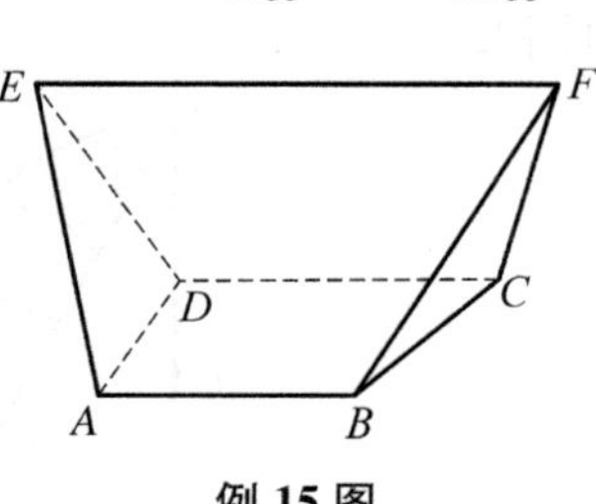

例 15 图

所以 $S_{\triangle AGD}=S_{\triangle BHC}=\frac{1}{2}\times\frac{\sqrt{2}}{2}\times 1=\frac{\sqrt{2}}{4}$，

所以 $V=V_{E\text{-}ADG}+V_{F\text{-}BHC}+V_{ADG\text{-}BCH}$

$$=\frac{1}{3}\times\frac{\sqrt{2}}{4}\times\frac{1}{2}+\frac{1}{3}\times\frac{\sqrt{2}}{4}\times\frac{1}{2}+\frac{\sqrt{2}}{4}\times 1=\frac{\sqrt{2}}{3}.$$

例 16 如图所示，一个空间几何体的正视图、侧视图、俯视图为全等的等腰直角三角形，如果直角三角形的直角边长为1，求这个几何体的体积.

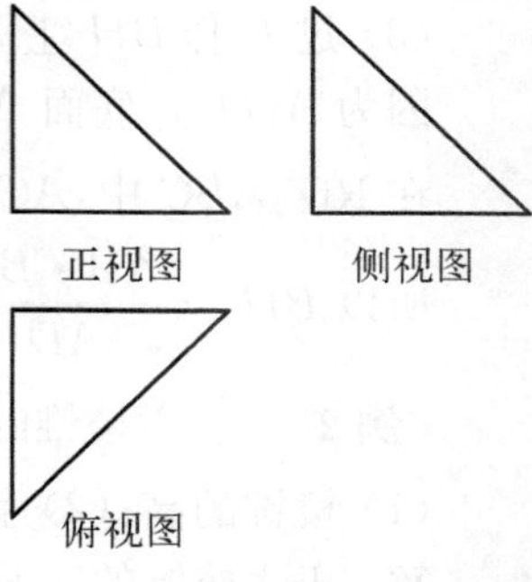

例 16 图

AⅢjj17　AⅢjj18　AⅢjj19　AⅢjj20

解： 由三视图知该几何体为三棱锥，记为 $S-ABC$，其中 $AS=AB=AC=1$ 且两两互相垂直，

所以 $V=\frac{1}{3}\times\frac{1}{2}AB\times AC\times SA=\frac{1}{6}$.

二、思想方法分类阐释

BⅢjj1 转化思想 空间几何体重的角和距离都可以转化为平面中的角和距离.

例 1 斜三棱柱 $ABC-A_1B_1C_1$ 中，平面 $AA_1C_1C\perp$ 底面 ABC，$BC=2$，$AC=2\sqrt{3}$，$\angle ABC=90°$，$AA_1\perp A_1C$，且 $AA_1=A_1C$.

(1) 求 AA_1 与平面 ABC 所成角；

(2) 求平面 A_1ABB_1 与平面 ABC 所成二面角的大小；

(3) 求侧棱 BB_1 到侧面 AA_1C_1C 的距离.

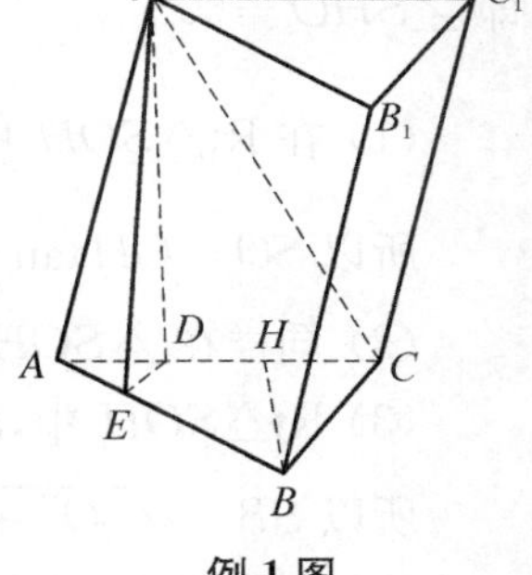

例 1 图

解： (1) 取 AC 的中点 D，连接 A_1D，

因为 $A_1A=A_1C$，所以 $A_1D\perp AC$，因为平面 $AA_1C_1C\perp$ 底面 ABC，

所以 $A_1D\perp$ 底面 ABC，所以 $\angle A_1AC$ 为 A_1A 与底面 ABC 所成角.

因为 $AA_1=A_1C$ 且 $AA_1\perp A_1C$，所以 $\angle A_1AC=45°$.

(2) 取 AB 中点 E，则 $DE\parallel BC$，

因为 $\angle ABC=90°$，所以 $CB\perp AB$，所以 $DE\perp AB$.

连接 A_1E，因为 $A_1D\perp$ 底面 ABC，所以 A_1E 在平面 ABC 上射影为 DE，

所以 $A_1E\perp AB$，所以 $\angle A_1ED$ 为侧面 A_1B 与底面 ABC 所成二面角的平面角.

在等腰 $\text{Rt}\triangle A_1AC$ 中，$AC=2\sqrt{3}$，所以 $A_1D=\sqrt{3}$.

在 $\text{Rt}\triangle ABC$ 中，$BC=2$，所以 $DE=1$.

在 $\text{Rt}\triangle A_1DE$ 中，$\tan\angle A_1ED=\frac{A_1D}{DE}=\sqrt{3}$，

所以 $\angle A_1ED=60°$，即侧面 AA_1B_1B 与底面 ABC 所成二面角的大小为 $60°$.

(3) 过 B 作 $BH \perp AC$ 于 H，

因为 $A_1D \perp$ 底面 ABC，所以 $A_1D \perp BH$，所以 $BH \perp$ 平面 AA_1C_1C，

在 $\mathrm{Rt}\triangle ABC$ 中，$AC = 2\sqrt{3}$，$BC = 2$，所以 $AB = 2\sqrt{2}$，

所以 $BH = \dfrac{AB \cdot BC}{AD} = \dfrac{2}{3}\sqrt{6}$，即 BB_1 到平面 AA_1C_1C 的距离为 $\dfrac{2}{3}\sqrt{6}$.

例 2 正六棱锥的底面周长为 24，侧面与底面所成角为 60°，求：

(1) 棱锥的高；(2) 斜高；(3) 侧棱长；(4) 侧棱与底面所成角.

解：正六棱锥的底面周长为 24，

所以正六棱锥的底面边长为 4.

在正棱锥 $S-ABCDEF$ 中，

取 BC 中点 H，连接 SH，$SH \perp BC$，

O 是正六边形 $ABCDEF$ 的中心.

连接 SO，则 $SO \perp$ 底面 $ABCDEF$，

所以 $OH \perp BC$.

所以 $\angle SHO$ 是侧面与底面所成二面角的平面角，即 $\angle SHO = 60°$.

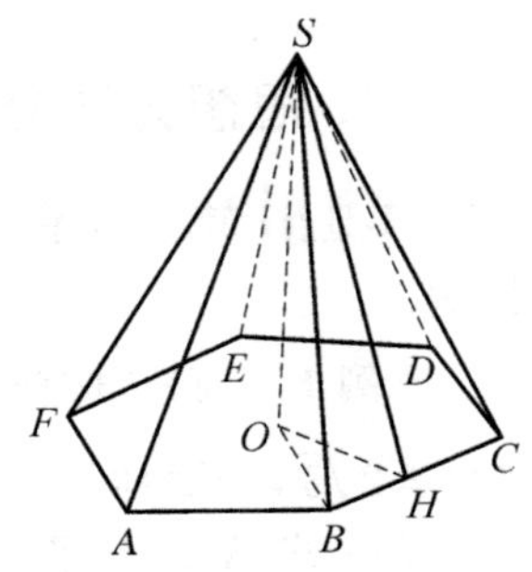

例 2 图

(1) 在 $\mathrm{Rt}\triangle SOH$ 中，$OH = \dfrac{\sqrt{3}}{2}$，$BC = 2\sqrt{3}$，$\angle SHO = 60°$，

所以 $SO = OH \tan 60° = 6$.

(2) 同样在 $\triangle SOH$ 中，斜高 $SH = 2OH = 4\sqrt{3}$，

(3) $\mathrm{Rt}\triangle SOH$ 中，$SO = 6$，$OB = BC = 4$.

所以 $SB = \sqrt{SO^2 + OB^2} = 2\sqrt{13}$.

(4) 因为 $SO \perp$ 底面 $ABCDEF$，所以 $\angle SBO$ 是侧棱与底面所成角，

同样在 $\triangle SOB$ 中，$\tan\angle SBO = \dfrac{SO}{BO} = \dfrac{3}{2}$，所以 $\angle SBO = \arctan\dfrac{3}{2}$.

三、能力水平划分

简单几何体	水平 a	水平 b	水平 c	水平 d
运算求解能力	能正确地按简单几何体中的角、距离及体积、侧面积、表面积等概念等进行运算和求解； 在简单的几何体中	能灵活运用空间中角和距离、体积、表面积、侧面积等概念进行求解； 能理解利用空间中角和距离、体积、	在较综合的几何体的问题情境中，有意识地通过多步骤的形式有效地解决与空间图形运算、空间图形	

续 表

简单几何体	水平 a	水平 b	水平 c	水平 d
运算求解能力	能对给出的空间中角和距离、体积、表面积、侧面积等的运算结果的正确性加以判断	表面积、侧面积等概念进行运算的依据,并明确其运算时的使用条件;能根据具体的几何体重的问题情境选择合理选择空间图形的运算方式	的性质等相关的问题;能解释空间图形运算的公式、概念等使用的依据与条件,做到言之有据	
空间想象能力	能通过空间几何体的基本元素——点、线、面表示空间图形的位置关系并能想象空间几何体的形状、大小等	能由空间中简单的几何体想象出几何图形或由空间几何体想象出实物的形状;通过空间中几何体的整体形状来认识简单的空间图形,并分析出简单空间几何的特征;能对空间中的基本图形变化与运动进行想象	能对空间几何体分解与组合;能建立空间几何体的基本元素——点、线、面之间的位置与数量关系;能建立空间体的位置与数量关系;能将空间几何体及其特征联系起来,并根据条件或性质做出或画出空间几何体的直观图	
推理论证能力	能对简单的几何体重的结论做出直接判断,并能给出说明;能通过对空间几何体的观察及想象等方法提出简单的猜想	能在空间想象中有条理地思考,并能进行合乎逻辑的表达等;能理解较简单的空间几何体的结论的推理或论证,并能直观判断该推理或论证是否正确 能通过对空间几何体的观察及想象等方法提出简单的猜想,并做出直观的判断	能运用空间几何体中已知的定理、性质、推论等进行完整的数学证明;能根据空间几何体的特性做出合乎情理的推理,并能加以论证	能合理地把空间几何体中的问题转化为平面几何中的问题,自觉寻找或设计转化过程对空间几何体中的结论进行证明;能从论证的逻辑性、严密性、严禁性和简明性等方面评价各种不同的论证方法;能通过一般化、逆推等方法,将空间几何体中的问题作合理的推广和拓展

续 表

简单几何体	水平 a	水平 b	水平 c	水平 d
提出与解决问题能力	能在一定条件的引导或启发下抽象出或提出简单的有关空间几何体的问题；能较准确表达简单的空间几何体的数量关系、规律或事实；能对运算数据进行分类整理			

实例

例 1 长方体的全面积为 11，十二条棱长度之和为 24，求这个长方体的一条对角线长. **CⅢjj1a**

解： 设此长方体的长、宽、高分别为 x、y、z，对角线长为 l，则由题意得：

$$\begin{cases} 2(xy+yz+zx)=11 & ① \\ 4(x+y+z)=24 & ② \end{cases}$$

由②得：$x+y+z=6$，从而由长方体对角线性质得：

$$l=\sqrt{x^2+y^2+z^2}=\sqrt{(x+y+z)^2-2(xy+yz+zx)}=\sqrt{6^2-11}=5.$$

所以长方体一条对角线长为 5.

例 2 如图，已知长方体 $ABCD-A_1B_1C_1D_1$ 中，棱长 $AA_1=5$，$AB=12$，求直线 B_1C_1 与平面 A_1BCD_1 的距离. **CⅢjj1b**

解： 长方体 AC_1 中，有 $BC\perp$ 平面 AA_1BB_1，过 B_1 作 $B_1H\perp A_1B$ 于 H，又有 $BC\perp B_1H$，

所以 $B_1H\perp$ 平 BCD_1A_1，即 B_1H 是 B_1C_1 到平面 A_1BCD_1 的距离.

在 $\mathrm{Rt}\triangle BB_1A_1$ 中，由已知可得，$BB_1=5$，$A_1B_1=12$，

所以 $A_1B=13$，所以 $B_1H=\dfrac{60}{13}$.

即 B_1H 是 B_1C_1 到平面 A_1BCD_1 的距离为 $\dfrac{60}{13}$.

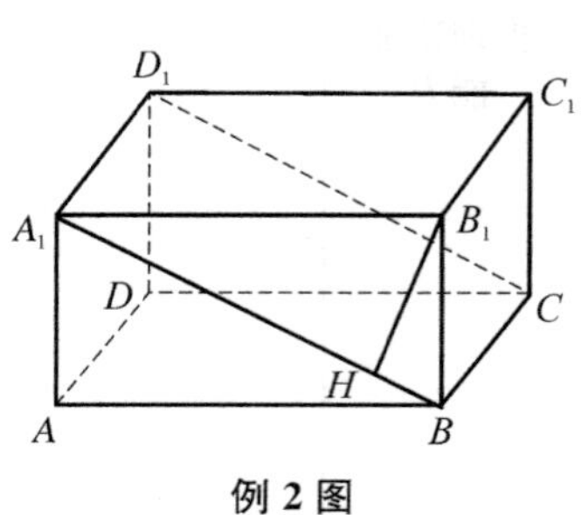

例 2 图

例 3 斜三棱柱 $ABC-A_1B_1C_1$ 的底面$\triangle ABC$是直角三角形，$\angle C=90°$，$BC=2$ cm，B_1 在底面上的射影 D 恰好是 BC 的中点，侧棱与底面成 60°角，侧面 AA_1B_1B 与侧面 BB_1C_1C 所成角为 30°，求斜棱柱的侧面积与体积.

CⅢjj1c

解： 因为 B_1 在底面 ABC 上，射影 D 为 BC 中点.

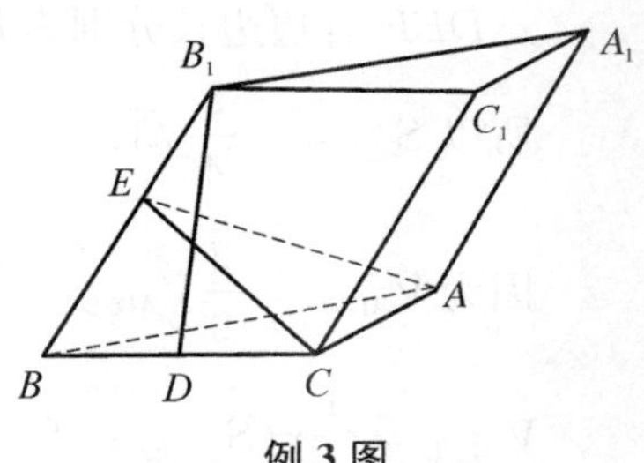

例 3 图

所以 $B_1D\perp$ 平面 ABC.

所以 $\angle B_1BD$ 为侧棱 B_1B 与底面 ABC 所成角，即 $\angle B_1BD=60°$，

因为 $\angle C=90°$，即 $AC\perp BC$，又 $AC\perp B_1D$.

所以 $AC\perp$ 平面 BB_1C_1C，过 A 作 $AE\perp B_1B$ 于 E，连接 CE，则 $CE\perp B_1B$.

所以 $\angle AEC$ 是侧面 AA_1B_1B 与侧面 CC_1B_1B 所成二面角的平面角，

所以 $\angle AEC=30°$.

在直角 $\triangle CEB$ 中，因为 $\angle CEB=60°$，$BC=2$，所以 $CE=\sqrt{3}$，

在直角 $\triangle ACE$ 中，因为 $\angle CEA=30°$，$CE=\sqrt{3}$，

所以 $AC=EC\tan 30°=1$，$AE=2AC=2$，

在直角 $\triangle B_1DB$ 中，$\angle B_1BD=60°$，$BD=\dfrac{1}{2}BC=1$，

所以 $BB_1=2BD=2$，$B_1D=BB_1\sin 60°=\sqrt{3}$.

所以侧面积为 $S_{侧}=CE\cdot BB_1+AE\cdot BB_1+AC\cdot AA_1=(\sqrt{3}+2+1)\times 2=(\sqrt{3}+3)\times 2=2(3+\sqrt{3})\text{cm}^2$.

体积为 $V=S_{\triangle ABC}\cdot B_1D=\dfrac{1}{2}AC\cdot BC\cdot B_1D=\dfrac{1}{2}\times 1\times 2\times\sqrt{3}=\sqrt{3}\ \text{cm}^3$.

例 4 如图(a)所示，已知棱长为 3 的正四面体 $ABCD$，E、F 是棱 AB、AC 上的点，且 $AF=2FC$，$BE=2AE$. 求四面体 $AEFD$ 的内切球半径和外接球半径.

CⅢjj1d

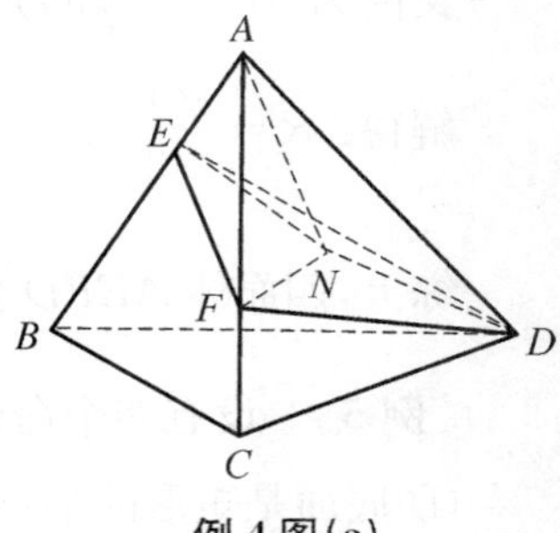

例 4 图(a)

解： 设四面体 $AEFD$ 内切球半径为 r，球心 N，外接球半径 R，球心 M，连接 NA、NE、NF、ND，则 $V_{AEFD}=V_{N\text{-}AEF}+V_{N\text{-}AFD}+V_{N\text{-}ADE}+V_{N\text{-}EFD}$.

四面体 $AEFD$ 各面的面积为

$S_{\triangle AEF}=\dfrac{2}{9}S_{\triangle ABC}=\dfrac{\sqrt{3}}{2}$, $S_{\triangle AFD}=\dfrac{2}{3}S_{\triangle ABC}=\dfrac{3\sqrt{3}}{2}$, $S_{\triangle AED}=\dfrac{1}{3}S_{\triangle ABC}=\dfrac{3\sqrt{3}}{4}$.

$\triangle DEF$ 各边边长分别为 $EF=\sqrt{3}$，$DF=DE=\sqrt{7}$，

所以 $S_{\triangle DEF}=\dfrac{5}{4}\sqrt{3}$.

因为 $V_{ADEF}=\dfrac{2}{9}V_{ABCD}=\dfrac{\sqrt{2}}{2}$,

$V_{AEFD}=\dfrac{1}{3}r(S_{\triangle AEF}+S_{\triangle AFD}+S_{\triangle AED}+S_{\triangle DEF})$,

所以$\dfrac{\sqrt{2}}{2}=\dfrac{1}{3}r\left(\dfrac{\sqrt{3}}{2}+\dfrac{3\sqrt{3}}{2}+\dfrac{3\sqrt{3}}{4}+\dfrac{5\sqrt{3}}{4}\right)$,

所以 $r=\dfrac{\sqrt{6}}{8}$.

如图(b)所示，

$\triangle AEF$ 是直角三角形,其中心是斜边 AF 的中点G.

设$\triangle ABC$ 中心为O_1,连接 DO_1,过 G 作平面 AEF 的垂线,M 必在此垂线上,连接 GO_1、MD.

因为 $MG\perp$ 平面 ABC，$DO_1\perp$ 平面 ABC,所以 $MG\parallel DO_1$，$MG\perp GO_1$.

例 4 图(b)

在直角梯形 GO_1DM 中,$GO_1=1$，$DO_1=\sqrt{6}$，

$MD=R$，$MG=\sqrt{AM^2-AG^2}=\sqrt{R^2-1}$，

又因为$(DO_1-MG)^2+GO_1^2=MD^2$,所以$(\sqrt{6}-\sqrt{R^2-1})^2+1=R^2$，

解得：$R=\dfrac{\sqrt{10}}{2}$.

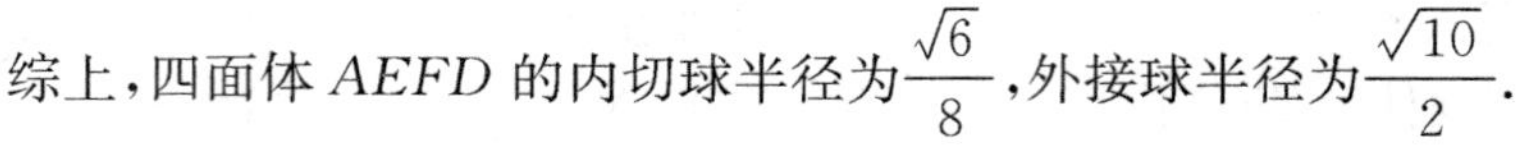

综上,四面体 $AEFD$ 的内切球半径为$\dfrac{\sqrt{6}}{8}$,外接球半径为$\dfrac{\sqrt{10}}{2}$.

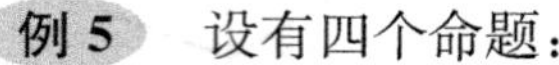

例 5 设有四个命题： **CⅢjj2a**

① 底面是矩形的平行六面体是长方体；

② 棱长都相等的直四棱柱是正方体；

③ 有两条侧棱都垂直于底面一边的平行六面体是直平行六面体；

④ 对角线相等的平行六面体是直平行六面体.

其中真命题的个数是(　　).

A. 1　　　B. 2　　　C. 3　　　D. 4

答案：A.

分析：命题①是假命题. 因为底面是矩形的直平行六面体才是长方体. 底面是矩形，侧棱不垂直于底面，这样的四棱柱仍是斜平行六面体；

命题②是假命题. 底面是菱形，底面边长与棱长相等的直四棱柱不是正方体；

命题③是假命题. 因为有两条侧棱垂直于异面一边不能推出侧棱与底面垂直.

命题④是真命题，如图所示，平行六面体 $ABCD-A_1B_1C_1D_1$ 中所有对角线相等，对角面 B_1BDD_1 是平行四边形，对角线 $BD_1=B_1D$，所以四边形 B_1BDD_1 是矩形，即 $BB_1\perp BD$，同理四边形 A_1ACC_1 是矩形，所以 $AA_1\perp AC$，由 $AA_1 \parallel BB_1$ 知 $BB_1\perp$ 底面 $ABCD$，即该平行六面体是直平行六面体.

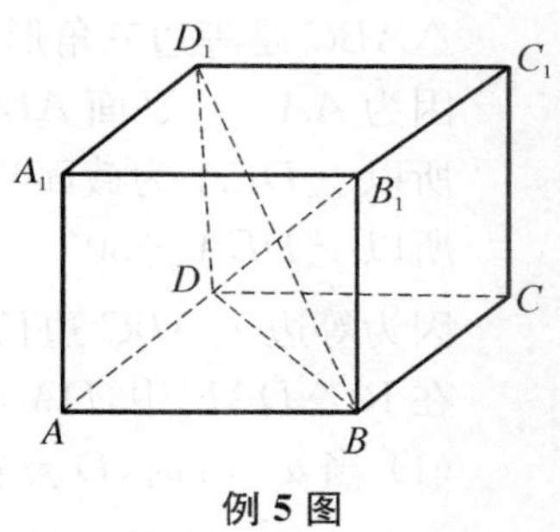

例 5 图

故选 A.

例 6　在球面上有四个点 P、A、B、C，如果 PA、PB、PC 两两互相垂直，且 $PA=PB=PC=a$. 求这个球的表面积.　**CⅢjj2b**

解：设过 A、B、C 三点的球的截面半径为 r，球心到该圆面的距离为 d，则 $R^2=r^2+d^2$.

由题意知 P、A、B、C 四点不共面，因而是以这四个点为顶点的三棱锥 $P-ABC$(如图所示). $\triangle ABC$ 的外接圆是球的截面圆.

由 PA、PB、PC 互相垂直知，P 在 ABC 面上的射影 O' 是 $\triangle ABC$ 的垂心，又 $PA=PB=PC=a$，

所以 O' 也是 $\triangle ABC$ 的外心，所以 $\triangle ABC$ 为等边三角形，

且边长为 $\sqrt{2}a$，O' 是其中心，

从而也是截面圆的圆心.

据球的截面的性质，有 OO' 垂直于 $\odot O'$ 所在平面，

因此 P、O'、O 共线，三棱锥 $P-ABC$ 是高为 PO' 的球内接正三棱锥，从而 $d=R-PO'$. 由已知得 $r=\dfrac{\sqrt{6}}{3}a$，$PO'=\dfrac{\sqrt{3}}{3}a$，所以

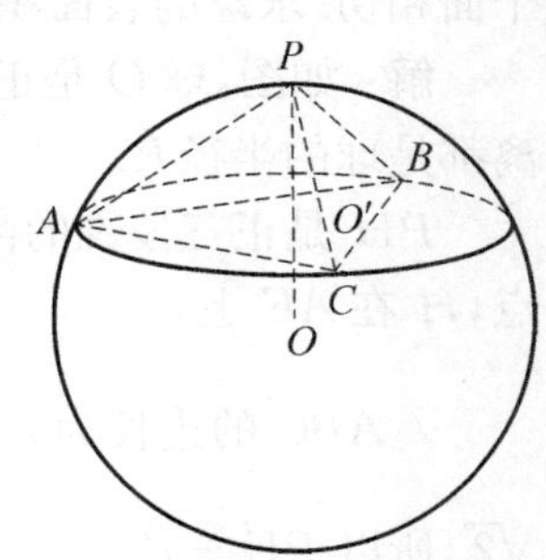

例 6 图

$R^2=r^2+d^2=r^2+(R-PO')^2$，可求得 $R=\dfrac{\sqrt{3}}{2}a$，所以 $S_{球面}=4\pi R^2=3\pi a^2$.

例 7 如图，正三棱柱 $ABC-A_1B_1C_1$ 的底面边长为 4，侧棱长为 a，过 BC 的截面与底面成 $30°$ 的二面角，分别就(1) $a=3$；(2) $a=1$ 计算截面的面积.

CⅢjj2c

解：截面与侧棱 AA_1 所在直线交于 D 点，取 BC 中点 E，连接 AE、DE，

$\triangle ABC$ 是等边三角形，所以 $AE\perp BC$，

因为 $AA_1\perp$ 平面 ABC，所以 $DE\perp BC$.

所以 $\angle DEA$ 为截面与底面所成二面角的平面角，

所以 $\angle DEA=30°$.

因为等边 $\triangle ABC$ 边长为 4，所以 $AE=2\sqrt{3}$.

在 $\mathrm{Rt}\triangle DAE$ 中，$DA=AE\tan\angle DEA=2$.

(1) 当 $a=3$ 时，D 点在侧棱 AA_1 上，截面为 $\triangle BCD$，

在 $\mathrm{Rt}\triangle DAE$ 中，$DE=\sqrt{AD^2+AE^2}=4$，

所以 $S_{\triangle BCD}=\dfrac{1}{2}BC\cdot DE=\dfrac{1}{2}\times 4\times 4=8$.

例 7 图

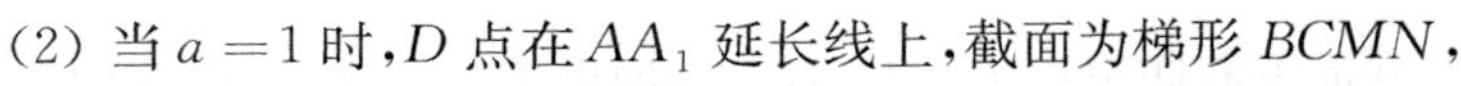

(2) 当 $a=1$ 时，D 点在 AA_1 延长线上，截面为梯形 $BCMN$，

因为 $AD=2$，$AA_1=1$，所以 MN 是 $\triangle DBC$ 的中位线，

所以 $S_{梯形BCMN}=\dfrac{3}{4}S_{\triangle DBC}=\dfrac{3}{4}\times 8=6$.

例 8 正三棱锥的高为 1，底面边长为 $2\sqrt{6}$，正三棱锥内有一个球与其四个面相切. 求球的表面积与体积.

CⅢjj2d

解：如图，球 O 是正三棱锥 $P-ABC$ 的内切球，O 到正三棱锥四个面的距离都是球的半径 R.

PH 是正三棱锥的高，即 $PH=1$. E 是 BC 边中点，H 在 AE 上，

$\triangle ABC$ 的边长为 $2\sqrt{6}$，所以 $HE=\dfrac{\sqrt{3}}{6}\times 2\sqrt{6}=\sqrt{2}$. 所以 $PE=\sqrt{3}$.

可以得到 $S_{\triangle PAB}=S_{\triangle PAC}=S_{\triangle PBC}=\dfrac{1}{2}BC\cdot PE=3\sqrt{2}$. $S_{\triangle ABC}=\dfrac{\sqrt{3}}{4}(2\sqrt{6})^2=6\sqrt{3}$

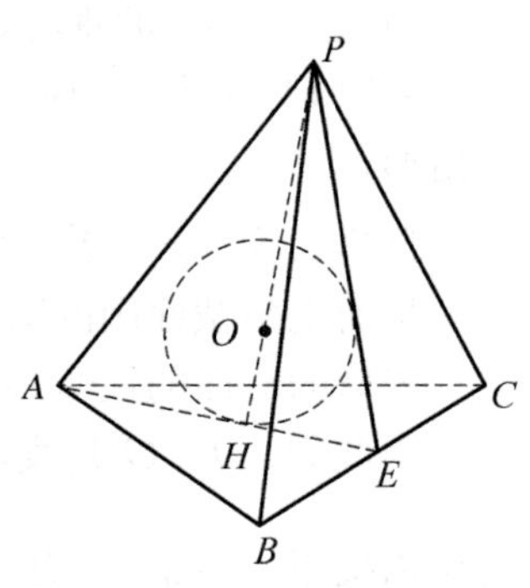

例 8 图

由等体积法，$V_{P\text{-}ABC}=V_{O\text{-}PAB}+V_{O\text{-}PAC}+V_{O\text{-}PBC}+V_{O\text{-}ABC}$，

所以$\frac{1}{3}\times 6\sqrt{3}\times 1=\frac{1}{3}\times 3\sqrt{2}\times R\times 3+\frac{1}{3}\times 6\sqrt{3}\times R$ 得：$R=\frac{2\sqrt{3}}{2\sqrt{3}+3}=\sqrt{6}-2$，

所以 $S_{球}=4\pi R^2=4\pi(\sqrt{6}-2)^2=8(5-2\sqrt{6})\pi$. 所以 $V_{球}=\frac{4}{3}\pi R^3=\frac{4}{3}\pi(\sqrt{6}-2)^3$.

例 9　如图，已知三棱锥 $P-ABC$ 中，$PA=PB=PC$，P 在底面 ABC 上的射影为 O.

求证：O 为$\triangle ABC$ 的外心.　**CⅢjj3a**

证明：连接 PO、OA、OB、OC，则 $PO\perp$ 底面 ABC.

因为 $PA=PB=PC$（斜线相等），所以 $AO=BO=CO$（射影相等），

所以 O 为 $\triangle ABC$ 的外心.

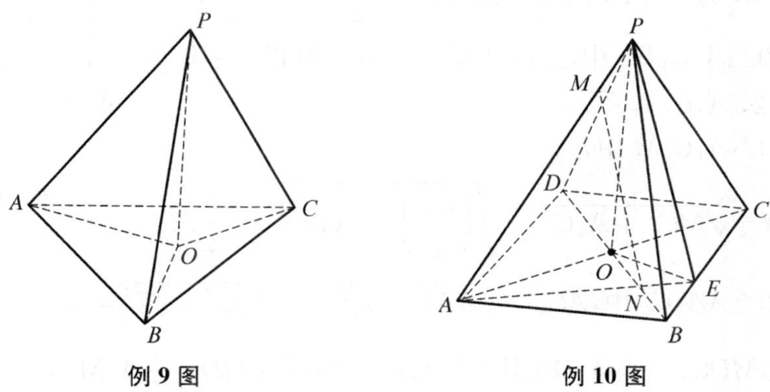

例 9 图　　例 10 图

例 10　如图所示，正四棱锥 $P-ABCD$ 棱长均为 13，M，N 分别是 PA，BD 上的点，且 $PM:MA=BN:ND=5:8$.　**CⅢjj3b**

(1) 求证：直线 MN // 平面 PBC；

(2) 求直线 MN 与底面 $ABCD$ 所成角的正弦.

解：(1) 证明：连接 AN 并延长交 BC 于 E，再连接 PE.

因为 $BE // AD$，所以 $EN:AN=BN:ND$，

又 $BN:ND=PM:MA$，

所以 $EN:AN=PM:MA$，

所以 $PE // MN$，

又 $PE\subset$ 平面 PBC，$MN\not\subset$ 平面 PBC，所以 MN // 平面 PBC.

(2) 设 O 为底面中心,连接 PO, EO,则 $PO\perp$平面 $ABCD$. 又 $MN // PE$,则 $\angle PEO$ 为直线 MN 与平面 ABC 所成的角.

由 $BE:AD=BN:ND=5:8$ 及 $AD=13$,得 $BE=\frac{65}{8}$,在 $\triangle PBE$ 中,$\angle PBE=60°$,$PB=13$,$BE=\frac{65}{8}$,由余弦定理,得 $PE=\frac{91}{8}$. 在 $\mathrm{Rt}\triangle POE$ 中,$PO=\frac{13\sqrt{2}}{2}$,$PE=\frac{91}{8}$,则 $\sin\angle PEP=\frac{PO}{PE}=\frac{4\sqrt{2}}{7}$.

例 11 如图所示,已知:直三棱柱 $ABC-A_1B_1C_1$ 中,$\angle ACB=90°$,$\angle BAC=30°$, $BC=1$, $AA_1=\sqrt{6}$, M 是 CC_1 的中点. 求证:$AB_1\perp A_1M$.

CⅢjj3c

证明: 因为 $B_1C_1\perp C_1C$, $B_1C_1\perp A_1C_1$, C_1C 与 A_1C_1 交于点 C_1,所以 $B_1C_1\perp$ 面 AA_1C_1C.

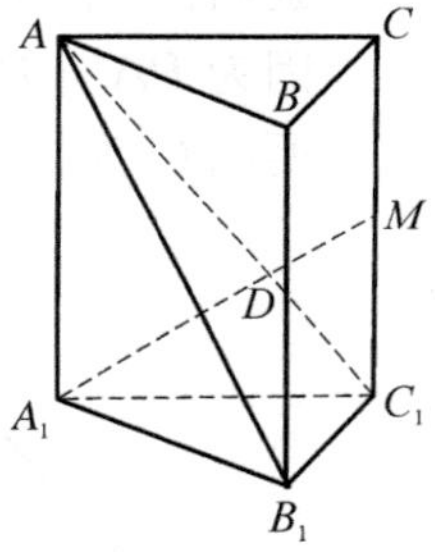

因为 M 为 CC_1 的中点,所以 $MC_1=\frac{1}{2}C_1C=\frac{\sqrt{6}}{2}$.

在 $\mathrm{Rt}\triangle A_1C_1B_1$ 中,$\angle B_1A_1C_1=30°$, 所以 $A_1B_1=2B_1C_1=2$, $A_1C_1=\sqrt{3}$.

在 $\mathrm{Rt}\triangle A_1C_1M$ 中,

$$A_1M=\sqrt{MC_1^2+A_1C_1^2}=\sqrt{\left(\frac{\sqrt{6}}{2}\right)^2+(\sqrt{3})^2}=\frac{3}{2}\sqrt{2}.$$

例 11 图

在 $\mathrm{Rt}\triangle AA_1C_1$ 中,$AC_1=\sqrt{AA_1^2+A_1C_1^2}=\sqrt{\sqrt{6}^2+\sqrt{3}^2}=3$.

又 $\triangle MDC_1\backsim\triangle A_1DA$ 且 $AA_1:MC=2$,所以 $MD=\frac{1}{3}A_1M=\frac{1}{3}\times\frac{3}{2}\sqrt{2}=\frac{1}{2}\sqrt{2}$,$C_1D=\frac{1}{3}AC_1=\frac{1}{3}\times 3=1$.

在 $\triangle MDC_1$ 中,$MD^2+C_1D^2=\left(\frac{1}{2}\sqrt{2}\right)^2+1^2=\frac{3}{2}$, $C_1M^2=\left(\frac{\sqrt{6}}{2}\right)^2=\frac{3}{2}$,

所以 $\angle C_1DM=90°$, $A_1M\perp AC_1$,所以 $A_1M\perp AB_1$.

例 12 如图,四棱锥 $P-ABCD$ 的底面 $ABCD$ 为正方形,$PD\perp$底面 $ABCD$, $PD=AD$,

求证:(1) 平面 $PAC\perp$平面 PBD;(2) 求 PC 与平面 PBD 所成的角;(3) 在线段 PB 上是否存在一点 E,使得 $PC\perp$平面 ADE? 若存在,请加以证明,并求此时二面角 $A-ED-B$ 的大小;若不存在,请说明理由. **CⅢjj3d**

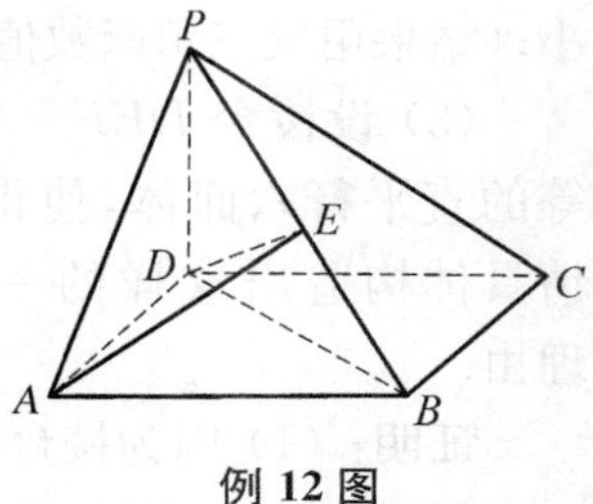

例 12 图

解：(1) 因为 $PD \perp$ 底面 $ABCD$，所以 $AC \perp PD$，又因为底面 $ABCD$ 为正方形，

所以 $AC \perp BD$，而 PD 与 BD 交于点 D，所以 $AC \perp$ 平面 PBD，

又 $AC \subset$ 平面 PAC，所以平面 $PAC \perp$ 平面 PBD.

(2) 记 AC 与 BD 相交于 O，连接 PO，由(1) 知，$AC \perp$ 平面 PBD，

所以 PC 在平面 PBD 内的射影是 PO，所以 $\angle CPO$ 就是 PC 与平面 PBD 所成的角，

因为 $PD = AD$，所以在 $\mathrm{Rt}\triangle PDC$ 中，$PC = \sqrt{2}CD$，而在正方形 $ABCD$ 中，$OC = \dfrac{1}{2}AC = \dfrac{\sqrt{2}}{2}CD$，所以在 $\mathrm{Rt}\triangle POC$ 中，有 $\angle CPO = 30°$. 即 PC 与平面 PBD 所成的角为 $30°$.

(3) 在平面 PBD 内作 $DE \perp PO$ 交 PB 于点 E，连接 AE，则 $PC \perp$ 平面 ADE. 以下证明：

由(1) 知，$AC \perp$ 平面 PBD，所以 $AC \perp DE$，又 PO、AC 交于点 O，所以 $DE \perp$ 平面 PAC，

所以 $DE \perp PC$，(或用三垂线定理证明) 而 $PD \perp$ 平面 $ABCD$，所以 $PD \perp AD$，又因为 $AD \perp CD$，

所以 $AD \perp$ 平面 PCD，所以 $AD \perp PC$，所以 $PC \perp$ 平面 ADE，由 $AC \perp$ 平面 PBD，

所以过点 O 作 $OF \perp DE$ 于 F，连接 AF，由三垂线定理可得，$AF \perp DE$，所以 $\angle OFA$ 是二面角 $A-ED-B$ 的平面角，

设 $PD = AD = a$，在 $\mathrm{Rt}\triangle PDC$ 中，求 $OF = \dfrac{\sqrt{6}}{6}a$，而 $AO = \dfrac{\sqrt{2}}{2}a$，所以在 $\mathrm{Rt}\triangle AOF$ 中，$\angle OFA = 60°$，即所求的二面角 $A-ED-B$ 为 $60°$.

例 13　如图(a)所示，$P-ABC$ 是底面边长为 1 的正三棱锥，D、E、F 分别为棱长 PA、PB、PC 上的点，截面 DEF∥底面 ABC，且棱台 $DEF-ABC$ 与棱锥 $P-ABC$ 的棱长和相等.（棱长和是指多面体中所有棱的长度之和）.

CⅢjj4a

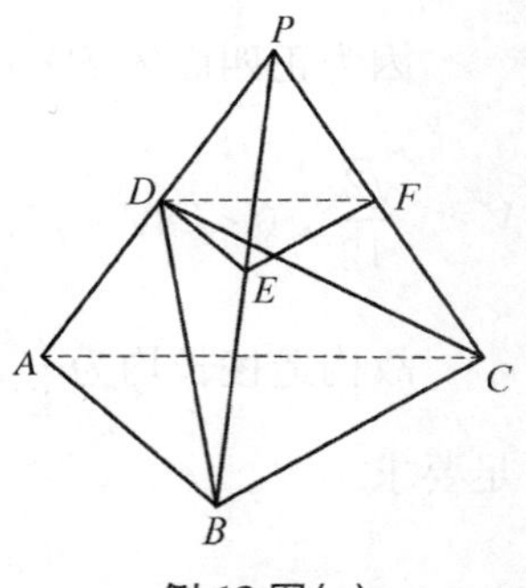

例 13 图(a)

(1) 证明：$P-ABC$ 为正四面体；

(2) 若 $PD = \dfrac{1}{2}PA$，求二面角 $D-BC-A$ 的大

小;(结果用反三角函数值表示)

(3) 设棱台 $DEF-ABC$ 的体积为 V,是否存在体积为 V 且各棱长均相等的直平行六面体,使得它与棱台 $DEF-ABC$ 有相同的棱长和?若存在,请具体构造出这样的一个直平行六面体,并给出证明;若不存在,请说明理由.

证明:(1) 因为棱台 $DEF-ABC$ 与棱锥 $P-ABC$ 的棱长和相等,

所以 $DE+EF+FD=PD+OE+PF$.

又因为截面 DEF // 底面 ABC,

所以 $DE=EF=FD=PD=OE=PF$,$\angle DPE=\angle EPF=\angle FPD=60^\circ$,所以 $P-ABC$ 是正四面体.

解:(2) 取 BC 的中点 M,连接 PM,DM,AM.

因为 $BC\perp PM$,$BC\perp AM$,所以 $BC\perp$ 平面 PAM,$BC\perp DM$,

则 $\angle DMA$ 为二面角 $D-BC-A$ 的平面角.

由(1)知,$P-ABC$ 的各棱长均为 1,

所以 $PM=AM=\dfrac{\sqrt{3}}{2}$,由 D 是 PA 的中点,得

$\sin\angle DMA=\dfrac{AD}{AM}=\dfrac{\sqrt{3}}{3}$,所以 $\angle DMA=\arcsin\dfrac{\sqrt{3}}{3}$.

(3) 存在满足条件的直平行六面体,如图(b)所示.

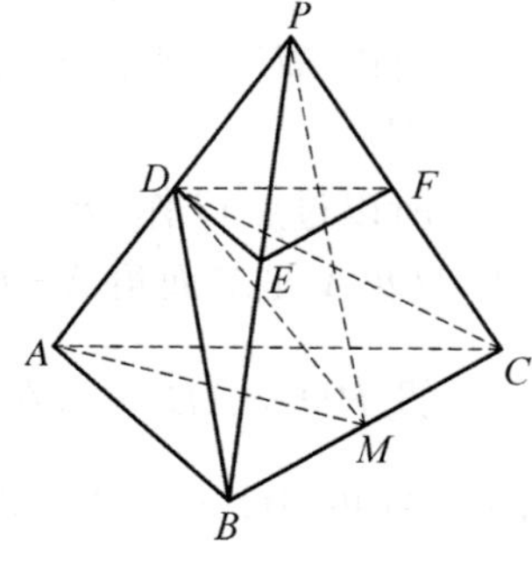

例 13 图(b)

棱台 $DEF-ABC$ 的棱长和为定值 6,体积为 V.

设直平行六面体的棱长均为 $\dfrac{1}{2}$,底面相邻两边夹角为 α,

则该六面体棱长和为 6,体积为 $\dfrac{1}{8}\sin\alpha=V$.

因为正四面体 $P-ABC$ 的体积是 $\dfrac{\sqrt{2}}{12}$,所以 $0<V<\dfrac{\sqrt{2}}{12}$,$0<8V<1$. 可知 $\alpha=\mathrm{arcsim}(8V)$

故构造棱长均为 $\dfrac{1}{2}$,底面相邻两边夹角为 $\mathrm{arcsim}(8V)$ 的直平行六面体即满足要求.

第六部分　空间向量及其应用

通过建立空间直角坐标系，把已经学过的平面向量推广到空间情形，用空间向量的有关知识讨论空间直线与直线、直线与平面、平面与平面的位置关系及度量，把空间向量与几何问题联系起来，加深对向量概念的认识，并解决一些简单的实际问题. 空间向量开辟了研究空间几何的新途径. 通过本主题的学习，领悟类比的数学思想方法，增强空间想象能力，感受数与形的结合，认识方法的变革带来的优势与便利.

一、基础知识与基本技能掌握要求

AⅢkx1 理解平面向量的有关概念及其运算推广到空间

AⅢkx2 掌握空间向量的线性运算和数量积

AⅢkx3 引进基向量，理解空间向量分解定理

AⅢkx4 懂得用三个不共面向量的线性组合可以把空间任一向量表示出来

AⅢkx5 建立空间直角坐标系，会用坐标表示空间向量

AⅢkx6 会把空间向量的运算化为坐标运算

AⅢkx7 掌握直线的平行向量与平面的法向量的概念，会把线面的平行及垂直关系转化

AⅢkx8 为向量关系. 会用向量方法证明简单空间图形中直线和直线、直线和平面、平面和平面的平行与垂直，以及解决一些简单的几何证明问题

AⅢkx9 理解异面直线间的距离、点到直线的距离、点到平面的距离的概念，知道平行线面间距离、平行平面间距离的含义及其与点到平面距离的转化关系，会在简单的空间图形中用向量方法进行有关距离的计算

AⅢkx10 掌握直线和平面所成的角、二面角等概念，会在简单的空间图形中用向量方法进行有关角的度量计算

实例

例 1 若向量 $\overrightarrow{MA}$，$\overrightarrow{MB}$，$\overrightarrow{MC}$ 中的点 M, A, B, C 互不重合且没有三点共线，O 是空间中的一点，则能使向量 $\overrightarrow{MA}$，$\overrightarrow{MB}$，$\overrightarrow{MC}$ 成为空间中一组基底向量的关系是（　　）.

AⅢkx3

A. $\overrightarrow{OM}=\frac{1}{3}\overrightarrow{OA}+\frac{1}{3}\overrightarrow{OB}+\frac{1}{3}\overrightarrow{OC}$　B. $\overrightarrow{MA}\neq\overrightarrow{MB}+\overrightarrow{MC}$

C. $\overrightarrow{OM}=\overrightarrow{OA}+\frac{1}{3}\overrightarrow{OB}+\frac{2}{3}\overrightarrow{OC}$　D. $\overrightarrow{MA}=2\overrightarrow{MB}-\overrightarrow{MC}$

解析：由 $\overrightarrow{OM}=\frac{1}{3}\overrightarrow{OA}+\frac{1}{3}\overrightarrow{OB}+\frac{1}{3}\overrightarrow{OC}$ 可得$(\overrightarrow{MO}+\overrightarrow{OA})+(\overrightarrow{MO}+\overrightarrow{OB})+(\overrightarrow{MO}+\overrightarrow{OC})=\mathbf{0}$，即 $\overrightarrow{MA}+\overrightarrow{MB}+\overrightarrow{MC}=\mathbf{0}$，则 $\overrightarrow{MA}$，$\overrightarrow{MB}$，$\overrightarrow{MC}$ 是三个共面向量，不能成为空间中一组基底向量；若 $\overrightarrow{MA}\neq\overrightarrow{MB}+\overrightarrow{MC}$，仍可能 $\overrightarrow{MA}=\lambda(\overrightarrow{MB}+\overrightarrow{MC})(\lambda\neq 1)$，与 $\overrightarrow{MA}=2\overrightarrow{MB}-\overrightarrow{MC}$（即 $\overrightarrow{MA}+\overrightarrow{MC}=2\overrightarrow{MB}$）一样，$\overrightarrow{MA}$，$\overrightarrow{MB}$，$\overrightarrow{MC}$ 是三个共面向量.

对于 $\overrightarrow{OM}=\overrightarrow{OA}+\frac{1}{3}\overrightarrow{OB}+\frac{2}{3}\overrightarrow{OC}$，如果 $\overrightarrow{MA}$，$\overrightarrow{MB}$，$\overrightarrow{MC}$ 是三个共面向量，则一定存在两个不同时为零的常数 λ，μ，使得 $\overrightarrow{MA}=\lambda\overrightarrow{MB}+\mu\overrightarrow{MC}$，于是 $\overrightarrow{MO}+\overrightarrow{OA}=\lambda\overrightarrow{MO}+\lambda\overrightarrow{OB}+\mu\overrightarrow{MO}+\mu\overrightarrow{OC}$，则 $(1-\lambda-\mu)\overrightarrow{OM}=\overrightarrow{OA}-\lambda\overrightarrow{OB}-\mu\overrightarrow{OC}$，于是，$\begin{cases}1-\lambda-\mu=1,\\-\lambda=\frac{1}{3},\\-\mu=\frac{2}{3},\end{cases}$ 矛盾，所以，当 $\overrightarrow{OM}=\overrightarrow{OA}+\frac{1}{3}\overrightarrow{OB}+\frac{2}{3}\overrightarrow{OC}$ 时，$\overrightarrow{MA}$，$\overrightarrow{MB}$，$\overrightarrow{MC}$ 三个向量不共面，它们可以成为空间中一组基底向量. 所以，答案为 C.

例 2　在四面体 $A-BCD$ 中，$AB\perp CD$，$BC\perp AD$，试用向量方法证明 $AC\perp BD$.　**AⅢkx1**

解析：由 $AB\perp CD$，$BC\perp AD$ 得 $\overrightarrow{AB}\cdot\overrightarrow{CD}=0$，$\overrightarrow{AD}\cdot\overrightarrow{BC}=0$，又 $\overrightarrow{AC}=\overrightarrow{AB}+\overrightarrow{BC}$，$\overrightarrow{BD}=-\overrightarrow{AB}+\overrightarrow{AD}$，则 $\overrightarrow{AC}\cdot\overrightarrow{BD}=-\overrightarrow{AB}^2+\overrightarrow{AB}\cdot\overrightarrow{AD}-\overrightarrow{AB}\cdot\overrightarrow{BC}+\overrightarrow{AD}\cdot\overrightarrow{BC}=-\overrightarrow{AB}\cdot(\overrightarrow{AB}+\overrightarrow{DA}+\overrightarrow{BC})^2=\overrightarrow{AB}\cdot\overrightarrow{CD}=0$，所以 $AC\perp BD$.

例 3　已知向量 $\boldsymbol{p}$，$\boldsymbol{q}$，$\boldsymbol{r}$ 两两互相垂直，$|\boldsymbol{p}|=1$，$|\boldsymbol{q}|=2$，$|\boldsymbol{r}|=3$，$\boldsymbol{s}=\boldsymbol{p}+2\boldsymbol{q}+3\boldsymbol{r}$，则 $|\boldsymbol{s}|=$（　　）.　**AⅢkx2**

解析：由已知可得 $\boldsymbol{s}^2=\boldsymbol{p}^2+4\boldsymbol{q}^2+9\boldsymbol{r}^2=98$，所以，$|\boldsymbol{s}|=7\sqrt{2}$.

例 4　O 是△ABC 所在平面外的一点，G 是△ABC 的重心，则用向量 $\overrightarrow{OA}$、$\overrightarrow{OB}$、$\overrightarrow{OC}$ 表示 $\overrightarrow{OG}=$________.　**AⅢkx1　AⅢkx2**

解析：设△ABC 的三条中线是 AD、BE、CF，则 $\overrightarrow{OG}=\overrightarrow{OA}+\overrightarrow{AG}$，$\overrightarrow{OG}=\overrightarrow{OB}+\overrightarrow{BG}$，$\overrightarrow{OG}=\overrightarrow{OC}+\overrightarrow{CG}$，于是，$3\overrightarrow{OG}=\overrightarrow{OA}+\overrightarrow{OB}+\overrightarrow{OC}+\overrightarrow{AG}+\overrightarrow{BG}+\overrightarrow{CG}$. 而

$\overrightarrow{AG}+\overrightarrow{BG}+\overrightarrow{CG}=\dfrac{2}{3}(\overrightarrow{AD}+\overrightarrow{BE}+\overrightarrow{CF})=\dfrac{2}{3}\times\dfrac{1}{2}(\overrightarrow{AB}+\overrightarrow{AC}+\overrightarrow{BA}+\overrightarrow{BC}+\overrightarrow{CA}+\overrightarrow{CB})=\mathbf{0}$，所以 $\overrightarrow{OG}=\dfrac{1}{3}(\overrightarrow{OA}+\overrightarrow{OB}+\overrightarrow{OC})$.

例 5 在平行六面体 $ABCD-A_1B_1C_1D_1$ 中，$\overrightarrow{AC_1}=\boldsymbol{a}$，$\overrightarrow{BD_1}=\boldsymbol{b}$，$\overrightarrow{CA_1}=\boldsymbol{c}$，试用 $\boldsymbol{a}$、$\boldsymbol{b}$、$\boldsymbol{c}$ 表示 $\overrightarrow{DB_1}$. **AⅢkx4**

解析： 在平行六面体 $ABCD-A_1B_1C_1D_1$ 中，令 $\overrightarrow{AB}=\boldsymbol{i}$，$\overrightarrow{AD}=\boldsymbol{j}$，$\overrightarrow{AA_1}=\boldsymbol{k}$，

则 $\begin{cases}\boldsymbol{a}=\boldsymbol{i}+\boldsymbol{j}+\boldsymbol{k},\\ \boldsymbol{b}=-\boldsymbol{i}+\boldsymbol{j}+\boldsymbol{k},\\ \boldsymbol{c}=-\boldsymbol{j}-\boldsymbol{i}+\boldsymbol{k},\end{cases}$

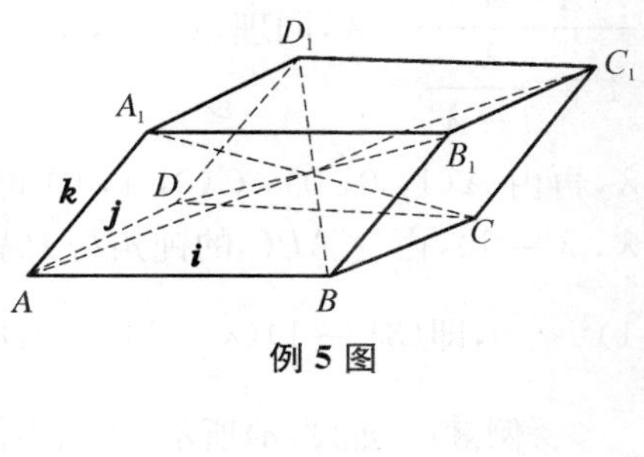

例 5 图

解得 $\begin{cases}\boldsymbol{i}=\dfrac{1}{2}(\boldsymbol{a}-\boldsymbol{b}),\\ \boldsymbol{j}=\dfrac{1}{2}(\boldsymbol{b}-\boldsymbol{c}),\\ \boldsymbol{k}=\dfrac{1}{2}(\boldsymbol{a}+\boldsymbol{c}),\end{cases}$

而 $\overrightarrow{DB_1}=-\boldsymbol{j}+\boldsymbol{i}+\boldsymbol{k}=-\dfrac{1}{2}(\boldsymbol{b}-\boldsymbol{c})+\dfrac{1}{2}(\boldsymbol{a}-\boldsymbol{b})+\dfrac{1}{2}(\boldsymbol{a}+\boldsymbol{b})=\boldsymbol{a}-\boldsymbol{b}+\boldsymbol{c}$.

例 6 在长方体 $ABCD-A_1B_1C_1D_1$ 中，$AB=a$，$BC=b$，$AA_1=c$，求异面直线 BD_1 和 B_1C 所成角的余弦值. **AⅢkx7**

解析： 分别以射线 DA、DC、DD_1 为 x、y、z 轴的正半轴建立空间直角坐标系. 则 $\overrightarrow{D_1B}=(b, a, -c)$，$\overrightarrow{B_1C}=(-b, 0, -c)$.

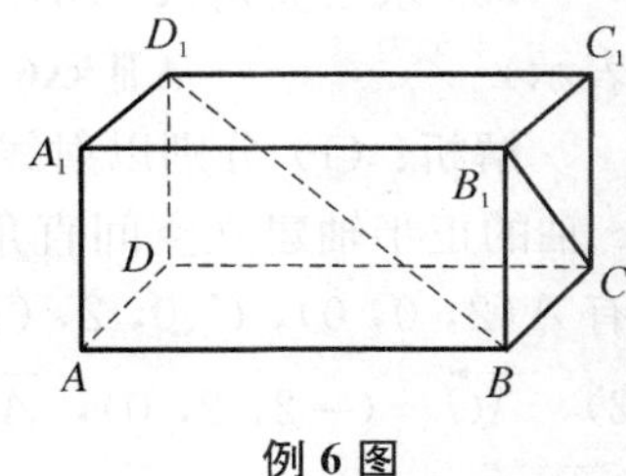

例 6 图

设 $\overrightarrow{D_1B}$ 与 $\overrightarrow{B_1C}$ 的夹角为 θ，于是，$\cos\theta=\dfrac{-b^2+c^2}{\sqrt{a^2+b^2+c^2}\cdot\sqrt{b^2+c^2}}$，由于异面直线所成角不大于 $90°$，所以，异面直线 BD_1 和 B_1C 所成角的余弦值是 $\left|\dfrac{b^2-c^2}{\sqrt{a^2+b^2+c^2}\cdot\sqrt{b^2+c^2}}\right|$.

例 7 如图：设动点 P 在棱长为 1 的正方体 $ABCD-A_1B_1C_1D_1$ 的对角线 BD_1 上，记 $\dfrac{D_1P}{D_1B}=\lambda$，当 $\angle APC$ 为钝角时，求 λ 的取值范围.

AⅢkx6 AⅢkx8

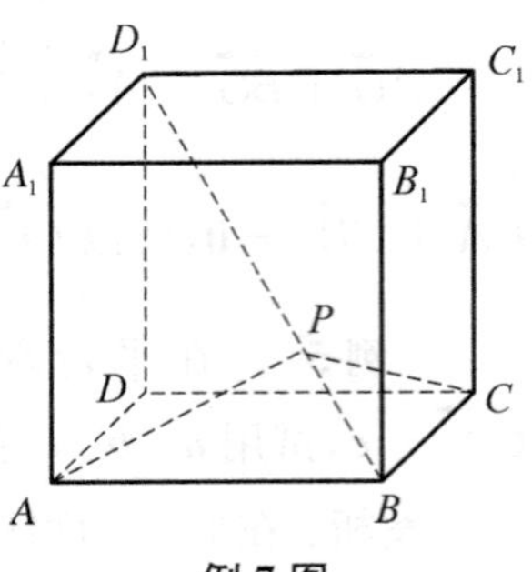

例 7 图

解析：分别以射线 DA，DC，DD'为 x，y，z 轴的正半轴建立空间直角坐标系. 由 $\dfrac{D_1P}{D_1B}=\lambda$ 得 $\overrightarrow{D_1P}=\lambda(\overrightarrow{D_1P}+\overrightarrow{PB})$，则 $\overrightarrow{D_1P}=\dfrac{\lambda\overrightarrow{PB}}{1-\lambda}$. 由点 $D_1(0,0,1)$ 及 $B(1,1,0)$ 得点 $P(x,y,z)$ 有 $x=\dfrac{\frac{\lambda}{1-\lambda}}{1+\frac{\lambda}{1-\lambda}}=\lambda$，同理，$y=\lambda$，$z=\dfrac{1}{1+\frac{\lambda}{1-\lambda}}=1-\lambda$，再由 $A(1,0,0)$，$C(0,1,0)$ 得 $\overrightarrow{PA}=(1-\lambda,-\lambda,\lambda-1)$，$\overrightarrow{PC}=(-\lambda,1-\lambda,\lambda-1)$，由 $\angle APC$ 的钝角得 $\overrightarrow{PA}\cdot\overrightarrow{PC}<0$，则 $-\lambda(1-\lambda)-\lambda(1-\lambda)+(\lambda-1)^2<0$，即 $(3\lambda-1)(\lambda-1)<0$，所以，$\lambda$ 的取值范围是 $\dfrac{1}{3}<\lambda<1$.

例 8 如图(a)所示，在六面体 $ABCD-A_1B_1C_1D_1$ 中，四边形 $ABCD$ 是边长为 2 的正方形，四边形 $A_1B_1C_1D_1$ 是边长为 1 的正方形，$DD_1\perp$ 平面 $A_1B_1C_1D_1$，$DD_1\perp$ 平面 $ABCD$，$DD_1=2$.

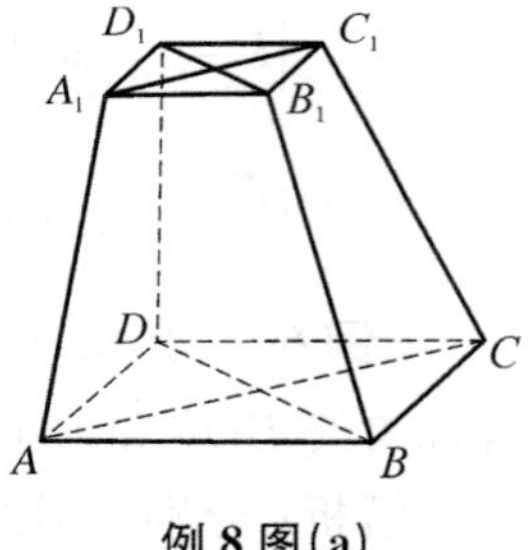

例 8 图(a)

(1) 求证：A_1C_1 与 AC 共面，B_1D_1 与 BD 共面；

(2) 求证：平面 $A_1ACC_1\perp$ 平面 B_1BDD_1；

(3) 求二面角 $A-BB_1-C$ 的大小(用反三角函数值表示).　　**AⅢkx6　AⅢkx7　AⅢkx8　AⅢkx9**

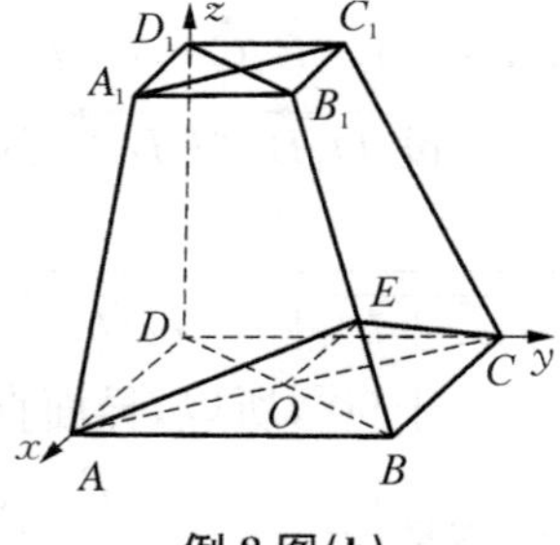

例 8 图(b)

解析：(1) 分别以射线 DA，DC，DD_1 为 x，y，z 轴的正半轴建立空间直角坐标系，如图(b)所示. 则有 $A(2,0,0)$，$C(0,2,0)$，$A_1(1,0,2)$，$C_1(0,1,2)$，$\overrightarrow{AC}=(-2,2,0)$，$\overrightarrow{A_1C_1}=(-1,1,0)$，$\overrightarrow{AC}=2\overrightarrow{A_1C_1}$，又 $B_1(1,1,2)$，$D_1(0,0,2)$，$\overrightarrow{BD}=(-2,-2,0)$，$\overrightarrow{B_1D_1}=(-1,-1,0)$，$\overrightarrow{BD}=2\overrightarrow{B_1D_1}$，所以，$A_1C_1$ 与 AC 共面，B_1D_1 与 BD 共面.

(2) 由 $ABCD$ 是正方形得 $BC\perp AC$，由 $DD_1\perp$ 平面 $ABCD$ 得 $AC\perp DD_1$，所以，$AC\perp$ 平面 B_1BDD_1，平面 $A_1ACC_1\perp$ 平面 B_1BDD_1.

(3) 过 O 作 $OE\perp BB_1$，连接 AE，CE，则有 $AE\perp BB_1$，$CE\perp BB_1$，$\angle AEC$ 是二面角 $A-BB_1-C$ 的平面角.

由 $\overrightarrow{AB}=(0,2,0)$，$\overrightarrow{A_1B_1}=(0,1,0)$ 得 $\overrightarrow{AB}=2\overrightarrow{A_1B_1}$，而 $\overrightarrow{AA_1}=(-1,0,2)$，$\overrightarrow{AA_1}\cdot\overrightarrow{AB}=0$，所以，$ABB_1A_1$ 是直角梯形，同理可得 ADD_1A_1 和 BCC_1B_1 都是直角梯形.

$AA_1=\sqrt{5}$，$BB_1=\sqrt{6}$，$AE=AB\sin\angle ABB_1=2\times\dfrac{\sqrt{5}}{\sqrt{6}}$，同理，$CE=2\times\dfrac{\sqrt{5}}{\sqrt{6}}$，

于是，$\cos\angle AEC=\dfrac{\left(\dfrac{2\sqrt{5}}{\sqrt{6}}\right)^2+\left(\dfrac{2\sqrt{5}}{\sqrt{6}}\right)^2-(2\sqrt{2})^2}{2\times\left(\dfrac{2\sqrt{5}}{\sqrt{6}}\right)^2}=-\dfrac{1}{5}$，则 $\angle AEC=\pi-\arccos\dfrac{1}{5}$.

例 9 如图所示：在直三棱柱 $ABC-A_1B_1C_1$ 中，底面是等腰直角三角形，$\angle ACB=90^\circ$，侧棱 $AA_1=2$，D、E 分别是 CC_1 与 A_1B 的中点，点 E 在平面 ABD 上的射影是 $\triangle ABD$ 的重心 G.

(1) 求 A_1B 与平面 ABD 所成角的大小；

(2) 求点 A_1 到平面 AED 的距离. **AⅢkx6 AⅢkx9 AⅢkx10**

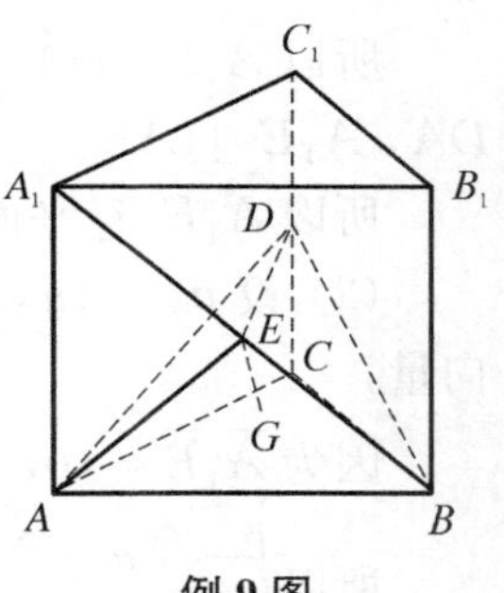

例 9 图

解析：(1) 设直三棱柱 $ABC-A_1B_1C_1$ 的底面等腰直角三角形的直角边长为 a，分别以射线 CA、CB、CC_1 为 x、y、z 轴的正半轴建立空间直角坐标系. 则有 $A(a,0,0)$、$B(0,a,0)$、$D(0,0,1)$，$\triangle ABD$ 的重心是 $G\left(\dfrac{a}{3},\dfrac{a}{3},\dfrac{1}{3}\right)$，$A_1(a,0,2)$，$A_1B$ 的中点是 $E\left(\dfrac{a}{2},\dfrac{a}{2},1\right)$，$\overrightarrow{GE}=\left(\dfrac{a}{6},\dfrac{a}{6},\dfrac{2}{3}\right)$，$\overrightarrow{AB}=(-a,a,0)$，必有 $\overrightarrow{GE}\cdot\overrightarrow{AB}=0$，于是，只需 $\overrightarrow{GE}\cdot\overrightarrow{AD}=0$ 即可使 $EG\perp$ 平面 ABD 成立. 而 $\overrightarrow{AD}=(-a,0,1)$，于是 $-\dfrac{a^2}{6}+\dfrac{2}{3}=0$，解得 $a=2$.

$\angle A_1BG$ 是 A_1B 与平面 ABD 所成角，$EG=\dfrac{\sqrt{6}}{3}$，$BE=\sqrt{3}$，则 $\angle A_1BG=\arcsin\dfrac{\sqrt{2}}{3}$，即 A_1B 与平面 ABD 所成角的大小是 $\arcsin\dfrac{\sqrt{2}}{3}$.

(2) $\overrightarrow{DE}=(1,1,0)$，则有 $DE\perp AB$，而 $\overrightarrow{AA_1}=(0,0,2)$，则 $DE\perp AA_1$，$DE\perp$ 平面 ABB_1A_1.

设 A_1 到平面 AED 的距离为 h，$\triangle AA_1E$ 的面积 $S_{\triangle AA_1E}=\frac{1}{2}AA_1\times\frac{1}{2}AB=\sqrt{2}$，$\triangle ADE$ 的面积 $S_{\triangle ADE}=\frac{1}{2}AE\times DE=\frac{\sqrt{6}}{2}$，由三棱锥 A_1-AED 的体积可得 $\frac{1}{3}S_{\triangle AA_1E}DE=\frac{1}{3}S_{\triangle ADE}h$，解得 $h=\frac{2\sqrt{6}}{3}$，即 A_1 到平面 AED 的距离是 $\frac{2\sqrt{6}}{3}$.

二、思想方法分类阐释

BⅢkx1 转化思想 空间中的角和距离可以转化为空间向量的有关角和距离问题.

例 1 如图所示，在直四棱柱 $ABCD-A_1B_1C_1D_1$ 中，底面 $ABCD$ 是矩形，$AB=1$，$BC=\sqrt{2}$，$AA_1=2$，E 是侧棱 BB_1 的中点.

(1) 求证：$A_1E\perp$ 平面 AED；

(2) 求二面角 $A-A_1D-E$ 的大小.

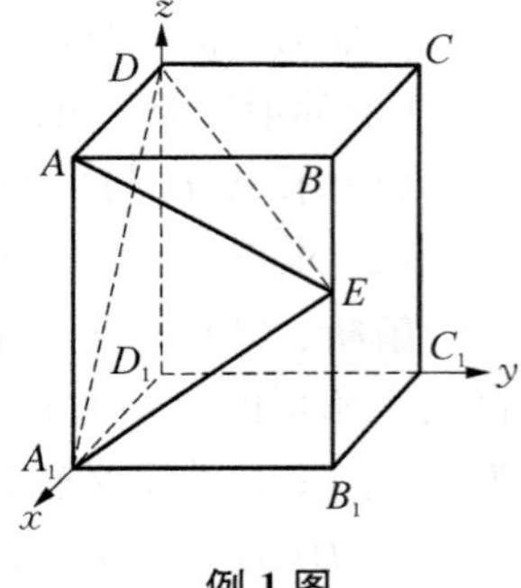

例 1 图

解： 建立如图所示空间直角坐标系.

(1) $\overrightarrow{DA}=(\sqrt{2},\ 0,\ 0)$，$\overrightarrow{AE}=(0,\ 1,\ -1)$，$\overrightarrow{A_1E}=(0,\ 1,\ 1)$

所以 $\overrightarrow{A_1E}\cdot\overrightarrow{DA}=0$，$\overrightarrow{A_1E}\cdot\overrightarrow{AE}=0$，所以 $A_1E\perp DA$，$A_1E\perp AE$，

所以 $A_1E\perp$ 平面 ADE.

(2) 设 $\boldsymbol{n}_1=(u,\ v,\ w)$ 是平面 A_1DE 的一个法向量，

因为 $\overrightarrow{A_1E}=(0,\ 1,\ 1)$，$\overrightarrow{A_1D}=(-\sqrt{2},\ 0,\ 2)$

所以 $\begin{cases}-\sqrt{2}u+2w=0\\ v+w=0\end{cases}$

解得 $w=\sqrt{2}u$，$v=-w$，取 $w=1$，得 $\boldsymbol{n}_1=(\sqrt{2},\ -1,\ 1)$

因为 $\overrightarrow{OC_1}\perp$ 平面 AA_1D，所以平面 AA_1D 的一个法向量为 $\boldsymbol{n}_2=(0,\ 1,\ 0)$

设 $\boldsymbol{n}_1$ 与 $\boldsymbol{n}_2$ 的夹角为 φ，则 $\cos\varphi=\frac{\boldsymbol{n}_1\cdot\boldsymbol{n}_2}{|\boldsymbol{n}_1||\boldsymbol{n}_2|}=-\frac{1}{2}$

结合图形，可判别得二面角 $A-A_1D-E$ 是锐角，它的大小为 $\frac{\pi}{3}$.

例 2 如图(a)，已知 AB 是圆柱 OO_1 底面圆 O 的直径，底面半径 $R=1$，圆柱的表面积为 8π；点 C 在底面圆 O 上，且直线 A_1C 与下底面所成的角的大小为 $60°$.

(1) 求点 A 到平面 A_1CB 的距离；

(2) 求二面角 $A-A_1B-C$ 的大小(结果用反三角函数值表示).

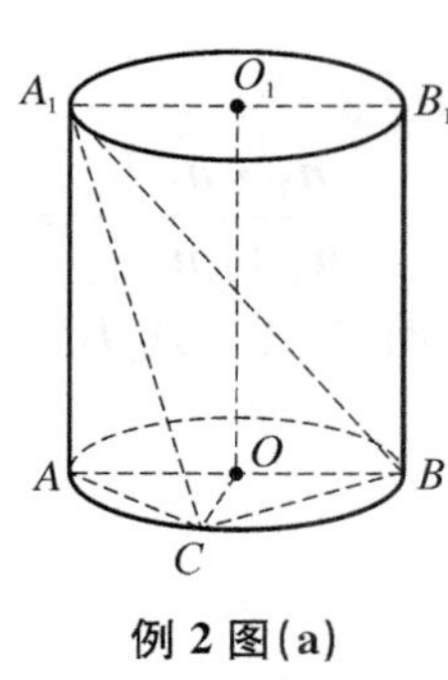

例 2 图(a)

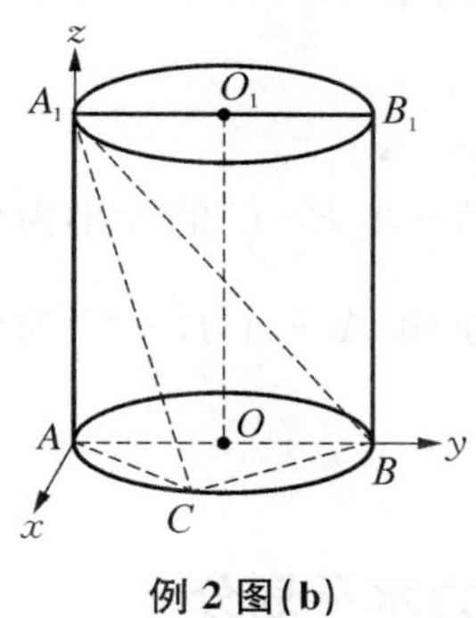

例 2 图(b)

解：(1) 设圆柱的母线长为 l，则根据已知条件可得，

$S_{全}=2\cdot\pi R^2+2\pi Rl=8\pi$, $R=1$，解得 $l=3$.

因为 $A_1A\perp$ 底面 ACB，所以 AC 是 A_1C 在底面 ACB 上的射影，

所以 $\angle A_1CA$ 是直线 A_1C 与下底面 ACB 所成的角，即 $\angle A_1CA=60°$

在直角三角形 A_1AC 中，$AA_1=3$, $\angle A_1CA=60°$, $AC=\sqrt{3}$.

AB 是底面直径，所以 $\angle CAB=\frac{\pi}{6}$. 以 A 为坐标原点，以 AB、AA_1 分别为 y、z 轴建立空间直角坐标系如图(b) 所示：则 $A(0, 0, 0)$、$C\left(\frac{\sqrt{3}}{2}, \frac{3}{2}, 0\right)$、$A_1(0, 0, 3)$、$B(0, 2, 0)$，于是 $\overrightarrow{AC}=\left(\frac{\sqrt{3}}{2}, \frac{3}{2}, 0\right)$, $\overrightarrow{A_1B}=(0, 2, 3)$, $\overrightarrow{CB}=\left(-\frac{\sqrt{3}}{2}, \frac{1}{2}, 0\right)$.

设平面 A_1CB 的一个法向量为 $\boldsymbol{n}=(x, y, z)$，则 $\begin{cases}\boldsymbol{n}\cdot\overrightarrow{CB}=0\\ \boldsymbol{n}\cdot\overrightarrow{A_1B}=0\end{cases}\Rightarrow$ $\begin{cases}-\frac{\sqrt{3}}{2}x+\frac{1}{2}y=0,\\ 2y-3z=0\end{cases}$

不妨令 $z=1$，则 $\boldsymbol{n}=\left(\frac{\sqrt{3}}{2}, \frac{3}{2}, 1\right)$，所以 A 到平面 A_1CB 的距离 $d=\frac{|\boldsymbol{n}\cdot\overrightarrow{AC}|}{|\boldsymbol{n}|}=\frac{\left|\frac{3}{4}+\frac{9}{4}\right|}{2}=\frac{3}{2}$，所以点 A 到平面 A_1CB 的距离为$\frac{3}{2}$.

(2) 平面 A_1AB 的一个法向量为 $\boldsymbol{n}_1=(1, 0, 0)$.

由(1) 知平面 A_1CB 的一个法向量 $\boldsymbol{n}_2=\left(\frac{\sqrt{3}}{2}, \frac{3}{2}, 1\right)$.

二面角 $A-A_1B-C$ 的大小为 θ,则 $|\cos\theta|=\frac{|\boldsymbol{n}_1\cdot\boldsymbol{n}_2|}{|\boldsymbol{n}_1||\boldsymbol{n}_2|}=\frac{\frac{\sqrt{3}}{2}}{2}=\frac{\sqrt{3}}{4}$.

由于二面角 $A-A_1B-C$ 为锐角，所以二面角 $A-A_1B-C$ 的大小为 $\arccos\frac{\sqrt{3}}{4}$.

三、能力水平划分

空间向量及其应用	水平 a	水平 b	水平 c	水平 d
运算求解能力	能正确地按空间向量所成的角、空间向量的数量积、空间向量的分解等概念进行运算和求解； 在空间向量的运算中能对给出的运算结果的正确性加以判断	能灵活运用空间向量所成的角、空间向量的数量积、空间向量的分解等概念进行求解； 能理解利用空间向量所成的角、空间向量的数量积、空间向量的分解等概念进行运算的依据,并明确其运算时的使用条件； 能根据具体的几何体的问题情境选择合理选择空间向量的运算方式	在较综合的空间向量问题情境中，有意识地通过多步骤的形式有效地解决空间向量与空间图形运算、空间图形的性质等相关的问题； 能解释空间向量的运算公式、概念等使用的依据与条件，做到言之有据	能利用空间向量及其运算解决空间图形的问题,并能进行推理和研究
空间想象能力	能把空间图形中的基本元素——点、线、面表示空间图形的位置关系能想象为空间向量的问题	能由空间图形想象出空间向量或由空间向量想象出空间图形	能对空间向量进行分解与组合； 能建立空间之间的位置与数量关系	
推理论证能力				
提出与解决问题能力				

实例

例 1　已知向量 $\boldsymbol{a}=(-1, 3, -2)$，$\boldsymbol{b}=(2, 0, -2)$，$\boldsymbol{c}=(0, 2, 1)$，$\boldsymbol{m}=2\boldsymbol{a}-3\boldsymbol{b}+\boldsymbol{c}$，则 $\boldsymbol{m}$ 的模为(　　). **CⅢk1a**

A. $\sqrt{133}$　　B. $\sqrt{137}$　　C. 12　　D. 13

答案：B.

解析：利用坐标化以后的向量运算即可求得.

例 2　如图，已知空间四边形 $ABCD$，M、G 分别是 BC、CD 的中点，连接 AM、AG、MG，则 $\overrightarrow{AB}+\frac{1}{2}(\overrightarrow{BD}+\overrightarrow{BC})$ 等于(　　). **CⅢk1b**

A. $\overrightarrow{AG}$　　B. $\overrightarrow{CG}$

C. $\overrightarrow{BC}$　　D. $\frac{1}{2}\overrightarrow{BC}$

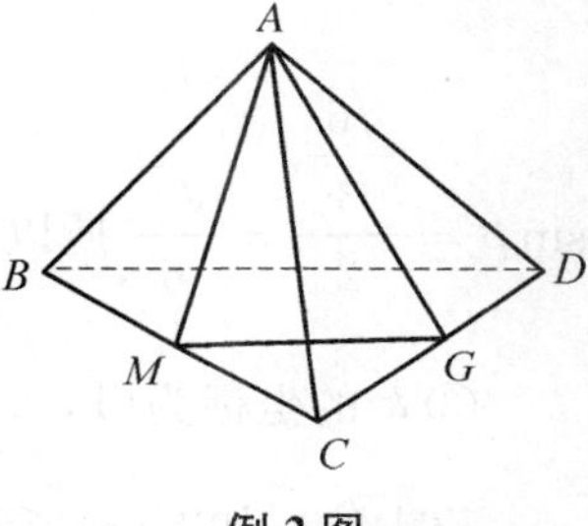

例 2 图

答案：A.

解析：利用三角形法则、实数与空间向量的乘法等概念即可解决.

例 3　如图直角梯形 $OABC$ 中，$\angle COA=\angle OAB=\frac{\pi}{2}$，$OC=2$，$OA=AB=1$，$SO\perp$ 平面 $OABC$，$SO=1$，以 OC、OA、OS 分别为 x 轴、y 轴、z 轴建立直角坐标系 $O-xyz$.

(1) 求 $\overrightarrow{SC}$ 与 $\overrightarrow{OB}$ 的夹角 α 的大小(用反三角函数表示)； **CⅢk1c**

(2) 设 $\boldsymbol{n}=(1, p, q)$，满足 $\boldsymbol{n}\perp$ 平面 SBC，求：① $\boldsymbol{n}$ 的坐标；② OA 与平面 SBC 的夹角 β(用反三角函数表示)；③ O 到平面 SBC 的距离. **CⅢk1d**

(3) 设 $\boldsymbol{k}=(1, r, s)$ 满足 $\boldsymbol{k}\perp\overrightarrow{SC}$ 且 $\boldsymbol{k}\perp\overrightarrow{OB}$. 填写：① $\boldsymbol{k}$ 的坐标为________. ② 异面直线 SC、OB 的距离为________. **CⅢk1d**

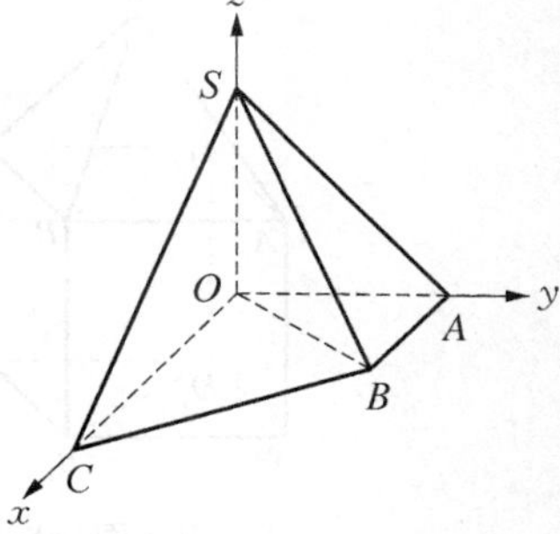

例 3 图

(注：(3)只要求写出答案)

解：(1) 如图所示：$C(2, 0, 0)$，$S(0, 0, 1)$，$O(0, 0, 0)$，$B(1, 1, 0)$

所以 $\overrightarrow{SC}=(2, 0, -1)$，$\overrightarrow{OB}=(1, 1, 0)$. 所以 $\cos\langle\overrightarrow{SC}, \overrightarrow{OB}\rangle=\frac{2}{\sqrt{5}\cdot\sqrt{2}}=\frac{\sqrt{10}}{5}$，$\alpha=\arccos\frac{\sqrt{10}}{5}$.

(2) ① $\overrightarrow{SB}=(1, 1, -1)$，$\overrightarrow{CB}=(-1, 1, 0)$，因为 $\boldsymbol{n} \perp SBC$.

所以 $\boldsymbol{n} \perp \overrightarrow{SB}$，$\boldsymbol{n} \perp \overrightarrow{CB}$，所以 $\boldsymbol{n} \cdot \overrightarrow{SB}=1+p-q=0$，所以 $\boldsymbol{n} \cdot \overrightarrow{CB}=-1+p=0$，解得：$p=1$，$q=2$，所以 $\boldsymbol{n}=(1, 1, 2)$.

② 过 O 作 $OE \perp BC$ 于 E，则 $BC \perp$ 面 SOE，所以 $SOE \perp SAB$

又两面交于 SE，过 O 作 $OH \perp SE$ 于 H，则 $OH \perp SBC$，延长 OA 与 CB 交于 F，则 $OF=2$，连接 FH，则 $\angle OFH$ 为所求，

又 $OE=\sqrt{2}$，所以 $SE=\sqrt{3}$ 所以 $OH=\dfrac{SO \cdot OE}{SE}=\dfrac{1 \cdot \sqrt{2}}{\sqrt{3}}=\dfrac{\sqrt{6}}{3}$，所以

$\sin\beta=\dfrac{\frac{\sqrt{6}}{3}}{2}=\dfrac{\sqrt{6}}{6}$ 所以 $\beta=\arcsin\dfrac{\sqrt{6}}{6}$.

③ $\boldsymbol{k}$ 的坐标为 $(1, -1, 2)$；$OH=\dfrac{\sqrt{6}}{3}$.

例 4 如图(a)所示，$P-ABCD$ 是正四棱锥，$ABCD-A_1B_1C_1D_1$ 是正方体，其中 $AB=2$，$PA=\sqrt{6}$.

(1) 求证：$PA \perp B_1D_1$； **CⅢk2a**

(2) 求平面 PAD 与平面 BDD_1B_1 所成的锐二面角 θ 的大小； **CⅢk2a**

(3) 求 B_1 到平面 PAD 的距离. **CⅢk2a**

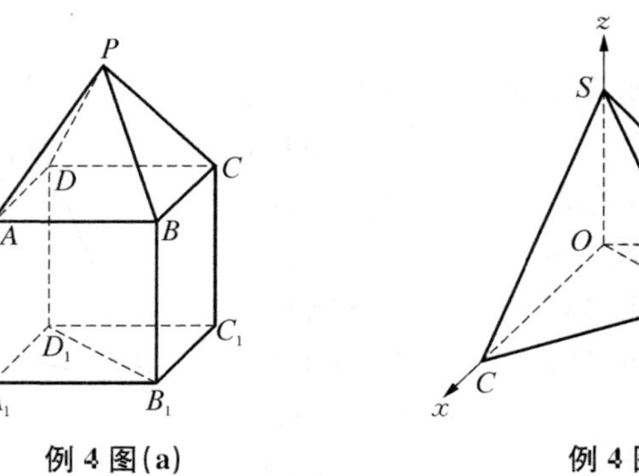

例 4 图(a)　　例 4 图(b)

解： 以 A_1B_1 为 x 轴，A_1D_1 为 y 轴，A_1A 为 z 轴建立空间直角坐标系，如图(b)所示：

(1) 设 E 是 BD 的中点，因为 $P-ABCD$ 是正四棱锥，所以 $PE \perp ABCD$

又 $AB=2$，$PA=\sqrt{6}$，所以 $PE=2$ 所以 $P(1, 1, 4)$ 所以 $\overrightarrow{B_1D_1}=(-2, 2, 0)$，$\overrightarrow{AP}=(1, 1, 2)$ 所以 $\overrightarrow{B_1D_1} \cdot \overrightarrow{AP}=0$ 即 $PA \perp B_1D_1$.

(2) 设平面 PAD 的法向量是 $\boldsymbol{m}=(x, y, z)$，因为 $\overrightarrow{AD}=(0, 2, 0)$，$\overrightarrow{AP}=$

$(1, 1, 2)$，所以 $y=0$，$x+2z=0$，取 $z=1$ 得 $\boldsymbol{m}=(-2, 0, 1)$，又平面 BDD_1B_1 的法向量是 $\boldsymbol{n}=(1, 1, 0)$，所以 $\cos\langle\boldsymbol{m}, \boldsymbol{n}\rangle=\dfrac{\boldsymbol{m}\cdot\boldsymbol{n}}{|\boldsymbol{m}||\boldsymbol{n}|}=-\dfrac{\sqrt{10}}{5}$，

所以 $\theta=\arccos\dfrac{\sqrt{10}}{5}$.

(3) 因为 $\overrightarrow{B_1A}=(-2, 0, 2)$，所以 B_1 到平面 PAD 的距离 $d=\dfrac{|\overrightarrow{B_1A}\cdot\boldsymbol{m}|}{|\boldsymbol{m}|}=\dfrac{6}{5}\sqrt{5}$.

模块四　数据整理与概率统计

第一部分　排列组合、二项式定理

排列与组合是学习概率的预备知识，也是研究数理统计、组合数学等高等数学的基础. 其内容特殊，研究方法独特，应用灵活，是培养缜密的数学思维能力以及创新意识、创新能力的良好题材. 二项式定理是在乘法公式及组合数公式的基础上展开的内容，它对研究整除性、近似计算有直接的作用，它与概率论中的二项分布，微积分中求导公式的推导有密切的联系，是进一步学习高等数学时，经常要用到的基础知识.

一、基础知识与基本技能掌握要求

AⅣpl1 掌握分步计数的乘法原理，并能分析和解决一些简单的应用问题

AⅣpl2 理解排列的意义. 掌握排列数计算公式，并能用它解决一些简单的应用问题

AⅣpl3 理解组合的意义，掌握组合数计算公式和组合数的性质，并能用它们解决一些简单的应用问题

AⅣpl4 掌握分类计数的加法原理，并能分析和解决一些简单的应用问题

AⅣpl5 排列与组合的综合问题

AⅣpl6 掌握二项式定理

AⅣpl7 掌握二项式系数的性质

实例

例 1　75600 有多少个正约数？　**AⅣpl1**

解： 由于 $75600=2^4\times3^3\times5^2\times7$，所以 75600 的每个约数都可以写成 $2^i\cdot3^j\cdot5^k\cdot7^l$ 的形式，其中：$0\leqslant i\leqslant4$，$0\leqslant j\leqslant3$，$0\leqslant k\leqslant2$，$0\leqslant l\leqslant1$；于是，要确定 75600 的一个约数，可分四步完成，即：i，j，k，l 分别在各自的范围内任取一个值，这样 i 有 5 种取法，j 有 4 种取法，k 有 3 种取法，l 有 2 种取法，根据分步计数原理得约数的个数为：$5\times4\times3\times2=120$ 个.

例 2　试确定下列问题是排列问题还是组合问题：

(1) 从 10 名同学中选出 4 名参加联欢晚会，求有多少种不同的选法；

(2) 北京、上海、天津和广东四个足球队举行单循环比赛，求共有多少种比赛场次；

(3) 从 2，3，5，7，11 这 5 个质数中，每次取出两个数作为分子和分母构成一个分数，试写出所有不同的分数.　**AⅣpl1　AⅣpl3**

解：(1) 组合问题；(2) 组合问题；(3) 排列问题.

例 3　从 6 个同学中，挑选 3 人分别担任正班长、副班长和团支书，问共有多少种不同的选法？　**AⅣpl2**

解：将 6 个同学看成 6 个不同的元素，这个问题就是从 6 个不同元素中取出 3 个元素的排列数，所以不同的选法有：$P_6^3=6\times5\times4=120$(种).

例 4　平面上有 12 个点，其中任何 3 点都不在同一直线上，以每三点为顶点画一个三角形，一共可以画多少个三角形？　**AⅣpl3**

解：把这 12 个点看作是 12 个元素，由于三角形的三个顶点不计较顺序，所以可以画出的三角形的个数实际上就是从 12 个元素中取出三个元素的组合数

$$C_{12}^3=\frac{12\times11\times10}{3!}=220(\text{个}).$$

例 5　从 0，2 中选一个数字，从 1，3，5 中选两个数字，组成无重复数字的三位数，求奇数的个数.　**AⅣpl4　AⅣpl5**

解：由于要求是奇数，因此三位数可以分成两种情况：奇偶奇，偶奇奇. 如果是第一种奇偶奇的情况，可以从个位开始分析 3 种选择，之后二位，有 2 种选择，最后百位 2 种选择，共 12 种；如果是第二种情况偶奇奇，分析同理，个位有 3 种选择，十位有 2 种选择，百位有一种选择，共 6 种，因此总共 12+6=18 种.

例 6　有 4 名男生，5 名女生，全体排成一行，问下列情况各有多少种不同的排法？

(1) 甲不在中间也不在两端；(2) 甲、乙两人必须排在两端；

(3) 男、女生排在一起；(4) 男女相间排列；

(5) 甲、乙之间恰有两人；(6) 甲、乙、丙从左到右顺序保持一致.　**AⅣpl5**

解：(1) **方法一：**先安排好甲的位置，再考虑其他人员位置：$P_6^1\cdot P_8^8=241920$ 种；

方法二：先考虑中间及两端位置，再考虑其他位置：$P_8^3\cdot P_6^6=241920$ 种；

(2) 先安排甲、乙，再考虑其他人员位置：$P_2^2\cdot P_6^6=1440$ 种；

(3) 捆绑法：$P_4^4\cdot P_5^5\cdot P_2^2=5760$ 种；

(4) 4 男 5 女相间排列情形只有一类：$* \times * \times * \times * \times *$，$P_4^4 \cdot P_5^5 = 2880$ 种；

(5) 构造四人的大箱子，甲、乙站箱子内两端，之间插入两人，再将箱子和其他剩余人员排列：$P_2^2 \cdot P_7^2 \cdot P_6^6 = 60480$ 种；（特别注意，最后得把箱子看作一个特殊元素和剩余元素合在一起考虑）

(6) 先排甲、乙、丙，因为顺序固定，所以无序，后考虑其他人员：$C_9^3 \cdot P_6^6 = 60480$ 种.

例 7 在产品检验时，常从产品中抽出一部分进行检查，现在从 100 件产品中任意抽出 3 件，

(1) 一共有多少种不同的抽法？

(2) 如果 100 件产品中有 2 件次品，抽出的 3 件产品中恰好有 1 件是次品的抽法有多少种？

(3) 如果 100 件产品中有 2 件次品，抽出的 3 件产品中至少有一件是次品的抽法有多少种？ **AⅣ p15**

解：(1) 所求的不同的抽法种数就是从 100 件产品中抽出 3 件的组合数

$$C_{100}^3 = \frac{100 \times 99 \times 98}{3 \times 2 \times 1} = 161700(\text{种}).$$

(2) 第一步，先从 2 件次品中抽出 1 件次品，共有 C_2^1 种抽法；第二步，从剩下的 98 件合格品中抽出 2 件合格品，共有 C_{98}^2 种抽法，所以，抽出的 3 件产品中恰好有 1 件是次品的抽法有 $C_2^1 C_{98}^2 = 2 \times 4753 = 9506$.

(3) 从 100 件产品中抽出 3 件，共有 C_{100}^3 种抽法，在这些抽法中，3 件全是合格品的抽法有 C_{98}^3 种，所以，至少有一件是次品的抽法是 $C_{100}^3 - C_{98}^2 = 161700 - 152096 = 9604$.

第(3)小题也可以这样做：从 100 件产品中抽出的 3 件中至少有一件是次品的抽法包括有 1 件次品和有 2 件次品两种情况. 其中，有 1 件次品的抽法是 $C_{98}^2 C_2^1$，有 2 件次品的抽法是：$C_{98}^1 C_2^2$，所以，至少有一件是次品的抽法是 $C_{98}^2 C_2^1 + C_{98}^1 C_2^2 = 9604$ 种.

例 8 将 2 个 a 和 2 个 b 共 4 个字母填在如图所示的 16 个小方格内，每个小方格内至多填 1 个字母，若使相同字母既不同行也不同列，求不同的填法有多少种（用数字作答）. **AⅣ p15**

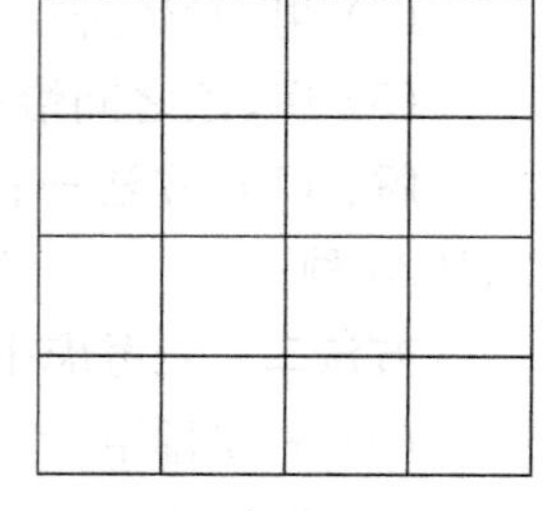
例 8 图

解：使 2 个 a 既不同行也不同列的填法有 $C_4^2 A_4^2 = 72$ 种，同样，使 2 个 b 既不同行也不同列的填法也有 $C_4^2 A_4^2 =$

72 种，故由乘法原理，这样的填法共有 72^2 种，其中不符合要求的有两种情况：2 个 a 所在的方格内都填有 b 的情况有 72 种；2 个 a 所在的方格内仅有 1 个方格内填有 b 的情况有 $C_{16}^1A_9^2=16\times72$ 种. 所以，符合题设条件的填法共有 $72^2-72-16\times72=3960$ 种.

例 9　已知 $\left(\sqrt{x}-\dfrac{1}{2\sqrt[4]{x}}\right)^n$ 的展开式中，前三项系数的绝对值依次成等差数列

(1) 证明该展开式中没有常数项；

(2) 求该展开式中所有的有理项.　**AⅣp16**

解：(1) 其前三项系数的绝对值依次为：C_n^0，$C_n^1\left(\dfrac{1}{2}\right)$，$C_n^2\left(\dfrac{1}{2}\right)^2$，

所以 $C_n^1=1+\dfrac{n(n-1)}{8}\Rightarrow n^2-9n+8=0\Rightarrow n=8$，考虑其展开式的通项：

$T_{r+1}=C_8^r\cdot(x^{\frac{1}{2}})^{8-r}\cdot\left(-\dfrac{1}{2}x^{-\frac{1}{4}}\right)^r\Rightarrow x^{\frac{1}{2}(8-r)-\frac{r}{4}}=x^0\Rightarrow16-3r=0$，与 r 为正整数矛盾.

(2) 要求展开式的有理项，即求 x 的整数次幂项，

从通项 $T_{r+1}=C_8^r\cdot(x^{\frac{1}{2}})^{8-r}\cdot\left(-\dfrac{1}{2}x^{-\frac{1}{4}}\right)^r$ 可得出 $4-\dfrac{3}{4}r\in\mathbf{Z}\Rightarrow r=0$，$r=4$，$r=8$

故展开式所有有理项为：x^4，$\dfrac{35}{8}x$，$\dfrac{1}{256}x^{-2}$.

例 10　若 n 为正奇数，求 $7^n+C_n^1\cdot7^{n-1}+C_n^2\cdot7^{n-2}+\cdots+C_n^{n-1}\cdot7$ 除以 9 的余数.　**AⅣp17**

解：$7^n+C_n^1\cdot7^{n-1}+\cdots+C_n^{n-1}\cdot7+1-1=8^n-1=(9-1)^n-1=9^n-C_n^1\cdot9^{n-1}+C_n^2\cdot9^{n-2}+\cdots+C_n^{n-1}\cdot9^1-2$

所以 $7^n+C_n^1\cdot7^{n-1}+C_n^2\cdot7^{n-2}+\cdots+C_n^{n-1}\cdot7$ 除以 9 的余数为 7.

例 11　若 $(1+2x)^{100}=a_0+a_1(x-1)+a_2(x-1)^2+\cdots+a_{100}(x-1)^{100}$，求：

(1) $a_0+a_1+a_2+\cdots+a_{100}$ 的值；(2) $a_0-a_1+a_2-a_3+\cdots+a_{100}$ 的值；

(3) $a_0+a_2+a_4+\cdots+a_{100}$ 和 $a_1+a_3+a_5+\cdots+a_{99}$ 的值.　**AⅣp117**

解：(1) 观察，要得到 $a_0+a_1+a_2+\cdots+a_{100}$ 的值，令 $x=2$ 即可，

$a_0+a_1+a_2+\cdots+a_{100}=(1+2\times2)^{100}=5^{100}$.

(2) 要得到 $a_0-a_1+a_2-a_3+\cdots+a_{100}$ 的值，可令 $x=0$，

$a_0-a_1+a_2-a_3+\cdots+a_{100}=(1+2\times 0)^{100}=1$

(3) 由(1),(2)的结论,两式相加除以 2 得:$a_0+a_2+a_4+\cdots+a_{100}=\dfrac{5^{100}+1}{2}$,

两式相减除以 2 得:$a_1+a_3+a_5+\cdots+a_{99}=\dfrac{5^{100}-1}{2}$.

二、思想方法分类阐释

BⅣpl1 分类讨论思想 计数的过程中对于不同的情况分开计算,如至少或至多等问题,都可分为 1 个 2 个等考虑;或字母变量不同导致的数学算式性质的改变等.

例 1 现有 16 张不同的卡片,其中红色、黄色、蓝色、绿色卡片各 4 张. 从中任取 3 张,要求这 3 张卡片不能是同一种颜色,且红色卡片至多 1 张. 不同取法的种数为(　　).

解: 若没有红色卡,则需从黄、蓝、绿三色卡片中选 3 张,若都不同色则有 $C_4^1\times C_4^1\times C_4^1=64$ 种,若 2 色相同,则有 $C_3^2C_2^1C_4^2C_4^1=144$;若红色卡片有 1 张,则剩余 2 张若不同色,有 $C_4^1\times C_3^2\times C_4^1\times C_4^1=192$ 种,如同色则有 $C_4^1C_3^2C_4^2=72$,所以共有 $64+144+192+72=472$.

例 2 方程 $ay=b^2x^2+c$ 中的 $a, b, c\in\{-3, -2, 0, 1, 2, 3\}$,且 a, b, c 互不相同,在所有这些方程所表示的曲线中,不同的抛物线共有(　　)条.

解: 方程 $ay=b^2x^2+c$ 变形得 $x^2=\dfrac{a}{b^2}y-\dfrac{c}{b^2}$,若表示抛物线,则 $a\neq 0$, $b\neq 0$

所以,分 $b=-3, -2, 1, 2, 3$ 五种情况:

(1) 若 $b=-3$, $\begin{cases}a=-2,\ c=0,\text{或 }1,\text{或 }2,\text{或 }3\\ a=1,\ c=-2,\text{或 }0,\text{或 }2,\text{或 }3\\ a=2,\ c=-2,\text{或 }0,\text{或 }1,\text{或 }3\\ a=3,\ c=-2,\text{或 }0,\text{或 }1,\text{或 }2\end{cases}$;

(2) 若 $b=3$, $\begin{cases}a=-2,\ c=0,\text{或 }1,\text{或 }2,\text{或 }3\\ a=1,\ c=-2,\text{或 }0,\text{或 }2,\text{或 }3\\ a=2,\ c=-2,\text{或 }0,\text{或 }1,\text{或 }3\\ a=3,\ c=-2,\text{或 }0,\text{或 }1,\text{或 }2\end{cases}$

以上两种情况下有 9 条重复,故共有 $16+7=23$ 条;

同理当 $b=-2$,或 2 时,共有 23 条;当 $b=1$ 时,共有 16 条.

综上，共有 $23+23+16=62$ 条.

BⅣpl2 转化思想 将计数问题用特殊的模型进行代换，从而达到简化问题的目的，或利用计数的形式去解决对应的算式，从而揭示本质.

例 3 10 个三好生的名额分给 6 个班，允许有的班没有，有的班得多个，则共有多少种不同的分法?

解：由于每个班名额数大于或等于零，可抽象为 $x_1+x_2+x_3+x_4+x_5+x_6=10$，且 $x_1\geqslant 0$，$x_2\geqslant 0$，$x_3\geqslant 0$，$x_4\geqslant 0$，$x_5\geqslant 0$，$x_6\geqslant 0$；则 $x_1+1\geqslant 1$，$x_2+1\geqslant 1$，$x_3+1\geqslant 1$，$x_4+1\geqslant 1$，$x_5+1\geqslant 1$，$x_6+1\geqslant 1$；令 $y_1=x_1+1\geqslant 1$，$y_2=x_2+1\geqslant 1$，$y_3=x_3+1\geqslant 1$，$y_4=x_4+1\geqslant 1$，$y_5=x_5+1\geqslant 1$，$y_6=x_6+1\geqslant 1$；且 $y_1+y_2+y_3+y_4+y_5+y_5=16$，则问题可化归为：将 16 个球分为六堆，其中每堆至少有 1 个球的问题. 用隔板法可得：有 $C_{15}^5=3003$ 种分法.

例 4 证明：$\sum\limits_{k=0}^{n} C_{n-k}^{m-h}\cdot C_k^h=C_{n+1}^{m+1}(h\leqslant m\leqslant n)$.

证明：首先，对于每个确定的 k，等式左边的每一项都是两个组合数的乘积，其中 C_{n-k}^{m-h} 是 $(1+x)^{n-k}$ 的展开式中 x^{m-h} 的系数. C_k^h 是 $(1+y)^k$ 的展开式中 y^k 的系数. 从而 $C_{n-k}^{m-h}\cdot C_k^h$ 就是 $(1+x)^{n-k}\cdot(1-y)^k$ 的展开式中 $x^{m-h}y^h$ 的系数.

于是，$\sum\limits_{k=0}^{n} C_{n-k}^{m-h}\cdot C_k^h$ 就是 $\sum\limits_{k=0}^{n}(1+x)^{n-k}(1+y)^k$ 展开式中 $x^{m-h}y^h$ 的系数.

另一方面，$\sum\limits_{k=0}^{n}(1+x)^{n-k}(1+y)^k=\dfrac{(1+x)^{n+1}-(1+y)^{n+1}}{(1+x)-(1+y)}=$

$\dfrac{\sum\limits_{k=0}^{n+1}C_{n+1}^k x^k-\sum\limits_{k=0}^{n+1}C_{n+1}^k y^k}{x-y}=\sum\limits_{k=0}^{n+1}C_{n+1}^k x^k\cdot\dfrac{x^k-y^k}{x-y}=\sum\limits_{k=0}^{n+1}C_{n+1}^k(x^{k-1}+x^{k-2}y+\cdots+y^{k-1})$，上式中，$x^{m-h}y^h$ 项的系数恰为 C_{n+1}^{m+1}.

所以：$\sum\limits_{k=0}^{n} C_{n-k}^{m-h}\cdot C_k^h=C_{n+1}^{m+1}$.

BⅣpl3 特殊化思想 利用特殊值的代入解决二项式定理的相关问题.

例 5 若 $(1+2x)^{100}=a_0+a_1(x-1)+a_2(x-1)^2+\cdots+a_{100}(x-1)^{100}$，求：(1) $a_0+a_1+a_2+\cdots+a_{100}$ 的值；(2) $a_0-a_1+a_2-a_3+\cdots+a_{100}$ 的值；(3) $a_0+a_2+a_4+\cdots+a_{100}$ 和 $a_1+a_3+a_5+\cdots+a_{99}$ 的值.

解：(1) 观察，要得到 $a_0+a_1+a_2+\cdots+a_{100}$ 的值，令 $x=2$ 即可，

$a_0+a_1+a_2+\cdots+a_{100}=(1+2\times 2)^{100}=5^{100}$.

(2) 要得到 $a_0-a_1+a_2-a_3+\cdots+a_{100}$ 的值，可令 $x=0$，

$a_0-a_1+a_2-a_3+\cdots+a_{100}=(1+2\times 0)^{100}=1$

(3) 由(1),(2)的结论,两式相加除以 2 得: $a_0+a_2+a_4+\cdots+a_{100}=\frac{5^{100}+1}{2}$,

两式相减除以 2 得: $a_1+a_3+a_5+\cdots+a_{99}=\frac{5^{100}-1}{2}$.

BⅣpl4 类比思想 由特殊情况进行分析得到一般结论.

例 6 已知数列$\{a_n\}$(n 为正整数)的首项为 a_1,公比为的 q 等比数列.

(1) 求和: $a_1C_2^0-a_2C_2^1+a_3C_2^2$; (2) $a_1C_3^0-a_2C_3^1+a_3C_3^2-a_4C_3^3$.

(2) 由(1)的结果,归纳概括出关于正整数 n 的一个结论,并加以证明.

解: (1) $a_1C_2^0-a_2C_2^1+a_3C_2^2=a_1-2a_1q+a_1q^2=a_1(1-q)^2$,

$a_1C_3^0-a_2C_3^1+a_3C_3^2-a_4C_3^3=a_1-3a_1q+3a_1q^2-a_1q^3=a_1(1-q)^3$.

(2) 归纳概括的结论为: 若数列$\{a_n\}$是首项为 a_1,公比为 q 的等比数列,则 $a_1C_n^0-a_2C_n^1+a_3C_n^2-a_4C_n^3+\cdots+(-1)^na_{n+1}C_n^n=a_1(1-q)^n$.

例 7 观察下列等式:

$C_5^1+C_5^5=2^3-2$, $C_9^1+C_9^5+C_9^9=2^7+2^3$,

$C_{13}^1+C_{13}^5+C_{13}^9+C_{13}^{13}=2^{11}-2^5$, $C_{17}^1+C_{17}^5+C_{17}^9+C_{17}^{13}+C_{17}^{17}=2^{15}+2^7$,

…

由以上等式推测到一个一般的结论:

对于 $n\in\mathbf{N}^*$, $C_{4n+1}^1+C_{4n+1}^5+C_{4n+1}^9+\cdots+C_{4n+1}^{4n+1}=2^{4n-1}+(-1)^n2^{2n-1}$.

三、能力水平划分

排列组合	水平 a	水平 b	水平 c	水平 d
运算求解能力	能正确计算排列数与组合数; 在简单的排列组合问题中,能对给出的计数的运算过程或运算结果的正确性加以判断; 能正确的利用二项式定理的展开式进行一些简单的计算	能理解排列数、组合数的运算公式、法则与性质的依据,并明确其运用时的使用条件; 能根据具体的数学问题情境合理选择计数的运算方式	在较综合的计数问题中,有意识地通过多步骤的形式有效地解决与计数的运算、性质等相关的问题; 能解释二项式系数的性质,并能利用二项式定理解决一些实际问题	能利用二项式定理及组合数的性质进行推理和探究
空间想象能力				

续 表

排列组合	水平 a	水平 b	水平 c	水平 d
推理论证能力	能对简单的组合恒等式给出简要的说明	能理解二项式系数性质的论证过程	能运用二项式定理对简单的整除问题与不等式问题进行完整的数学证明	在一些复杂的计数问题中能合理转化问题,自觉寻找或设计推理论证途径对数学结论进行证明
提出与解决问题能力	能在一定的条件下抽象出或提出简单的数学问题	能运用适当的计数模型解决某些日常生活情境中的具体问题	能从真实情境中发现问题,并将其表述成较规范的数学问题形式或数学模型,并通过完整实施各步骤逐步解决问题	能尝试形成分析和解决计数问题和二项式展开问题的一些典型方法,并能给予解释、说明或推广

实例

例 1　二项式 $(x+y)^5$ 的展开式中,含 x^2y^3 的项的系数是________.(用数字作答)　**CⅣpla1**

答案:10.

例 2　从 3 名骨科. 4 名脑外科和 5 名内科医生中选派 5 人组成一个抗震救灾医疗小组,则骨科. 脑外科和内科医生都至少有人的选派方法种数是________.(用数字作答)　**CⅣplb1**

答案:590.

例 3　如图,用四种不同的颜色给图中的 A, B, C, D, E, F 六个点涂色,要求每个点涂一种颜色,且图中每条线段的两个端点涂不同颜色. 则不同的涂色方法共有________种.　**CⅣplc1**

解:分两种情形讨论:

(1) 全部使用四种不同的颜色.

第一步:对 B, F, C 涂色,只能用三种颜色,有 $\mathrm{A}_4^3=24$(种),

第二步:从 A, E, D 三点中选一点涂第四种颜色,有 $\mathrm{C}_3^1=3$ 种,再对另两点涂色有 3 种涂法,共有 $3\times3=9$ 种涂法,

所以全部使用四种不同的颜色的涂法有 $24\times9=216$(种).

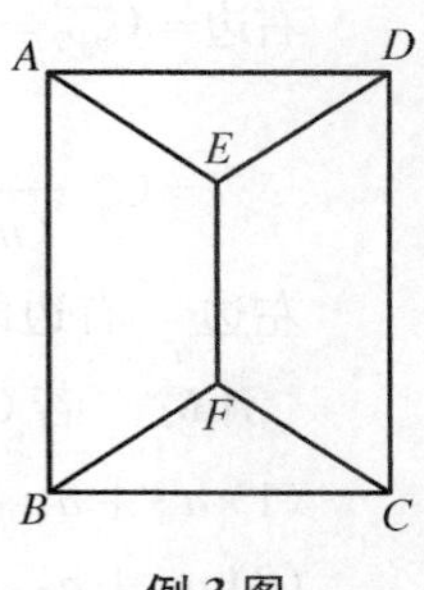

例 3 图

(2) 只使用三种颜色.

第一步：对 B，F，C 涂色，有 $C_4^3A_3^3=24$(种)，

第二步：对 A，E，D 三点涂色，由于只用三种颜色，则点 A 有 2 种涂法，此时 E 和 D 只有 1 种涂法.

所以只使用三种颜色的涂法有 $24\times 2=48$(种).

由(1)，(2) 符合题目要求的涂法有 $216+48=264$ 种.

例 4 对于 $n\in\mathbf{N}^*$，将 n 表示为 $n=a_0\times 2^k+a_1\times 2^{k-1}+\cdots+a_{k-1}\times 2^1+a_k\times 2^0$，当 $i=0$ 时，$a_i=1$，当 $1\leqslant i\leqslant k$ 时，a_i 为 0 或 1. 记 $I(n)$ 为上述表示中 a_i 为 0 的个数，(例如 $1=1\times 2^0$，$4=1\times 2^2+0\times 2^1+0\times 2^0$：故 $I(1)=0$，$I(4)=2$) 则 $\sum\limits_{n=1}^{127}2^{I(n)}=$________. **CⅣpld1**

解：在二进制的 $k(k\geqslant 2)$ 位数中，没有 0 的有 1 个，有 1 个 0 的有 C_{k-1}^1 个，有 2 个 0 的有 C_{k-1}^2 个，… 有 m 个 0 的有 C_{k-1}^m 个，… 有 $k-1$ 个 0 的有 $C_{k-1}^{k-1}=1$ 个. 故对所有二进制为 k 位数的数 n，在所求式中的 $2^{I(n)}$ 的和为：

$1\cdot 2^0+C_{k-1}^1\cdot 2^1+C_{k-1}^2\cdot 2^2+\cdots+C_{k-1}^{k-1}\cdot 2^{k-1}=3^{k-1}$.

又 $127=2^7-1$ 恰为二进制的最大 7 位数，所以 $\sum\limits_{n=1}^{127}2^{I(n)}=2^0+\sum\limits_{k=2}^{7}3^{k-1}=1093$.

例 5 求证：$C_n^{m+1}+C_n^{m-1}+2C_n^m=C_{n+2}^{m+1}$，$n>m$. **CⅣpla3**

证明：因为 $C_n^{m+1}=\dfrac{n-m}{m+1}C_n^m$，$C_n^{m-1}=\dfrac{m}{n+1-m}C_n^m$

$$\text{所以左边}=C_n^m\left(\frac{n-m}{m+1}+\frac{m}{n+1-m}+2\right)=C_n^m\left(\frac{n+m+2}{m+1}+\frac{m}{n+1-m}\right)$$

$$=C_n^m\left(\frac{(n+m+2)(n+1-m)+m^2+m}{(m+1)(n+1-m)}\right)$$

$$=C_n^m\left(\frac{n^2+3n+2}{(m+1)(n+1-m)}\right)=C_n^m\left(\frac{(n+2)(n+1)}{(m+1)(n+1-m)}\right)$$

$$\text{右边}=C_{n+2}^{m+1}=\frac{(n+2)!}{(n+1-m)!\ (m+1)!}=\frac{(n+2)(n+1)n!}{(m+1)(n+1-m)(n-m)!\ m!}$$

$$=C_n^m\frac{(n+1)(n+2)}{(n+1-m)(m+1)}$$

左边 $=$ 右边即证.

例 6 若 $(1+2x)^{100}=a_0+a_1(x-1)+a_2(x-1)^2+\cdots+a_{100}(x-1)^{100}$，求 (1) $a_0+a_1+a_2+\cdots+a_{100}$ 的值；(2) $a_0-a_1+a_2-a_3+\cdots+a_{100}$ 的值；(3) $a_0+a_2+a_4+\cdots+a_{100}$ 和 $a_1+a_3+a_5+\cdots+a_{99}$ 的值. **CⅣplb3**

解：(1) 要得到 $a_0+a_1+a_2+\cdots+a_{100}$ 的值，令 $x=2$ 即可，

$a_0+a_1+a_2+\cdots+a_{100}=(1+2\times 2)^{100}=5^{100}$.

(2) 要得到 $a_0-a_1+a_2-a_3+\cdots+a_{100}$ 的值，可令 $x=0$，

$a_0-a_1+a_2-a_3+\cdots+a_{100}=(1+2\times 0)^{100}=1$

(3) 由(1)，(2)的结论，两式相加除以 2 得：$a_0+a_2+a_4+\cdots+a_{100}=\dfrac{5^{100}+1}{2}$，

两式相减除以 2 得：$a_1+a_3+a_5+\cdots+a_{99}=\dfrac{5^{100}-1}{2}$.

例 7　若 n 为正奇数，求 $7^n+C_n^1\cdot 7^{n-1}+C_n^2\cdot 7^{n-2}+\cdots+C_n^{n-1}\cdot 7$ 除以 9 的余数.

CⅣplc3

解：$7^n+C_n^1\cdot 7^{n-1}+\cdots+C_n^{n-1}\cdot 7+1-1=8^n-1=(9-1)^n-1=9^n-C_n^1\cdot 9^{n-1}+C_n^2\cdot 9^{n-2}+\cdots+C_n^{n-1}\cdot 9^1-2$

所以 $7^n+C_n^1\cdot 7^{n-1}+C_n^2\cdot 7^{n-2}+\cdots+C_n^{n-1}\cdot 7$ 除以 9 的余数为 7.

例 8　将 $(1+x+x^2)^n(n\in \mathbf{N})$ 的展开式中，x^k 的系数记作 D_n^k，称为三项式系数. $0, D_n^0, D_n^1, \cdots, D_n^{2n}, 0$ 称为三项式 n 次系数列，如三项式 0 次系数列为 0，1，0，三项式 1 次系数列为 0，1，1，1，0.

CⅣpla4　CⅣplb4　CⅣplc4　CⅣpld4

(1) 试写出三项式 2 次系数列；

(2) 参照二项式系数杨辉三角形中的规律，探究三项式系数的规律，并在所得数阵中依次并写出三项式 3 次系数列、三项式 4 次系数列、三项式 5 次系数列和三项式 6 次系数列；

(3) 证明你所得到的三项式系数的规律；

(4) 写出两个三项式 n 次系数列的性质.

第二部分　概率与统计初步

概率论与数理统计是对随机现象的统计规律进行演绎和归纳的科学，从数量侧面研究随机现象的统计规律性的基础数学学科，概率论与数理统计又可分为概率论和数理统计两个分支. 概率是用来刻画随机事件发生的可能性大小的量. 概率论的主要内容包括古典概型的计算、随机变量的分布等. 数理统计乃数学中联系实际最直接最广泛的分支之一，它介绍了点估计等基本知识和原理，使学生对统计学原理的作用有一深刻的了解.

一、基础知识与基本技能掌握要求

AⅣg1 互斥事件和的概率、事件和的概率

AⅣg2 条件概率、独立事件积的概率

AⅣg3 古典概型的应用

AⅣg4 实物进行模拟实验、计算器产生随机整数进行模拟实验

AⅣg5 随机抽样方法

AⅣg6 用样本估计总体的平均数、标准差、百分比

AⅣg7 社会调查与统计分析

AⅣg8 相关关系

AⅣg9 线性回归

AⅣg10 了解离散型随机变量的意义，会求出某些简单的离散型随机变量的分布列、数学期望、方差

AⅣg11 二项分布、正态分布、正态分布标准化

实例

例 1 在 20 件产品中，有 15 件一级品，5 件二级品. 从中任取 3 件，其中至少有 1 件为二级品的概率是多少？ **AⅣg1 AⅣg3**

解： 从 20 件产品取出 3 件产品，其中恰有 1 件为二级品记为事件 A，恰有 2 件二级品记为事件 B，恰有 3 件二级品记为事件 C，事件 A，B，C 发生的概率分别是 $P(A)=\dfrac{C_{15}^{2}C_{5}^{1}}{C_{20}^{3}}=\dfrac{105}{228}$，$P(B)=\dfrac{C_{15}^{1}C_{5}^{2}}{C_{20}^{3}}=\dfrac{30}{228}$，$P(C)=\dfrac{C_{5}^{3}}{C_{20}^{3}}=\dfrac{2}{228}$，

任取 3 件，至少有 1 件为二级品的概率就是事件 A 或 B 或 C 发生的概率，即事件 $A+B+C$ 发生，由于事件 A，B，C 两两互斥，所以，任取 3 件，至少有 1 件为二级品的概率等于 $P(A+B+C)=P(A)+P(B)+P(C)=\dfrac{105}{228}+\dfrac{30}{228}+\dfrac{2}{228}=\dfrac{137}{228}$.

例 2 某班级有 50 位同学，问至少有两位同学在同一天过生日的概率是多少(一年按 365 天来计算)？ **AⅣg1 AⅣg3**

解： 设 A 表示事件“至少有两位同学在同一天过生日”，则 A 的对立事件 $\overline{A}$ 表示事件“50 为同学的生日全不相同”，

因为每一位同学的生日有 365 种不同的方式，所以根据乘法原理，50 位同

学的生日共有 $365\times365\times365\times\cdots\times365=365^{50}$ 种不同的方式.

50 位同学的生日全不相同时，根据乘法原理，它们的生日共有

$365\times364\times\cdots316=\mathrm{P}_{365}^{50}$ 种不同的方式.因此

$P(\overline{A})=\dfrac{\mathrm{P}_{365}^{50}}{365^{50}}$，所以 $P(A)=1-P(\overline{A})=1-\dfrac{\mathrm{P}_{365}^{50}}{365^{50}}\approx0.97$.

例 3　甲、乙两人各进行一次射击，且射击时相互不受影响，如果甲击中目标的概率都是 0.8，乙击中目标的概率是 0.6，计算：　**AⅣg2**

(1) 两人都击中目标的概率；

(2) 其中恰有一人击中目标的概率；

(3) 至少有一人击中目标的概率.

解：(1) 记 A 表示事件"甲射击一次，击中目标"，B 表示事件"乙射击一次，击中目标"，事件"两人都击中目标"就是 A 与 B 同时发生，即事件 $A\cdot B$ 发生，又 A 与 B 是独立事件，所以，两人都击中目标的概率是 $P(A\cdot B)=P(A)\cdot P(B)=0.8\times0.6=0.48$.

(2) "两人各射击一次，恰有一人击中目标"包括两种情况一是甲击中而乙未击中，即事件 $A\cdot\overline{B}$ 发生；二是甲未击中而乙击中，即事件 $\overline{A}\cdot B$ 发生. 根据题意，这两种情况在各射击一次时不可能同时发生，即事件 $A\cdot\overline{B}$ 与事件 $\overline{A}\cdot B$ 是互斥事件，所以恰有一人击中目标的概率是

$P(A\cdot\overline{B})+P(\overline{A}\cdot B)=P(A)\cdot P(\overline{B})+P(\overline{A})\cdot P(B)=0.8\times0.4+0.2\times0.6=0.44$.

(3) **解法一**：事件"两人各射击一次，至少有一人击中目标"包括三种情况一是甲击中而乙未击中，即事件 $A\cdot\overline{B}$ 发生；二是甲未击中而乙击中，即事件 $\overline{A}\cdot B$ 发生；三是甲和乙都击中，即事件 $A\cdot B$ 发生. 上述三种情况在各射击一次的情况下是不可能同时发生的，所以事件 $A\cdot\overline{B}$、$\overline{A}\cdot B$ 和 $A\cdot B$ 是互斥事件，所以至少有一人击中目标的概率是

$P(A\cdot\overline{B})+P(\overline{A}\cdot B)+P(A\cdot B)=P(A)\cdot P(\overline{B})+P(\overline{A})\cdot P(B)+P(A)\cdot P(B)=0.8\times0.4+0.2\times0.6+0.8\times0.6=0.92$.

解法二："至少有一人击中目标"的对立事件就是"没有一人击中目标"，即事件 $\overline{A}\cdot\overline{B}$，又 $\overline{A}$ 与 $\overline{B}$ 相互独立，所以没有一人击中目标的概率是 $P(\overline{A}\cdot\overline{B})=P(\overline{A})\cdot P(\overline{B})=0.2\times0.4=0.08$. 所以至少有一人击中目标的概率是 $1-P(\overline{A}\cdot\overline{B})=1-0.2\times0.4=0.92$.

例 4　从 1～9 这九个数字中，任取三个数排成三位数.　**AⅣg3**

(1) 求所得三位数为偶数的概率；

(2) 所得三位数是三的倍数的概率；

(3) 所得三位数中含有 2 且是 5 的倍数的概率；

(4) 所得三位数中含有 1，2 之一且奇数位上是奇数的概率.

解：从 1～9 这 9 个数字中，任取三个数排成三位数，其基本事件总数为 P_9^3，

(1) 设所得三位数是偶数为事件 A，则事件 A 包含 $C_4^1P_8^2$ 个基本事件，

所以 $P(A)=\dfrac{C_4^1P_8^2}{P_9^3}=\dfrac{4}{9}$；

(2) 设所得三位数是三的倍数为事件 B，则 $P(B)=\dfrac{C_3^1C_3^1C_3^1P_3^3+3P_3^3}{P_9^3}=\dfrac{5}{14}$；

(3) 设所得三位数中含有 2 且是 5 的倍数为事件 C，则 $P(C)=\dfrac{P_7^1P_2^2}{P_9^3}=\dfrac{1}{36}$；

(4) 设所得三位数中含有 1，2 之一且奇数位上是奇数为事件 D，则 $P(D)=\dfrac{C_4^1C_6^1P_2^2+2P_4^2}{P_9^3}=\dfrac{17}{126}$.

例 5 一个年级有 12 个班，每个班有 50 名学生，随机编为 1～50 号，为了了解他们在课外的兴趣爱好要求每班是 40 号学生留下来进行问卷调查，这里运用的抽样方法是(　　). **AⅣg5**

A. 分层抽样　　B. 抽签法　　C. 随机数表法　　D. 系统抽样法

答案：D.

例 6 一个总体有 100 个个体，随机编号 0，1，2，…，99，依从小到大的编号顺序平均分成 10 个小组，组号依次为 1，2，3，…，10，现用系统抽样方法抽取一个容量为 10 的样本，规定如果在第 1 组随机抽取的号码为 m，那么在第 k 组中抽取的号码个位数字与 $m+k$ 的个位数字相同，若 $m=8$，则在第 8 组中抽取的号码是________. **AⅣg5**

答案：76.

例 7 (1) 从总体中抽一个样本，3、7、4、6、5，则样本方差是多少？

(2) 若样本 a_1，a_2，a_3 的方差是 2，则样本 $2a_1$，$2a_2$，$2a_3$ 的方差是多少？

(3) 从某项综合能力测试中抽取 100 人的成绩，统计如表，则这 100 人成绩的标准差为多少？

例 7 表

分　数	5	4	3	2	1
人　数	20	10	30	30	10

(4) 已知总体的各个体的值由小到大依次为 2，3，3，7，a，b，12，13.7，

18.3，20，且总体的中位数为10.5. 若要使该总体的方差最小，则 a，b 的取值分别是多少？

AⅣg6

答案：(1) 2.5；(2) 8；(3) $\frac{2\sqrt{10}}{5}$；(4) $a=10.5$，$b=10.5$.

例 8　为防止风沙危害，某地决定建设防护绿化带，种植杨树、沙柳等植物. 某人一次种植了 n 株沙柳，各株沙柳成活与否是相互独立的，成活率为 p，设 ξ 为成活沙柳的株数，数学期望 $E\xi=3$，标准差 $\sigma\xi$ 为 $\frac{\sqrt{6}}{2}$.

(1) 求 n，p 的值并写出 ξ 的分布列；

(2) 若有3株或3株以上的沙柳未成活，则需要补种，求需要补种沙柳的概率.

AⅣg10

解：(1) 由 $E\xi=np=3$，$(\sigma\xi)^2=np(1-p)=\frac{3}{2}$，得 $1-p=\frac{1}{2}$，从而 $n=6$，$p=\frac{1}{2}$

ξ 的分布列为：

例 8 表

ξ	0	1	2	3	4	5	6
P	$\frac{1}{64}$	$\frac{6}{64}$	$\frac{15}{64}$	$\frac{20}{64}$	$\frac{15}{64}$	$\frac{6}{64}$	$\frac{1}{64}$

(2) 记“需要补种沙柳”为事件 A，则 $P(A)=P(\xi\leqslant 3)$，得

$P(A)=\frac{1+6+15+20}{64}=\frac{21}{32}$，或 $P(A)=1-P(\xi>3)=1-\frac{15+6+1}{64}=\frac{21}{32}$.

例 9　设两个正态分布 $N(\mu_1,\sigma_1^2)(\sigma_1>0)$ 和 $N(\mu_2,\sigma_2^2)(\sigma_2>0)$ 的密度函数图像如图所示，则有(　　)　**AⅣg11**

A. $\mu_1<\mu_2$，$\sigma_1<\sigma_2$

B. $\mu_1<\mu_2$，$\sigma_1>\sigma_2$

C. $\mu_1>\mu_2$，$\sigma_1<\sigma_2$

D. $\mu_1>\mu_2$，$\sigma_1>\sigma_2$

答案：A.

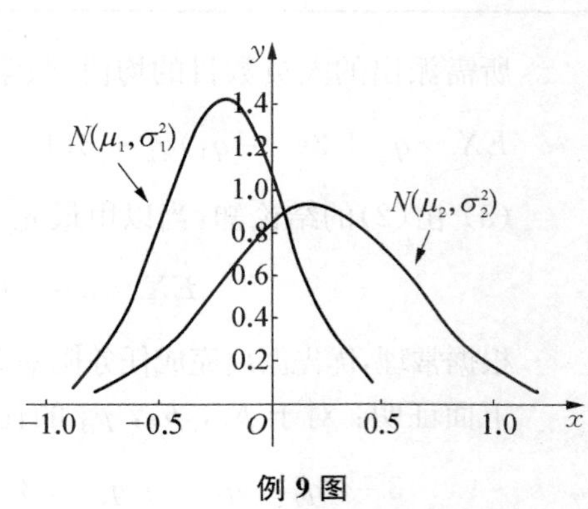

例 9 图

二、思想方法分类阐释

BⅣg1 分类讨论思想 分别计算随机变量取各种不同的值所对应的概率等.

例 1 工作人员需进入核电站完成某项具有高辐射危险的任务，每次只派一个人进去，且每个人只派一次，工作时间不超过 10 分钟，如果有一个人 10 分钟内不能完成任务则撤出，再派下一个人. 现在一共只有甲、乙、丙三个人可派，他们各自能完成任务的概率分别 p_1, p_2, p_3，假设 p_1, p_2, p_3 互不相等，且假定各人能否完成任务的事件相互独立.

(1) 如果按甲在先，乙次之，丙最后的顺序派人，求任务能被完成的概率. 若改变三个人被派出的先后顺序，任务能被完成的概率是否发生变化?

(2) 若按某指定顺序派人，这三个人各自能完成任务的概率依次为 q_1, q_2, q_3，其中 q_1, q_2, q_3 是 p_1, p_2, p_3 的一个排列，求所需派出人员数目 X 的分布列和均值(数字期望)EX.

(3) 假定 $1>p_1>p_2>p_3$，试分析以怎样的先后顺序派出人员，可使所需派出的人员数目的均值(数字期望)达到最小.

解：(1) 无论以怎样的顺序派出人员，任务不能被完成的概率都是 $(1-p_1)(1-p_2)(1-p_3)$，所以任务能被完成的概率与三个被派出的先后顺序无关，并等于

$1-(1-p_1)(1-p_2)(1-p_3)=p_1+p_2+p_3-p_1p_2-p_2p_3-p_3p_1+p_1p_2p_3$.

(2) 当依次派出的三个人各自完成任务的概率分别为 q_1, q_2, q_3 时，随机变量 X 的分布列为

X	1	2	3
P	q_1	$(1-q_1)q_2$	$(1-q_1)(1-q_2)$

所需派出的人员数目的均值(数学期望)EX 是

$EX=q_1+2(1-q_1)q_2+3(1-q_1)(1-q_2)=3-2q_1-q_2+q_1q_2$.

(3) 由(2)的结论知，当以甲最先、乙次之、丙最后的顺序派人时，

$$EX=3-2p_1-p_2+p_1p_2.$$

根据常理，优先派出完成任务概率大的人，可减少所需派出的人员数目的均值. 下面证明：对于 p_1, p_2, p_3 的任意排列 q_1, q_2, q_3，都有

$$3-2q_1-q_2+q_1q_2\geqslant 3-2p_1-p_2+p_1p_2, \cdots\cdots(*)$$

事实上，$\Delta=(3-2q_1-q_2+q_1q_2)-(3-2p_1-p_2+p_1p_2)=2(p_1-q_1)+(p_2-q_2)-p_1p_2+q_1q_2=2(p_1-q_1)+(p_2-q_2)-(p_1-q_1)p_2-q_1(p_2-q_2)=(2-p_2)(p_1-q_1)+(1-q_1)(p_2-q_2)\geqslant(1-q_1)[(p_1+p_2)-(q_1+q_2)]\geqslant 0$.

即(*)成立.

BⅣg2 转化思想 利用对立事件的概率进行计算复杂的时间的概率.

例 2　盒子中有十只相同的球，它们的标号分别是 1，2，3，…，10，从中任意取 3 只球，求 3 只球的标号至少有一只是奇数的概率.

解： 设 A 表示事件“从中任意 3 只球，求 3 只球的标号至少有一只是奇数”，则 A 的对立事件 $\overline{A}$ 表示事件“任取 3 只球标号全是偶数”，因为

$$P(\overline{A})=\frac{C_5^3}{C_{10}^3}=\frac{1}{12}，所以\ P(A)=1-P(\overline{A})=1-\frac{1}{12}=\frac{11}{12}，$$

例 3　某班级有 50 位同学，问至少有两位同学在同一天过生日的概率是多少(一年按 365 天来计算)？

解： 设 A 表示事件“至少有两位同学在同一天过生日”，则 A 的对立事件 $\overline{A}$ 表示事件“50 为同学的生日全不相同”，

因为每一位同学的生日有 365 种不同的方式，所以根据乘法原理，50 位同学的生日共有 $365\times365\times365\times\cdots\times365=365^{50}$ 种不同的方式.

50 位同学的生日全不相同时，根据乘法原理，它们的生日共有 $365\times364\times\cdots\times316=P_{365}^{50}$ 种不同的方式，因此

$$P(\overline{A})=\frac{P_{365}^{50}}{365^{50}}，所以\ P(A)=1-P(\overline{A})=1-\frac{P_{365}^{50}}{365^{50}}\approx 0.97.$$

三、能力水平划分

概率统计	水平 a	水平 b	水平 c	水平 d
运算求解能力	能正确按古典概型的要求求解简单的概率问题； 在简单的统计问题中，能对给出的数据进行简单的处理	能灵活地调用概率事件交、并等运算规则、独立事件等性质进行运算求解； 能理解随机变量的含义，能根据具体的数学问题情境合理选择运算方式求解随机变量的期望与方差	在较综合的概率问题情境中，有意识地通过多步骤的形式有效地解决与概率的运算、性质等相关的问题； 能解释概率事件运算公式、法则等使用条件的依据与条件	

续 表

概率统计	水平 a	水平 b	水平 c	水平 d
空间想象能力	能通过频率直方图的表示统计的结果			
推理论证能力	能对简单数学命题的真假、条件的充分性、必要性作出直接或间接的判断,并能给出简要的说明	能理解某个较简单数学真命题的推理或论证过程;能判断该推理或论证过程是否正确		
提出与解决问题能力	能在一定的条件下抽象出或提出简单的数学问题; 能较准确借助概率的语言表达简单的数量关系或事实			

实例

例 1 盒子中装有编号为 1, 2, 3, 4, 5, 6, 7, 8, 9 的 9 个球,从中任意取出 2 个,则这两个球的编号之积为偶数的概率是________(结果用最简分数表示). **CⅣga1**

答案: $\frac{13}{18}$.

例 2 设 $10 \leqslant x_1 < x_2 < x_3 < x_4 \leqslant 10^4$, $x_5 = 10^5$. 随机变量 ξ_1 取值 x_1、x_2、x_3、x_4、x_5 的概率均为 0.2,随机变量 ξ_2 取值 $\frac{x_1+x_2}{2}$、$\frac{x_2+x_3}{2}$、$\frac{x_3+x_4}{2}$、$\frac{x_4+x_5}{2}$、$\frac{x_5+x_1}{2}$ 的概率也为 0.2.

若记 $D\xi_1$、$D\xi_2$ 分别为 ξ_1、ξ_2 的方差,则( ). **CⅣgb1**

A. $D\xi_1 > D\xi_2$.

B. $D\xi_1 = D\xi_2$.

C. $D\xi_1 < D\xi_2$.

D. $D\xi_1$ 与 $D\xi_2$ 的大小关系与 x_1、x_2、x_3、x_4 的取值有关.

解: $E\xi_1 = 0.2(x_1 + x_2 + x_3 + x_4 + x_5) = t$, $E\xi_2 = 0.2\Big(\frac{x_1+x_2}{2} +$

$\frac{x_2+x_3}{2}+\frac{x_3+x_4}{2}+\frac{x_4+x_5}{2}+\frac{x_5+x_1}{2}\Big)=t$，$D\xi_1=0.2[(x_1-t)^2+(x_2-t)^2+(x_3-t)^2+(x_4-t)^2+(x_5-t)^2]=0.2[(x_1^2+x_2^2+x_3^2+x_4^2+x_5^2)-2(x_1+x_2+x_3+x_4+x_5)t+5t^2]$；

记$\frac{x_1+x_2}{2}=x'_1$，$\frac{x_2+x_3}{2}=x'_2$，…，$\frac{x_5+x_1}{2}=x'_5$，同理得

$D\xi_2=0.2[(x_1'^2+x_2'^2+x_3'^2+x_4'^2+x_5'^2)-2(x'_1+x'_2+x'_3+x'_4+x'_5)t+5t^2]$，

只要比较$x_1'^2+x_2'^2+x_3'^2+x_4'^2+x_5'^2$与$x_1^2+x_2^2+x_3^2+x_4^2+x_5^2$有大小，

$x_1'^2+x_2'^2+x_3'^2+x_4'^2+x_5'^2=\frac{1}{4}[(x_1+x_2)^2+(x_2+x_3)^2+\cdots+(x_1+x_2)^2]=\frac{1}{4}[2(x_1^2+x_2^2+x_3^2+x_4^2+x_5^2)+(2x_1x_2+2x_2x_3+2x_3x_4+2x_4x_5+2x_5x_1)]<\frac{1}{4}[2(x_1^2+x_2^2+x_3^2+x_4^2+x_5^2)+(x_1^2+x_2^2)+(x_2^2+x_3^2)+(x_3^2+x_4^2)+(x_4^2+x_5^2)+(x_5^2+x_1^2)]=x_1^2+x_2^2+x_3^2+x_4^2+x_5^2$，所以$D\xi_2<D\xi_1$，选 A.

例 3 设ξ为随机变量，从棱长为 1 的正方体的 12 条棱中任取两条，当两条棱相交时，$\xi=0$；当两条棱平行时，ξ的值为两条棱之间的距离；当两条棱异面时，$\xi=1$. 求ξ的分布列，并求其数学期望$E(\xi)$. **CⅣgc1**

解：若两条棱相交，则交点必为正方本 8 个顶点中的一个，过任意 1 个顶点恰有 3 条棱，

所以共有$8C_3^2$对相交棱. 所以$P(\xi=0)=\frac{8C_3^2}{C_{12}^2}=\frac{8\times3}{66}=\frac{4}{11}$.

若两条棱平行，则它们的距离为 1 或$\sqrt{2}$，其中距离为$\sqrt{2}$的共有 6 对，

所以$P(\xi=\sqrt{2})=\frac{6}{C_{12}^2}=\frac{6}{66}=\frac{1}{11}$，$P(\xi=1)=1-P(\xi=0)-P(\xi=\sqrt{2})=1-\frac{4}{11}-\frac{1}{11}=\frac{6}{11}$.

所以随机变量ξ的分布列是：

例 3 表

ξ	0	1	$\sqrt{2}$
$P(\xi)$	$\frac{4}{11}$	$\frac{6}{11}$	$\frac{1}{11}$

所以其数学期望 $E(\xi)=1\times\frac{6}{11}+\sqrt{2}\times\frac{1}{11}=\frac{6+\sqrt{2}}{11}$.

例 4 某班 50 位学生期中考试数学成绩的频率分布直方图如图所示，其中成绩分组区间是：[40, 50)、[50, 60)、[60, 70)、[70, 80)、[80, 90)、[90, 100]. **CⅣga2**

(1) 求图中 x 的值；

(2) 从成绩不低于 80 分的学生中随机选取 2 人，该 2 人中成绩在 90 分以上(含 90 分)的人数记为 ξ，求 ξ 的数学期望.

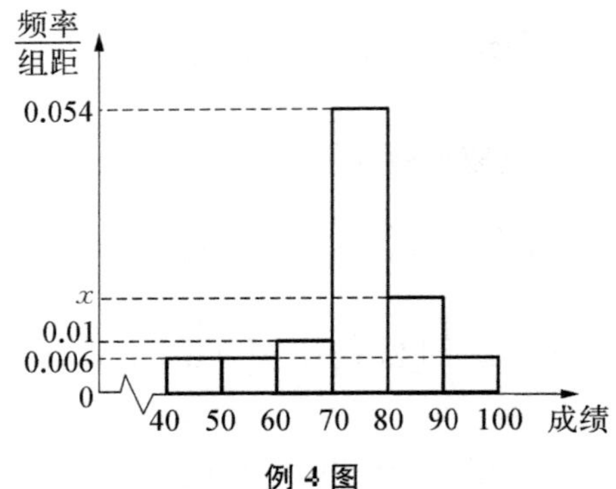

例 4 图

解：(1) 由 $(0.006\times3+0.01+0.054+x)\times10=1$，解得 $x=0.018$.

(2) 分数在[80, 90)、[90, 100]的人数分别是 $50\times0.018\times10=9$ 人、$50\times0.006\times10=3$ 人. 所以 ξ 的取值为 0、1、2.

$P(\xi=0)=\frac{C_3^0C_9^2}{C_{12}^2}=\frac{36}{66}=\frac{6}{11}$，$P(\xi=1)=\frac{C_3^1C_9^1}{C_{12}^2}=\frac{27}{66}=\frac{9}{22}$，$P(\xi=2)=\frac{C_3^2C_9^0}{C_{12}^2}=\frac{3}{66}=\frac{1}{22}$，所以 ξ 的数学期望是 $E\xi=0\times\frac{6}{11}+1\times\frac{9}{22}+2\times\frac{1}{22}=\frac{11}{22}=\frac{1}{2}$.

例 5 一个袋中有若干个大小相同的黑球、白球和红球. 已知从袋中任意摸出 1 个球，得到黑球的概率是 $\frac{2}{5}$；从袋中任意摸出 2 个球，至少得到 1 个白球的概率是 $\frac{7}{9}$. **CⅣga3　CⅣgb3**

(1) 若袋中共有 10 个球，求白球的个数；

(2) 求证：从袋中任意摸出 2 个球，至少得到 1 个黑球的概率不大于 $\frac{7}{10}$. 并指出袋中哪种颜色的球个数最少及其理由.

解：(1) 记“从袋中任意摸出两个球，至少得到一个白球”为事件 A，设袋中白球的个数为 x，则 $P(A)=1-\frac{C_{10-x}^2}{C_{10}^2}=\frac{7}{9}$，得到 $x=5$. 故白球有 5 个.

(2) 证明：设袋中有 n 个球，其中 y 个黑球，由题意得 $y=\frac{2}{5}n$，

所以 $2y<n$，$2y\leqslant n-1$，故$\frac{y}{n-1}\leqslant\frac{1}{2}$.

记"从袋中任意摸出两个球，至少有 1 个黑球"为事件 B，则

$$P(B)=\frac{2}{5}+\frac{3}{5}\times\frac{y}{n-1}\leqslant\frac{2}{5}+\frac{3}{5}\times\frac{1}{2}=\frac{7}{10}.$$

所以白球的个数比黑球多，白球个数多于$\frac{2}{5}n$，红球的个数少于$\frac{n}{5}$. 故袋中红球个数最少.

例 6　下图是某市 3 月 1 日至 14 日的空气质量指数趋势图，空气质量指数小于 100 表示空气质量优良，空气质量指数大于 200 表示空气重度污染，某人随机选择 3 月 1 日至 3 月 13 日中的某一天到达该市，并停留 2 天.　**CⅣga4**

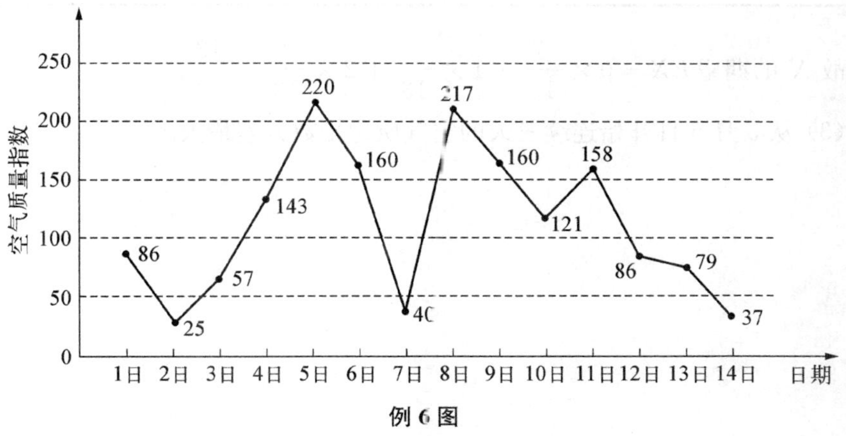

例 6 图

(1) 求此人到达当日空气重度污染的概率；

(2) 设 X 是此人停留期间空气质量优良的天数，求 X 的分布列与数学期望；

(3) 由图判断从哪天开始连续三天的空气质量指数方差最大？(结论不要求证明)

解：设 A_i 表示事件"此人于 3 月某日到达该市"$(=1, 2, \cdots, 13)$.

根据题意，$P(A_i)=\frac{1}{13}$，且 $A_i\cap A_j=\varnothing(i\neq j)$.

(1) 设 B 为事件"此人到达当日空气重度污染"，则 $B=A_5\cup A_8$，

所以 $P(B)=P(A_5\cup A_8)=P(A_5)+P(A_8)=\frac{2}{13}$.

(2) 由题意可知,X 的所有可能取值为 0, 1, 2,且

$$P(X=1)=P(A_3\cup A_6\cup A_7\cup A_{11})$$
$$=P(A_3)+P(A_6)+P(A_7)+P(A_{11})=\frac{4}{13},$$
$$P(X=2)=P(A_1\cup A_2\cup A_{12}\cup A_{13})$$
$$=P(A_1)+P(A_2)+P(A_{12})+P(A_{13})=\frac{4}{13},$$
$$P(X=0)=1-P(X=1)-P(X=2)=\frac{5}{13},$$

所以 X 的分布列为:

X	0	1	2
P	$\frac{5}{13}$	$\frac{4}{13}$	$\frac{4}{13}$

故 X 的期望 $EX=0\times\frac{5}{13}+1\times\frac{4}{13}+2\times\frac{4}{13}=\frac{12}{13}$.

(3) 从 3 月 5 日开始连续三天的空气质量指数方差最大.

模块五　数 与 运 算

第一部分　复 数 初 步

16 世纪中叶，意大利数学家卡当(H. Cardan)在解三次方程时，首先产生了负数开方的思想，大约经过一个世纪，以欧拉为代表的大数学家的研究，逐步形成了复数理论，现在它已在数学、力学、电学以及其他技术科学里得到了及其广泛的应用. 复数的初步知识是进一步学习高等数学的基础，在初等数学的范围内，复数与解析几何、平面三角有着密切的联系，在解决有关问题时也很方便. 复数是中学数学的基础知识.

一、基础知识与基本技能掌握要求

A∨f1 了解数的产生和发展简史，知道数集扩展的意义和扩展的基本原理

A∨f2 理解复数及有关概念

A∨f3 掌握建立复平面，用复平面上的点表示复数

A∨f4 掌握复数的向量表示、复数的模、共轭复数等概念

A∨f5 会用复数关系式描述复平面上简单的几何图形

A∨f6 掌握复数的四则运算及其运算性质

A∨f7 理解复数加减法的几何意义

A∨f8 会解决负数开平方的问题

A∨f9 掌握复数集内解实系数一元二次方程的问题

A∨f10 完整掌握实系数一元二次方程的解，完善实系数一元二次方程的基本理论

实例

例 1　复数$-\mathrm{i}$的一个立方根是i，它的另外两个立方根是(　　).　**A∨f8**

A. $\dfrac{\sqrt{3}}{2}\pm\dfrac{1}{2}\mathrm{i}$　B. $-\dfrac{\sqrt{3}}{2}\pm\dfrac{1}{2}\mathrm{i}$　C. $\pm\dfrac{\sqrt{3}}{2}\pm\dfrac{1}{2}\mathrm{i}$　D. $\pm\dfrac{\sqrt{3}}{2}-\dfrac{1}{2}\mathrm{i}$

解析： 设$z=x+y\mathrm{i}(x,\ y\in\mathbf{R})$是$-\mathrm{i}$的立方根，则$(x+y\mathrm{i})^3=-\mathrm{i}$，$x^3+$

$3x^2yi - 3xy^2 - y^3i = -i$，于是 $\begin{cases} x^3 - 3xy^2 = 0, \\ 3x^2y - y^3 = -1, \end{cases}$ 解得 $\begin{cases} x = 0, \\ y = -1 \end{cases}$ 或

$\begin{cases} x = \pm\dfrac{\sqrt{3}}{2}, \\ y = -\dfrac{1}{2}, \end{cases}$ 所以 $-i$ 除 i 外的两个立方根是 $\pm\dfrac{\sqrt{3}}{2} - \dfrac{1}{2}i$，答案是 D.

例 2 复数 $5 - 12i$ 的平方根是________. **A∨f6 A∨f8**

解析： 设 $5 - 12i$ 的平方根是 $a + bi(a, b \in \mathbf{R})$，则 $5 - 12i = (a + bi)^2$，$\begin{cases} a^2 - b^2 = 5, \\ 2ab = -12, \end{cases}$ 解得 $\begin{cases} a = 3, \\ b = -2, \end{cases}$ 或 $\begin{cases} a = -3, \\ b = 2, \end{cases}$ 所以 $5 - 12i$ 的平方根是 $\pm(3 - 2i)$.

例 3 已知 $(a - i)^2 = 2i$，其中 i 是虚数单位，那么实数 $a =$________.

A∨f2

解析： 由复数 $2i$ 的平方根是 $\pm(1 + i)$ 可得 $a - i = \pm(1 + i)$，又 $a \in \mathbf{R}$，所以，$a = -1$.

例 4 复数 $z = \dfrac{(1 + i)^3(a + i)^2}{\sqrt{2}(a + 3i)^2}$，且 $|z| = \dfrac{6}{7}$，则实数 $a =$________.

A∨f6

解析： $|z| = \dfrac{(\sqrt{2})^3(\sqrt{a^2 + 1})^2}{\sqrt{2}(\sqrt{a^2 + 9})^2}$，则 $\dfrac{a^2 + 1}{a^2 + 9} = \dfrac{3}{7}$，所以 $a = \pm\sqrt{5}$.

例 5 对任意的非零复数 α，定义集合 $M_\alpha = \{w \mid w = \alpha^{2n-1}, n \in \mathbf{N}^*\}$，若 α 是方程 $x = \dfrac{1}{1 - x}$ 的根，求 M_α（用列举法表示）. **A∨f10**

解析： 由 $x = \dfrac{1}{1 - x}$ 得 $x^2 - x + 1 = 0$，则 $\alpha = \dfrac{1 \pm \sqrt{3}i}{2}$，并有 $\alpha^3 = -1$，$\alpha^6 = 1$.

若 $\alpha = \dfrac{1 + \sqrt{3}i}{2}$，则 $\alpha^{-1} = \dfrac{1 - \sqrt{3}i}{2}$，如果 $n = 3k(k \in \mathbf{N}^*)$，则 $\alpha^{2n-1} = \alpha^{6k-1} = \dfrac{1 - \sqrt{3}i}{2}$；

如果 $n = 3k - 1(k \in \mathbf{N}^*)$，则 $\alpha^{2n-1} = \alpha^{6k-3} = -1$.

如果 $n = 3k - 2(k \in \mathbf{N}^*)$，则 $\alpha^{2n-1} = \alpha^{6k-5} = \alpha^{6k+1} = \dfrac{1 + \sqrt{3}i}{2}$.

所以，$M_\alpha=\left\{-1,\ \dfrac{1+\sqrt{3}i}{2},\ \dfrac{1-\sqrt{3}i}{2}\right\}$；同理，当 $\alpha=\dfrac{1-\sqrt{3}i}{2}$ 时，$M_\alpha=\left\{-1,\ \dfrac{1+\sqrt{3}i}{2},\ \dfrac{1-\sqrt{3}i}{2}\right\}$.

例 6 设 $z_1,\ z_2\in\mathbf{C},\ z_1\neq z_2,\ A=z_1\overline{z_2}+z_2\overline{z_1},\ B=z_1\overline{z_1}+z_2\overline{z_2}$，问 A 与 B 是否可以比较大小？若可以，试确定它们的大小关系；若不可以，试说明理由. **A∨f4**

解析：设 $z_1=x_1+y_1i,\ z_2=x_2+y_2i(x_1,\ y_1,\ x_2,\ y_2\in\mathbf{R})$，

则 $A=(x_1+y_1i)(x_2-y_2i)+(x_2+y_2i)(x_1-y_1i)=2x_1x_2+2y_1y_2\in\mathbf{R}$，

$B=(x_1+y_1i)(x_1-y_1i)+(x_2+y_2i)(x_2-y_2i)=x_1^2+y_1^2+x_2^2+y_2^2\in\mathbf{R}$，$A$ 与 B 可以比较大小.

$A-B=-[(x_1-x_2)^2]+(y_1-y_2)^2\leqslant 0$，所以 $A\leqslant B$.

例 7 复数 z 满足 $|z|=1$，且 $z^2-2z-\dfrac{1}{z}<0$，求 z. **A∨f2**

解析：设 $z=x+yi(x,\ y\in\mathbf{R})$，由 $z^2-2z-\dfrac{1}{z}=x^2-y^2+2xyi-2(x+yi)-\dfrac{x-yi}{x^2+y^2}<0$ 及 $|z|=1$，得 $\begin{cases}x^2+y^2=1,\\ 2xy-2y+\dfrac{y}{x^2+y^2}=0,\\ x^2-y^2-2x-\dfrac{x}{x^2+y^2}<0,\end{cases}$ 解得$\dfrac{\pi}{4}$或 $\begin{cases}x=\dfrac{1}{2},\\ y=\pm\dfrac{\sqrt{3}}{2},\end{cases}$ 所以 $z=1$ 或 $z=\dfrac{1}{2}\pm\dfrac{\sqrt{3}}{2}i$.

例 8 设复数 z 在复平面内所对应的点 Z 在一个圆上运动，此圆的圆心是复数 $1+i$ 在复平面内所对应的点，半径为 1，求 $w=\dfrac{1-zi}{1+zi}$ 在复平面内所对应的点的轨迹. **A∨f5 A∨f7**

解析：由已知 $|z-(1+i)|=1$，又由 $w=\dfrac{1-zi}{1+zi}$ 可得 $z=\dfrac{1-w}{(1+w)i}$，$\left|\dfrac{1-w}{(1+w)i}-(1+i)\right|=1$，$|1-w-(1+i)(1+w)i|=|(1+w)i|$，即 $w-(-1-2i)=|w-(-1)|$，所以复数 w 在复平面内所对应的点的轨迹是以

$(-1, -2)$ 和 $(-1, 0)$ 为端点的线段的中垂线.

例 9　在复数范围内解方程 $2x^2-5x+2+(x^2-x-2)\mathrm{i}=0$.　　**A V f9**

解析： 由原方程得 $(2x-1)(x-2)+(x-2)(x+1)\mathrm{i}=0$，则 $(x-2)[2x-1+(x+1)\mathrm{i}]=0$，$x=2$ 或 $x=\frac{1-\mathrm{i}}{2+\mathrm{i}}$，所以原方程的解是 $x=2$ 或 $x=\frac{1-3\mathrm{i}}{5}$.

例 10　复平面上三点 A，B，C 分别对应复数 z_A，z_B，z_C，若 $\frac{z_B-z_A}{z_C-z_A}=1+\frac{4}{3}\mathrm{i}$，试求此三角形三边长之比.　　**A V f5**

解析： 由已知得 $\left|\frac{z_B-z_A}{z_C-z_A}\right|=\frac{5}{3}$，于是 $\frac{|AB|}{|AC|}=\frac{5}{3}$，又 $\frac{z_B-z_C+z_C-z_A}{z_C-z_A}=1+\frac{4}{3}\mathrm{i}$，即 $\frac{z_B-z_C}{z_C-z_A}=\frac{4}{3}\mathrm{i}$，则 $\left|\frac{z_B-z_C}{z_C-z_A}\right|=\frac{4}{3}$，$\frac{|BC|}{|AC|}=\frac{4}{3}$，所以 $|AB|:|BC|:|AC|=5:4:3$.

例 11　若关于 x 的方程 $2x^2+3ax+a^2-a=0$ 至少有一个模为 1 的复数根，试求所有可能的实数 a 的值.　　**A V f9　A V f10**

解析： 在关于 x 的方程 $2x^2+3ax+a^2-a=0$ 中，当 $\Delta=9a^2-8(a^2-a)\geqslant 0$ 即 $a\leqslant -8$ 或 $a\geqslant 0$ 时，原方程模为 1 的实根即为 1 或 -1，若 $x=1$，则 $a^2+2a+2=0$，此方程无实数解.

若 $x=-1$，则 $a^2-4a+2=0$，解得 $a=2\pm\sqrt{2}$.

当 $\Delta=9a^2-8(a^2-a)<0$ 即 $-8<a<0$ 时，原方程有虚数根 $x=\frac{1}{4}(-3a\pm\sqrt{-8a-a^2}\mathrm{i})$，若此虚根的模为 1，则 $\frac{9}{16}a^2+\frac{1}{16}(-8a-a^2)=1$，即 $a^2-a-2=0$，解得 $a=-1$.

所以满足条件的实数 a 的值为 $a=2\pm\sqrt{2}$ 或 $a=-1$.

二、基本思想分类阐释

B V f1 分类讨论思想 在复数范围内研究实系数一元二次方程的根的问题往往分实数根和虚数根进行讨论.

例 1　设 α、β 是方程 $x^2-2x+a=0(a\in\mathbf{R})$ 的两个复数根，求 $|\alpha|+|\beta|$.

解： $\Delta=4-4a$

(1) 当 $\Delta \geqslant 0$ 时,即 $a \leqslant 1$ 时,α, $\beta \in \mathbf{R}$,且 $\alpha+\beta=2$, $\alpha\beta=a$

① 当 $0 \leqslant a \leqslant 1$ 时, $|\alpha|+|\beta|=|\alpha+\beta|=2$

② 当 $a<0$ 时, $|\alpha|+|\beta|=|\alpha-\beta|=2\sqrt{1-a}$.

(2) 当 $\Delta<0$ 时,即 $a>1$ 时,α, β 为虚数根,且 $\alpha=\overline{\beta}$,所以 $\alpha\beta=|\alpha|^2=|\beta|^2=a$

所以 $|\alpha|+|\beta|=2\sqrt{a}$

综上,当 $0 \leqslant a \leqslant 1$ 时, $|\alpha|+|\beta|=2$

当 $a<0$ 时, $|\alpha|+|\beta|=2\sqrt{1-a}$

当 $a>1$ 时, $|\alpha|+|\beta|=2\sqrt{a}$.

BⅤf2 数形结合思想 在复平面中将复数的有关计算、模的问题可以转化为相应的几何问题.

例 2　已知集合 $S=\{z \mid |z-1| \leqslant 3, z \in \mathbf{C}\}$, $T=\left\{z \,\middle|\, z=\dfrac{\omega+2}{3}\mathrm{i}+t, \omega \in S, t \in \mathbf{R}\right\}$.

(1) 若 $S \cap T=\varnothing$, 求实数 t 的取值范围;

(2) 若 $S \cup T=S$, 求实数 t 的取值范围.

解: 由集合 T 知: $\omega=\dfrac{3z-3t}{\mathrm{i}}-2$, 又 $\omega \in S$, 所以 $|\omega-1| \leqslant 3$, 即 $\left|\dfrac{3z-3t}{\mathrm{i}}-3\right| \leqslant 3$,

整理得: $|z-(t+\mathrm{i})| \leqslant 1$

所以集合 T 表示以 $(t, 1)$ 为圆心,1 为半径的圆及其内部,而集合 S 表示以 $(1, 0)$ 为圆心,3 为半径的圆及其内部.

(1) 若 $S \cap T=\varnothing$,则两圆外离,所以 $\sqrt{(t-1)^2+1}>4$,解得 $t<1-\sqrt{15}$ 或 $t>1+\sqrt{15}$;

(2) 若 $S \cup T=S$,则两圆内含或内切,所以 $\sqrt{(t-1)^2+1} \leqslant 2$,解得 $1-\sqrt{3} \leqslant t \leqslant 1+\sqrt{3}$.

BⅤf3 基本量思想 复数的基本量是复数代数形式中的实部和虚部,而复数的运算可以转化为复数的实部和虚部的运算.

例 3　若复数 z 满足 $z(1+\mathrm{i})=1-\mathrm{i}$($i$ 是虚数单位),则其共轭复数 $\overline{z}=$________.

解：设 $z=a+bi$，则 $(a+bi)(1+i)=1-i$，即 $a-b+(a+b)i=1-i$，由 $\begin{cases}a-b=1\\a+b=-1\end{cases}$，解得 $a=0,\ b=-1$，所以 $z=-i,\ \overline{z}=i$.

例 4　已知复数 z，若 $|z|=1$，且 $z^2+2z+\dfrac{1}{z}<0$，求复数 z.

解：设 $z=a+bi(a,\ b\in\mathbf{R})$，则 $(a^2-b^2+3a)+(2ab+b)i<0$

所以 $\begin{cases}2ab+b=0\\a^2+b^2=1\\a^2-b^2+3a<0\end{cases}$，解得 $\begin{cases}a=-1\\b=0\end{cases}$ 或 $\begin{cases}a=-\dfrac{1}{2}\\b=\pm\dfrac{\sqrt{3}}{2}\end{cases}$

综上，$z=-1,\ z=-\dfrac{1}{2}\pm\dfrac{\sqrt{3}}{2}i$.

三、能力水平划分

复数初步	水平 a	水平 b	水平 c	水平 d
运算求解能力	能正确地按复数中公式和概念等进行运算和求解；在复数运算中能对给出的运算结果的正确性加以判断	能灵活地运用复数的加减乘除、共轭等公式和概念进行求解；能理解利用这些公式和概念进行运算的依据，并明确其运算时的使用条件；能根据具体的复数问题情境选择合理的运算方式	在较综合的复数问题中，有意识地通过多步骤的形式有效地解决与复数运算、性质等相关的问题；能解释复数运算的公式、概念等使用的依据与条件，做到言之有据	能将复数的运算及性质进行推理和研究
空间想象能力	能将复数和复平面内的点建议一一对应的关系，并能想象复数对应的点在复平面中的位置	能由复数问题想象出其对应几何问题，并能想象出对应的几何图形；通过复数认识其对应的图形，并分析出特征；能对复数对应的图形的变化和运动进行想象	能对复数对应的几何图形分解与组合；能建立复数与其对应的图形之间的数量关系；能将复数对应的图形及其特征联系起来，并根据条件或性质做出或画出图形	能把有的复数问题转化为几何问题，能通过逻辑推理揭示复数对应的几何图形的几何特征；能够想象复数对应的图形较复杂的运动和变化，并指出其中所蕴含的几何特征和数量关系

续　表

复数初步	水平 a	水平 b	水平 c	水平 d
推理论证能力	能对复数简单的结论做出直接判断，并能给出说明；能通过对复数的观察及想象等方法提出简单的猜想	能有条理地思考，并能进行合乎逻辑的表达等；能理解较简单的复数结论的推理或论证，并能直观判断该推理或论证是否正确；能通过对复数问题的观察及想象等方法提出简单的猜想，并做出直观的判断	能运用复数中已知的定理、性质、推论等进行完整的数学证明；能根据复数的特性做出合乎情理的推理，并能加以论证	
提出与解决问题能力				

实例

例 1　$z=(m^2-3m+2)+(m^2+m-2)\mathrm{i}$ 是纯虚数，实数 m 的值是(　　).　**CⅤf1a**

A. 1　　B. 2　　C. -2　　D. 1 和 2

答案：B.

解析：根据纯虚数的定义即可得到.

例 2　如果复数 $\dfrac{2-b\mathrm{i}}{1+\mathrm{i}}$ (其中 i 为虚数单位，b 为实数)的实部和虚部互为相反数，则 $b=$(　　).　**CⅤf1b**

A. 0　　B. 1　　C. 2　　D. 3

答案：A.

解析：根据复数的除法运算和实部、虚部的运算可得.

例 3　m 取何实数时，复数 $z=\dfrac{m^2-m-6}{m+3}+(m^2-2m-15)\mathrm{i}$ (1) 是实数？(2) 是虚数？(3) 是纯虚数？　**CⅤf1c**

解：(1) 当 $\begin{cases}m^2-2m-15=0\\m+3\neq 0\end{cases}$ 时，即 $\begin{cases}m=5\text{ 或 }m=-3\text{ 时，即 }m=5\\m\neq -3\end{cases}$

所以 $m=5$ 时，z 是实数.

(2) 当$\begin{cases}m^2-2m-15\neq 0\text{时},\\ m+3\neq 0\end{cases}$ 即$\begin{cases}m\neq 5\text{且}m\neq -3\\ m\neq -3\end{cases}$

所以当$m\neq 5$且$m\neq -3$时，z是虚数.

(3) 当$\begin{cases}m^2-m-6=0\\ m+3\neq 0\text{时}\\ m^2-2m-15\neq 0\end{cases}$ 即$\begin{cases}m=3\text{或}m=-2\\ m\neq -3\\ m\neq 5\text{且}m\neq -3\end{cases}$

所以当$m=3$或$m=-2$时，z是纯虚数.

例 4 求$\left|\dfrac{\sqrt{2}\mathrm{i}(-4+3\mathrm{i})(1-\mathrm{i})}{(\sqrt{3}+\mathrm{i})(\sqrt{3}-1)(1+2\mathrm{i})}\right|$. **CⅤf1d**

解： 原式$=\dfrac{|\sqrt{2}\mathrm{i}|\cdot|-4+3\mathrm{i}|\cdot|1-\mathrm{i}|}{|\sqrt{3}+\mathrm{i}|\cdot|\sqrt{3}-\mathrm{i}||1+2\mathrm{i}|}$

$$=\frac{\sqrt{2}\cdot\sqrt{(-4)^2+3^2}\cdot\sqrt{1+(-1)^2}}{\sqrt{(\sqrt{3})^2+1}\cdot\sqrt{(\sqrt{3})^2+(-1)^2}\cdot\sqrt{1+2^2}}$$

$$=\frac{\sqrt{2}\cdot 5\cdot\sqrt{2}}{\sqrt{4}\cdot\sqrt{4}\cdot\sqrt{5}}=\frac{\sqrt{5}}{2}.$$

例 5 当$m<1$时，复数$z=2+(m-1)\mathrm{i}$在复平面上对应的点位于(　　). **CⅤf2a**

A. 第一象限　　B. 第二象限　　C. 第三象限　　D. 第四象限

答案：D.

解析： 根据复数和其对应的点之间的关系可得.

例 6 在复平面内，O是原点，$\overrightarrow{OA}$，$\overrightarrow{OC}$，$\overrightarrow{AB}$表示的复数分别为$-2+\mathrm{i}$，$3+2\mathrm{i}$，$1+5\mathrm{i}$，那么$\overrightarrow{BC}$表示的复数为________. **CⅤf2b**

答案：$4-4\mathrm{i}$.

解析： 根据复数对应的向量的对应关系可得.

例 7 已知$\dfrac{z}{z-1}$是纯虚数，求z在复平面内对应点的轨迹. **CⅤf2c**

解： 因为$\dfrac{z}{z-1}$是纯虚数，所以$\dfrac{z}{z-1}+\overline{\left(\dfrac{z}{z-1}\right)}=0$(且$z\neq 0$，$z\neq 1$)

所以$\dfrac{z}{z-1}+\dfrac{\bar{z}}{\bar{z}-1}=0$，所以$z(\bar{z}-1)+\bar{z}(z-1)=0$，$2|z|^2=z+\bar{z}$

设$z=x+y\mathrm{i}(x,y\in\mathbf{R})$则$x^2+y^2=x(y\neq 0)$.

所以y的对应点的轨迹以$\left(\dfrac{1}{2},0\right)$为圆心，$\dfrac{1}{2}$为半径的圆，并去掉点$(0,0)$

和点(1, 0).

例 8　设复数满足 $||z+4-3i|-2|=2-|z+4-3i|$，求$|z|$的最大值和最小值.

C V f2d

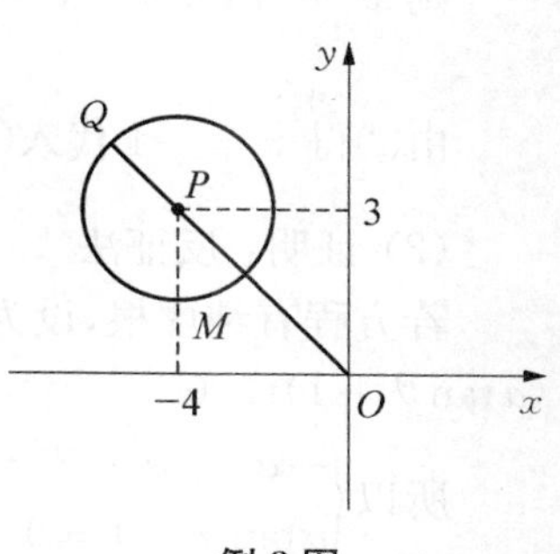

例 8 图

解：由已知等式得 $|z-(-4+3i)|-2\leqslant 0$

即 $|z-(-4+3i)|-2\leqslant 0$，它表示的以点 $P(-4, 3)$ 为圆心，半径 $R=2$ 的圆面.

如图可知 $|z|=|OQ|$ 时，$|z|$ 有最大值 $|OP|+R=5+2=7$；

$|z|=|OM|$ 时 $|z|$ 有最小值 $|OP|-R=5-2=3$.

例 9　设 z 为复数，$M=\{z \mid (x-1)^2=|z-1|^2\}$，那么(　　).

C V f3a

A. $M=\{$纯虚数$\}$　　B. $M=\{$实数$\}$

C. $\{$实数$\}\subset M\subset\{$复数$\}$　　D. $M=\{$虚数$\}$

答案：B.

解析：因为 $(z-1)^2=|z-1|^2$，即 $(z-1)^2=(z-1)(\overline{z}-1)$，

所以 $(z-1)(z-\overline{z})=0$，故 $z=1$，或 $z=\overline{z}$.

所以 z 为实数.

例 10　复数 $z_1=1+2i$，$z_2=-2+i$，$z_3=-1-2i$，它们在复平面上的对应点是一个正方形的三个顶点，求这个正方形的第四个顶点对应的复数.

C V f3b

解：设复数 z_1，z_2，z_3 所对应的点分别为 A、B、C，正方形的第四个顶点 D 对应的复数为 $x+yi(x, y\in \mathbf{R})$，

因为点 A 与点 C 关于原点对称，所以原点 O 为正方形的中心.

所以点 O 也是 B 与 D 点的中点，于是由 $(-2+i)+(x+yi)=0$

所以 $x=2$，$y=-1$.

故 D 对应的复数为 $2-i$.

例 11　关于 x 的方程 $x^2-(\tan\theta+i)x-(i+2)=0(\theta\in\mathbf{R}, x\in\mathbf{C})$

(1) 若此方程有实数根，求锐角 θ 的值；(2) 求证：对任意的实数 $\theta\left(\theta\neq\dfrac{\pi}{2}+k\pi\right)$，原方程不可能有纯虚根.　　**C V f3c**

解：(1) 设 $x\in\mathbf{R}$ 是方程 $x^2-(\tan\theta+i)x-(i+2)=0$ 的根，

则 $x^2-x\tan\theta-2-\mathrm{i}(x+1)=0$，所以 $\begin{cases}x^2-x\tan\theta-2=0 & ①\\ x+1=0 & ②\end{cases}$

由②得 $x=-1$ 代入①得 $\tan\theta=1$，所以锐角 $\theta=\dfrac{\pi}{4}$.

(2) 证明：反证法

若方程有纯虚根，设为 $x=a\mathrm{i}(a\neq 0)$，代入原方程并整理得 $(-a^2+a-2)-(a\tan\theta+1)\mathrm{i}=0$

所以 $\begin{cases}-a^2+a-2=0\\ a\tan\theta+1=0\end{cases}$ (∗) 因为方程 $-a^2+a-2=0$ 无实根，所以方程组(∗)无解.

故假设不成立，因此原方程无纯虚根.

例 12 (1) 已知 $z_1,z_2\in\mathbf{C}$，求证：$|z_1+z_2|^2+|z_1-z_2|^2=2|z_1|^2+2|z_2|^2$

(2) 已知 $z_1,z_2\in\mathbf{C}$，且 $|z-\overline{z}_2|=|1-z_1z_2|$

求证：$|z_1|$，$|z_2|$ 中至少有一个是 1. **CⅤf3d**

证明：(1) $|z_1+z_2|^2+|z_1-z_2|^2$

$=(z_1+z_2)\overline{(z_1+z_2)}+(z_1-z_2)\overline{(z_1-z_2)}$.

$=(z_1\overline{z}_1+\overline{z}_1z_2+z_1\overline{z}_2+z_2\overline{z}_2)+(z_1\overline{z}_1-\overline{z}_1z_2-z_1\overline{z}_2+z_2\overline{z}_2)$

$=2(z_1\overline{z}_1+z_2\overline{z}_2)=2|z_1|^2+2|z_2|^2$

所以 $|z_1+z_2|^2+|z_1-z_2|^2=2|z_1|^2+2|z_2|^2$.

(2) 因为 $|z-\overline{z}_2|=|1-z_1z_2|$，所以 $|z_1-\overline{z}_2|^2=|1-z_1z_2|^2$.

$(z-\overline{z}_2)(\overline{z}_1-z_2)=(1-z_1z_2)(1-\overline{z_1z_2})$,

$z_1\overline{z_1}-\overline{z_1z_2}-z_1z_2+z_2\overline{z_2}=1-z_1z_2-\overline{z}_1\overline{z}_2+|z_1|^2|z_2|^2$,

即 $|z_1|^2+|z_2|^2=1+|z_1|^2\cdot|z_2|^2$，变形为 $(|z_1|^2-1)(1-|z_2|^2)=0$.

$|z_1|^2=1$ 或 $|z_2|^2=1$，可得 $|z_1|=1$，或 $|z_2|=1$，所以 $|z_1|$，$|z_2|$ 中至少有一个是 1.

参 考 文 献

[1] 上海教育委员会.上海市中小学数学课程标准[M].上海教育出版社,2004(2):25-26

[2] 王子兴.论数学素养[J].数学通报,2002(1):6-9.

[3] 张建良等."高中数学新课标"对数学教师的数学素养提出了高要求[J].数学教育学报,2005,3:87-89.

[4] 郑强.数学素养与数学教学[J].山东教育学院学报,2006(5):1-3.

[5] 束仁武.充分利用"想一想"培养学生的数学素养[J].中学数学,1997(11):10-12.

[6] 刘俊先.论数学史对提高数学素养的重要作用[J].教育与职业,2009(24):175-176.

[7] 苏洪雨,江雪萍,桂鹏.基于几何问题的高中教师的数学素养研究[J].数学教育报,2010,19(1):81-84.

[8] 姚丽行.提高学生数学素养的几点思考[J].基础教育研究,1995(1):20-21.

[9] 蔡上鹤.民族素质和数学素养——学习《中国教育改革和发展纲要》的一点体会[J]课程·教材·教法,1994(2):15-17.

[10] 江西省教委教研室"提高数学素养"课题组.提高数学素养的思考[J].数学通报,1995(5):22-24.

[11] 车翔玖.论高师院校数学专业学生科学的数学素养[J].吉林师范学院学报,1996,17(5):23-25.

[12] 李树臣.加强数学观念教育提高国民数学素养[J].山东教育科研,1998(3):28-30.

[13] 顾沛.十种数学能力和五种数学素养[J].高等数学研究,2000(11):5.

[14] 朱德全.数学素养构成要素探析[J].中国教育学刊,2002(5):49-51.

[15] 王岳妹.中等职业学校学生数学素养培养若干问题研究[D].天津大学职业技术学院,2003.

[16] 彭玉忠.师范生的数学素养及其提高策略[J].师范教育,2003(11):5-6.

[17] 郑强等.论数学课程标准中的数学素养观[J].山东教育学院学报,2005

(5)：1－17.
[18] 张亚静. 数学素养：学生的一种重要素质一基于数学文化价值的思考[J]. 中国教育学刊，2006(3)：65－67.
[19] 段志贵. 高师数学专业学生数学素养的构成及其培养[A]. 全国高师会数学教育研究会 2006 年学术年会论文集. 2006.
[20] 桂德怀，徐斌艳. 数学素养内涵之探析[J]. 数学教育学报，2008，17(5)：22－24.
[21] 苏洪雨. 学生几何素养的内涵与评价研究[D]. 华东师范大学博士论文，2009
[22] 高级中学　数学教学参考资料　高一年级　第一、第二学期(试用本). 上海教育出版社，2015
[23] 高级中学　数学教学参考资料　高二年级　第一、第二学期(试用本). 上海教育出版社，2015
[24] 高级中学　数学教学参考资料　高三年级(试用本). 上海教育出版社，2015
[25] 高级中学　数学教学参考资料　高三年级　拓展Ⅱ(理科)(试用本). 上海教育出版社，2015
[26] 高级中学　数学教学参考资料　高三年级　拓展Ⅱ(文科、技艺)(试用本). 上海教育出版社，2015

后　记

本书即将付梓。首先要非常感谢复旦附中“提升高中生数学素养模式研究”团队的所有老师们，他们是——张晴帆老师、冯璟老师、冯源老师、李朝晖老师、张建国老师、肖恩利老师。在2014年到2017年这三年的时间里，我们这个团队以“提升高中生数学素养研究”这一主题为引领，在专家导师李秋明老师、陈月兰老师的指导下，整个团队阅读了大量关于数学素养的文献，进行了认真细致的文献分析；团队成员通过头脑风暴和专家讲座等活动清晰研究过程中的难点和重点，共同努力解决了：高中生的数学素养内涵是什么，高中生的数学素养表现标准是什么，高中生的数学素养现状如何等一系列问题。出版了相关的专著，并且在中学数学核心期刊上发表了近十篇相关主题论文，形成了关于数学素养相关内容的论文集。

但事实上，关于我们的这些研究成果也存在一些不足。例如：数学素养内涵中的内容还需要广泛论证：在我们的研究过程中，有关数学素养内涵具体内容，主要是通过课程标准、数学教育研究者、中学数学教师三视角来判断的。但由于相关国家和地区的课程及标准等文献资料有限，依此得出相关的数学素养的内容可能会有偏失。

有关高中生数学素养的研究还刚刚起步，我们的研究所做的工作也只是一点基础性的工作，还很不完善。随着数学素养研究的深入、评价方式的改进、课程改革的推进，我们接下来的研究有这样简单的设想：进一步厘清高中数学学科核心素养与高中数学素养之间的关系，系统分析数学素养的生成机制，调查我国高中学生数学素养的现状及其教学影响因素，在此基础上初步构建了数学素养生成的教学策略并进行实验。

曾记得在一次团队研究的汇报会议中，有专家对我们的研究是质疑的，主要认为我们很年轻，而课题又很庞大，认为我们无法驾驭。而我们团队怀着初生牛犊不怕虎的精神，凭着年轻的活力和不懈的努力，才完成这样看似不可能的挑战，而一系列的研究成果说明我们是可以的，而团队的每个人都在团队研究中成长了很多，我们还将不断努力去进行新的研究。

最后衷心感谢我们团队的导师李秋明老师和陈月兰老师，李老师的渊博与严谨、深刻与细腻、宽容与执着，陈老师的谦逊与诚恳、认真与随和……每时每刻都在影响着我们整个团队的所有成员。在这本书的成书的整个过程中，李老师和陈老师自始至终都给予了我无微不至的关怀和鼓励，也正是两位导师的循循善诱与专业指导，才使得我能够不断克服重重困难，最终完成这本书的创作。

非常感谢导师李秋明老师为本书拨冗作序！感谢上海交通大学出版社易文娟编辑的辛勤付出，易老师的耐心和细致，认真和负责才使本书顺利付梓。

感谢“上海市中小学(幼儿园)中青年骨干教师团队发展计划”项目对本书的资助！

感谢复旦大学附属中学给我提供了很多自我发展的机会，吴坚校长、李峻书记的鼓励与支持，是本书能够面世的有利保障。

成长来自于不断的学习、积累与反思。这三年来，虽然专于写作而未敢有丝毫的懈怠，但由于能力与视野所限，书中肯定存在着不足，恳请各位同仁不吝赐教，以助今后之进步。

杨丽婷

2018 年 7 月